BEITRÄGE ZUR
NEUEREN LITERATURGESCHICHTE
DRITTE FOLGE · BAND 134

MARTIN LÖSCHNIGG

Der Erste Weltkrieg in deutscher und englischer Dichtung

Universitätsverlag
C. Winter
Heidelberg 1994

Die vorliegende Arbeit wurde von der Geisteswissenschaftlichen Fakultät der Universität Graz im Sommersemester 1993 als Dissertation angenommen

Gedruckt mit Unterstützung des Österreichischen Bundesministeriums für Wissenschaft und Forschung

Die Deutsche Bibliothek – CIP-Einheitsaufnahme

Löschnigg, Martin:

Der Erste Weltkrieg in deutscher und englischer Dichtung / Martin Löschnigg. – Heidelberg: Winter, 1994

(Beiträge zur neueren Literaturgeschichte; Folge 3, Bd. 134)

Zugl.: Graz, Univ., Diss., 1993

ISBN 3-8253-0109-5

NE: GT

ISBN 3-8253-0109-5
ISSN 0179-4027

Imprimé en Allemagne. Printed in Germany
Druck: Strauss Offsetdruck GmbH, 69509 Mörlenbach

Vorbemerkung

Die vorliegende Studie ist die für den Druck überarbeitete Fassung meiner Dissertation, die im April 1993 von der Geisteswissenschaftlichen Fakultät der Universität Graz angenommen wurde. An dieser Stelle möchte ich jenen danken, die zum Entstehen der Arbeit beigetragen haben, allen voran meinem Betreuer und verehrten Lehrer, Prof. Franz K. Stanzel. Sein wissenschaftliches und menschliches Vorbild gab dem Interesse für das Phänomen Kriegsliteratur immer wieder neue Impulse und wichtige Orientierungshilfen. Prof. Patrick Bridgwater danke ich für wertvolle Anregungen während seiner Gastprofessur an der Universität Graz. Weiters danke ich auch den Damen und Herren im "Department of Printed Books" des *Imperial War Museum*, die mir während eines Forschungsaufenthalts in London stets mit Rat und Tat zur Seite standen.

Mein besonderer Dank gilt meinen Eltern, die mir das Studium und damit meine weitere wissenschaftliche Tätigkeit ermöglichten. Maria danke ich für einfühlsame Kritik und emotionalen Rückhalt während entscheidender Phasen der Arbeit sowie für die Durchsicht des Manuskripts. Ihr ist das Buch – trotz seines Themas – gewidmet.

Graz, im Frühjahr 1994 M.L.

INHALT

1. Einleitung

We husband the ancient glory
In these bared necks and hands.
Not broke is the forge of Mars;
But a subtler brain beats iron
To shoe the hoofs of death,
(Who paws dynamic air now).
Blind fingers loose an iron cloud
To rain immortal darkness
On strong eyes.[1]

"Wie die Herzen der Dichter sogleich in Flammen standen, als jetzt Krieg wurde!", kommentierte Thomas Mann im Herbst 1914 euphorisch die Kriegsbegeisterung der deutschen Literaten.[2] Tatsächlich gab es zu Beginn des Ersten Weltkriegs nur wenige Schriftsteller von Rang, die sich nicht mit patriotischer Lyrik oder bellizistischen Essays zu Wort meldeten, und Manns *Gedanken im Kriege*, denen das Zitat entnommen ist, stellen selbst ein prominentes Beispiel für das "publizistische Engagement" prominenter Autoren der kriegführenden Nationen dar.[3] Entflammte 1914 die Begeisterung der Dichter für einen Krieg, der jeweils die Überlegenheit der eigenen nationalen Kultur beweisen sollte, so zeitigte während der folgenden Kriegsjahre (und noch lange darüberhinaus) das konkret erfahrene Inferno der Front Gedichte und Prosawerke, denen Modellcharakter für die kriegskritische Literatur des zwanzigsten Jahrhunderts zukommen sollte.

Lyrik, Epik und Dramatik des Großen Krieges 1914-1918 spiegeln die Bedeutung des Konfliktes als eines einschneidenden Ereignisses nicht

---

1 Isaac Rosenberg, "Marching (As Seen from the Left File)"; *The Collected Works of Isaac Rosenberg. Poetry. Prose. Letters. Paintings and Drawings*, Hrsg. Ian Parsons (London, 1979), S. 96.

2 Thomas Mann, "Gedanken im Kriege", in: *Thomas Mann: Das essayistische Werk. Taschenbuchausgabe in acht Bänden*, Hrsg. Hans Bürgin, Bd. 2: *Politische Schriften und Reden* 2 (Frankfurt a. M., Hamburg, 1968), S. 9; zuerst *Die neue Rundschau* 25, H. 11 (1914), S. 1471-1484.

3 Vgl. Eckart Koester, *Literatur und Weltkriegsideologie. Positionen und Begründungszusammenhänge des publizistischen Engagements deutscher Schriftsteller im Ersten Weltkrieg*, Theorie – Kritik – Geschichte 15 (Kronberg, 1977); Klaus-Peter Philippi, *Volk des Zorns. Studien zur "poetischen Mobilmachung" in der deutschen Literatur am Beginn des Ersten Weltkrieges, ihren Voraussetzungen und Implikationen* (München, 1979); Klaus Schröter, "Chauvinism and Its Tradition. German Writers and the Outbreak of the First World War", *The Germanic Review* 43, 2 (1968), S. 120-35 und Peter Buitenhuis, *The Great War of Words. British, American and Canadian Propaganda and Fiction, 1914-1933* (Vancouver, 1987).

nur in der politischen, sondern auch in der kulturellen Geschichte Europas im zwanzigsten Jahrhundert: Der Krieg beschleunigte die Entwicklung zur Moderne in Musik, bildender Kunst und Literatur. Auch spätere grundlegende Werke der Moderne wie T. S. Eliots *The Waste Land* (1922) sind noch durch die kollektive Erfahrung des Krieges entscheidend geprägt bzw. ohne diese kaum vorstellbar. Nachdem in den vergangenen Jahrzehnten begreiflicherweise die Literatur des Zweiten Weltkriegs im Mittelpunkt der Diskussion stand, wendet sich nun die Aufmerksamkeit der Literaturwissenschaft aus diesem Grund wieder verstärkt dem Ersten Weltkrieg zu. Aus militärhistorischer und psychologischer Sicht läßt der Erste Weltkrieg die Grundlagen des modernen Kriegserlebnisses bereits deutlich erkennen, was weitreichende Implikationen für literarische Darstellungen auch der späteren Kriege hat.

Betrachtet man die neuere Rezeption der Literatur des Ersten Weltkriegs, so erstaunt das Fehlen einer umfassenden internationalen bzw. komparatistischen Perspektive. Eine solche erscheint gerade auf diesem Gebiet als besonderes Desiderat: Dem Krieg als internationalem Phänomen kann nur eine interkulturelle Betrachtung gerecht werden. Erst aus komparatistischer Sicht kann die Problematik künstlerischer Verarbeitung traumatischer Erfahrung allgemein erhellt werden. Auch demonstriert der Vergleich unterschiedlicher Darstellungen der Kriegserfahrung in verschiedenen Nationalliteraturen die Bedeutung differenter soziokultureller Paradigmen für die Verarbeitung des Kriegserlebnisses. Paul Fussells grundlegende Studie *The Great War and Modern Memory* (New York, London, 1975) zeigt am Beispiel der englischen Literatur des Weltkriegs die Bedeutung literarisch vorgeprägter Apperzeptionsmuster für die Verarbeitung der Kriegserfahrung in Lyrik und (autobiographischer) Prosa auf. Auch die Arbeiten von Samuel Hynes und Stuart Sillars[4] untersuchen, ebenfalls auf Großbritannien beschränkt, die komplexen, in ihrer Gesamtheit schwer erfaßbaren Beziehungen zwischen Krieg und Kultur. Mit Modris Eksteins' *Rites of Spring. The Great War and the Birth of the Modern Age* (Boston, 1989) liegt nun ein erster Versuch vor, den Zusammenhängen zwischen der kulturellen Moderne und dem Weltkrieg in einem gesamteuropäischen Kontext nachzugehen.

---

4 Samuel Hynes, *A War Imagined. The First World War and English Culture* (London, 1990); Stuart Sillars, *Art and Survival in First World War Britain* (Basingstoke, London, 1987).

Die historischen Gegebenheiten des zwanzigsten Jahrhunderts legen für England ein unbefangeneres Verhältnis zur Kriegsliteratur nahe als für Deutschland. Diese Vermutung scheint die stärkere Rezeption von Kriegsliteratur, im speziellen auch der Dichtung des Ersten Weltkriegs, im englischsprachigen Raum zu bestätigen. In der deutschen Literaturkritik stand durch das Erlebnis des Zweiten Weltkriegs bisher der präfaschistische bzw. der Antikriegsroman der Weimarer Republik im Mittelpunkt des Interesses,[5] vereinzelte Arbeiten zur Lyrik des Ersten Weltkriegs behandeln diese nicht als Dichtung *sui generis*, sondern als Facette der expressionistischen Lyrik.[6] Die in einer Reihe von Studien[7] behandelten Werke der herausragenden englischen *war poets* hingegen genießen in vielen Fällen bereits kanonischen Status. Bemerkenswert ist, daß noch keine deutsche Monographie über die englische Dichtung des Ersten Weltkriegs vorliegt,[8] während die bisher einzige umfassende Darstellung der deutschen Weltkriegslyrik, Patrick Bridgwaters *The German Poets of the First World War* (London, Sydney, 1985 [dt. Ausgabe Schauffenburg-Verlag 1989]) das Werk eines englischen Germanisten ist. Bridgwaters Einleitung enthält neben Überlegungen zu grundsätzlichen Fragestellungen in bezug auf Kriegsdichtung (s.u.) auch Hinweise auf komparatistische Perspektiven, die der Autor in seinem Aufsatz "German

---

5 Vgl. Hans-Harald Müller, *Der Krieg und die Schriftsteller. Der Kriegsroman der Weimarer Republik* (Stuttgart, 1986) und Eckhardt Momber, *'s ist Krieg! 's ist Krieg!* Versuch *zur deutschen Literatur über den Krieg 1914-1933* (Berlin, 1981).

6 So vor allem Hermann Korte, *Der Krieg in der Lyrik des Expressionismus* (Bonn, 1981) und Uwe Wandrey, *Das Motiv des Krieges in der expressionistischen Lyrik*, Geistes- und sozialwissenschaftliche Dissertationen 23 (Hamburg, 1972).

7 So z. B. A. Banerjee, *Spirit Above Wars. A Study of the English Poetry of the Two World Wars* (London, 1976); Bernard Bergonzi, *Heroes' Twilight. A Study of the Literature of the Great War* (2. Aufl. London, 1980); Fred D. Crawford, *British Poets of the Great War* (Selinsgrove, London, Toronto, 1988); Desmond Graham, *The Truth of War: Owen, Blunden, Rosenberg* (Manchester, 1984); J. M. Gregson, *Poetry of the First World War*, Studies in English Literature 64 (London, 1976); John H. Johnston, *English Poetry of the First World War. A Study in the Evolution of Lyric and Narrative Form* (Princeton, 1964); Arthur E. Lane, *An Adequate Response. The War Poetry of Wilfred Owen and Siegfried Sassoon* (Detroit, 1972); John Lehmann, *The English Poets of the First World War* (London, 1981); George Parfitt, *English Poetry of the First World War. Contexts and Themes* (New York u.a., 1990); *Poetry of the First World War. A Casebook*, Hrsg. Dominic Hibberd (London, Basingstoke, 1981); Jon Silkin, *Out of Battle. The Poetry of the Great War* (London, 1972); Hilda D. Spear, *Remembering We Forget. A Background Study to the Poetry of the First World War* (London, 1979); Jon Stallworthy, *Poets of the First World War* (London, 1974). Ein Desiderat bleiben Gesamtdarstellungen sowohl des englischen als auch des deutschen Kriegsgedichts.

8 Die englische Dichtung beider Weltkriege behandelt Horst Kord-Lüdgerts unveröff. Dissertation *Der Krieg in der englischen Dichtung 1918-1945* [Hannover, 1971].

and English Poetry of the First World War. A Comparative View"[9] weiterverfolgt. Komplementär zum Beitrag Bridgwaters erschien an derselben Stelle Franz Karl Stanzels "Englische und deutsche Kriegsdichtung 1914-1918. Ein komparatistischer Versuch";[10] beide Aufsätze gaben wichtige Anregungen für die vorliegende Studie.

Brian Murdochs *Fighting Songs and Warring Words. Popular Lyrics of Two World Wars* (London, New York, 1990) behandelt populäre Kriegsgedichte und Kriegslieder des zwanzigsten Jahrhunderts, wobei vor allem die Ausführungen des Autors zur Publikations- und Rezeptionsgeschichte bekannter Texte wie "Tipperary", "Lili Marleen" oder Ernst Lissauers "Haßgesang gegen England" von Interesse sind. Entscheidendes Kriterium der Analyse ist für Murdoch die Funktionalität von Lyrik als Medium kollektiver Emotionen in Krisenzeiten. Hier trifft sich seine Argumentation mit der bisher einzigen vergleichenden Monographie europäischer Dichtung des Ersten Weltkriegs, Elizabeth A. Marslands *The Nation's Cause. French, English and German Poetry of the First World War* (London, New York, 1991). Marslands Untersuchung konzentriert sich auf propagandistische Lyrik ("public poetry"), als die sie freilich auch Protestgedichte von Frontsoldaten begreift. Das Buch demonstriert überzeugend, daß gerade der Vergleich die Chance bietet, die oftmals simplifizierende oder mystifizierende Darstellung monoperspektivischer Arbeiten zu korrigieren. Durch ihre große thematische Bandbreite bleibt die Studie zwangsläufig in vielem an der Oberfläche, wenngleich der Verfasserin hoch anzurechnen ist, daß sie aus den beobachteten Unterschieden zwischen deutschen, englischen und französischen Kriegsgedichten keine unzulässig verallgemeinernden Schlüsse zieht.[11]

Europäische Lyrik und Prosa des Weltkriegs im Spannungsfeld zwischen Tradition und Moderne behandeln Holger M. Kleins informative

---

9 *Sprachkunst* 18, 2 (1987), S. 208-26.

10 Ebda, S. 227-44. Siehe auch ders., "East and West of No Man's Land: A Comparative Study of English and German Poetry from the Trenches of 1914-1918", in: *From Ode to Anthem. Problems of Lyric Poetry*, Hrsgg. Reinhold Grimm und Jost Hermand, Monatshefte. Occasional Volume 8 (Madison/Wisc., 1989), S. 117-139. Vorarbeiten zu den komparatistischen Aufsätzen Bridgwaters und Stanzels hatten bereits Maurice Bowra und Michael Hamburger geleistet: Maurice Bowra, *Poetry of the First World War. The Taylorian Lecture* (Oxford, 1961); Michael Hamburger, "Internationalism and War", in: M. H., *The Truth of Poetry. Tensions in Modern Poetry from Baudelaire to the 1960s* (Manchester, 1982), S. 148-179 [Erstveröff. London, 1969].

11 Zu Murdoch und Marsland vgl. die Rezensionen des Verf. in *Germanisch-Romanische Monatsschrift* NF 41, 2 (1991), S. 252-54 und NF 43, 2 (1993), S. 249-52.

Beiträge zur *Propyläen Geschichte der Literatur* und zum *Neuen Handbuch der Literaturwissenschaft*.[12] Der von Klein herausgegebene Band *The First World War in Fiction. A Collection of Critical Essays* (London, 1978) versammelt Artikel, die ein breites Spektrum europäischer und amerikanischer Kriegsromane abdecken, ohne allerdings gezielte Vergleiche einzelner Werke zu unternehmen.[13] Dies gilt auch für Robert Wohls[14] Studie über die "verlorene Generation" der jungen Avantgarde und die von Klaus Vondung[15] und Bernd Hüppauf[16] herausgegebenen Sammelbände zur internationalen Literatur des Weltkriegs. Eine ausführlichere vergleichende Studie englischer und französischer Kriegsliteratur ist Frank Fields *British and French Writers of the First World War. Comparative Studies in Cultural History* (Cambridge, 1991).[17] Zu erwähnen ist auch Tim Cross' Anthologie *The Lost Voices of World War I. An International Anthology of Writers, Poets and Playwrights* (London, 1988), deren Kurzessays zu den einzelnen Autoren leider nur sehr wenige vergleichende Querverweise enthalten. Schließlich sei auf einen Ansatz zu einem umfassenden Vergleich englischer und deutscher Kriegsliteratur hingewiesen, der in den Vorträgen des im September 1991 in Graz abgehaltenen internationalen Symposions "Der Erste Weltkrieg in der englischen und deutschen Literatur. Ein Ver-

---

12 Holger M. Klein, "Literarische Reaktionen auf den Ersten Weltkrieg", in: *Propyläen Geschichte der Literatur. Literatur und Gesellschaft der westlichen Welt*, Bd. 6: *Die moderne Welt. 1914 bis heute*. Unveränd. Nachdr. der 1981-1984 v. Erika Wischer hrsg. *Propyläen Geschichte der Literatur* (Berlin, 1988), S. 38-53; ders., "Weltkrieg und Bürgerkriege in der Literatur", in: *Neues Handbuch der Literaturwissenschaft*, Bd. 20: *Zwischen den Weltkriegen*, Hrsg. Thomas Koebner in Verbindung mit Walter Baumgartner u.a. (Wiesbaden, 1983), S. 195-216.

13 Ein solcher findet sich bei Holger M. Klein, "Dazwischen Niemandsland: *Im Westen nichts Neues* und *Her Privates We*", in: *Großbritannien und Deutschland. Europäische Aspekte der kulturellen Beziehungen beider Länder in Geschichte und Gegenwart. Festschrift für John P. Bourke*, Hrsg. Ortwin Kuhn (München, 1974), S. 487-512. Zum englischen und deutschen Kriegsroman s. auch Harro Grabolle, Hilda D. Spear und Ian Wallace, "British and German Prose Works of the First World War: A Preliminary Comparative Survey", I, II (Bibliography), *Notes & Queries* 29 (227), 4 (1982), S. 329-335 und 30, 4 (1983), S. 326-329.

14 Robert Wohl, *The Generation of 1914* (London, 1980).

15 *Kriegserlebnis. Der Erste Weltkrieg in der literarischen Gestaltung und symbolischen Deutung der Nationen*, Hrsg. Klaus Vondung (Göttingen, 1980).

16 *Ansichten vom Krieg. Vergleichende Studien zum Ersten Weltkrieg in Literatur und Gesellschaft*, Hrsg. Bernd Hüppauf, Hochschulschriften Literaturwissenschaft 61 (Königstein, 1984).

17 S. auch ders., "Karl Kraus, Bernard Shaw and Romain Rolland as Opponents of the First World War", in: *Karl Kraus in neuer Sicht: Londoner Kraus-Symposium/Karl Kraus in a New Perspective: London Kraus Symposium*, Hrsgg. Sigurd Paul Scheichl u. Edward Timms, Sonderband der Kraus-Hefte (München, 1986), S. 158-173.

gleich/The First World War in English and German Literature. A Comparative View" unternommen wurde.[18]

Ziel der vorliegenden Studie ist ein erster umfassender Vergleich englischer und deutscher Kriegsgedichte nach ausgewählten thematischen Kriterien. An den gewählten Themenbereichen (Perspektive des Schützengrabens, Kriegstechnik, Todesbilder u.a.) soll die Dekonstruktion glorifizierender Kriegsauffassungen durch das Fronterlebnis im ersten mechanisierten Krieg der Geschichte illustriert werden. Untersucht werden sowohl kriegsbejahende als auch kriegskritische Gedichte. Erstere versuchen, Schemata einer vorwiegend heroisch geprägten älteren Kriegsdichtung, die das Schlachtfeld zur Opferstätte, zum "Ort transzendentaler Erhöhung"[19] verklärt, in den Kontext des Maschinenkrieges zu transponieren, während letztere die Dichotomie zwischen heroisierenden Kriegsbildern und dem technisierten Krieg aufzeigen. Hiebei ist festzuhalten, daß eine eindeutige Trennlinie zwischen kriegsaffirmativen und kriegskritischen Gedichten oft nicht zu ziehen ist. Die Frage, ob eine realistische Wiedergabe des Fronterlebnisses bereits mit Kriegskritik gleichgesetzt werden kann, verdient eine eingehendere Behandlung, als dies im Rahmen unserer Studie möglich ist. Von besonderer Relevanz erscheint sie z. B. im Hinblick auf die Kriegsgedichte August Stramms, die neben der Abscheu vor dem Grauen des Krieges auch eine unterschwellige Faszination seiner Dynamik erkennen lassen. In anderen Fällen (prominentes Beispiel ist Siegfried Sassoon) spiegeln Kriegsgedichte eine Wandlung in der Position des Autors von anfänglicher Kriegsbegeisterung zu Kriegskritik. In diesem Zusammenhang sei auch auf ein bemerkenswertes Paradoxon des Ersten Weltkriegs hingewiesen: Zwar wurden angesichts des mechanisierten Charakters der Front glorifizierende Kriegsbilder zunehmend als obsolet erkannt, andererseits aber schien der Rekurs auf die heroische Tradition der Kriegsdichtung (z.B. in der mythischen Überhöhung des Flugzeugs) Entwicklungen des Maschinenzeitalters, die vor allem von den Vertretern der jungen Avantgarde Deutschlands kritisiert wurden, aufzulösen. Das vorangestellte Zitat aus Isaac Rosenbergs "Marching", das die Wandlung des Kriegsbildes durch die Technisierung der Front thematisiert, bringt die ambivalente Bewertung des modernen Krieges durch die Literatur bzw. die ungebrochene

---

18 Die Referate liegen nun gesammelt vor: *Intimate Enemies. English and German Literary Reactions to the Great War 1914-1918*, Hrsgg. Franz K. Stanzel u. Martin Löschnigg (Heidelberg, 1993).

19 *Ästhetik der Gewalt. Ihre Darstellung in Literatur und Kunst*, Hrsg. Jürgen Wertheimer (Frankfurt a. M., 1986), Kommentar S. 126.

Attraktivität heroischer Kriegsauffassungen im Wortspiel mit "forge" ("Waffenschmiede" bzw. "Fälschung") auf den Punkt.

Der Bildsprache als einem entscheidenden Gestaltungsmittel lyrischer Dichtung, insbesondere der Funktion von Vergleichen und Metaphern im Rahmen der Intentionen der betreffenden Texte, wird in der Untersuchung besondere Beachtung zu schenken sein. Des weiteren ist zu verfolgen, welche Ausprägungen bestimmte Motive und Bilder einerseits in kriegsbejahender, andererseits in kriegskritischer Dichtung erfahren. Dabei wird der bewußten Verfremdung konventioneller Metaphern der affirmativen Lyrik durch die Antikriegsdichtung vermehrte Aufmerksamkeit zugewandt. Die gewonnenen Einsichten sollen in detaillierten Analysen einzelner Gedichte und exemplarischen Gegenüberstellungen englischer und deutscher Autoren weiter ausgeführt werden. Zur Untermauerung des lyrischen Befundes werden des öfteren Belege aus der Prosa des Ersten Weltkriegs heranzuziehen sein. Einige Prosawerke, wie etwa Edmund Blundens *Undertones of War* (1928) oder Paul Zechs retrospektives Kriegstagebuch *Von der Maas bis an die Marne* (entstanden 1932), stehen nämlich in der Bildhaftigkeit und Rhythmik ihrer Sprache der Lyrik sehr nahe. Möglicherweise lassen sich dabei Ansätze für weitere komparatistische Studien auf diesem Gebiet aufzeigen.

Auch im Rahmen der ausgewählten thematischen Bezüge macht die schier unüberschaubare Fülle des Materials eine selektive Vorgangsweise notwendig, nicht zuletzt, um der Gefahr einer reinen Zitatensammlung zu entgehen. Die Masse der vornehmlich von zivilen Autoren produzierten patriotischen Gedichte erscheint für die Untersuchung nur von statistisch-dokumentarischem Interesse; hier wird die Beschränkung am stärksten wirksam werden, was jedoch der Gültigkeit der komparativen Überlegungen wenig Abbruch tut, da diese Gedichte auf deutscher und englischer Seite in ihren rhetorischen Strategien und ihrer Metaphorik weitgehende Ähnlichkeit erkennen lassen. Vielmehr gebietet die Problemstellung der vorliegenden Studie eine Konzentration auf die Werke von Kriegsteilnehmern, wohl wissend, daß diese nur ein Segment der Gedichtproduktion des Weltkriegs darstellen. Der Erfahrung des Weltkriegs durch Nichtkombattanten trägt ein Kapitel zur kriegspublizistischen Tätigkeit zweier prominenter Zivilisten, Thomas Hardy und Gerhart Hauptmann, exemplarisch Rechnung.

Die eingehend behandelten englischen *war poets* sind Richard Aldington, Edmund Blunden, Robert Graves, Ivor Gurney, Wilfred Owen, Herbert Read, Isaac Rosenberg, Siegfried Sassoon, Charles Sorley und (mit Einschränkungen) Edward Thomas. Auf deutscher Seite sind es vor allem die Gedichte der in den Zeitschriften *Die Aktion* (Kurd Adler, Oskar Kanehl, Wilhelm Klemm, Alfred Lichtenstein, Alfred Vagts u.a.) und *Der Sturm* (August Stramm, Franz Richard Behrens, Otto Nebel, Kurt Heynicke) publizierten Kriegsdichter; weiters die idiosynkratischen Sonettvariationen Anton Schnacks und die Kriegslyrik der sogenannten "Arbeiterdichter" Max Barthel, Karl Bröger, Gerrit Engelke, Heinrich Lersch und Alfons Petzold. Wie das Beispiel des Österreichers Petzold moniert, sollte in der Untersuchung genauer von "deutschsprachiger" und analog von "englischsprachiger" Kriegsdichtung die Rede sein, da österreichische bzw. irische und schottische Autoren nicht von vornherein ausgeschlossen werden. Die geringfügige terminologische Unschärfe erscheint aus ökonomischen Gründen jedoch vertretbar.

Auf Grund des gemeinsamen Erlebnishintergrundes erscheint es zulässig, von den englischen und deutschen literarischen Zeugnissen des Weltkriegs als *einer* Literatur zu sprechen. Dennoch werden in dieser Untersuchung die verschiedenen Ausgangspositionen englischer und deutscher Kriegsdichter zu berücksichtigen sein. Das geistig-kulturelle Umfeld in Deutschland und England um die Jahrhundertwende zeigt konträre Tendenzen, die die intellektuelle und künstlerische Verarbeitung des Krieges in beiden Nationen entscheidend beeinflussen sollten: "If Germany was the principal activist, and hence modernist, nation of the fin-de-siècle world, then Great Britain was the major conservative power."[20] Der Einfluß avantgardistischer literarischer Strömungen ist in der deutschen Lyrik des Weltkriegs in ungleich stärkerem Ausmaß spürbar als in der englischen, wo modernistische Texte fast gänzlich fehlen. So ist die Mehrzahl der heute noch geschätzten britischen Frontdichter vor dem Hintergrund einer für die damalige englische Dichtung bedeutsamen Tradition der Naturdarstellung zu sehen. Ihre Reaktion auf den Krieg ist daher häufig die Projektion eines Kontrastes zwischen einer ländlichen Friedenswelt und dem mechanisierten Krieg.[21] Für die durch ihre Großstadterfahrung geprägten Expressionisten, die eine der literarisch interessantesten Gruppen innerhalb der deutschen Kriegsdichtung darstellen, ist dagegen eine "grundsätzliche[...] Aufgeschlossenheit [...] für

---

20 Modris Eksteins, *Rites of Spring*, S. 117. Siehe auch Ted Bogacz, "'A Tyranny of Words': Language, Poetry, and Antimodernism in England in the First World War", *Journal of Modern History* 58 (1986), S. 643-68.

21 Vgl. Robert Graves, *Goodbye to All That* (4. Aufl. London, 1966), S. 205: "We [d.h. Robert Graves und Siegfried Sassoon] defined the war in our poems by making contrasted definitions of peace."

das Häßliche und Abstoßende"[22] anzunehmen. Die Frage, ob dies zu einer besonders adäquaten Darstellung des modernen Krieges durch expressionistische Gedichte führt, stellt sich einer vergleichenden Betrachtung deutscher und englischer Kriegslyrik in besonderem Maße. Im Fall der englischen Kriegsdichtung wiederum ist zu untersuchen, ob die partikuläre Naturbetrachtung in der Vorkriegsdichtung der *Georgians* zu einer größeren Partikularität und Detailtreue englischer Kriegsgedichte im Vergleich zu deutschen führte.

Obwohl diese Problemstellung eine weitgehend empirische Vorgangsweise rechtfertigt, sei abschließend kurz auf zwei theoretische Probleme hingewiesen, die aus der Gestaltung des Kriegserlebnisses in lyrischen Gedichten resultieren. Lyrik zeigt eine Affinität zum besonderen Charakter menschlicher Wahrnehmung im modernen Krieg. Das lyrische Gedicht kann sicher keine panoramatische Schau eines Kriegsereignisses vermitteln, wohl aber kann es gerade den fragmentarischen Charakter der Fronterfahrung im Stellungskrieg, die Einschränkung des Blickfeldes und die Aufsplitterung des Zeitempfindens reflektieren. Sehr oft handelt es sich bei Gedichten von Kriegsteilnehmern um "Momentaufnahmen", die meist in kurzem zeitlichen Abstand vom unmittelbaren Erlebnis konzipiert wurden. Dadurch entsteht eine Authentizität, die den in größerer zeitlicher Distanz verfaßten Chroniken fehlt. Umfangreichere Formen wie David Jones' "Weltkriegsepos" *In Parenthesis* (1937) knüpfen gattungsbedingt an die heroisierende Epik an. Eine mittlere Position nehmen Versuche einer Gesamtschau des Kriegserlebnisses in Gedichtzyklen oder Gedichtbänden ein. Die vom Autor oder Herausgeber vorgenommene Reihung, sofern nicht durch die Datierung der Gedichte vorgegeben, läßt zumeist eine der Struktur von Kriegsromanen und -memoiren entsprechende Progression vom Aufbruch an die Front bis zum Ende des individuellen Kriegserlebnisses erkennen.

Durch ihre Kürze, die eine rasche Reaktion auf politische Ereignisse zuläßt, erscheint die Lyrik auch für propagandistische Zwecke als ideales Medium. Dies dokumentiert die Masse der in Zeitungen und Zeitschriften abgedruckten kriegsbejahenden Gedichte ebenso wie die in der *Fackel* enthaltene versifizierte Antikriegspolemik Karl Kraus'. In diesem Sinne

---

22 Karl Ludwig Schneider, "Das Bild der Landschaft bei Georg Heym und Georg Trakl", in: *Der deutsche Expressionismus. Formen und Gestalten*, Hrsg. Hans Steffen, Kleine Vandenhoeck-Reihe 208 (Göttingen, 1965), S. 53.

ist Lyrik besonders aufschlußreich im Hinblick auf Veränderungen des kollektiven Unbewußten in Kriegszeiten.[23]

Ein wesentliches Moment sowohl kriegsbejahender als auch kriegskritischer Gedichte ist die Spannung zwischen ästhetischen und propagandistischen (sowohl patriotisch-kriegsaffirmativen als auch humanitären) Ansprüchen. Das Problem der Abgrenzung ästhetischer und ethischer Kategorien illustriert eine Gegenüberstellung der rhetorisch brillanten, in ihrer Bildsprache überzeugenden Sonette *1914* Rupert Brookes, deren eindeutig kriegsbejahender Charakter vielen heutigen Lesern trotz des Wissens um ihre Zeitbedingtheit inakzeptabel erscheint, und den "Bruder-Mensch"-Hymnen mancher deutscher Expressionisten, die in ihrer Weitschweifigkeit und hyperbolischen Bildlichkeit ästhetisch unbefriedigend bleiben. Die Metaphorik, integrative Komponente der Lyrik, bildet einen Kristallisationspunkt der Problematik: Erweist sie sich einerseits als unabdingbar für die literarische Gestaltung einer häufig als nicht mitteilbar empfundenen Erfahrung,[24] bewirkt andererseits schon ihre Verwendung eine gewisse Ästhetisierung des Gegenstandes. Karl Heinz Bohrers Postulat, daß "ästhetische Konzentration an sich schon die Tendenz zur moralischen Empfindungslosigkeit, ja zur Grausamkeit in sich [trägt]",[25] und die Ansicht der Herausgeber der völkerversöhnenden Anthologie *Ohne Haß und Fahne*, "daß sich 'engagierte' Literatur und künstlerische Qualität *nicht* von vornherein ausschließen",[26] repräsentieren konträre Positionen in der mit Vehemenz geführten – und wohl kaum zu entscheidenden – theoretischen Debatte des Problems.

---

23 Vgl. Walter Falk, *Der kollektive Traum vom Krieg. Epochale Strukturen der deutschen Literatur zwischen "Naturalismus" und "Expressionismus"*, Beiträge zur neueren Literaturgeschichte. Dritte Folge 31 (Heidelberg, 1977), S. 242.

24 Die Situation der Weltkriegsdichter erscheint ähnlich der von Miltons Raphael, der zu Bildern Zuflucht nehmen muß, um Adam den Kampf zwischen den Mächten des Guten und des Bösen zu schildern. Vgl. *Paradise Lost*, v, 563 ff.; *Milton. Poetical Works*, Hrsg. Douglas Bush (Oxford, New York, 1966), S. 311 ff.

25 Karl Heinz Bohrer, *Die Ästhetik des Schreckens: Die pessimistische Romantik und Ernst Jüngers Frühwerk* (München, 1978), S. 57.

26 *Ohne Haß und Fahne. No Hatred and no Flag. Sans haine et sans drapeau. Kriegsgedichte des 20. Jahrhunderts. War Poems of the 20th Century. Poèmes de guerre au XXe siècle*, Hrsgg. Wolfgang G. Deppe, Christopher Middleton u. Herbert Schönherr, Klassiker der Literatur 58 (Hamburg, 1959), Vorwort S. 11.

2. Themen deutscher und englischer Dichtung des Ersten Weltkriegs. Eine Überschau

Der folgende Überblick über ausgewählte Themen der englischen und deutschen Weltkriegsdichtung soll primär Basis für die detailliertere Analyse der dichterischen Darstellung einzelner Aspekte des Kriegserlebnisses (Perspektive des Schützengrabens, Kriegswaffen, Todesbilder) im anschließenden Teil der Studie sein. Komparatistische Betrachtungen, so lohnend sie jeweils erscheinen, können im Rahmen einer thematischen Übersicht freilich nur ansatzweise in Form exemplarischer Gegenüberstellungen einzelner Gedichte (unter vorrangiger Behandlung der Dichtung von Kriegsteilnehmern) unternommen werden. Querverweise auf Prosawerke sollen auf die unterschiedliche Repräsentanz und Gestaltung einzelner Themen in Gedichten bzw. Kriegsromanen und -memoiren aufmerksam machen. Gedichte von Kriegsteilnehmern wurzeln im unmittelbaren Erlebnis der Front, während der überwiegende Teil der Kriegsromane und -memoiren in größerer zeitlicher Distanz vom Krieg verfaßt wurde. Eine erste Welle von Prosawerken zum Krieg setzte sowohl in England als auch in Deutschland um 1928/29 ein. Besonders im Fall von Autoren, von denen Kriegslyrik und -prosa vorliegt (Edmund Blunden, Herbert Read, Richard Aldington, Robert Graves, Siegfried Sassoon – Paul Zech, Walter Flex, Edlef Köppen, Ernst Toller) erscheint somit auch ein eingehender thematischer Vergleich von Gedichten und Prosa wünschenswert, für den dieses Kapitel wiederum nur Anstöße geben kann. Hervorzuheben sind schließlich divergente Ausprägungen eines Motivs in kriegsaffirmativer und kriegskritischer Dichtung sowie der "Einfluß kultureller Paradigmen"[1] auf die literarische Gestaltung des Fronterlebnisses, der sich einer vergleichenden thematisch-motivischen Betrachtung besonders deutlich erschließt.

2.1. Vorwegnahmen des Krieges – Aufbruch

Das geistig-kulturelle Leben Europas unmittelbar vor Ausbruch des Ersten Weltkriegs war geprägt durch das Nebeneinander konservativer und innovativer literarisch-künstlerischer Strömungen: Wirkten einerseits Symbolismus und Neoromantik fort, die um die Jahrhundertwende einen

---

1 Vgl. Paul Fussell, "Der Einfluß kultureller Paradigmen auf die literarische Wiedergabe traumatischer Erfahrung" [übers. von Sibylle Kisro-Völker], in: *Kriegserlebnis*, Hrsg. Vondung, S. 175-187.

Höhepunkt erreicht hatten, so machten sich andererseits um 1910 in Frankreich, Italien und Deutschland avantgardistische Tendenzen in Literatur, bildender Kunst und Musik bemerkbar. Kennzeichnend vor allem für die futuristische Dichtung F. T. Marinettis und die Lyrik einzelner junger Expressionisten in Deutschland ist, daß der Krieg zum Programm bzw. zur Metapher für Aufbruch und Erneuerung wird. Ernst Stadlers "Der Aufbruch", verfaßt kurz vor Kriegsbeginn, kleidet den vitalistischen Drang einer Generation nach gesellschaftlicher Umwälzung in militärische Bilder.[2] Das 1913 entstandene Gedicht "Aufbruch der Jugend" des am 26. September 1914 an der Aisne gefallenen Ernst Wilhelm Lotz evoziert die von der Avantgarde ersehnte Revolution im Bild von "Truppenkolonnen, unruhig nach Ruf der Alarme" und der gewaltsamen Zerstörung des Überkommenen:

> Grell wehen die Fahnen, wir haben uns heftig entschlossen,
> Ein Stoß ging durch uns, Not schrie, wir rollen geschwellt,
> Wie Sturmflut haben wir uns in die Straßen der Städte ergossen
> Und spülen vorüber die Trümmer zerborstener Welt.[3]

Die radikale Opposition der Avantgarde zum Bürgertum und dessen Kultur manifestiert sich in apokalyptischen Endzeitvisionen (bekannt ist Jakob van Hoddis' Gedicht "Weltende"), in denen die Kriegsthematik ebenfalls angelegt ist. Georg Heyms Gedicht "Der Krieg", entstanden im September 1911 im Gefolge der Marokko-Krise,[4] beschwört den Untergang der bürgerlichen Welt in Chaos und Tod, versinnbildlicht im Wüten eines gigantischen Kriegsdämons:

---

2 Vgl. Carl Zuckmayer, *Als wär's ein Stück von mir. Horen der Freundschaft* (Frankfurt a. M., 1966), S. 203: "Ernst Stadler [...], Dichter des 'Aufbruch', den wir jetzt so gut für unseren Kriegstaumel umdeuten konnten." Englische Übersetzungen des Titels "Der Aufbruch" durch "Decampment" (David McDuff in: *The Penguin Book of First World War Poetry*, Hrsg. Jon Silkin [2. Aufl. Harmondsworth, 1981], S. 232) oder "Setting Out" (Jeremy Adler in: *The Lost Voices of World War I*, Hrsg. Cross, S. 105) können seiner Ambivalenz nicht völlig gerecht werden.

3 In: *Die Dichter und der Krieg. Deutsche Lyrik 1914-1918*, Hrsgg. Thomas Anz u. Joseph Vogl (München, 1981), S. 45.

4 Vgl. Karl Ludwig Schneider, "Georg Heyms Gedicht 'Der Krieg I' und die Marokko-Krise von 1911", in: Günter Dammann, Karl Ludwig Schneider u. Joachim Schöberl, *Georg Heyms Gedicht "Der Krieg". Handschriften und Dokumente, Untersuchungen zur Entstehungsgeschichte und zur Rezeption* (Heidelberg, 1978), S. 40 ff. Bedingt durch die zeitliche und thematische Nähe zur Weltkriegsdichtung erscheint "Der Krieg" auch in Thomas Anz' und Joseph Vogls Anthologie *Die Dichter und der Krieg* (Zitat S. 9). Patrick Bridgwater behandelt das Gedicht in seiner Studie zur deutschen Dichtung des Weltkriegs als "a magnificent poem about war, even if [...] not a 'war poem' as such" (*The German Poets of the First World War*, S. 21-25; Zitat S. 25).

Aufgestanden ist er, welcher lange schlief,
Aufgestanden unten aus Gewölben tief;
In der Dämmrung steht er, groß und unerkannt,
Und den Mond zerdrückt er in der schwarzen Hand.

[...]

Auf den Bergen hebt er schon zu tanzen an
Und er schreit: Ihr Krieger alle, auf und an.
Und es schallet, wenn das schwarze Haupt er schwenkt,
Drum von tausend Schädeln laute Kette hängt.

Einem Turm gleich tritt er aus die letzte Glut,
Wo der Tag flieht, sind die Ströme schon voll Blut.
Zahllos sind die Leichen schon im Schilf gestreckt
Von des Todes starken Vögeln weiß bedeckt.

Näher am Beginn des Weltkriegs stehen die Kriegsvisionen Walter Hasenclevers ("Die Lagerfeuer an der Küste rauchen" [Mai 1914])[5] und Alfred Lichtensteins ("Prophezeiung"; "Doch kommt ein Krieg" [Tagebucheintragung vom 9./10. Juli 1914]).

In der englischen Dichtung fehlen Vorwegnahmen des Krieges durch Repräsentanten einer modernistischen Strömung gänzlich. (Anders stellt sich die Situation in bezug auf die Prosa dar: hier malen bereits gegen Ende des 19. Jahrhunderts zahlreiche "Invasionsromane" – bekannt wurde z. B. Erskine Childers' *The Riddle of the Sands* (1903) – das Schreckgespenst einer Eroberung Großbritanniens durch die Deutschen an die Wand.) Als einzige poetische Antizipation der europäischen Katastrophe, die sich für einen aufmerksamen Beobachter des Zeitgeschehens aus der angespannten Situation zwischen den Großmächten unschwer ablesen ließ, darf Thomas Hardys "Channel Firing" (April 1914) (s. 10.1.2.) gelten.

2.2. *Katharsis*

Ein knappes Vierteljahrhundert nach Ausbruch des Ersten Weltkriegs kommentierte Robert Graves die Stimmung der Augusttage 1914 in seiner poetischen Rückschau "Recalling War": "Sick with delight/ At life's discovered transitoriness,/ Our youth became all flesh and waived the

5 *Walter Hasenclever: Gedichte. Dramen. Prosa*, Hrsg. Kurt Pinthus (Reinbek, 1963), S. 78.

mind."[6] Die allgemeine Kriegseuphorie zeitigte ein intensiviertes Lebensgefühl im Angesicht von Tod und Untergang, vor allem aber ein Gefühl der Befreiung. Besonders von den Vertretern der künstlerischen Avantgarde wurde der Krieg als Befreiung aus der Enge einer bürgerlichen Existenz empfunden, als ein Aufbrechen verkrusteter Strukturen und als Medium der Überwindung einer von vielen verspürten geistigen Lähmung. Schon am 6. Juli 1910 hatte der bereits erwähnte Georg Heym in seinem Tagebuch notiert:

> Es ist immer das gleiche, so langweilig, langweilig, langweilig. Es geschieht nichts, nichts, nichts. Wenn doch einmal etwas geschehen wollte, was nicht diesen faden Geschmack von Alltäglichkeit hinterläßt. [...] sei es auch nur, daß man einen Krieg begänne, er kann ungerecht sein. Dieser Frieden ist so faul ölig und schmierig wie eine Leimpolitur auf alten Möbeln.[7]

Heyms beinahe physisches Empfinden der Oppressivität eines "faulen" Friedens korrespondiert mit den Bildern von Reinigung und Läuterung, die in zahlreichen zu Beginn des Krieges verfaßten Gedichten und Essays auftreten und die bereitwillige Akzeptanz des Krieges durch die europäische Intelligenz dokumentieren. Edmund Gosses nunmehr berüchtigte Definition des Krieges als "the sovereign disinfectant [...], the Condy's Fluid that cleans out the stagnant pools and clotted channels of the intellect"[8] findet in Rupert Brookes "swimmers into cleanness leaping" in dem Sonett "Peace" eine poetische Ergänzung. "Peace" ist eine rhetorisch brillante Verurteilung der saturierten Vorkriegswelt und eine enthusiastische Begrüßung des Krieges: "Now, God be thanked Who has matched us with His hour/ And caught our youth, and wakened us from sleeping".[9]

Auch die deutsche Lyrik feiert den Krieg als dynamisierendes und kathartisches Moment. Im Gegensatz zur Revolutionsthematik in den zumeist vor Kriegsbeginn entstandenen Aufbruchsgedichten der jungen Expressionisten vertraten bourgeoise Autoren jedoch eine konservative Konzeption des Krieges als eines Kampfes zur Wahrung des nationalen Erbes. Wie in den poetischen Ergüssen zahlloser Gelegenheitsdichter (Julius Bab, Herausgeber einer der ersten Anthologien deutscher

---

6 *Robert Graves. Poems About War*, mit einer Einleitung und bibliographischen Anmerkungen von William Graves (London, 1988), S. 78.

7 *Georg Heym*, ausgewählt von Karl Ludwig Schneider und Gunter Martens, sammlung dialog. texte 46 (München, 1971), S. 240.

8 "War and Literature", in: *Inter Arma. Being Essays Written in Time of War* (London, 1916), S. 3.

9 *The Poetical Works of Rupert Brooke*, Hrsg. Geoffrey Keynes (London, 1970), S. 19.

Kriegsgedichte, schätzte die Zahl der im August 1914 täglich in den Redaktionen der Zeitungen und Zeitschriften einlangenden patriotischen Gedichte auf 50 000![10]) erscheint in Texten wie Gerhart Hauptmanns "Reiterlied" (s. 10.2.3.) der Krieg als ein existentielles Ringen um die Integrität deutschen Volkstums und Territoriums bzw., wie Klaus Vondung gezeigt hat, als eschatologischer Kampf der Mächte des Guten gegen das Böse.[11] Festzuhalten ist, daß diese apokalyptischen Deutungen des Krieges in der deutschen Lyrik weit häufiger anzutreffen sind als in der englischen.

Vereinzelt wurden schon früh kritische Stimmen unter den Dichtern laut. Charles Hamilton Sorley, unmittelbar vor Kriegsausbruch als Student in Deutschland, beklagte den Krieg zweier verwandter Nationen in seinem Sonett "To Germany" und zeichnete in weiteren Gedichten ("A hundred thousand million mites we go", "All the hills and vales along", "When you see millions of the mouthless dead") ein Bild des Krieges, das in seiner Skepsis vom Enthusiasmus des Großteils seiner Dichterkollegen deutlich unterschieden ist. Auf deutscher Seite findet sich in einer Handvoll satirischer Gedichte des bereits im September 1914 gefallenen Alfred Lichtenstein eine bemerkenswert hellsichtige Verurteilung kriegsverherrlichender Attitüden. Lichtensteins resignatives Gedicht "Abschied" konterkariert die zahllosen in Zeitungen und Zeitschriften erschienenen Jubelgedichte der "Schreibtischpoeten".

Die in Großbritannien zu Beginn des Krieges verfaßte patriotische Dichtung, ansonsten mit der deutschen weitgehend uniform, zeigt in der häufigeren Evokation traditioneller Autostereotypen (s. 9.1.) zuweilen eine weniger abstrakte Glorifizierung der Nation. Versifizierte Rekrutierungsaufrufe (allen voran Thomas Hardys "Men Who March Away" und Rudyard Kiplings "For All We Have and Are") spiegeln die Verschiedenheit der militärischen Systeme: Die Konskription wurde in Großbritannien bekanntlich erst 1916 eingeführt, die pragmatische Komponente dichterischer Appelle an das individuelle und kollektive Engagement ist bis zu diesem Zeitpunkt daher ungleich höher einzuschätzen als in Deutschland. Während Alfred Lichtenstein, wie seine vor dem Krieg

---

10 Julius Bab, *Die deutsche Kriegslyrik 1914-1918. Eine historische Bibliographie* (Stettin, 1920), S. 25.

11 Vgl. *Die Apokalypse in Deutschland* (München, 1988), S. 189-207 *et passim*; "Geschichte als Weltgericht. Genesis und Degradation einer Symbolik" und "Postskript: Zum internationalen und gesellschaftlichen Kontext apokalyptischer Deutungen des Ersten Weltkriegs", in: *Kriegserlebnis*, Hrsg. K. V., S. 62-84 u. 85-89 sowie "Apokalyptische Deutungen des Ersten Weltkriegs in Deutschland", in: *Intimate Enemies*, Hrsgg. Stanzel/Löschnigg, S. 59-69.

entstandenen "Soldatengedichte"[12] verraten, durch den Militärdienst kaum noch Illusionen über seinen Kriegseinsatz haben konnte, treten auf englischer Seite erst später Texte wie Wilfred Owens "The Send-Off", "Mental Cases" und "S.I.W." (*self-inflicted wound*, offizieller Terminus in der britischen Armee für Selbstverstümmelung) auf, die ein ironisch-kritisches Licht auf die zahlreichen Rekrutierungs- und Soldatenabschiedsgedichte der ersten Kriegsmonate werfen. Die erwähnten Gedichte Hardys und Kiplings stehen hinter der folgenden Passage aus "S.I.W.":

> Patting goodbye, doubtless they told the lad
> He'd always show the Hun a brave man's face;
> Father would sooner him dead than in disgrace, –
> Was proud to see him going, aye, and glad.[13]

2.3. An die Front

Zahlreiche Gedichte thematisieren den Marsch von Truppen ins Kriegsgebiet (in englischen Texten figurieren naturgemäß Truppentransportschiffe, so z. B. in Rupert Brookes Fragment "I strayed about the deck") und die Gefühle und Gedanken von Soldaten auf dem Weg in die vorderste Frontlinie (Max Plowman, "Going up the Line", Ivor Gurney, "Riez Bailleul"). Kriegsaffirmative Marschgedichte zelebrieren in optimistischem Ton den bevorstehenden Moment der Bewährung oder bekräftigen pathetisch die Bereitschaft zum Opfer für die Nation, während sich kriegskritische Texte gerade des Marschierens (und Wartens), Hauptbeschäftigung der Soldaten nicht nur im Ersten Weltkrieg, zur Demaskierung der Sinnlosigkeit des Krieges bedienen. So heißt es z. B. in Richard Aldingtons "Dawn": "We trudge along wearily,/ Heavy with lack of sleep,/ Spiritless, yet with pretence of gaiety",[14] und in Ludwig Bäumers "Abendlied" betrachtet der Sprecher sich und seine Kameraden als "Irrsinnwärtsgeführte".[15] Isaac Rosenbergs "Marching (As Seen from The Left File)" und Oskar Kanehls "Auf dem Marsch" zeichnen marschierende Truppen als willenlose Automata (vgl. 4.2.).

---

12 S. *Alfred Lichtenstein. Dichtungen*, Hrsgg. Klaus Kanzog und Hartmut Vollmer (Zürich, 1989) [= erw. und überarb. Fassung der von K. Kanzog 1962 und 1966 hrsgg. kritischen Edition der gesammelten Gedichte und gesammelten Prosa].

13 *Wilfred Owen: The Complete Poems and Fragments*, Hrsg. Jon Stallworthy, Bd. 1: *The Poems* (London, 1983), S. 160.

14 *The Complete Poems of Richard Aldington* (London, 1948), S. 78.

15 In: *1914-1916. Eine Anthologie*, Hrsg. Franz Pfemfert, Die Aktions-Lyrik 1 (Berlin-Wilmersdorf, 1916), S. 21.

Kritischen englischen und deutschen Frontgedichten gemeinsam ist der Gedanke, daß auch im Hinterland ein Feind sitzt, in den Stabsquartieren, den Zeitungsredaktionen und an den Schaltstellen der politischen Macht. Ihren vehementesten Ausdruck findet diese Überzeugung, die sich vor allem nach den verlustreichen Materialschlachten bei Verdun und an der Somme 1916 verbreitet, in den satirischen Protestgedichten Siegfried Sassoons, allen voran in "Base Details" (März 1917) ("If I were fierce, and bald, and short of breath,/ I'd live with scarlet Majors at the Base,/ And speed glum heroes up the line to death"[16]), und Kurt Tucholskys ("Drei Minuten Gehör"), aber auch in der *Zuginsfeld*-Dichtung Otto Nebels (s. 11.).

2.4. *Das Abenteuer Krieg*

Frühe Gedichte von Kriegsteilnehmern vermitteln eine Sicht des Krieges als Abenteuer und Möglichkeit zu persönlicher Bewährung in einem quasi-sportlichen Wettkampf. Vor dem Hintergrund des an den britischen *public schools* tradierten viktorianischen Männlichkeitsideals,[17] dokumentiert in Gedichten wie Henry Newbolts "Vitai Lampada" ("'Play up! play up! And play the game!'"[18]), erscheint die Thematik besonders in der englischen Kriegslyrik, während entsprechende deutsche Texte, wie z. B. die Gedichte des der Wandervogelbewegung nahestehenden Walter Flex, dazu tendieren, den Krieg zu romantisieren. Julian Grenfells "Into Battle", am 28. Mai 1915 zusammen mit der Meldung vom Tod des Dichters an der Front in der *Times* veröffentlicht, zelebriert den Kriegseinsatz als Intensivierung des Lebens, als eine Existenz im Einklang mit der Natur, frei von zivilisatorischen Zwängen.[19] Auch Autoren wie Wilfred Owen und Siegfried Sassoon, die dem Krieg bald negativ gegenüberstan-

---

16 *The War Poems*, Hrsg. Rupert Hart-Davis (London, 1983), S. 71.

17 Vgl. dazu Peter Parker, *The Old Lie. The Great War and the Public-School Ethos* (London, 1987); Michael C. C. Adams, *The Great Adventure. Male Desire and the Coming of World War I* (Bloomington, Indianapolis, 1990); *Manliness and Morality. Middle-Class Masculinity in Britain and America 1800-1940*, Hrsgg. J. A. Mangan u. James Walvin (Manchester, 1987).

18 In: *Poetry of the First World War*, Hrsg. Maurice Hussey (London, 1983), S. 15.

19 Vgl. auch seinen Brief an Ethel Grenfell v. 24. Oktober 1914, zit. nach Nicholas Mosley, *Julian Grenfell. His Life and The Times of His Death 1888-1915* (London, 1976), S. 239: "I *adore* war. It is like a big picnic without the objectlessness of a picnic. I've never been so well or so happy. No one grumbles at one for being dirty. I've only had my boots off once in the last ten days, and only washed twice."

den, konnten sich seiner Faszination zunächst nicht entziehen (Sassoon genoß bei seiner Truppe einen Ruf für waghalsige Unternehmungen).

Analogien zwischen Jagd und Krieg treten, bedingt durch den sozialen Hintergrund literarisch ambitionierter Frontoffiziere wie Grenfell oder Sassoon, in der englischen Dichtung häufig auf. Prominentes Beispiel auf deutscher Seite ist hingegen ein Werk der Kriegsprosa, Manfred von Richthofens *Der rote Kampfflieger*, dessen zahlreiche Analogien des Luftkampfes zur Jagd die klassenbedingte Zugehörigkeit des "roten Barons" zu einer miltärischen Elite unterstreichen. Parallelen zu einer ebenfalls traditionell von der Oberschicht gepflogenen Sportart ziehen Gedichte wie das anonyme "The Cricketers of Flanders".[20] Gemäß dem Verhältnis der gesellschaftlichen Schichten in den Armeen finden freilich auch proletarische Freizeitvergnügungen ihren Niederschlag in der Historiographie und Dichtung des Krieges: Bestätigte Berichte von englischen Regimentern, die während eines Angriffs Fußbälle über das Niemandsland dribbelten, haben bemerkenswerterweise in einem einzigen deutschen Gedicht, Hermann Plagges "Die Schlacht", ihr poetisches Pendant: "Bajonette werden von zittrigen Händen aufgepflanzt, und ein Trupp Verwegener rennt wie Fußballspieler davon."[21]

2.5. *Im Schützengraben*

Das Leben der Soldaten an der Westfront im Ersten Weltkrieg verlief nach einer aus dem stationären Charakter des Krieges resultierenden Routine, sofern diese nicht durch großangelegte Offensiven unterbrochen wurde. Allgemein galt für den Einsatz der Truppen ein regelmäßiger Turnus von Etappe, Bereitschaft und vorderster Frontlinie; der Alltag im Schützengraben war geprägt durch die gleichsam rituelle Abfolge morgendlicher und abendlicher Bereitschaft ("stand-to" bzw. "stand-down") sowie von Mahlzeiten und Schanzarbeiten. Die Stereotypie dieser Abläufe erscheint insbesondere in der Lyrik, die im Gegensatz zur Prosa Momentaufnahmen der Front liefert, zumeist ausgeklammert. Dichterische Darstellungen des Krieges sind zwangsläufig selektiv und konzentrieren sich auf klimaktische Ereignisse wie Sturmangriffe oder den Tod von Kameraden im Drahtverhau des Niemandslandes.[22]

---

20 In: *Never Such Innocence. A New Anthology of Great War Verse*, Hrsg. Martin Stephen (London, 1988), S. 57 f.

21 In: *Die Dichter und der Krieg*, Hrsgg. Anz/Vogl, S. 129.

22 Douglas Jerrold kritisiert an einer Reihe von Kriegsromanen und -memoiren, sie gäben ein verzerrtes Bild der Kriegshandlungen wieder. Jerrolds Kritik verkennt

Thematisieren Gedichte die Routine des Frontalltags, so geschieht dies allenfalls summarisch, wie z. B. in Ivor Gurneys "Servitude": "To keep a brothel, sweep and wash the floor/ Of filthiest hovels were noble to compare/ With this brass-cleaning life."[23] Wilhelm Klemms "Lazarett" läßt die lakonische Feststellung "Jeden Morgen ist wieder Krieg"[24] durch seine anschließende emotionslose Aufzählung der "ganz alltäglichen" in einem Feldlazarett beobachtbaren Schrecknisse zum Protest gegen den Krieg werden. Siegfried Sassoons "Aftermath" (März 1919) ("Do you remember .../ The nights you watched and wired and dug and piled sandbags on parapets?"[25]) verweist auf die kontinuierlichen, erschöpfenden Schanzarbeiten ebenso wie Herbert Reads "My Company" (entstanden 1916/17):

My men go wearily
with their monstrous burdens
They bear wooden planks
and iron sheeting
through the area of death.[26]

Sassoons "Counter-Attack" stellt einen der Höhepunkte eines Tages im Schützengraben, die morgendliche Bereitschaft, dar (Angriffe fanden zumeist im Morgengrauen statt; zeigte der Gegner keine außergewöhnliche Aktivität, wurde Entwarnung gegeben und man ging zum Grabenalltag über): "Stand-to and man the fire-step!" (Craiglockhart 1917; Entwurf Juli 1916).[27]

Viele englische und deutsche Gedichte über die Schützengräben der Westfront thematisieren die Unmenschlichkeit der Existenz unter der Erdoberfläche, so z. B. Richard Aldingtons "Reverie":

It is very hot in the chalk trench
With its rusty iron pickets
And shell-smashed crumbling traverses,

---

die Selektivität literarischer Zeugnisse, die aus den angeführten Gründen für die Lyrik in weit größerem Ausmaß gültig ist als für die Prosa, und zeugt von einem unkritischen, aber weit verbreiteten Literaturverständnis. Vgl. Douglas Jerrold, *The Lie About the War. A Note on Some Contemporary Warbooks* (London, 1930).

23 *Collected Poems of Ivor Gurney*, Hrsg. P. J. Kavanagh (Oxford, New York, 1984), S. 37.

24 In: *1914-1916*, Hrsg. Pfemfert, S. 71.

25 *The War Poems*, S. 143.

26 *Collected Poems* (London, 1966), S. 39; zuerst in *Naked Warriors* (1919).

27 *The War Poems*, S. 105

Very hot and choking and full of evil smells ...[28]

Ebenso eindringlich beschreibt Wilhelm Klemms "Betrachtung" das Leben an der Front:

Gewöhnung ist alles. Nicht schlafen und schlecht zu essen,
Mit blutenden Füßen zu laufen, niederzukauern.
In Höhlen und Mauerresten voll Schmutz und Ungeziefer,
Wo die Luft nach altem Brand schmeckt und die Ratten quieken.[29]

Die Schützengrabenperspektive vergegenwärtigt Hans Kochs "Während der Schlacht": "Mein Haus wohnt in verwurzelter Erde./ Darüber verfilzt die Schlacht zu irrem Gespinst."[30]

Willkommene Unterbrechungen der Frontroutine stellten Erholungsphasen im Hinterland, Unterhaltungsveranstaltungen (Edmund Blunden, "Concert Party, Busseboom") und vor allem Fronturlaube dar, die jedoch schmerzlich die Kluft zwischen Front und Heimat bewußt werden ließen. (Im Zweiten Weltkrieg, der in weit stärkerem Ausmaß auch die Zivilbevölkerung in die Kriegshandlungen involvierte, sollte dieser Gegensatz weit weniger deutlich spürbar sein.) Siegfried Sassoons "Return" (11. März 1917) schildert die Situation des Fronturlaubers. Die im Titel angesprochene Rückkehr zu Menschen, mit denen der Sprecher seine Erfahrungen teilen kann, ist jedoch die Rückkehr an die Front. Sassoons Sprecher artikuliert Schuldgefühle, die aus dem Glauben resultieren, die Kameraden im Stich gelassen zu haben:

I have come home unnoticed; they are still;
No greetings pass between us; but they lie
Hearing the boom of guns along the hill,
[...]
They wondered why I went; at last returning
They guide my labouring feet through desolate mud.[31]

---

28 *Complete Poems*, S. 98.
29 In: *1914-1916*, Hrsg. Pfemfert, S. 69.
30 Ebda, S. 78.
31 Ebda, S. 73.

2.6. Natur

Naturdarstellungen nehmen vor allem in der englischen Dichtung des Ersten Weltkriegs einen breiten Raum ein. Dichter wie Siegfried Sassoon, Edmund Blunden, Robert Graves, Edward Thomas und Ivor Gurney stehen mit ihrem Werk in einer prominenten Tradition der Naturdichtung in der englischen Literatur. Ihre Kriegsgedichte kontrastieren Naturschilderungen mit der Darstellung von Tod und Zerstörung. In zahlreichen Frontgedichten Blundens und Gurneys fungiert die imaginäre Flucht in die pastorale Idylle als implizite Kritik am Krieg bzw. als Versuch der psychischen Bewältigung seiner Schrecken. In Blundens "Vlamertinghe: Passing the Chateau, July 1917" allerdings erscheint ebenso wie in Alfred Vagts' "Schloßpark im Feindesland" die üppige, farbenprächtige Vegetation des Schauplatzes als ironischer Kommentar der Natur zu den Kriegshandlungen. Im Gegensatz zu Darstellungen einer intakten Natur stehen Schilderungen der Verwüstungen an der Front oder der strategischen Einbindung der Natur in die Kriegshandlungen, wie z. B. in Wilhelm Klemms "An der Front" oder in Kurd Adlers "Meinem Freunde M.G.":

> Und alles dies ward zweckstark und bedacht:
> Wälder sind Deckung. Und das Laub der Bäume
> täuschendes Bild. Geliebte Wiesenräume
> grabendurchzuckt. Die klanggefüllte Nacht
> neugierig lichtdurchfurcht. Höllischer Mund
> fetzt Berge auf. Und Nebel deckt so gut.[32]

Die Dichtung des Ersten Weltkriegs spiegelt sowohl das harmonisierende, der Natur einen stabilisierenden und sanativen Effekt zusprechende Naturbild der Romantik als auch die naturalistische Auffassung der Natur als einer dem Menschen gegenüber indifferenten bzw. feindlichen Kraft, repräsentiert durch die Unbilden der Witterung, den Schlamm in den Schützengräben und Ungeziefer wie Ratten und Läuse. Wilfred Owens "Exposure" ist das wohl prominenteste Gedicht, das letztere Naturauffassung vertritt: "Our brains ache, in the merciless iced east winds that knive us ..."[33]; ähnlich heißt es in Kurt Heynickes "Angriff": "Die Nässe zerschneidet unseren Körper in tausend frierende Teilchen."[34] Auch die

32 In: *1914-1916*, Hrsg. Pfemfert, S. 12.
33 *The Complete Poems and Fragments* 1, S. 185.
34 In: *Die Dichter und der Krieg*, Hrsgg. Anz/Vogl, S. 131.

vom Krieg nicht tangierte Natur im Hinterland der Front wird zugleich im Licht romantischen und naturalistischen Naturverständnisses gesehen: Sie ist zum einen Garant für Stabilität und Normalisierung, spiegelt zum anderen aber die Indifferenz des Kosmos gegenüber dem menschlichen Leid. Beide Auffassungen begegnen in Robert Graves' "Country at War":

> So the first things of nature run,
> And stand not still for any one,
> Contemptuous of the distant cry
> Wherewith you harrow earth and sky.
> [...]
> ... nature with accustomed round
> Sweeps and garnishes the ground
> With kindly beauty ...[35]

Auf einer metaphorischen Ebene verleiht die kriegsaffirmative Lyrik den Kampfhandlungen vielfach eine Aura natürlicher Phänomene: Krieg und Tod erscheinen eingebunden in einen natürlichen Zyklus des Werdens und Vergehens, was z. B. die häufige Verwendung des Ernte- bzw. Schnitter-Tod-Motivs dokumentiert (s. 8.4.). Kriegskritische Texte wiederum betonen die tiefgreifende Störung natürlicher Abläufe durch den Krieg und somit dessen Widernatürlichkeit. Komplementär zur Übertragung von Naturbildern und -metaphern auf den Krieg sowohl in Pro- als auch in Antikriegsgedichten (das Spektrum reicht hier von konventionellen Komposita wie dem "Kanonendonner" bis zu den elaborierten Naturbildern Blundens) erscheint umgekehrt die Übertragung von Bildern aus dem Bereich des Krieges auf natürliche Phänomene, wie sie etwa die angeführten Zeilen aus Owens "Exposure" und Heynickes "Angriff" zeigen.

Gerade am Beispiel der Naturdarstellung wird die Prädisposition der prominentesten *war poets* zu einer partikularisierenden dichterischen Gestaltung des Fronterlebnisses im Stil der Georgianischen Lyrik sichtbar. Im Gegensatz dazu tendiert die Dichtung der überdies durch ihre Großstadterfahrung geprägten deutschen Expressionisten zur Generalisierung. Detailliertere Darstellungen der Flora und Fauna der Front treten häufiger in englischen als in deutschen Kriegsgedichten auf. Dagegen dominiert etwa in Georg Trakls "Im Osten" (möglicherweise schon kurz vor dem Aufbruch des Dichters an die Ostfront im August 1914 entstanden) und "Grodek" die expressionistische Überhöhung von Naturbildern zu verfremdenden Metaphern. Von einem englischen Dich-

35 *Poems About War*, S. 58. Vgl. 8.3.

ter und bildenden Künstler, dessen Lyrik in ihrer Spiritualität und der Plastizität ihrer Bilder durchaus mit der Trakls vergleichbar ist, Isaac Rosenberg, stammen zwei der prägnantesten Beispiele für Darstellungen der Fauna der Front: Der imaginäre Dialog des Sprechers mit der dem Grabenkrieg offensichtlich um vieles besser als der Mensch angepaßten Ratte in "Break of Day in the Trenches" sowie der deutlich an Keats' "Ode to a Nightingale" angelehnte Monolog in "Returning, We Hear the Larks" führen die animalischen Vertreter zweier völlig konträrer Sphären vor.[36]

2.7. Frontkameradschaft

Der einzige von kriegsbejahender und -kritischer Dichtung gleichermaßen positiv bewertete Aspekt der Kriegserfahrung ist das Erlebnis der Frontkameradschaft. Hymnisch verklärt erscheint sie in Robert Graves' "Two Fusiliers" ("Show me the two so closely bound/ As we, by the wet bond of blood,/ By friendship blossoming from mud"[37]) und Ivor Gurneys "Song of Pain and Beauty":

> And strengthen Thou in me
> The love of men here found,
> That, out of difficult ground,
> Spring like flowers in barren deserts, or
> Like light, or a lovely sound.[38]

In Extremsituationen ist es die gegenseitige Motivation, die durchhalten läßt: "War nur einer da, der sich nichts aus der Sache [d. h. Artilleriebeschuß] zu machen schien, dann bekamen's die anderen mit der Scham, kontrollierten sich gegenseitig, und dann war alles gewonnen."[39] Haßgefühle gegen den Feind entstehen häufig erst durch den Verlust eines Kameraden. In einer Tagebucheintragung vom 1. April 1916 hält Siegfried Sassoon fest: "I used to say I couldn't kill anyone in this war; but since they shot Tommy I would gladly stick a bayonet into a German by daylight."[40] Memoiren und Gedichte von Kriegsteilnehmern im Offi-

---

36 Zur "Literarität" der Lerchen in englischen Kriegsgedichten vgl. Paul Fussell, *The Great War and Modern Memory*, S. 241 ff.

37 *Poems About War*, S. 35.

38 *Collected Poems*, S. 36.

39 Andreas Latzko, "Feuertaufe", *Menschen im Krieg* (Zürich, 1918), S. 60.

40 *Siegfried Sassoon. Diaries 1915-1918*, Hrsg. Rupert Hart-Davis (London, 1983), S. 52.

ziersrang auf beiden Seiten betonen die Verantwortung des Offiziers für die ihm unterstellte Truppe. Führungsqualitäten werden von den Soldaten entsprechend honoriert: Robert Nichols' "Comrades: an Episode" berichtet in sentimentaler Überhöhung von der Bergung eines tödlich verwundeten Offiziers aus dem Niemandsland, die zwei Soldaten das Leben kostet. Wilfred Owens "Greater Love" und Herbert Reads "My Company" vermitteln die vor allem in der englischen Dichtung häufige homoerotische Interpretation der Beziehung zwischen Offizieren und Mannschaften:[41]

> A man of mine lies on the wire;
> And he will rot
> and first his lips
> the worms will eat.
> It is not thus I would have him kiss'd
> but with the warm passionate lips
> of his comrade here.[42]

Das homoerotische Element der englischen Kriegslyrik wurde wahrscheinlich verstärkt durch die Adoleszenzerfahrung in den *public schools*, aus denen sich der Offiziersnachwuchs rekrutierte. Romantisierende Darstellungen der Frontkameradschaft in der deutschen Dichtung fußen auf der Idealisierung der Männerfreundschaft durch die deutsche Jugendbewegung der Jahrhundertwende. Klassisches Beispiel ist die Beziehung zwischen dem autobiographischen Ich-Erzähler und seinem Freund Ernst Wurche in Walter Flex' *Der Wanderer zwischen beiden Welten* (1917), in der auch homoerotische Untertöne, wenngleich gedämpfter, hörbar werden.

2.8. Kriegswaffen

Der Erste Weltkrieg gilt als erster technisierter Krieg der Geschichte. Dichterische Darstellungen des Instrumentariums der Vernichtung schwanken zwischen Faszination und Abscheu, das Kriegsgerät wird zu einem Kristallisationspunkt divergierender Tendenzen in der Darstellung des Fronterlebnisses. Besonders Texte avantgardistischer Autoren lassen in der Animation der Kriegsmaschine, die sich z. B. in Kurd Adlers "Das Geschütz" gleichsam selbst reproduziert (s. 5.), neben der Betonung ihrer

41 Zahlreiche weitere Beispiele finden sich in der Anthologie *Lads. Love Poetry of the Trenches*, Hrsg. Martin Taylor (London, 1989).

42 "My Company"; *Collected Poems*, S. 39.

Oppressivität eine Bewunderung ihrer Dynamik und Zerstörungskraft erkennen.

Das Bajonett, eine Nahkampfwaffe, die im modernen Krieg zum militärhistorischen Relikt geworden war, figuriert in zahlreichen Kriegsgedichten nichtsdestoweniger an prominenter Stelle. Wie Franz Karl Stanzel zeigt, läßt sich gerade am Beispiel von Bajonettdarstellungen die Überlagerung realistischer Wiedergaben des Fronterlebnisses durch Einflüsse einer heroischen Tradition der Kriegsdichtung veranschaulichen.[43] Das Bajonett repräsentiert einerseits das Schwert des mythischen Helden, während andererseits in Gedichten wie Wilfrid Wilson Gibsons "The Bayonet" der Bajonettkampf die degradierende Brutalität des Krieges illustriert:

This bloody steel
Has killed a man.
I heard him squeal
As on I ran.

He watched me come
With wagging head.
I pressed it home,
And he was dead.

Though clean and clear
I've wiped the steel,
I still can hear
That dying squeal.[44]

Johannes R. Becher, in dessen Kriegsgedichten das Bajonett besonders häufig repräsentiert ist, spricht in "Die Schlacht" vom "hypnotisierende[n] klare[n] Elan aufgepflanzter Bajonette".[45] Das folgende Zitat aus Alfred Vagts' "Vor dem Sturm" kann stellvertretend für eine Reihe von Gedichten stehen, die das Verhältnis Mensch-Kriegswaffe als ein quasi-erotisches interpretieren: "Die Kompanie ist wie Fahnen aufgestellt,/ wir streicheln Bajonette wie Finger einer furchtbaren Geliebten an der Tür von Nacht/ gegen die die Kanonen donnern".[46]

---

43 "'The Beauty of the Bayonet': Hand-to-Hand Combat in German and English Poetry", in: *Intimate Enemies*, Hrsgg. Stanzel/Löschnigg, S. 83-95.

44 *Collected Poems 1905-1925* (London, 1926), S. 319 f.

45 In: *Menschliche Gedichte im Krieg*, Hrsg. René Schickele (Zürich, 1918), S. 47.

46 In: *Deutsche Dichtung im Weltkrieg 1914-1918*, Hrsg. Ernst Volkmann, Reihe Politische Dichtung 8 (Leipzig, 1934), S. 267.

Erstmals wurden im Ersten Weltkrieg Flugzeug und Giftgas sowie U-Boot und Tank eingesetzt. Letztere spielen in der Kriegsdichtung auffälligerweise eine lediglich marginale Rolle – ebenso wie das Maschinengewehr, dessen Repräsentanz in der Kriegslyrik somit umgekehrt proportional zu seiner strategischen Bedeutung ist. Dies liegt vermutlich daran, daß andere Kriegswaffen weitaus attraktivere Themen für die Dichtung darstellten. An den schweren Geschützen faszinierte ihre Massivität und Feuerkraft, das Flugzeug vereinigte ritterliche Tradition und technischen Fortschritt, und das "heimtückische" Gas bot sich wie keine andere Waffe für eine Decouvrierung obsoleter heroisierender Kriegsauffassungen an. MGs fehlen zwar selten in dichterischen Schilderungen der Frontlinie, erscheinen aber kaum jemals als zentrale Themen von Gedichten (Ausnahmen sind Richard Aldingtons "Machine-Guns" und Johannes R. Bechers "Auf ein Maschinengewehr"), weshalb ihnen in der anschließenden ausführlicheren Diskussion poetischer Darstellungen von Kriegswaffen auch kein Kapitel gewidmet ist.

Um Realismus bemühte Gedichte verwenden Bezeichnungen der Soldatensprache für das Kriegsmaterial (z. B. "Five-Nines" in Owens "Dulce et Decorum Est"[47]). Familiarisierende Metaphern und Vergleiche ("Irgendwo puckert noch ein Maschinengewehr wie ein böses Tier im Dunkeln"[48]) versuchen ebenso wie onomatopoetische Wiedergaben der Geschütz- und Geschoßlaute die neuartige Erfahrung des technisierten Krieges zu verarbeiten:

"Oh! Jesus Christ! I'm hit," he said; and died.
Whether he vainly cursed or prayed indeed,
The Bullets chirped – In vain, vain, vain!
Machine-guns chuckled – Tut-tut! Tut-tut![49]

2.9. *Der Feind*

Die Lyrik des Ersten Weltkriegs reflektiert das von der Kriegspropaganda projizierte Bild des Gegners entweder in Übernahme oder in Opposition. Während im Zweiten Weltkrieg das Radio zum wichtigsten Instrument der Kriegspropaganda wurde, war diese im Weltkrieg 1914-18 auf das gedruckte Medium beschränkt, auf Flugblätter, Plakate, Karikaturen,

47 *The Complete Poems and Fragments* 1, S. 140.
48 Hermann Plagge, "Nach dem Gefecht"; in: *1914-1916*, Hrsg. Pfemfert, S. 98.
49 Wilfred Owen, "The Last Laugh"; *The Complete Poems and Fragments* 1, S. 168.

Zeitungsartikel ("In den Feuilletons der Zeitungen sind die Franzosen eine degenerierte Rasse, die Engländer feige Krämerseelen, die Russen Schweine"[50]) und nicht zuletzt unzählige Gedichte. Nachhaltigste Wirkung im englischen Sprachraum hatte Rudyard Kiplings "For All We Have and Are", das mit dem Kassandraruf "The Hun is at the gate" alte britische Invasionsängste schürte, während in Deutschland Ernst Lissauers "Haßgesang gegen England" eine Fülle antibritischer Invektiven in Versform nach sich zog. Ein Echo Kiplings vermeint man in Isaac Rosenbergs "Dead Man's Dump" zu hören, wenn der Zweck der Drahtverhaue an der Front so erläutert wird: " ... to stay the flood of brutish men/ Upon our brothers dear"[51] (vgl. 4.3.). Albert Ehrensteins "Den Feinden" hingegen mahnt zu Kritik gegenüber der medialen Kriegshetze: "Nicht horcht dem Wort der feigen Zeitungsdichter/ Die euch das Bluthorn blasen."[52] Eine Ironisierung des von der Kriegspropaganda aufgebauten Feindbildes erscheint in Wilfred Owens "A Terre": "'D'you think the Boche will ever stew man-soup?'"[53] Begegnungen mit dem Feind an der Front sind vor dem Hintergrund des von der Propaganda vorgeführten Feindbildes zu sehen, da nur wenige Kombattanten, wie z. B. Charles H. Sorley oder Ernst Stadler, der als Rhodes-Stipendiat in Oxford studiert hatte, über ein aus eigener Anschauung gewonnenes, differenziertes Bild der gegnerischen Nation verfügten. Die (partielle) Korrektur stereotyper Feindbilder findet ihren Niederschlag in der Lyrik des Krieges ebenso wie ein aus der gemeinsamen Erfahrung der Massenvernichtung und dem Bewußtsein der Kluft zwischen Front und Heimat sich entwickelndes Gefühl der Solidarität mit dem Gegner.

Die Erkenntnis, daß der Gegner ebenso wie man selbst Opfer der Kriegsmaschinerie ist, manifestiert sich in gelegentlich anzutreffenden Darstellungen tatsächlicher oder fiktiver Fraternisierungen, häufiger aber im Bild der zwischen den Gräben vereint liegenden Toten: "I fought and you fought, and here our bones lie mixed".[54] Beide Motive verweisen auf die für spätere expressionistische Texte (z. B. Gerrit Engelkes "An die Soldaten des Großen Krieges" oder die in Ludwig Rubiners Anthologie *Kameraden der Menschheit* [1919] gesammelten Gedichte) charakteri-

50 Ernst Toller, *Eine Jugend in Deutschland* (Reinbek, 1987 [1933]), S. 50.

51 *Collected Works*, S. 109.

52 In: *Kameraden der Menschheit. Dichtungen zur Weltrevolution*, Hrsg. Ludwig Rubiner (Potsdam, 1919), S. 30.

53 *The Complete Poems and Fragments* 1, S. 178.

54 Laurence Housman, "Armageddon - and After", in: *Poetry of the First World War*, Hrsg. Hussey, S. 79.

stische Menschheitsthematik. Das ansonsten vor allem in den Kriegsmemoiren Robert Graves' und Ernst Jüngers zu beobachtende Bemühen um eine nüchtern-professionelle Haltung gegenüber dem Gegner artikuliert Siegfried Sassoons "Reconciliation": "Remember, through your heart's rekindling pride,/ The German soldiers who were loyal and brave".[55]

Ansätze zur Solidarität mit dem Gegner stehen in unmittelbarem Zusammenhang mit der Tatsache, daß dieser an der Front als Individuum selten greifbar wurde; hinter den Kampfhandlungen stand, so fühlte man, nicht mehr ein identifizierbares menschliches Agens, sondern die Kriegsmaschinerie mit ihrer Eigendynamik. Kontakte mit dem Feind ergaben sich auf Patrouille oder bei Stoßtruppunternehmungen, wo es vereinzelt zu Nahkampfhandlungen kommen konnte, ansonsten aber blieb der Gegner unsichtbar, ein Aspekt, der in der Memoiren- und Romanliteratur, in Briefen und Tagebüchern häufig erwähnt wird. Die Dichtung hingegen vermittelt, wie noch zu zeigen sein wird (vgl. 4.), dieses Charakteristikum des Krieges durch abstrahierte bzw. personifizierte Darstellungen der "Schlacht" sowie durch Pronominalisierung: "Dort von der Höhe – wie es rennt und hetzt".[56] Waffen (auch Nahkampfwaffen) scheinen selbständig zu agieren: "... and with each thrust/ The bayonet claims a bloody gift for death."[57] Das Phänomen der Unsichtbarkeit des Gegners zeitigte auch die bekannten, in der Regel mit dem Singular des Personalpronomens einhergehenden kollektivierenden Appellativa "Fritz", "Jerry", "Boche" bzw. "Tommy" (s. z. B. Leonard Barnes, *Youth at Arms*: "Old Jerry"[58]; David Jones, *In Parenthesis*: "Jerry's through on the flank"[59]; Ivor Gurney, "First Time In": "Fritz"[60] oder "der Engländer" bei Wilhelm Klemm, "Feuerüberfall", s. u.). Zuweilen erhielt der Gegner postum eine gewisse Individualität durch persönliche Gegenstände wie Papiere oder Fotos, die in eroberten Stellungen gefunden bzw. Toten abgenommen wurden (z. B. Anton Schnack, "Der Tote").

Wo Gräben nahe beieinander lagen, war der Gegner zumindest akustisch präsent. Gelegentlich kam es an solchen Frontabschnitten zu verbaler Kommunikation. Zurufe über das Niemandsland erfolgten viel-

55 *The War Poems*, S. 136.
56 Karl Bröger, "Ein Nachtgefecht", in: *1914. Der deutsche Krieg im deutschen Gedicht*, Hrsg. Julius Bab (Berlin, 1914 ff.), H. 5, S. 31.
57 Sydney Oswald, "The Attack", in: *Soldier Poets*, Hrsg. Galloway Kyle, Bd. 1 (London, 1916), S. 71.
58 In: *Up the Line to Death. The War Poets 1914-1918*, Hrsg. Brian Gardner (London, 1964), S. 42.
59 (London, 1963), S. 180.
60 *Collected Poems*, S. 87.

fach in der Absicht, Aufschlüsse über Identität und Stärke der gegnerischen Einheiten auf der anderen Seite zu bekommen. Eine eindeutige Geste wiederum bildet in Alfred Kerrs zuerst im *Tag* vom 16. Dezember 1914 [!] veröffentlichtem Gedicht "Begegnung" den Auftakt zu einer Verbrüderungsszene:

Zwischen den Linien lagen die Leichen.
Ein Holsteiner hob die Schaufel, zum Zeichen;
Von drüben kam einer still auf ihn los.
Man grüßte sich herzlich. Da hat der Franzos
Ihm leis einen Bruderkuß aufgedrückt.[61]

Berichte über Musik und Gesang aus den gegnerischen Gräben spiegeln sich in der Dichtung nur selten, so z. B. in Franz Karl Ginzkeys "Die Flöte",[62] Ivor Gurneys "Serenade" und David Jones' *In Parenthesis*. Hier ertönt aus den deutschen Gräben ein Weihnachtslied:

And one played on an accordion:
Es ist ein' Ros' entsprungen
Aus einer Wurzel zart.
[...]
Two men in the traverse mouth-organ'd;
four men took up that song.
Casey Jones mounted on his engine.
Casey Jones with his orders in his hand.
Which nearer,
which so rarely insular,
unmade his [!] harmonies
[...]
This concertina'd
Good news
of these
barbarians,
them
bastard square-heads. (S. 67f.)

Eine subtile Form der Kommunikation stellt die Routinisierung von Kampfhandlungen mit dem Ziel gegenseitiger Schonung dar. Tony Ashworth hat dieses an der Westfront des Weltkriegs verbreitete defensive Prinzip in seinem Buch *Trench Warfare 1914-1918. The Live and Let Live System* (London, Basingstoke, 1980) dokumentiert. Vor allem

61 In: *1914. Der deutsche Krieg im deutschen Gedicht*, Hrsg. Bab, H. 5, S. 33.
62 Vgl. Franz Karl Stanzel, "Englische und deutsche Kriegsdichtung 1914-1918. Ein komparatistischer Versuch", S. 238.

die aus größerer zeitlicher Distanz als die Lyrik verfaßten Kriegsromane und -memoiren greifen das Thema auf.[63] Die Dichtung spiegelt das Phänomen zumeist nur indirekt wider, explizite Äußerungen wie in Ivor Gurneys "Serenade" ("It was after the Somme, our line was quieter,/ Wires mended, neither side daring attacker/ Or aggressor to be"[64]) oder Kurd Adlers "Ruhe an der Front" ("Fremde Ruhe sinkt um uns her. Es fände/ Keiner den Ton der zerrenden Wildheit"[65]) sind selten. Wilhelm Klemms "Feuerüberfall" verweist auf eine stillschweigende Übereinkunft zwischen den Gegnern: "Aber früh um sechs herum trinkt der Engländer Kaffee,/ Dann können wir unsere Toten bergen."[66] Kriegsaffirmative Gedichte kennen zwar die propagandistisch funktionalisierte Schonung des besiegten Gegners, nicht aber die Haltung des "Leben-und-Leben-Lassens", die schließlich ja das eigene Überleben um jeden Preis einschließt. Es überrascht jedoch, daß das zutiefst Menschliche dieser Einstellung von der kriegskritischen Lyrik nicht verstärkt aufgegriffen wurde. Neben dem Fortwirken von Normen der heroischen Dichtung mag ein Grund dafür auch sein, daß es dieser Lyrik darum ging, das Unmenschliche des modernen Vernichtungskrieges darzustellen, während Versöhnliches im weitesten Sinne – wenngleich aus lauteren Motiven – ausgeklammert wurde.

Der inoffiziellen Waffenruhe auf weiten Abschnitten der Westfront zu Weihnachten 1914, in deren Rahmen es zu zahlreichen Fraternisierungen zwischen englischen und deutschen Soldaten kam, ist in jüngster Zeit verstärkte Aufmerksamkeit zuteil geworden.[67] Während die Geschehnisse dieser Tage in Briefen, Tagebüchern und Memoiren beteiligter Soldaten immer wieder erwähnt werden, konnte Verf. bisher lediglich ein Gedicht ausfindig machen, das sich auf den "Weihnachtsfrieden"

---

63 So z. B. Robert Graves, *Goodbye to All That*, S. 101: "[The First division's] spirit in the trenches was largely defensive; the policy being not to stir the Germans into more than their usual hostility"; Rudolf G. Binding, "Aus dem Kriege", in: R. B., *Dies war das Maß. Die gesammelten Kriegsdichtungen – und Tagebücher* (3. korrig. Aufl. Potsdam, 1941 [1925]), S. 462: "Im St.-Pierre-Vaast-Wald scheint nach den bisherigen Meldungen so etwas wie ein stillschweigendes Einverständnis: 'Stellt uns keine Fallen, so lassen wir euch heraus' zwischen den Schotten und unsern Leuten bestanden zu haben."

64 *Collected Poems*, S. 173.

65 In: *Die Dichter und der Krieg*, Hrsgg. Anz/Vogl, S. 114.

66 In: *1914-1916*, Hrsg. Pfemfert, S. 66.

67 Vgl. Malcolm Brown und Shirley Seaton, *Christmas Truce* (New York, London, 1984) sowie Stanley Weintraub, "The Peace of 1914. Christmas Truce", in: *Intimate Enemies*, Hrsgg. Stanzel/Löschnigg, S. 383-400; s. auch Franz Karl Stanzel, "Englische und deutsche Kriegsdichtung 1914-1918. Ein komparatistischer Versuch", S. 237 f.

1914 bezieht: John C. Squires "Christmas: 1914-1939". Squire, der nicht am Ersten Weltkrieg teilnahm, behandelt das Ereignis in der Retrospektive als einen Akt der Humanität, dessen Signalwirkung leider ohne Folgen blieb, und der sich weder 1915-17 noch während des Zweiten Weltkriegs wiederholte:

> ... voices here and there
> Shouted "Tommy!" and "Fritz!" through the quiet Christmas air
> And the venturous stepped to the open knowing that none
> Would with treachery murder trust under this day's sun,
> And crowds clambered after into the shuttered lands,
> Enemies with laughing lips and unweaponed hands,
> Who gave gifts of whatever they had, exchanged names
> For looking up after the war's end, played games,
> Played football, some for the last time in their lives,
> And proudly from their pockets took pictures of babes and wives.[68]

Häufigsten Anlaß zu friedlichen Kontakten mit dem Gegner boten Gefangene. Der Anblick erschöpfter und verängstigter Gefangener nach Kampfhandlungen genügte meist, um stereotype Vorstellungen vom Feind zu revidieren. Herbert Reads "Liedholz" ist die ausführlichste Gestaltung des Themas in der englischen Kriegsdichtung:

> We met in the night at half-past one
> between the lines.
> Liedholz shot at me
> and I at him;
> in the ensuing tumult he surrendered to me.
>
> Before we reached our wire
> he told me he had a wife and three children.
> In the dug-out we gave him a whiskey.
> [...]
> In broken French we discussed
> Beethoven, Nietzsche and the International.
>
> He was a professor
> Living at Spandau
> and not too intelligible.[69]

---

68 *Poems of Two Wars 1914-1940* (London, 1940), S. 40 f. Vgl. auch Robert Graves' Kurzgeschichte "Christmas Truce", in: *Robert Graves. Collected Short Stories* (London, 1965), S. 100-18 (zuerst unter dem Titel "Wave no Banners" 1962 in der *Saturday Evening Post*).

69 *Collected Poems*, S. 36.

Anton Schnacks "Gefangene Franzosen" verrät das menschliche Interesse, das dem nun als Person greifbaren, keine Gefahr mehr darstellenden Gegner entgegengebracht wird: "Südlicher Mundschnitt ... (Woher? Woher?): aus einem tiefen Wald, aus gelben Meierhöfen der lächelnden Provence".[70]

Die Generalpardonformel "Kamerad" sowie andere Zeichen der Kapitulation wurden im allgemeinen respektiert; in der Extremsituation eines Sturmangriffs konnte es jedoch zu Übergriffen kommen, wie der Protagonist in Siegfried Sassoons Gedicht "Remorse" sie sich vergegenwärtigt:

"Could anything be worse than this?" – he wonders,
Remembering how he saw those Germans run,
Screaming for mercy among the stumps of trees:
[...]
Our chaps were sticking them like pigs ... "O hell!"
He thought – "there's things in war one dare not tell
Poor father sitting safe at home, who reads
Of dying heroes and their deathless deeds."[71]

Nicht zufällig thematisiert Sassoon die Kluft zwischen Front und Heimat und die Nichtmitteilbarkeit der Kriegserfahrung: Krieg inkludiert, so zeigt das Gedicht, die Überschreitung humanitärer Schwellen. Die Behandlung der Feindthematik in kritischen Frontgedichten zielt in der Betonung der gemeinsamen Humanität der Gegner auf eine Markierung eben dieser Schwellen ab.

2.10. Niemandsland

Wohl kein anderes Phänomen des Ersten Weltkriegs hat eine ähnliche Faszination ausgeübt und sich so nachhaltig dem Bewußtsein des zwanzigsten Jahrhunderts eingeprägt wie das Niemandsland zwischen den gegnerischen Stellungen.[72] Das Niemandsland repräsentierte eine absolute Grenzlinie, fungierte aber auch als Ort der Begegnung; dies im besonde-

---

70 *Tier rang gewaltig mit Tier* (Berlin, 1920), S. 52.

71 *The War Poems*, S. 118. Vgl. auch "Atrocities", ebda, S. 145: "You told me, in your drunken boasting-mood,/ How once you butchered prisoners ...".

72 Zu poetischen Darstellungen des Niemandslandes s. Franz K. Stanzel, "Das Niemandsland in der englischen und deutschen Dichtung aus dem Ersten Weltkrieg", in: *Proceedings of the XIIth Congress of the International Comparative Literature Association/Actes du XIIe Congrès de l'Association Internationale de Littérature Comparée*, Bd. 3: *Space and Boundaries/Espace et Frontières* (München, 1988), S. 219-27.

ren bei den erwähnten Fraternisierungen, gewöhnlich aber auf nächtlichen Patrouillengängen (z. B. A. G. West, "A Night-Patrol") oder bei Schanzarbeiten – der Drahtverhau zwischen den Gräben mußte immer wieder verstärkt bzw. vor einem Angriff nach Möglichkeit beseitigt werden:

> "Pass it along, the wiring party's going out" –
> And yawning sentries mumble, "Wirers going out."
> Unravelling; twisting; hammering stakes with muffled thud,
> They toil with stealthy haste and anger in their blood.[73]

Wilfred Owens Beschreibung des von Granattrichtern übersäten Niemandslandes als "pock-marked like a body of foulest disease", die Eingang in sein Gedicht "The Show" fand (vgl. 3.5.), evoziert die traditionelle Vorstellung einer *terra maledicta* und verweist auf die Mystifikation des Niemandslandes in der Literatur des Krieges. Die metaphorische Dimension dieses Grenzbereichs (Eric J. Leeds grundlegende Studie über den Initiationscharakter des Fronterlebnisses trägt nicht zufällig den Titel *No Man's Land*[74]) illustriert ein Gedicht von Georg Davidsohn, das die im Wortspiel der drittvorletzten Zeile veranschaulichte Bedeutung des Niemandslandes als Grenze zwischen Leben und Tod auch typographisch verdeutlicht:

> Grabenrand durchs ganze Land
> – – – – – – – – – – – – – – – –
> Alle Sinne angespannt,
> Kauern wir am Grabenrand,
> Lauern wir: ob Tod uns wird,
> Wenn die wilde Kugel schwirrt.
> Grabenrand, Grabesrand,
> Ihr seid nah, so nah verwandt – – –
> – – – – – – – – – – – – – – –
> Grabenrand durchs ganze Land ...[75]

Isaac Rosenbergs "Break of Day in the Trenches" demonstriert die Absurdität des Krieges anhand der Tatsache, daß es nicht dem Menschen, wohl aber der auf einer niedrigeren Stufe der Evolution stehenden Ratte möglich ist, diese Grenze zu überschreiten.

---

73 Siegfried Sassoon, "Wirers", *The War Poems*, S. 90.
74 Eric J. Leed, *No Man's Land. Combat and Identity in World War I* (Cambridge, 1979).
75 In: *1914-1916*, Hrsg. Pfemfert, S. 28.

2.11. Meuterei und Desertion

Extreme Formen des Protestes gegen den Krieg wie Meuterei, Desertion, Selbstmord oder Selbstverstümmelung nehmen besonders in der Dichtung keine prominente Stelle ein. Unter den wenigen Beispielen finden sich Siegfried Sassoons "Suicide in the Trenches" und Wilfred Owens "S.I.W.": "One dawn, our wire patrol/ Carried him in. This time, Death had not missed./ [...]/ ... (Later they found the English ball)".[76] Obwohl es bei der britischen und deutschen Armee nie zu Massendesertionen wie bei der österreichisch-ungarischen Vielvölkerarmee zu Ende des Krieges kam, scheint die Zahl dieser Vorfälle doch viel höher zu sein, als lange bekannt war. Die Lakune in der Kriegslyrik resultiert wohl aus dem Einfluß von Normen einer heroischen Tradition der Kriegsdichtung, der diese Themen nicht als poetabel erscheinen konnten. Als Fiktion begegnet uns das Thema "Meuterei" in Ivor Gurneys "Servitude":

> If it were not for England, who would bear
> This heavy servitude one moment more?
> [...]
> Harried in foolishness, scanned curiously o'er
> By fools made brazen by conceit, and store
> Of antique witticisms thin and bare.[77]

Robert Graves' "Sergeant-Major Money" führt einen (fiktiven) Einzelfall aus: "... finally two Welshmen, [...]/ Bayoneted their bugbear in a field-canteen."[78] Das Thema des Deserteurs gestalten Anton Schnacks "Der Überläufer", Oskar Kanehls "Der Deserteur" ("Ich will nun nicht mehr länger das Gemeine tun./ Ich will nicht mehr für meine Feinde [!] kämpfen"[79]), Herbert Reads "The Execution of Cornelius Vane" und Francis Ledwidges "After Court Martial". Während in diesen Gedichten wie in A. P. Herberts bekanntem Roman *The Secret Battle* (1919) um Sympathie für den Deserteur geworben wird, verurteilen Gilbert Frankaus "The Deserter" und Rudyard Kiplings "The Coward" (aus "Epitaphs on the War") die Desertion:

---

76 *The Complete Poems and Fragments* 1, S. 160.

77 *Collected Poems*, S. 37.

78 In: *Men Who March Away. Poems of the First World War*, Hrsg. I. M. Parsons (London, 1966), S. 61.

79 *Die Schande. Gedichte eines dienstpflichtigen Soldaten aus der Mordsaison 1914-18*, Die Aktions-Lyrik 7 (Berlin-Wilmersdorf, 1922), S. 26.

"I'm sorry I done it, Major."
We bandaged the livid face;
And led him out, ere the wan sun rose,
To die his death of disgrace.

I could not look on Death, which being known,
Men led me to him, blindfold and alone.[80]

2.12. *Sturmangriff*

Der klimaktische Moment des Hervorbrechens aus der Deckung zum Sturm auf die gegnerischen Stellungen figuriert in zahlreichen Gedichten. Die englische Soldatensprache kennt für diesen Augenblick den Ausdruck "to go over the top":

With bombs and guns and shovels and battle-gear,
Men jostle and climb to meet the bristling fire.
Lines of grey, muttering faces, masked with fear,
They leave their trenches, going over the top ...[81]

Im Deutschen fehlt eine ähnlich prägnante Metapher; Darstellungen der "Stunde Null" wie in Alfred Vagts' "Winterschlacht" wirken im Vergleich oft umständlicher oder rhetorisch überhöht: "... Bajonette klirren ans Gewehr: zum Sturm./ In den Kniekehlen will uns die Kälte verankern,/ wir klettern in den zerschossenen Raum."[82]

Nahkampfdarstellungen in kriegsaffirmativer Dichtung zeigen das Weiterwirken heroisierender Kriegsauffassungen, während kriegskritische Gedichte, wie z. B. Herbert Reads "The Happy Warrior", am Beispiel des Nahkampfes die Brutalisierung des Menschen im Krieg demonstrieren und ihr Sujet demnach mit drastischem Realismus gestalten. Einen poetischen Hinweis auf die relative Seltenheit von Nahkampf im modernen Krieg gibt Ivor Gurneys "Towards Lillers": "But that was a good dream/ Of justice or strength-test with steel tool a gleam/ Made to the hand".[83] Wilfred Owens "Strange Meeting" skizziert die Erinnerung an eine Nahkampfszene in den Zeilen: "... so you frowned/ Yesterday

---

80 In: *Up the Line to Death*, Hrsg. Gardner, S. 85; *Rudyard Kipling. Complete Verse. Definitive Edition* (New York u. a., 1989), S. 385.
81 Siegfried Sassoon, "Attack"; *The War Poems*, S. 95.
82 In: *1914-1916*, Hrsg. Pfemfert, S. 113.
83 *Collected Poems*, S. 112.

through me as you jabbed and killed/ I parried, but my hands were loath and cold."[84]

2.13. Verwundung und Tod

Darstellungen Verwundeter sind in der Dichtung des Ersten Weltkriegs weit seltener als Todesbilder. Die Prokriegsdichtung betreffend fühlt man sich an Karl Kraus erinnert, der eine seiner Figuren in den *Letzten Tagen der Menschheit* feststellen läßt: " Verwundet – das is so eine halbete Gschicht. Ich sag: Heldentod oder nix".[85] Für die Antikriegsdichtung wiederum scheint der Tod an der Front plakativer im Sinne einer Anklage des Krieges gewesen zu sein als das Leiden und Sterben in Lazaretten, das sich im übrigen ja oft der unmittelbaren Erfahrung von Kombattanten entzog. Ausnahmen sind u. a. zwei "Lazarett" betitelte Gedichte Wilhelm Klemms, Walter Hasenclevers "Sterbender Offizier im galizischen Lazarett", Edlef Köppens "Feldlazarett" sowie Siegfried Sassoons "Died of Wounds" und Wilfred Owens "The Death-Bed". Das Thema des Verwundeten im Niemandsland gestalten Franz Werfels "Der Verwundete", Albert Ehrensteins "Der Verwundete zwischen den Feuern" und W. W. Gibsons "Between the Lines":

When consciousness came back he found he lay
Between the opposing fires, but could not tell
On which hand were his friends; ...
[...]
He'd like to know how many of the chaps
Had won back to the trench alive, when he
Had fallen wounded and been left for dead,
If any ...[86]

Auch Alfred Kerrs "Er schleppte sich ..." greift das Motiv auf:

Er schleppte sich an ein Gehölz.
Nacht war's, und ferne Stimmen schrien.
Zwölf Stunden streuten die Schrapnells.
Erst nach zwei Tagen fand man ihn.[87]

---

84 *The Complete Poems and Fragments* 1, S. 149.
85 I, xx; dtv Sonderreihe 24 (5. Aufl. München, 1975), Teil 1, S. 111.
86 *Collected Poems*, S. 385 f.
87 In: *1914. Der deutsche Krieg im deutschen Gedicht*, Hrsg. Bab, H. 4, S. 22.

Wie das Beispiel der Kriegswaffen zeigen auch die zahllosen dichterischen Darstellungen des Soldatentodes in exemplarischer Weise die Spannung zwischen ästhetisierenden, glorifizierenden Tendenzen der Kriegsdichtung und humanitärem Protest, weshalb dieser Aspekt der Fronterfahrung noch eingehender zu betrachten sein wird. Einige grundlegende Beobachtungen seien aber bereits im Rahmen dieses thematischen Überblicks vorweggenommen.

Abstrahierten Todesbildern der patriotisch-kriegsaffirmativen Dichtung stellen kriegskritische Gedichte detaillierte Schilderungen des individuellen Todes an der Front entgegen:

> Schon war das Hindernis von Leichen
> Übersprungen, da traf die Stirn das Blei.
> Er brach im Kreuz zusammen, ohne Schrei,
> Hintüber, zuckte kaum. Auf seinesgleichen
> Lag er, vor ihm fielen eben andre drei,
> Sodaß sein Fuß in ihren Weichen
> Sich verhenkte, und er, ein aufrecht Zeichen,
> Steckend stehen blieb. Die Arme waren frei
> Und halb erhoben aus der Lache
> Von Blut und Erde, fest in steter
> Andachtsbeugung der antiken Beter,
> Zeugend Wort und Sinn der fremden Sache.[88]

Verherrlichen Prokriegsgedichte die Bereitschaft des einzelnen, sich im Dienst der Nation zu opfern, so figurieren in der kritischen Dichtung Todesangst, der wahllose (und würdelose) Tod unter Artilleriebeschuß und, als Sinnbild der Grausamkeit des modernen Krieges, der Tod im Drahtverhau des Niemandslandes: "A man of mine lies on the wire./ It is death to fetch his soulless corpse."[89] Heinrich Lersch, ansonsten kein prononcierter Gegner des Krieges, gestaltet das Motiv in seinem Gedicht "Brüder":

> Es lag schon lang ein Toter vor unserm Drahtverhau,
> Die Sonne auf ihn glühte, ihn kühlte Wind und Tau
> [...]
> Bis ich, trotz allen Kugeln, zur Nacht mich ihm genaht
> Und ihn geholt. Begraben. Ein fremder Kamerad.[90]

---

88 Georg Hecht, "Leichnam", in: *Die Dichter und der Krieg*, Hrsgg. Anz/Vogl, S. 116 (zuerst *Die Aktion* 5 [13. Juni 1915]).

89 Herbert Read, "My Company"; *Collected Poems*, S. 39.

90 *Herz! Aufglühe dein Blut. Gedichte im Kriege* (Jena, 1918), S. 101.

Das Motiv der im Tod vereinten Gegner findet sich z. B. in Oskar Kanehls "Schlachtfeld" ("Verwundete vergessen ihren Völkerhaß,/ und Leichen lagern brüderlich"[91]) und Isaac Rosenbergs "Dead Man's Dump" (s. 4.3.). Darstellungen von Toten als Teil der Frontszenerie fungieren in kriegsaffirmativen Texten häufig als Ausgangspunkt für euphemistische Interpretationen des Heldentodes als *summa vitae* bzw. für seine Integration in natürliche Zyklen des Werdens und Vergehens. Protestgedichte bedienen sich desselben Bildes, um den Widersinn des Massensterbens der Jugend an den Fronten des Weltkriegs zu exemplifizieren.

2.14. Die psychische Bewältigung der Kriegserfahrung

Ist schon allein das beträchtliche Korpus der Weltkriegsliteratur Beweis für die Dringlichkeit der Aufarbeitung persönlicher Fronterfahrung, so wird der Versuch der psychischen Bewältigung von Todesangst und traumatischen Erlebnissen in der Literatur immer wieder thematisiert. Herausragende Beispiele in der Dichtung sind Wilfred Owens "A Terre", "Mental Cases" und "Insensibility", das die psychischen Selbstschutzmechanismen der Frontsoldaten mit unmotivierter Gleichgültigkeit gegenüber dem Leiden kontrastiert. Die psychologische Notwendigkeit solcher Verdrängungsmechanismen manifestiert sich in der vordergründigen Desinvolture des Sprechers in Wilhelm Klemms "Betrachtung":

> Es fallen täglich viele viele tausend Soldaten.
> Immer wieder liegt der Tote hingestreckt
> Und wenn der zufällig deinen Namen trägt -
> Was ist da wunderbares [sic!] dabei?[92]

In der psychischen Bewältigung des Fronterlebnisses liegt auch die Funktion der zahlreichen Naturdarstellungen in Kriegsgedichten, besonders der häufigen Projektion idyllisierender Kontraste. Ein prägnantes Beispiel ist Max Plowmans "When It's Over":

> I shall come back and live alone
> On an English farm in the Sussex Weald,
> Where the wounds in my mind will be slowly sealed,
> And the graves in my heart will be overgrown ...[93]

---

91 *Die Schande*, S. 18.
92 In: *1914-1916*, Hrsg. Pfemfert, S. 69.
93 In: *Poetry of the First World War*, Hrsg. Hussey, S. 107.

Motivation durch Ideale, durch das Beispiel von Kameraden oder durch deren Tod (z. B. F. W. D. Bendall, "Outposts": "I prayed the Lord that I'd fire straight/ If I saw the man that killed my mate"[94]) wird von der Kriegslyrik ebenso thematisiert wie der dem Opfermythos patriotischer Gedichte konträre Gedanke an das eigene Überleben: " ... these who cling to life with stubborn hands";[95] "Bei jedem Einschlag schwankt der Unterstand wie ein treibendes Floß, das auf Grund stößt./ Die Augen um mich her sind lauernd in Angst und geduckt wie gepeitschte Hunde./ O nicht sterben!"[96]

Zahllose Gedichte betonen den Verlust der Menschenwürde im Krieg ("War was foundering of sublimities,/ Extinction of each happy art and faith/ By which the world had still kept head in air"[97]), die psychische Abstumpfung des Frontkämpfers ("Es gibt überhaupt nicht Freude und Haß mehr in uns./ Wir sind so sehr verkommen"[98]) und im besonderen seine (individuell notwendige) Desensibilisierung gegenüber dem menschlichen Leid (Wilfred Owen, "Insensibility"; Richard Aldington, "Soliloquy – 1": "Can watch them [d. h. die Gefallenen] coming from the line/ On the wheeled silent stretchers/ And not shrink,/ But munch my sandwich stoically/ And make a joke, when 'it' has passed".[99] Die "troglodytische Existenz" (Fussell) des Grabenkämpfers versinnbildlichen Vergleiche mit Tieren: "Tief eingegraben sind wir wie die Tiere,/ die Beute bergen".[100] Die von Leed konstatierte Liminalität der Kriegserfahrung und ihre Äußerung in der Selbstbehauptung auf Kosten von Menschlichkeit und Mitgefühl wird in der Lyrik – im Gegensatz zu Briefen und Memoiren – hingegen nicht explizit thematisiert: "Then death and the horrible thankfulness when one sees that the next man is dead: 'We won't have to carry him in under fire, thank God; dragging will do' [...] One is hardened by now: purged of all false pity: perhaps more selfish than before";[101] "Uns friert und einer sagt: 'Schade, daß ich nicht einen Mantel erwischt habe.' [...] alle fühlen sich ertappt bei einem

---

94 In: *Poetry of the Great War*, Hrsgg. Dominic Hibberd u. John Onions (London, 1986), S. 133.

95 Siegfried Sassoon, "Prelude: The Troops"; *The War Poems*, S. 104.

96 Hermann Plagge, "Nacht im Granatfeuer", in: *Die Dichter und der Krieg*, Hrsgg. Anz/Vogl, S. 128.

97 Robert Graves, "Recalling War"; *Poems About War*, S. 78.

98 Oskar Kanehl, "Auf dem Marsch", in: *1914-1916*, Hrsg. Pfemfert, S. 45.

99 *Complete Poems*, S. 95.

100 Kurd Adler, "Betrachten"; ebda, S. 10.

101 Charles H. Sorley, Brief an Arthur Watts, 26. August 1915; *The Poems and Selected Letters of Charles Hamilton Sorley*, Hrsg. Hilda D. Spear (Dundee, 1978), S. 105.

gräßlichen Gedanken: alle hatten wir gewünscht, es mögen mehr Tote dort sein, damit wir bei Nacht schlafen können."[102]

Die divergierende Kriegserfahrung von Zivilisten und Frontsoldaten ist, wie schon bemerkt, ein ständig wiederkehrender Topos der Weltkriegsliteratur. Der Bestsellererfolg von Remarques *Im Westen nichts Neues* gründet auf dem Bedürfnis einer von Euphemismen saturierten Öffentlichkeit nach "authentischen" Darstellungen der Front, obwohl Remarque seinen Ich-Erzähler Paul Bäumer an einer Stelle die grundsätzliche Problematik der Mitteilbarkeit der Fronterfahrung aussprechen läßt: "Am liebsten möchte [der Vater] immerfort etwas hören. Ich begreife, daß er nicht weiß, daß so etwas nicht erzählt werden kann."[103] Auch die Dichtung greift das Thema auf (vgl. das Zitat aus Sassoons "Remorse", 2.9.). Kurd Adlers "Betrachten" beleuchtet das Bild des Krieges in der Presse aus der abgeklärten Perspektive des Frontkämpfers: "Ich denke lächelnd der Begeisterung/ der Morgenblätter, die wir nicht mehr lesen".[104] Siegfried Sassoons "Glory of Women" und "Their Frailty" sowie Richard Aldingtons "The Blood of the Young Men" ("Ah, you women, cruel exquisite women,/ What a love-fountain is poured out for you,/ What coloured streams for your pleasure!"[105]) illustrieren die misogyne Tendenz vieler Frontgedichte, Kurt Tucholskys "Der Kriegslieferant" (1916) und "Professoren" attackieren die Profiteure und Ideologen des Krieges. Nicht zuletzt spiegelt die Kluft zwischen Front und Heimat aber auch einen Generationenkonflikt,[106] den Gedichte wie Wilfred Owens "The Parable of the Old Man and the Young" und Osbert Sitwells "The Modern Abraham" (beide Texte greifen auf die biblische Erzählung von Abraham und Isaak zurück) und, in Deutschland, die Vater-Sohn-Thematik des Expressionismus artikulieren.

Die besonders von Fussell aufgezeigte "Literarität" des Ersten Weltkriegs äußert sich in der Kriegsdichtung nicht nur in intertextuellen Bezügen auf Werke der literarischen Tradition, sondern auch in metapoetischen Reflexionen der Problematik lyrischer Darstellungen des Fronterlebnisses und der Rolle des Dichters im Krieg. Wenngleich für die überwiegende Mehrzahl der heute rezipierten Kriegsdichter das Front-

---

102 Egon Erwin Kisch, *Soldat im Prager Korps* (3. Aufl. Leipzig, Prag, 1922), S. 160.

103 Erich Maria Remarque, *Im Westen nichts Neues* (Frankfurt a. M., Berlin, 1986), S. 119.

104 In: *1914-1916*, Hrsg. Pfemfert, S. 10.

105 *Complete Poems*, S. 120.

106 Zum Mythos der "Verlorenen Generation" siehe Robert Wohl, *The Generation of 1914*.

erlebnis nicht den unmittelbaren Anlaß zu literarischem Schaffen gab, so stellte der Krieg doch eine "Dichterschule" dar, die das Werk vieler Autoren entscheidend prägen sollte. So schrieb etwa Edmund Blunden im Vorwort zur 1930 erschienenen Ausgabe seiner gesammelten Gedichte: "... War became part of the author's experience at a date so early [...] as to mould and colour the poetry throughout this book."[107] Ähnlich verhält es sich im Fall von Robert Graves, Siegfried Sassoon, David Jones und Herbert Read. Wilfred Owens Entwicklung von den spätromantischen Juvenilia in der Nachfolge Keats' zu Gedichten, die ihm einen Rang unter den bedeutendsten englischen Lyrikern des zwanzigsten Jahrhunderts sichern, vollzog sich unter dem Einfluß seiner traumatischen Kriegserfahrung.

Während in Owens Kriegsgedichten der Identifikation mit dem Martyrium der Soldaten und dem Selbstverständnis der *persona* des Autors als Stimme einer "verlorenen Generation" eine zentrale Bedeutung zukommt, glorifiziert Ivor Gurneys Sonett "To the Poet before Battle" eine Synthese von *vita activa* und *vita contemplativa*, wie sie erst der Krieg dem Dichter verheißt. Das Gedicht appelliert darüberhinaus an eine Tradition heroischer Kriegsdichtung, die den "Sänger" ruhmreicher Taten in das dargestellte Geschehen integriert:[108]

Now, youth, the hour of thy dread passion comes;
Thy lovely things must all be laid away;
And thou, as others, must face the riven day
Unstirred by rattle of the rolling drums,
Or bugles' strident cry. When mere noise numbs
The sense of being, the fear-sick soul doth sway,
Remember thy great craft's honour, that they may say
Nothing in shame of poets. Then the crumbs
Of praise the little versemen joyed to take
Shall be forgotten; then they must know we are,
For all our skill in words, equal in might
And strong of mettle as those we honoured; make
The name of poet terrible in just war,
And like a crown of honour upon the fight.[109]

---

107 *The Poems of Edmund Blunden* (London, 1930), "Preface", S. vii.

108 An anderer Stelle bemüht Gurney den stark heroisch geprägten Begriff des Barden ("maker", vgl. schottisch "makar"): "Became a maker among soldiers [...]/ Which is the hardest of all wide earth's many trades" ("Varennes", *Collected Poems*, S. 188); s. auch "What's in Time" ("a soldier, and a war poet"; ebda, S. 249) und "War Poet" (ebda, S. 165).

109 Ebda, S. 31.

Im Gegensatz zu Gurney diagnostiziert der Sprecher in Robert Graves' "The Shadow of Death" eine grundlegende Dichotomie zwischen seinem künstlerischen Selbstverständnis und dem Erlebnis des Krieges: "Here's an end to my art!/ I must die and I know it,/ With battle murder at my heart –/ Sad death for a poet!"[110] Einige deutsche Gedichte, wie z. B. Stefan Georges *Der Krieg* (1917), Hans Carossas "Der Himmel dröhnt von Tod" oder Albert Ehrensteins "Der Dichter und der Krieg", dem das abschließende Zitat entnommen ist, thematisieren die Position des Dichters zwischen ästhetizistischer Isolation und propagandistischem Engagement:

Ich sang die Gesänge der rot aufschlitzenden Rache,
Und ich sang die Stille des waldumbuchteten Sees;
Aber zu mir gesellte sich niemand,
Steil, einsam,
Wie die Zikade sich singt,
Sang ich mein Lied vor mich.[111]

110 *Poems About War*, S. 14; (zuerst *Over the Brazier* [1916]).
111 In: *Die Dichter und der Krieg*, Hrsgg. Anz/Vogl, S. 67.

3. "The Show"

Die Erfahrung des Stellungskriegs an der Westfront 1914-1918 läßt die "neuen Paradigmen"[1] des Krieges bereits deutlich erkennen: Truppen agierten isoliert und ohne Einblick in größere militärische Zusammenhänge. "Es war seltsam, zu erfahren, daß unser scheinbar wirres Tun in finsterer Nacht [...] dazu beigetragen [hatte], den mit so mächtigen Kräften begonnenen Angriff zum Stillstand zu bringen", schreibt Ernst Jünger über die Schlacht bei Langemarck.[2] Das Fehlen der Gesamtschau erscheint symptomatisch für die visuelle Erfahrung des Stellungskriegs: "Preoccupied in the trenches by the mass of details [...] and denied precise information about the course of the war on other fronts, men found it difficult to assemble a coherent picture of the war as a whole."[3] Als Folge der "räumlichen Fragmentierung" der Frontlinie entstand an der Westfront ein System von austauschbaren "Mikroräumen", das nicht zuletzt auch Phänomene wie die inoffiziellen Waffenruhen auf weiteren Frontabschnitten zu Weihnachten 1914 (s. 2.9.) oder örtlich begrenzte Insubordinationen zeitigte.[4]

Hand in Hand mit dem strategischen Wandel ging eine tiefgreifende Veränderung der Sinneswahrnehmung durch die militärische Technik. Der Schützengraben bewirkte eine Einengung bzw. Fragmentierung des Gesichtsfeldes, der intensive Artilleriebeschuß eine schockartige Simultaneität akustischer Eindrücke. Die Literatur des Krieges dokumentiert die durch die "kinematische Machart der Kriegsmaschinerie"[5] bewirkte Veränderung des gewohnten Raum-Zeitempfindens: Briefe, Tagebücher und fiktionale Zeugnisse spiegeln die "Erfahrung, daß dieser Krieg die traditionellen Erlebnisstrukturen transzendierte".[6] Die Überlagerung tra-

---

1 Vgl. Günther A. Höfler, "Das neue Paradigma des Krieges und seine literarischen Repräsentationen. Dargestellt an Detlev v. Liliencron, Ernst Jünger und Thor Goote", in: *Intimate Enemies*, Hrsgg. Stanzel/Löschnigg, S. 277-91 u. Literaturangaben. Siehe auch ders., "Die Invasion der Kriegsmaschinen in die Literatur. Der Erste Weltkrieg als literarische Technikerfahrung", in: *Medien und Maschinen. Literatur im technischen Zeitalter*, Hrsgg. Theo Elm und Hans H. Hiebel, Rombach Wissenschaft. Reihe Litterae (Freiburg, 1991), S. 218-238.

2 Ernst Jünger, *In Stahlgewittern*, in: *Sämtliche Werke. Erste Abteilung. Tagebücher I. Bd 1. Der Erste Weltkrieg* (Stuttgart, 1961), S. 191.

3 Modris Eksteins, *Rites of Spring*, S. 174.

4 Bernd Hüppauf, "Räume der Destruktion und Konstruktion von Raum: Landschaft, Sehen, Raum und der Erste Weltkrieg", *Krieg und Literatur/War and Literature* 3, 5/6 (1991), S. 118.

5 Vgl. Paul Virilio, *Krieg und Kino. Logistik der Wahrnehmung*, aus d. Franz. übers. v. Frieda Grafe u. Enno Patalas (Frankfurt a. M., 1989), S. 87.

6 Bernd Hüppauf, "Hurleys Optik. Über den Wandel von Wahrnehmungen und das Entstehen von Bildern in der kollektiven Erinnerung des Weltkriegs", in:

ditioneller, durch kulturelle Paradigmen geprägter Wahrnehmungsmuster[7] durch die Phänomenologie der Front führte in der Folge auch zur Infragestellung etablierter Kriegsbilder: "Der modernen Destruktionserfahrung sind auch Zeit und Raum unterworfen, und in der Verdichtung dieser Erfahrung im Weltkrieg zeigt sich die Inkompatibilität moderner und archaischer Kriegserfahrungen."[8]

Im Gegensatz zum traditionellen Erzählen, dem das achronologische Erlebnis des mechanisierten Krieges die Problematik der epischen Sequentialisierung stellt, erscheint die Lyrik als geschlossene Form in ihren genrespezifischen Charakteristika nicht durch die moderne Kriegserfahrung tangiert, ja sie läßt sogar, wie die unzähligen "Situationsgedichte" von Kriegsteilnehmern zeigen, eine gewisse Affinität zur Fragmentierung und Partikularisierung der visuellen Wahrnehmung erkennen. Damit verfügen Frontgedichte bereits grundsätzlich über ein kriegskritisches Potential: "[...] diese Lyrik [schuf] [...] schärfste, eindringlichste Bilder dessen, was 'modern' an diesem Krieg war. Sie bediente sich dabei der 'Nahansichten' im Gegensatz zu den früher häufig generalisierenden und abstrakten Erwähnungen von Schlacht und Tod."[9] Dies geschieht z. B. in den "Versen vom Schlachtfeld" der *Aktion*, die vom Herausgeber als Korrektiv zu glorifizierenden Abstraktionen des Krieges veröffentlicht wurden (Pfemferts Absicht verrät bereits der Bindestrich in "Schlacht-Feld" im Titel der ersten Serie[10]). Wie die partikuläre Optik des Grabenkämpfers wird in kriegskritischen Texten aber auch seine Froschperspektive für die politische Aussage instrumentalisiert. Sie erscheint als Spiegelung seiner inferioren Position in der militärischen Hierarchie und impliziert somit ebenfalls eine "realistische" Sicht des

---

Medien/Kultur. Schnittstellen zwischen Medienwissenschaft, Medienpraxis und gesellschaftlicher Kommunikation, Hrsgg. Knut Hickethier u. Siegfried Zielinski (Berlin, 1991), S. 120. Der Australier James Francis Hurley kam im August 1917 als offizieller Kriegsphotograph an die Westfront. Seine die Montage verschleiernden "composite printings" sind Versuche der photographischen Nachschöpfung einer sich der visuellen Erfahrung verschließenden Authentizität des Krieges.

7 So korreliert z. B. die Veränderung der Optik im Maschinenkrieg mit der Ablösung der Zentralperspektive durch die "Multiperspektive des Kubismus" und anderer avantgardistischer Strömungen in der bildenden Kunst seit ca. 1907. Vgl. dazu Robert Fleck, "Wien um 1914. Ikonen des Krieges", in: *Österreich und der Große Krieg 1914-1918. Die andere Seite der Geschichte*, Hrsgg. Klaus Amann und Hubert Lengauer (Wien, 1989), S. 17.

8 Bernd Hüppauf, "Räume der Destruktion und Konstruktion von Raum", S. 113.

9 Holger M. Klein, "Literarische Reaktionen auf den Ersten Weltkrieg", S. 46.

10 Vgl. *Die Aktion* 4, 42/43 (1914), Sp. 834.

Krieges im Gegensatz zur panoramatischen Perspektive "von oben" der Befehlshaber.[11]

Interessant ist, daß Gedichte die besondere visuelle Wahrnehmungsqualität des Krieges auch explizit thematisieren, indem die Perspektive des Sprechers unterstrichen wird. Im folgenden sollen solche Visualisierungen der Front in englischen und deutschen Kriegsgedichten eingehender untersucht werden.

3.1. "And one looked upward"

Abgesehen von Patrouillengängen, Schanzarbeiten und Stoßtruppunternehmen, verbrachten Truppen die Zeit in der vordersten Linie ausschließlich unterhalb der Erdoberfläche. Paul Fussell spricht von der Westfront im Ersten Weltkrieg treffend als von einer "troglodytischen Welt".[12] Stellungen und Truppenbewegungen an der Frontlinie waren nur mit Hilfe optischer Geräte (Periskop) oder auf Luftaufnahmen erkennbar: "Die Tendenz, dem Auge verborgen zu bleiben, ist eine fundamentale Eigenschaft, die den modernen Krieg von traditionellen Kriegen bis ins 19. Jahrhundert unterscheidet."[13] Gestaltungen der fragmentarischen Perspektive des Grabenkämpfers sowie deren Kompensation durch vorgestellte Panoramen der Frontlinie erscheinen in der Kriegsliteratur daher von besonderer Bedeutung. Nicht von ungefähr kennt die militärische Sprache die Begriffe "theatre of war" bzw. "theatre of operations" und "Kriegsschauplatz" (schon bei Theodor Fontane 1866[14]). Der englische Soldatenjargon des Ersten Weltkriegs bezeichnete eine Offensive als "show" (s. u.). Otto Nebel stellt in seinem satirischen Weltkriegsepos *Zuginsfeld* die Analogie der Front zum Kino her, wenn er die Distanz der Stabsoffiziere und anderer "Etappenhengste" zum Geschehen kritisiert:

---

11 Zum Realitätsanspruch von Darstellungen aus der Sicht des Frontsoldaten vgl. Bernd Ulrich, "Die Perspektive 'von unten' und ihre Instrumentalisierung am Beispiel des ersten Weltkrieges", *Krieg und Literatur. War and Literature*, 1, 2 (1989), S. 47-64; Ulrich Baron u. Hans-Harald Müller, "Die 'Perspektive des kleinen Mannes' in der Kriegsliteratur der Nachkriegszeiten", in: *Der Krieg des kleinen Mannes. Eine Militärgeschichte von unten*, Hrsg. Wolfram Wette, Serie Piper 1420 (München, Zürich, 1992), S. 344-60; Die Problematik der Sicht der Generalstäbe und Militärhistoriker behandelt Jean Norton Cru, "War Seen from the Top", in: J. N. C., *War Books. A Study in Historical Criticism*, Hrsg. u. Übers. Stanley L. Pincetl Jr. (San Diego/Ca., 1988), S. 11-13.

12 *The Great War and Modern Memory*, Kap. 2: "The Troglodyte World", S. 36-74.

13 Hüppauf, "Hurleys Optik", S. 120.

14 Vgl. *Reisebriefe vom Kriegsschauplatz Böhmen 1866*, Hrsg. Christian Andree (Frankfurt a. M., Berlin, Wien, 1973), S. 7: "Also nach dem Kriegsschauplatz!"

Die besten Plätze sind hinten
Kino
[...]
Die schlechten Plätze sind vorn
vorn platzt es
vorderste Linie den Grabenschweinen.[15]

Von den Grabenwänden eingegrenzt, konnte der Blick in den Stellungen allein nach oben schweifen, eine Tatsache, die sich in der Weltkriegsdichtung in zahlreichen Himmelsdarstellungen niederschlägt. In der englischen Lyrik des Krieges stehen diese, wie Paul Fussell ausführt, vor dem Hintergrund einer Tradition von Himmels- und Wolkendarstellungen seit der Romantik. Als Beispiele seien hier nur Shelleys "Ode to the West Wind" und "The Cloud" sowie für die bildende Kunst die Himmels- und Wolkenstudien Constables und Turners genannt, über die Ruskin in *Modern Painters* (1843) handelt.[16] Max Plowman vermeint sich an seine Lektüre Ruskins zu erinnern, wenn er in seinen Kriegsmemoiren die Perspektive des Grabenkämpfers reflektiert:

> Was it Ruskin who said that the upper and more glorious half of Nature's pageant goes unseen by the majority of people? [...] Well, the trenches have altered that. Shutting off the landscape, they compel us to observe the sky; and when it is a canopy of blue flecked with white clouds [...], and when the earth below is a shell-stricken waste, one looks up with delight, recalling perhaps the days when, as a small boy, one lay on the garden lawn at home counting the clouds as they passed.[17]

Besonders englische Gedichte betonen häufig den Kontrast zwischen der Schönheit des Himmels, speziell von Sonnenauf- oder Untergängen, und der Häßlichkeit der Frontlandschaft – ein Mittel zur Erzielung ironischer Effekte, das, wie Fussell bemerkt, bald zur Konvention in der Dichtung

---

15 xv, 174-80; *Otto Nebel. Das dichterische Werk. Bd. 1: Zuginsfeld, Unfeig, Das Rad der Titanen*, Hrsg. René Radrizzani, Frühe Texte der Moderne (München, 1979), S. 72.

16 Vgl. *The Great War and Modern Memory*, S. 52 ff.

17 Mark VII [=Max Plowman], *A Subaltern on the Somme* (London, Toronto, 1927), S. 76. Die fragliche Stelle findet sich in *The Works of John Ruskin. Library Edition*, Bd. 3 (= *Modern Painters*, Bd. 1.), Hrsgg. E. T. Cook u. Alexander Wedderburn (London, New York, 1903), S. 343: "It is a strange thing how little in general people know about the sky. It is the part of creation in which nature has done more for the sake of pleasing man, more for the sole and evident purpose of talking to him and teaching him, than in any other of her works, and it is just the part in which we least attend to her."

des Weltkriegs wird.[18] Diese Technik illustriert die folgende Strophe aus Geoffrey Dearmers "Gommecourt" (1916):

> And one looked upward, and in wonder saw
> The vast star-soldiered army of the sky.
> Unheard, the needless blasphemy of War
> Shrank at that primal splendour sweeping by.[19]

Der mit der Darstellung einer Himmelslandschaft vielfach verbundene Hinweis auf die Position des Sprechers unterstreicht die Polarität der Sphären: "Shimmer of summer [...] and blue autumn mists/ Seen from trench-ditch winding in mazy twists."[20] In Gurneys "That Centre of Old" findet der Sprecher Trost im Betrachten des Himmels:

> [...] in Somme muckage-baths and east of Laventie
> [...] hunger made one worthy to absorb the sky –
> Look, or play fancy-tricks with small cloudlets high:
> Count them – or dare not count – love and let go by.[21]

Frederic Manning vergegenwärtigt in "The Trenches" durch die Perspektive *de profundis* die "Aussichtslosigkeit" der Situation des Grabenkämpfers: "And the sky, seen as from a well,/ Brilliant with frosty stars."[22] Richard Aldington läßt in "Bombardment" seine Protagonisten den Blick von der Zerstörung ringsum zum Himmel wenden: "The fifth day there came a hush;/ We left our holes/ And looked above the wreckage of the earth/ To where the white clouds moved in silent lines/ Across the untroubled blue."[23] Sein Gedicht "Reverie" expliziert die Disparität zwischen beiden Sphären: "And men die with the quiet sun above them/ And horror and pain and noise upon earth."[24] Auf Vorposten genießt der Sprecher in Aldingtons "Outpost Duty" die Schönheit der ihn umgebenden Natur. Das Bild der Wolken als unzähliger Reiterschwadronen induziert einen weiteren ästhetischen Kontrast zur Realität des Stellungskriegs: "Interminable squadrons of silver and blue horses/ Pace in long ranks the blank fields of heaven."[25] In Aldingtons "In the

18 Vgl. *The Great War and Modern Memory*, S. 55.
19 *The Poems* (London, 1918), S. 29.
20 Ivor Gurney, "Laventie"; *Collected Poems*, S. 77.
21 Ebda, S. 73.
22 *Eidola* (London, 1917), S. 22.
23 *Complete Poems*, S. 105.
24 Ebda, S. 101.
25 Ebda, S. 77.

Trenches" erscheint die Signifikanz des Konfliktes in Anbetracht der Intaktheit des Kosmos reduziert:

> How impotent is all this clamour,
> This destruction and contest. . . .
> Night after night comes the moon
> Haughty and perfect;
> Night after night the Pleiades sing
> And Orion swings his belt across the sky.[26]

Ähnlich heißt es in Peter Baums Schützengrabenversen: "Bei uns nur unten klaffen Kluft und Gruft,/ Bei uns nur Schaufel, Schollen, Tod/ Und harten Wachens Krampf und Not."[27] David Jones hebt in seinem Epos *In Parenthesis* die kristalline Ästhetik der Himmelslandschaft hervor: "The sky overhead looked crisp as eggshell, wide-domed of porcelain, that suddenly would fracture to innumerable stars".[28] Siegfried Sassoon enthüllt durch die Verbindung disparater Vorstellungsbereiche (Morgenröte – Tod) die Widernatürlichkeit des Geschehens am Boden: "The rosy gloom of battle overhead".[29]

Die Einschränkung des Blickwinkels durch die Grabenwände betonen Sassoons "The Redeemer" ("And dawn a watching of the windowed sky"[30]) und zwei Gedichte des Österreichers Theodor Kramer: "Ein schmaler Streifen, schien die blaue Leere/ Des Himmels über uns für alle Zeit/ Zu hängen" ("Die erste Verwundung"); "[...] uns, die wir in unsren Seiten/ fühlten noch die Näh der Grabenwand,/ tat es gut zu blicken in die Weiten" ("Der erste Rasttag").[31] Wilfred Owens "S. I. W." fügt zur räumlichen Einschränkung des Infanteristen die ständige Gefahr durch Artilleriebeschuß: "Against infrangibly wired and blind trench wall/ Curtained with fire, roofed in with creeping fire".[32] In elegischem Ton kontrastiert Alfred Vagts' "In der Stellung II" den nächtlichen Sternenhimmel mit den Schützengräben, die zum Massengrab der Jugend Europas geworden sind. Die Formulierung "länderlang" verweist auf die topographische Ausdehnung des Grabensystems an der Westfront von der belgischen Nordseeküste bis zu den Schweizer Alpen:

---

26 Ebda, S. 82.

27 "Des Mondes Flug ..."; *Schützengrabenverse* (1916); *Gesammelte Werke*, Hrsg. Hans Schlieper, Bd. 2 (Berlin, 1920), S. 194.

28 *In Parenthesis*, S. 97.

29 "The Rear-Guard"; *The War Poems*, S. 75.

30 Ebda, S. 16.

31 *Wir lagen in Wolhynien im Morast ...* (Berlin, Wien, Leipzig, 1931), S. 18 u. 23.

32 *The Complete Poems and Fragments* 1, S. 161.

Nachts überfällt uns hindernd ein Schutt von Sternbildern,
der Orion versinkt mit Erinnerungen südlich, [...]
wenn Gewehrkugeln schwirren wie Scharen irr zu Tode zwitschernder
metallner Vögel,
oder in Bäume von Fleisch und Hirn wehen, die im länderlangen Grab noch
Stunden und Tage den schmalen Himmel hatten.[33]

In dem Gedicht "Vor dem Sturm" erzielt Vagts durch die Verfremdung der Traumvision Jakobs in *Genesis* 28:12 einen skurrilen Effekt: "Das Land zerspringt [...]:/ schon lehnen Sturmleitern aus den letzten Jakobsträumen in den Himmel voll Schrapnells."[34]

Tendieren Himmelsdarstellungen in englischen Gedichten des Weltkriegs dazu, die Polarität der Sphären zu betonen, so fungiert in deutschen Gedichten die Himmelsszenerie häufiger als Korrelat der Tragik oder der Monotonie des Geschehens am Boden: "Der Himmel ist wie immer. Das Land öde", heißt es lakonisch in Wilhelm Klemms "Stellung";[35] sein Gedicht "Somme" zeigt einen anthropomorphen, melancholischen Himmel über den Schlachtfeldern: "Der ganze blasse Himmel/ Ist erfüllt von einem einzigen, schwermütigen Getöse."[36] In der letzten Strophe von Klemms "Schlachtenhimmel" betont die Raubtiermetapher die Diskrepanz zwischen religiösen Assoziationen des Himmels und seiner durch den Krieg bewirkten Verkehrung in eine Sphäre tödlicher Bedrohung:

Die Schrapnells flecken den Himmel
Wie einen Panther. Riesiges Raubtier,
Lauert er über uns, und verspricht doch
Wie immer und je die ewige Ruhe.[37]

Todesahnungen des Freundes soll die Metapher in Edlef Köppens poetischem Nekrolog "Für Gerhard Lepsius" vergegenwärtigen: "Der Himmel zog, ein dunkler, weicher Vogel,/ ganz feierlich und seltsam./ Unter seinen Schwingen fielen die Leuchtkugeln blaß zur Erde,/ die nach ihm jagen wollten."[38] Alfred Vagts evoziert in "Marsch in die Schlacht" das

---

33 *Die Aktion* 5, 20/21 (15. Mai 1915), Sp. 256.

34 Ebda, Sp. 255; vgl. auch Rudolf G. Binding, *Dies war das Maß*, S. 264: " ... [es ist], als ob vorn der Horizont mit einer unsichtbaren Mauer, über die man weder mit der Tat noch mit Gedanken hinwegsetzen kann, verschlossen wäre und hinter uns nur zeige sich ein Stückchen Himmel."

35 In: *1914-1916*, Hrsg. Pfemfert, S. 61.

36 Ebda, S. 68.

37 In: *Die Dichter und der Krieg*, Hrsgg. Anz/Vogl, S. 106.

38 In: *1914-1916*, Hrsg. Pfemfert, S. 82.

Bild einer gigantischen Maschine, Emblem des an den Fronten des Weltkriegs massierten Arsenals: "Der Himmel ventilt einige unvermutete Wolken."[39] Als Antizipation des Schicksals der vorrückenden Soldaten erscheint der Himmel in Oskar Kanehls "Vormarsch im Winter": "Bespannt von grauem Leichentuche ist der Himmel."[40] Das Bild findet sich auch in Kurt Heynickes "Die heldische Erinnerung":

> Kein Himmel über dem Schlachtfeld kochte je so den Tod wie dieser,
> der Dunst erwürgte das Abendrot,
> da ward der Himmel ein Leintuch
> durchschossen vom Geheul der Schrapnelle.[41]

In den Kriegsgedichten August Stramms erscheint wiederholt der Himmel als räumliche Bezugsebene und als Korrelat der Kriegsthematik, so z. B. in "Wecken" ("Ins Auge tränen/ Sterne/ Und/ Ertrinken"[42]), "Zagen" ("Die Himmel hangen/ Schatten haschen Wolken"[43]) und in "Kampfflur" (eine enthüllende Euphemisierung des prosaischeren "Schlachtfeld"):

> Glotzenschrecke Augen brocken wühles Feld
> Auf und nieder
> Nieder auf
> Brandet
> Sonne
> Steinet Sonne
> Und
> Verbrandet.[44]

In Stramms "Vernichtung" korrespondiert die Bewegung am Himmel (die Zeile "Die Himmel wehen" erscheint als Refrain am Beginn jeder Strophe) mit der durch intensivierende Präfigierungen ausgedrückten Dynamik der atomisierenden Zerstörung:

> Die Himmel wehen
> Blut zerstürmt
> Zerstürmt
> Auf
> Tausend Schneiden.

---

39 Ebda, S. 111.
40 Ebda, S. 47.
41 *Das lyrische Werk*, Bd. 2 (Worms, 1974), S. 168.
42 *August Stramm. Das Werk*, Hrsg. René Radrizzani (Wiesbaden, 1963), S. 67.
43 Ebda, S. 95.
44 Ebda, S. 97.

Die Himmel wehen
Blut zerrinnt
Zerrinnt
In
Tausend Fäden.[45]

An dieser Stelle sei nochmals daran erinnert, daß angesichts der schier unüberblickbaren Fülle des Materials ein Vergleich einzelner Aspekte der englischen und deutschen Lyrik des Ersten Weltkriegs nur Tendenzen beider Literaturen widerspiegeln kann. Auch im konkreten Fall treten beide Sichtweisen, ironischer Kontrast und Übereinstimmung der Himmelslandschaft mit den Geschehnissen am Boden, sowohl in englischen als auch in deutschen Gedichten auf. Festzuhalten ist hier aber, daß eine ähnlich starke Tradition der Himmelsbeobachtung wie in England in der deutschen Literatur und Kunst nicht auszumachen ist. Zudem erscheint gerade auch in diesem Zusammenhang signifikant, daß die zum großen Teil dem literarischen Expressionismus nahestehenden Vertreter der kriegskritischen deutschen Lyrik von anderen, generalisierenden Positionen ausgingen als die einer partikularisierenden Naturdichtung verhafteten *war poets*.

Vor dem Hintergrund einer ausgeprägten Tradition der Naturdichtung in der englischen Literatur stehen die in der englischen Weltkriegslyrik häufigen Vogeldarstellungen.[46] Im Sinne romantischer Naturauffassungen werden die gefiederten Boten einer intakten Natur häufig als Trost empfunden (so z. B. in Isaac Rosenbergs "Returning we hear the larks"), gelegentlich aber auch als Ironie: als "Scornful of man, and from his toils aloof" apostrophiert sie Sassoon in seinem Gedicht "Thrushes".[47] Deutlich wird diese Ironie, wenn die mit Tagesanbruch und Erwachen assoziierte Lerche über einem Leichenfeld aufsteigt: "From the ground where our dead men lie/ A brown lark soars in song."[48] Edward de Steins Titel "To a Skylark behind Our Trenches" verweist auf das Vorbild Shelleys. Das Gedicht relativiert ähnlich wie Rosenbergs "Break of Day in the Trenches" die Sicht des Menschen als der "Krone der Schöpfung":

---

45 Ebda, S. 70.

46 Vgl. dazu Fussell, *The Great War and Modern Memory*, S. 241 ff.

47 *The War Poems*, S. 99.

48 Leslie Coulson, "The Rainbow" (8. August 1916); *From an Outpost* (London, 1917); abgedr. in: *A Treasury of War Poetry. British and American Poems of the World War, 1914-1919*, Hrsg. George H. Clarke (London, New York, Toronto, 1917), S. 242.

How could such little wings
Give thee thy freedom from these dense
And fetid tombs – these burrows whence
We peer like frightened things?
In the free sky
Thou sail'st while here we crawl and creep
And fight and sleep
And die.[49]

3.2. "... aufreckend/ Das wildbewachsene Tierhaupt"

Gleichsam als Allegorie der Froschperspektive des Soldaten erscheinen in der Weltkriegsdichtung 1914-1918 manchmal hypostasierte Kriegsgötter. Jüngere Vorbilder für das Motiv finden sich in Darstellungen des Krieges als einer "ragende[n] Symbolgestalt in Untersicht"[50] in der bildenden Kunst des neunzehnten und frühen zwanzigsten Jahrhunderts, von Goyas um 1810/12 entstandenem Gemälde *Un Gigante* zu Alfred Kubins Lithographie *Der Krieg* (1903) und Max Klingers *Krieg* (1911). Prominentestes literarisches Beispiel vor Ausbruch des Weltkriegs ist Georg Heyms riesenhaft am Horizont aufragender Kriegsdämon (s. 2.1.). Zu Beginn des Weltkriegs dichtete Rainer Maria Rilke: "Zum erstenmal seh ich dich aufstehn,/ Hörengesagter, fernster, unglaublicher Kriegs-Gott".[51] Martin Gumperts ebenfalls 1914 entstandenes Gedicht "Krieg" liefert einen zweiten frühen Beleg für die Gestaltung riesenhafter Kriegsgötter: "Ich bin in Stürmen steil geworden,/ Aus Gluten wuchs ich stark hinauf".[52] Nach dem Krieg schrieb Albert Ehrenstein mit der für ihn kennzeichnenden Unterwanderung des expressionistischen Pathos: "[...] aufreckend/ Das wildbewachsene Tierhaupt/ Den Menschen feind, zerschmetter ich, Ares,/ Zerkrachend schwaches Kinn und Nase,/ Türme abdrehend vor Wut, eure Erde."[53] Kurt Heynickes "Zorniger Gott" schildert in der Nachfolge Heyms den personifizierten Krieg inmitten einer apokalyptischen Szenerie:

---

49 Ebda, S. 280.

50 Siegmar Holsten, *Allegorische Darstellungen des Krieges 1870-1918: Ikonologische und ideologiekritische Studien*, Studien zur Kunst des neunzehnten Jahrhunderts 27 (München, 1976), S. 52. Siehe auch S. 52-63 u. Abb. S. 151 ff.

51 "Fünf Gesänge (August 1914)", in: *Die Dichter und der Krieg*, Hrsgg. Anz/Vogl, S. 30; s. den Abschnitt "Kriegsgott", ebda, S. 75-85.

52 Ebda, S. 77.

53 "Der Kriegsgott" (März 1919); ebda, S. 85.

Mit Menschen spielt meine dunkele Faust,
ich jage die Städte vor mir her,
ich bin das Blut, die Macht, die Gewalt,
ich bin Gott im Zorn
und der Krieg über der Welt![54]

Auf Vorbilder in der antiken und asiatischen Mythologie greifen Stefan Zweigs "Polyphem"[55] und Maximilian Rosenbergs "Der Tibetgott"[56] zurück, während in Georg Trakls "Grodek" ("Rotes Gewölk, darin ein zürnender Gott wohnt"[57]) und Richard Aldingtons "Vicarious Atonement" die Vorstellung eines atavistischen Kriegsgottes ihrer Herkunft nach unbestimmt bleibt:

This is an old and very cruel God ...
We will endure;
We will try not to wince
When he crushes and rends us.[58]

Anthropomorphe Attribute erhält der Krieg in Max Halbes "Krieg" ("Ans Tor des Friedens donnern Eisenfäuste"[59]), Edmund Blundens "War Autobiograpy" ("War might make his worst grimace"[60]) und "Third Ypres" ("The demon grins to see the game"[61]) sowie bei F. W. Harvey: "[...] Battle blew with fiery breath/ Over the earth his message terrible".[62] Die Oppressivität des Krieges betonen Ernst Toller ("Der Krieg verjährte zum Gespenst,/ Das zeitlos knöchern seine Finger/ Um die willig-unfreiwill'gen Völker krallte"[63]), Joseph Leftwich ("He tramples down/ At every tread,/ A million men,/ A million dead"[64]) und Herbert Read: "[...] War moves with armoured wheels/ across the quivering flesh and patient limbs/ of all life's labile fronds" (vgl. 4.3.).[65]

---

54 *Das lyrische Werk*, Bd. 1 (Worms, 1974), S. 84.
55 In: *Die Dichter und der Krieg*, Hrsgg. Anz/Vogl, S. 79-82.
56 Ebda, S. 82 f.
57 *Georg Trakl. Dichtungen und Briefe*, Hrsg. Walther Killy und Hans Szklenar (3. Aufl. Salzburg, 1974), S. 94.
58 *Complete Poems*, S. 74.
59 In: *Die Dichter und der Krieg*, Hrsgg. Anz/Vogl, S. 17.
60 *The Poems*, S. 169.
61 Ebda, S. 155.
62 "Ballade, No. 2", abgedr. in: Anthony Boden, *F. W. Harvey: Soldier, Poet* (Gloucester, 1988), S. 143.
63 "Menschen", in: *Kameraden der Menschheit*, Hrsg. Rubiner, S. 63.
64 "War", in: *Poetry of the Great War*, Hrsgg. Hibberd/Onions, S. 114.
65 "The End of a War", *Collected Poems*, S. 105.

Die Inkompatibilität antikisierender Götterbilder mit moderner militärischer Technik erwies sich für die kriegskritische Dichtung als funktional, indem sie heroisierende Kriegsauffassungen demaskierte. Zugleich betont das Bild des Kriegsgottes als Personifizierung der Kriegsmaschinerie die Ohnmacht des Soldaten. "Then war brought down his fist" heißt es z. B. in Edmund Blundens "Pillbox",[66] und Richard Aldington interpretiert den Artilleriebeschuß als "contest of tall barbaric gods smitten by the hammer of Thor".[67] Isaac Rosenberg verquickt in "Marching, as Seen from the Left File" den Kriegsgott der griechisch-römischen Antike mit den apokalyptischen Reitern der biblischen Überlieferung (vgl. 1 u. 4.). David Jones hingegen beschwört in Teil 4 von *In Parenthesis* das alttestamentarische Riesentier Behemoth: "As though that Behemoth stirred from the moist places, tensored his brass sinews suddenly, shattered with deep-bellied trumpetings the long quietude; awaking stench and earthquake in his burrowing-up."[68] Jones' Darstellung der mit Sprengtrichtern übersäten, von Raketen gespenstisch erleuchteten Frontszenerie als "This gate of Mars armipotente, the grisly place"[69] in Teil 3 seines Epos erinnert an den Tempel des Mars in Chaucers *The Knight's Tale*. Herbert Asquith, Sohn des Premierministers und Verfasser des häufig anthologisierten Gedichtes "The Volunteer", läßt den Sprecher in "After the Salvo" die bittere Frage stellen: "[...] are we toys of a god at play ?"[70] Die Zeile bezieht sich auf Gloucesters Verse in *King Lear* (IV, i, 36-7), die in der Rückschau fast symptomatisch für das Kriegserlebnis an der Westfront 1914-1918 scheinen: "As flies to wanton boys, are we to th' Gods;/ They kill us for their sport."[71]

3.3. "Ein Panorama des Todes"

Aus der Aufsplitterung der visuellen Wahrnehmung an der Front und dem Fehlen einer sinngebenden Überschau resultiert die Faszination eines Buches wie Henri Barbusses *Le Feu*: "Men craved some wider vision of the war. Most went through the war like blind men."[72] Es verwundert

---

66 *The Poems* (1930), S. 157.
67 "Barrage", *Complete Poems*, S. 10.
68 *In Parenthesis*, S. 85.
69 Ebda, S. 44.
70 In: *Up the Line to Death*, Hrsg. Gardner, S. 81.
71 Zit. nach *The Arden Edition of the Works of William Shakespeare. King Lear*, Hrsg. Kenneth Muir (8., durchges. Aufl. London, 1952), S. 149.
72 Eksteins, *Rites of Spring*, S. 174.

nicht, daß auch in kritischen Texten panoramatische Bilder der Front entworfen werden. Die Motivation solcher vorgestellter Panoramen dürfte primär in deren kompensatorischer Funktion zu finden sein. Exemplarisch manifestiert sich der Kompensationscharakter panoramatischer Visionen in Darstellungen der Perspektive des Fliegers, auf die an anderer Stelle noch einzugehen sein wird (vgl. 7.2.). Für Eric J. Leed repräsentiert die panoramatische Sicht des Fliegers "one of the most significant myths of war":[73]

> The flier is a figure woven out of the expectations defeated by the actualities of war. By assuming the perspective of the flier, the frontsoldier could gain some psychic distance from the crushing actualities of trench war. The aerial eye orders the twists and turns of the trench labyrinth into an organic whole and reinvests the actuality of war with its initial purposes. The flier, in fact and fantasy, keeps open the possibility of an escape.[74]

Daß die Konkretisierung der Perspektive "von oben" durchaus im Sinne einer psychischen Bewältigung traumatischer Erfahrung funktionierte, zeigt eindrucksvoll ein Beispiel aus der bildenden Kunst, nämlich die Häufigkeit panoramatischer Darstellungen im Werk Oskar Kokoschkas: "[S]ein Kriegserlebnis, verletzt in der Erde zu liegen" weckte nach Aussage des Künstlers "in ihm den Willen [...], daß er, wenn er herauskommen sollte, die Welt von der Höhe aus zu malen hätte."[75]

Panoramatische Schlachtenbilder in der Literatur implizieren als Standpunkt des Beobachters den Feldherrnhügel, "Requisit bisheriger Kriegsgeschichte", das am Beginn des zwanzigsten Jahrhunderts "in jeder seiner Gestalten für immer ausgedient" hatte.[76] Frühe panoramatische Darstellungen der Front in der Dichtung des Ersten Weltkriegs, wie z. B. Wilhelm Klemms "Schlacht am Nachmittag", spiegeln noch die Erfahrung des Bewegungskriegs bis zum Stillstand der deutschen Offensive an der Marne im September 1914:

> Fern in dunkles Blau staffelte sich
> Das Land. Dörfer brannten. Flammenfahnen
> Standen schräg empor. Der Rauch ging träge

---

73 *No Man's Land*, S. 134.

74 Ebda, S. 134 f.

75 Remigius Netzer, "Vorwort" zu Oskar Kokoschka, *Mein Leben* (München, 1971), S. 21. Auf S. 156 ff. schildert Kokoschka, wie er, verwundet im Graben liegend, von einem russischen Soldaten bajonettiert wird. Wie im Traum erlebt der Wehrlose den riesenhaft über ihm aufragenden Gegner und das zeitlupenartig gedehnte Eindringen der Klinge.

76 Wolfgang Rothe, *Schriftsteller und totalitäre Welt* (Bern, München, 1966), S. 42.

Und dünn über den Horizont, der geheimnisvoll gärte.[77]

In Oskar Kanehls "Schlachtfeld" impliziert die Perspektive des Sprechers einen erhöhten Standpunkt in der Art eines Feldherrnhügels:

Schwefelig mit roten Blutspritzern
schwindet die Sonne.
Nur dann und wann
bummst irgendwo ein Mörserschuß.
Lichtläufer suchen am Himmel
feindliches Flugzeug.
Dunkle Meldereiter galoppieren
mit neuen Mordbefehlen.
Manchmal grinst in der Ferne
ein Feuerschein.[78]

Eine erhöhte Position läßt auch Alfred Vagts den Sprecher in seinem Gedicht "Marsch in die Schlacht" einnehmen: "[...] [wir] schleifen in Schützenlinie einen Hügel hinauf, wo wir in die Schlacht sehen:/ ein Panorama des Todes."[79] Den Rundblick des Feldherrn gestaltet auch Anton Schnacks "Auf der Höhe von Epinoville":

... südlich leuchtet die Nacht, grünliches Gas, gelbe Gestirne; überall hämmert der Krieg:
Großes Zeug, Erschütterungen; überall ist Licht; gespenstisch blitzt es, rot, weißer, so weit ...[80]

Kurd Adlers "Ausblick" nimmt bereits im Titel die im Gedicht dominante panoramatische Perspektive vorweg:

Weit aufgeschlagenes Land ...
[...]
ganz kleine Spielzeugmännchen gehen,
halten und hören der fernen Geschütze Gebrüll.
[...]
hinter uns leben Tiere, Frauen, und Fahnen
Ahnung von fernen Flüssen und Eisenbahnen
und keine Grenze. Vor uns brennender Schall

des Kriegs. ...[81]

---

77 *Gloria. Kriegsgedichte aus dem Feld* (München, 1915), S. 15.
78 In: *1914-1916*, Hrsg. Pfemfert, S. 46.
79 Ebda, S. 111.
80 *Tier rang gewaltig mit Tier*, S. 29.
81 In: *1914-1916*, Hrsg. Pfemfert, S. 14.

Aus einer ähnlichen Perspektive schildert der Beobachter in Wilhelm Klemms "Somme" seine Eindrücke vom mehrtägigen Bombardement, das der alliierten Offensive voranging: "Die Ebene rollt auf. Soweit das Auge reicht/ Spritzt die Erde. Überall Rauch und Dreck./ Dazwischen die roten Sprengpunkte, unzählige./ Meilenweit, rechts und links."[82] Hermann Plagges "Die Schlacht" zeigt einen deutlichen Wechsel der Perspektive: Präsentiert das Gedicht zunächst ein panoramatisches Bild der Frontlinie mit den Fontänen explodierender Artilleriegeschosse, so wird das Gesichtsfeld des Beobachters in der Folge eingeengt und sein Blick konzentriert sich auf ein Detail:

Das Land ist in Pulverdampf gehüllt wie wenn Moorrauch geht im Frühling.
Von allen Hügeln steigen die schwarzen Springquellen der Granaten und fallen wie Tücher ineinander.
Wir sehen durch die Schießlöcher wie ein Kastanienwäldchen verendet unter unsichtbaren Beilhieben.[83]

Eine kontinuierliche Erweiterung des Blickwinkels zeigt dagegen Wilhelm Klemms "An der Front":

Das Land ist öde. Die Felder sind wie verweint.
Auf böser Straße fährt ein grauer Wagen.
Von einem Haus ist das Dach herabgerutscht.
Tote Pferde verfaulen in Lachen.

Die braunen Striche dahinten sind Schützengräben.
[...]

Und durch ganz Europa ziehen die Drahtverhaue,
Die Forts schlafen leise.
Dörfer und Städte stinken aus schwarzen Ruinen,
Wie Puppen liegen die Toten zwischen den Fronten.[84]

Klemms panoramatisches Gemälde der Front erfährt am Schluß eine visionäre Erweiterung. Eine solche findet sich auch in Walter Rheiners "Des Himmels Kontinente". Ausgehend von der Darstellung des von Geschoßbahnen durchzogenen Himmels entwirft der Dichter eine apokalyptische Vision:

82 Ebda, S. 68.
83 Ebda, S. 97.
84 *Gloria*, S. 45.

Des Himmels Kontinente überschwärmt von dunklen Flüssen,
In denen brüllend die Granaten segeln.
Kanonen schleudern neue Sterne in die Firmamente.
Die Nacht stürzt rußig auf die Zeltbaracken.

[...]

Europa bricht, von schwerem Aussatz angefallen,
Entzwei und stürzt mit Schreien in das Meer.
Die Erde zitternd saust aus ihrer Bahn;
Sie nähert sich der Sonnen-Heimat schnell.[85]

Der Erste Weltkrieg war, zumal an der Westfront, in besonderem Maße auch ein Krieg um Raum, dessen tragische Ironie in den minimalen Geländegewinnen immens verlustreicher Offensiven lag.[86] Im Gegensatz zur panoramatischen Darstellung der traditionellen Historiographie geben Dokumente von Kriegsteilnehmern naturgemäß nur ein Fragment der "großen Schlacht" wieder. Der summarische Titel von Edmund Blundens "Third Ypres" steht somit in einem Spannungsverhältnis zur partikularisierenden Sicht des Gedichtes: "Third Ypres" gestaltet einen räumlichen und zeitlichen Ausschnitt der dritten Ypernschlacht (Juli-November 1917) aus der Perspektive des seinen Grabenabschnitt befehligenden Offiziers. Blundens Sprecher artikuliert die enorme Anspannung durch den Artilleriebeschuß und das Schwanken zwischen Verzweiflung und Hoffnung. Während sich im Bunker das Gefühl der Isolation verstärkt, enthüllt die Nachricht von der fast vollständigen Auslöschung der Nachbareinheit den Protagonisten die wahren Dimensionen der Offensive: "The more monstrous fate/ Shadows our own, the mind swoons doubly burdened,/ Taught how for miles our anguish groans and bleeds,/ A whole sweet countryside amuck with murder".[87] Blundens "The Still Hour" integriert eine panoramatische Vorstellung der Front in den Rückblick auf das Kriegserlebnis: "[...] as one aloof/ I saw the praying rockets mile on mile/ Climb all too weak from those entangled there,/ Climb for the help that could not help them there".[88] In Herbert Reads "My Company" schließlich dient die Perspektive der visuellen Vergegenwärtigung psychischer Distanzierung: "The men I've lived with/ lurch suddenly into a far

---

85 In: *Die Dichter und der Krieg*, Hrsgg. Anz/Vogl, S. 156.
86 Vgl. Hüppauf, "Räume der Destruktion und Konstruktion von Raum", S. 110 f.
87 *The Poems*, S. 156.
88 Ebda, S. 178.

perspective:/ They distantly gather like a dark cloud of birds/ in the autumn sky."[89]

Der intensive Artilleriebeschuß verwandelte die Frontlinie in eine mondoberflächenartige Kraterlandschaft. Antikriegsgedichte bedienen sich häufig panoramatischer Ansichten der Sprengtrichterwüsten, um das Ausmaß der Zerstörungen zu dokumentieren. Blundens "The Troubled Spirit" läßt aus der Sicht eines auf die Erde gesandten Geistes Erinnerungen an das von Menschenhand geschaffene *wasteland* Revue passieren:

> ... now the poursuivant, making swift way,
> [...]
> Espies a wilderness where little's green,
> And the land clawed as by great dragon's pounces
> Yet dumb, dun, mournful lieth by itself,
> With wounds ten thosand times ten thousand writhed.
>
> Over this golgotha poising like a kestrel
> He stares, he wonders – ...[90]

In Ivor Gurneys "Satan Above the Battle" spiegelt die olympische Position des Beobachters jene Hybris, die zur Katastrophe geführt hat:

> Think you that he who made the skies was ever
> Able before to make a scene accurst
> As this one? Nay; now God has done his worst,
> His keenest spite hath poured on Man's endeavour
> To live and dream – like Him![91]

3.4. "A hundred thousand million mites"

In Umkehrung der Hypostasierung des Krieges aus der Froschperspektive gestaltet die Kriegsliteratur gelegentlich eine übersteigerte Vogelperspektive: Aus der Sicht des Fliegers oder eines imaginären olympischen Beobachters erscheinen Frontlinie und Niemandsland zu mikrokosmischen, von winzigen Insektoiden bevölkerten Labyrinthen reduziert:

---

89 *Collected Poems*, S. 40.

90 *The Poems*, S. 165.

91 Ms. in einem im Sept. 1915 verfaßten Brief an Marion Scott; abgedr. in: *Ivor Gurney. War Letters*, Hrsg. R. K. R. Thornton (Manchester, 1983), S. 37. Das Gedicht entstand somit vor dem Eintreffen des Dichters an der Westfront Ende Mai 1916.

"Below, men-insects rend and tear".[92] Von den möglichen literarischen Vorbildern seien an dieser Stelle lediglich die "kinematischen" *long-distance shots* Thomas Hardys erwähnt: Figuren erscheinen – gleichsam in visueller Umsetzung des naturalistischen Weltbildes des Autors – als winzige Punkte in der Landschaft. Bekannt ist z. B. Hardys Schilderung von Tess und ihrer Gefährtin als "two girls crawling over the surface of the [earth] like flies" in Kap. 43 von *Tess of the d'Urbervilles* (1891).[93] Herbert Reads panoramatische Darstellung eines Angriffs in seiner Kurzgeschichte "Killed in Action" könnte direkt von dieser Stelle beeinflußt sein: "All the way across men were walking forward, rather scattered, like flies crawling across a side of bacon in a grocer's shop. [...] God, how forlorn they looked!"[94] Osbert Sitwell und Siegfried Sassoon explizieren durch den Vergleich mit niederen Tieren die Dehumanisierung des Grabenkämpfers: "... how far had we descended, crawling now, earth-coloured as grubs [...] until we were still, among the magotty confusion"; "[...] the soldier is no longer a noble figure; he is merely a writhing insect among this ghastly folly of destruction."[95] August Stramms Sicht des Schlachtengewühls am Bug steht stellvertretend für eine Reihe ähnlicher Passagen: "Das ganze weite Feld war ein Ameisenhaufen."[96]

Julius Talbot Kellers "Präzisionsschießen" enthüllt (ähnlich Wilfred Owens "The Show", s. u.) im Vergleich der zerwühlten Frontlandschaft mit zerfressenen Leichen die Obszönität des Krieges:

> Nacht preßt wie Sargdeckel auf die gedunsenen Bäuche der toten Hügel, durch deren Hautschorf im Zickzack Aaskäfer Gänge fraßen, die phosphoreszieren.
> Graue Mikroben wimmeln in den Bohrlöchern der Verwesung, und Fäulnis leuchtet aus hoffnungslosen Unterständen.[97]

---

92 W. J. Turner, "Aeroplanes", in: *Poetry of the First World War*, Hrsg. Hussey, S. 138.

93 *Tess of the d'Urbervilles* (London, 1974), S. 331.

94 In: *Short Stories of the First World War*, Hrsg. George Bruce (London, 1971), S. 182.

95 *Left Hand, Right Hand! An Autobiography*, Bd. 4: *Laughter in the Next Room* (London, 1949), S. 3. Tagebuchnotiz vom 22. Februar 1917; *Diaries 1915-1918*, S. 133.

96 Brief an seine Frau v. 5. Juni 1915; zit. nach "August Stramm. Fünfundzwanzig Briefe an seine Frau", Hrsg. Lothar Jordan, in: *August Stramm. Kritische Essays und unveröffentlichtes Quellenmaterial aus dem Nachlaß des Dichters*, Hrsgg. J. D. Adler u. J. J. White (Berlin, 1979), S. 150.

97 In: *1914-1916*, Hrsg. Pfemfert, S. 50.

Spätere expressionistische Texte gestalten teleskopische Sicht und visionäre Panoramen. Albert Ehrensteins "Gottes Tod" kritisiert die unselige Verbindung von Nihilismus, Technisierung und Militarismus, die den mechanisierten Massenkrieg hervorbrachte: "Zeit der eisernen Ameisen,/ Die auf ewig blutenden Gleisen/ Nichtig, vernichtend, nichtswärts reisen."[98] In die Rolle des olympischen Beobachters schlüpft der Sprecher in Ehrensteins "Erde": "Warum stürzt mich grad dies Staubkorn/ In Mitleid, Zorn und Tränen?"[99] Das Gedicht "Ende" steht in einer Reihe apokalyptischer Interpretationen des Krieges in der deutschen Lyrik:

> Ich stand am Kriegsstrand,
> Blutige Wellen schäumten zu mir.
> [...]
> Über Europa,
> Aus Urzeiten kommend zu Zeiten
> Ergießt sich grollend das Meer.
>
> In den Tagen der Zukunft,
> Rein von Menschenameisen, stürzest du einst,
> Oder es schluckt dich, Erde, die Sonne.[100]

David Jones' *In Parenthesis* enthält mehrere Beispiele panoramatischer und partikularisierender Perspektive. In der folgenden Passage unterstreicht das Bild des Schachbretts das mechanische Moment des Geschehens:

> Across upon this undulated board of verdure chequered bright
> when you look to left and right
> small, drab, bundled pawns severally make effort
> moved in tenuous line
> and if you looked behind – the next wave came slowly, as successive surfs
> creep in to dissipate on flat shore,
> and to your front, stretched long laterally,
> and receded deeply,
> the dark wood.[101]

Max Plowmans "Going into the Line" betont durch die Reduktion des Menschen seine Ohnmacht gegenüber der Gewalt der Kriegsmaschinen:

---

98 *Die Aktion* 8 (1918), Sp. 134; abgedr. in: *Die Dichter und der Krieg*, Hrsgg. Anz/Vogl, S. 145 f.

99 *Albert Ehrenstein: Gedichte und Prosa*, Hrsg. Karl Otten (Neuwied, Berlin, 1961), S. 146.

100 Ebda, S. 147.

101 *In Parenthesis*, S. 165.

"Poor craven little crowd of human mites!/ Now they were crawling over the scarred cheese,/ Silently going towards that roaring sea".[102] Als bereits vom Tod stigmatisierte Insekten sieht auch Charles H. Sorley in einem frühen Gedicht die in den Krieg ziehenden Heere:

A hundred thousand million mites we go
Wheeling and tacking o'er the endless plain,
Some black with death – and some are white with woe.
Who sent us forth? Who takes us home again?[103]

Robert Graves läßt seinen Sprecher selbst die Position des Insekts einnehmen, um durch den ausführlichen Vergleich mit dem Ungeziefer die Unmenschlichkeit der Existenz im Grabenlabyrinth anzuprangern:

Scratches in the dirt?
No, that sounds much too nice.
Oh, far too nice.
Seams, rather, of a Greyback Shirt,
And we're the little lice
Wriggling about in them a week or two,
Till one day, suddenly, from the blue
Something bloody and big will come
Like – watch this fingernail and thumb! –
Squash! and he needs no twice.[104]

Die hier festzustellende Umkehrung von Dimensionen und Perspektiven wird in Isaac Rosenbergs "The Immortals" (1917) zum komplexen Verwirrspiel, da der Leser zunächst über die Natur der evozierten Furien im unklaren bleibt:

I killed them, but they would not die.
Yea! all the day and all the night
For them I could not rest nor sleep,
Nor guard from them nor hide in flight.

Then in my agony I turned
And made my hands red in their gore.
In vain – for faster than I slew
They rose more cruel than before.

---

102 In: *Up the Line to Death*, Hrsg. Gardner, S. 101.

103 In: *Never Such Innocence*, Hrsg. Stephen, S. 82.

104 "The Trenches (Heard in the Ranks)"; *Poems About War*, S. 17 [zuerst *Over the Brazier* (1916)]. Umgekehrt stilisiert Frederic Manning, *The Middle Parts of Fortune* (London, 1986 [1929]), S. 48, Flöhe zu Sturmtruppen: "These were mere raiding pleasure-seekers, and when the first onset had spent its force, the fitful skirmishes which succeeded it were endurable."

I killed and killed with slaughter mad;
I killed till all my strength was gone.
And still they rose to torture me,
For Devils only die in fun.[105]

Erst am Ende des Gedichtes werden die Erynnien als jene Plagegeister entlarvt, die in keiner Schilderung der Passion des Frontsoldaten fehlen:

I used to think the devil hid
In women's smiles and wine's carouse.
I called him Satan, Balzebub.
But now I call him, dirty louse.[106]

Aus der dramatischen Reduktion der projizierten Dimensionen resultiert nicht nur ein abrupter Wechsel der Perspektive, sondern im Kontext des Gedichtes auch eine effektvolle "Trivialisierung" der Kriegsthematik: Es ist tatsächlich ein "lausiger" Krieg, will Rosenberg uns sagen, dessen Gegebenheiten jeden Versuch der Mythisierung *ad absurdum* führen. Das thematisch verwandte "Louse Hunting" bedient sich einer ähnlichen Technik. Die grotesken Verrenkungen der vom Ungeziefer Geplagten, übersteigert und verzerrt im Schattenbild, repräsentieren einen modernen *danse macabre:*

Soon like a demon's pantomime
The place was raging.
See the silhouettes agape,
See the gibbering shadows
Mixed with the battled arms on the wall.
See gargantuan hooked fingers
Pluck in supreme flesh
To smutch supreme littleness.[107]

Analog zur Ratte in "Break of Day in the Trenches" ("It seems you inwardly grin as you pass/ Strong eyes, fine limbs, haughty athletes,/ Less chanced than you for life/ Bonds to the whims of murder"[108]) erscheint auch hier, so deutet das Paradoxon am Ende der zitierten Passage an, die niedere Lebensform dem Stellungskrieg besser angepaßt als der Mensch. Die idiosynkratische Handhabung der Perspektive in den beiden "Läuse-

---

105 *Collected Works*, S. 107.
106 Ebda, S. 108.
107 Ebda.
108 Ebda, S. 103.

gedichten" ist somit ein der subtilen Entmystifizierung des Krieges in Rosenbergs Frontgedichten kongeniales Stilmittel. Rosenbergs Meisterschaft erhellt aus dem Vergleich mit einem deutschen Gedicht, Wilhelm Klemms "Müdigkeit":

Grade zwischen Milchstraße und Jupiter
Reckt sich schwarz, furchtbar und riesengroß
Das Haupt eines sagenhaften Tieres,
Hoch über meinem Kopf – ich kanns nicht begreifen.

Oder doch. Der Nachtwind geht dünn über meine Lippen.
Ich liege ja im Graben, über mir mein Pferd,
Ein Funken Leben, ohne Seele, ohne Leid. –
Was kümmert's mich, was wird! Wir müssen siegen![109]

Umständlich in der Diktion, bleibt Klemms Gedicht einer plakativen Expressivität verhaftet, die Perspektive des Sprechers wird nicht mit der Stringenz Rosenbergs für die Aussage des Gedichtes funktionalisiert.

Teleskopische Darstellungen eines Mikrokosmos der Frontlinie erfüllen eine mehrfache Funktion im Rahmen der Intentionen kriegskritischer Literatur: Die betonte Häßlichkeit der projizierten Welten korrigiert ästhetisierende Bilder des Krieges in kriegsaffirmativen Texten, die räumliche Distanz des Beobachters schafft ein ironisch-satirisches Potential, während die Demaskierung menschlicher Hybris durch die Reduktion zur niederen Lebensform ein deutlich moralisierendes Element enthält. Deutsche und englische Gedichte bedienen sich dieser Bildbereiche im selben Ausmaß und in ähnlicher Ausprägung. Der anschließende Vergleich eines englischen und deutschen Kriegsgedichts, Wilfred Owens "The Show" und Wilhelm Klemms "Die Beere", soll die Funktionalität dieser Technik im Detail illustrieren.

3.5. "My soul looked down from a vague height"

Wie in seinem Gedicht "Strange Meeting" präsentiert Wilfred Owen auch in "The Show" eine Todesvision, die den Sprecher jedoch nicht in einen labyrinthischen Erebus entführt, sondern im Gegenteil ihm die Frontszenerie aus der Vogelperspektive enthüllt:

---

109 *Gloria*, S. 23.

My soul looked down from a vague height, with Death,
As unremembering how I rose or why,
And saw a sad land, weak with sweats of dearth,
Grey, cratered like the moon with hollow woe,
And pitted with great pocks and scabs of plagues.

Across its beard, that horror of harsh wire,
There moved thin caterpillars, slowly uncoiled.
It seemed they pushed themselves to be as plugs
Of ditches, where they writhed and shrivelled, killed.

By them had slimy paths been trailed and scraped
Round myriad warts that might be little hills.

From gloom's last dregs these long-strung creatures crept,
And vanished out of dawn down hidden holes.

(And smell came up from those foul openings
As out of mouths, or deep wounds deepening.)

On dithering feet upgathered, more and more,
Brown strings, towards strings of grey, with bristling spines,
All migrants from green fields, intent on mire.
Those that were grey, of more abundant spawns,
Ramped on the rest and ate them and were eaten.
I saw their bitten backs curve, loop, and straighten.
I watched those agonies curl, lift, and flatten.

Whereat, in terror what that sight might mean,
I reeled and shivered earthward like a feather.
And Death fell with me, like a deepening moan.
And He, picking a manner of worm, which half had hid
Its bruises in the earth, but crawled no further,
Showed me its feet, the feet of many men,
And the fresh-severed head of it, my head.[110]

Dem olympischen Beobachter erscheint die vom Krieg gezeichnete Erdoberfläche als ein entstellter Leichnam. Paraphernalien der Frontszenerie wie Gräben, Granattrichter und Stacheldraht fungieren als anthropomorphe Attribute. Allerdings lösen die erklärende Apposition in Z. 6 sowie der Relativsatz in Z. 11 die Metapher auf, deren Aussagekraft im parenthetischen Vergleich Z. 14-15 stark reduziert wird – eines der zahlreichen Beispiele für das propagandistisch-didaktische Element in Owens Kriegslyrik. Die teleskopische Sicht der feldgrauen und khakifarbenen Marschkolonnen, aus deren Konfrontation die Ambivalenz des

110 *The Complete Poems and Fragments* 1, S. 155.

Titels resultiert ("show" ist, wie bereits erwähnt, englischer Soldatenjargon für "Offensive"), verleiht der entropischen Bildlichkeit des Gedichtes ein deutlich groteskes Element.[111]

Owens Vision in "The Show" knüpft an eine Reihe von Vorbildern in der englischen Dichtung an, den Visionsrahmen von Langlands *Piers Plowman*, die panoramatische Perspektive des Erzählers in Chaucers *House of Fame* und Troilus' Sicht der Erde aus der achten Sphäre des Himmels als "This litel spot of erthe, that with the se/ Embraced is ...",[112] vor allem aber an John Donnes "An Anatomy of the World. The First Anniversary". Ein weiteres literarisches Vorbild für die Gestaltung der Vogelperspektive bietet Wordsworths Porträt des urbanen Mobs in *The Prelude* 7, Z. 655 ff.:

> For once, the Muse's help will we implore,
> And she shall lodge us, wafted on her wings,
> Above the press and danger of the Crowd,
> Upon some S h o w m a n' s platform: what a hell
> For eyes and ears! What anarchy and din
> Barbarian and infernal! 'tis a dream,
> Monstrous in colour, motion, shape, sight, sound.[113]

Dominic Hibberd verweist in diesem Zusammenhang auf die panoramatischen Schilderungen von Truppenbewegungen und Schlachten in Thomas Hardys epischem Drama *The Dynasts*, das Owen gekannt haben dürfte. Auch in Hardys wiederholter Beschreibung der Heere als "caterpillars" sowie den das Geschehen aus der Vogelperspektive kommentierenden "Spirits" ("The Spirit Ironic", "The Spirit of the Pities") finden sich Parallelen zu Owens Gedicht.[114] Die Darstellung sich bekriegender Armeen in "The Show" erinnert im übrigen auch an eine Stelle in H. G. Wells' prognostizierender Schilderung eines letzten globalen Konfliktes in seiner Utopie *The World Set Free*: "If some curious god had chosen to watch [...] he would have noticed [...] the long bustling caterpillars of

---

111 An Owens Reduktion der Soldaten zu insektoiden Lebewesen in "The Show" erinnert Karl Brögers Darstellung der Eroberung eines feindlichen Schützengrabens als Tötung einer "hundertköpfigen" Hydra in "Der Schützengraben": "Aber nun schnellt auch die braune Schlange/ jäh aus der trügenden Ruhe auf./ Ob ihrem welligen Rücken sträuben/ schwarze Rohre sich kreuz und quer;/ hundert metallene Mäuler stäuben/ eisernen Geifer rundumher" (in: *Sieg oder Tod. Neue Kriegsgedichte* [Jena, 1915], S. 54 f.).

112 v, 1815 f. *The Works of Geoffrey Chaucer*, Hrsg. F. N. Robinson (2. Aufl. Oxford, Melbourne, Kapstadt, 1957), S. 479.

113 *William Wordsworth. The Prelude*, Hrsg. Ernest de Selincourt, 2. Aufl. überarb. von Helen Darbishire (Oxford, 1959), S. 258 (meine Hervorhebung).

114 Vgl. *Owen the Poet* (London, 1986), S. 126.

cavalry and infantry, the maggot-like waggons, the huge beetles of great guns, crawling under the poplars along the dykes and roads northward ...".[115] Die entscheidenden Anregungen zur Abfassung von "The Show" dürfte Owen jedoch, wie Jon Stallworthy notiert, durch die Lektüre von Henri Barbusses *Le Feu* im November/Dezember 1917 erhalten haben.[116] Darauf deutet auch hin, daß Owen in Anlehnung an das Eingangskapitel von Barbusses Roman ("La vision") für sein Gedicht ursprünglich den Titel "Vision" vorgesehen hatte.[117]

Darstellungen panoramatischer Perspektive finden sich bereits in früheren Gedichten Owens: In "O World of many worlds ..." vermag sich der Sprecher euphorisch über die Zwänge seiner Existenz zu erheben: "I see men far below me where they swarm ...".[118] Ein fragmentarischer Entwurf zu einer "Imperial Elegy" enthält eine ironische Anspielung auf Rupert Brookes "The Soldier": "And not one corner of a foreign field/ But a span as wide as Europe/ [...]/ I looked and saw ...".[119] Die Anfangszeilen eines 1912/13 begonnenen und im Sommer 1915 überarbeiteten Gedichtes muten wie eine Vorwegnahme des in "The Show" vorgeführten Verfalls an:

> The time was aeon; and the place all earth.
> The spectacle I saw was not a dream,
> But true resumption of experienced things.
> The scene meseemed one vast deformity,
> [...]
> The place was called the World ...[120]

Owens Bild der Kriegslandschaft in "The Show" findet in mehreren Briefstellen eine Vorwegnahme, vor allem in der Schilderung des Niemandslandes in einem Brief an seine Mutter vom 19. Januar 1917: "[No Man's Land] is pock-marked like a body of foulest disease and its odour is the breath of cancer. [...] No Man's Land under snow is like the face of the moon chaotic, crater-ridden, uninhabitable, awful, the abode

---

115 H. G. Wells, *The World Set Free. A Story of Mankind* (Leipzig, 1914), S. 118-20.

116 Vgl. *The Complete Poems and Fragments*, Bd. 1, Anm. S. 156.

117 Vgl. ebda. Konzipiert in Scarborough im November 1917, wurde "The Show" im Mai 1918 in Ripon fertiggestellt.

118 Ebda, S. 71.

119 *The Complete Poems and Fragments*, Bd. 2: *The Manuscripts and Fragments*, S. 453.

120 ["The time was aeon"]; ebda, S. 73.

of madness."[121] Am 14. Mai 1917 versucht der Dichter, seinem jüngsten Bruder, Collin, einen Eindruck vom Verlauf eines Angriffs auf die deutschen Stellungen zu vermitteln: " ... I looked back and saw the ground all crawling and wormy with wounded bodies ...".[122] Das Bild des mit Verwundeten übersäten Schlachtfelds prägte sich tief in Owens Bewußtsein, wie aus einem Brief an den Cousin Leslie Gunston hervorgeht: "All the joy of this good weather is for me haunted by the vision of the lands about St. Quentin crawling with wounded."[123]

In der Reduktion der Dimensionen aus der Sicht des erhöhten Beobachters in "The Show" äußert sich der Versuch einer mentalen Distanzierung von den dargestellten Vorgängen. Eric J. Leed verweist – ohne sich auf Owens Gedicht zu beziehen – auf die Funktionalität der in "The Show" manifesten Aufspaltung der Persönlichkeit in ein erlebendes und ein den eigenen Tod beobachtendes Ich. Die Außensicht des Selbst, umgesetzt in die Vogelperspektive des Sprechers, wird zur essentiellen psychologischen Strategie: "The very ability to presume an aerial perspective over the scene of one's demise acted as a guarantee of survival and ensured that one's personal demise was only a dream."[124] Owens Verkleinerung der Grabenkämpfer zu winzigen Insekten erzeugt zudem ein starkes ironisches Element, das die psychische Distanz verstärkt. (Das satirische Potential von Vogelperspektive und teleskopischer Sicht demonstriert in exemplarischer Weise die Lilliput-Episode in Swifts *Gulliver's Travels*.) Eine ironische Spannung resultiert auch aus der Dichotomie zwischen der mythologischen Traumwelt, die das Epigraph aus W. B. Yeats' Versdrama *The Shadowy Waters* evoziert,[125] und der Drastik der im Gedicht dargestellten Szenerie.

Owens Gestaltung der Perspektive in "The Show" korrespondiert mit zwei gegenläufigen Bewegungen im Gedicht, der Transzendierung der physischen Realität der Front einerseits und der demaskierenden Reduktion der dargestellten Ereignisse auf ihre kreatürliche Dimension andererseits. Dem Beobachter bietet sich kein glorifizierendes, sondern

121 *Collected Letters*, Hrsgg. Harold Owen u. John Bell (London, 1967), S. 429. Vgl. auch Edlef Köppen, *Heeresbericht* (Reinbek, 1979), S. 180: "Die ganze Gegend sieht aus, als bestünde sie aus klaffenden Geschwüren. Aus ekelhaft zerfressenen Wunden. Die Ränder dieser Wunden sind gelblich und haben brandige Risse."

122 *Collected Letters*, S. 458.

123 1. April 1918; ebda, S. 544.

124 Vgl. Leed, *No Man's Land*, S. 137.

125 Zu den literarischen Bezügen Owens auf W. B. Yeats siehe Jon Stallworthy, "W. B. Yeats and Wilfred Owen", *Critical Quarterly* 11 (1969), S. 199-214 und Joseph Cohen, "In Memory of W. B. Yeats – and Wilfred Owen", *Journal of English and Germanic Philology* 58 (1959), S. 637-49.

ein betont abstoßendes Schlachtengemälde. Das Ende von "The Show" ist enigmatisch: Mit dem personifizierten Tod kehrt der Sprecher zur Erde zurück ("a deepening moan" evoziert das Geräusch einer Granate). In seiner physischen Identifikation mit einem Gefallenen scheint sich eine Reintegration in die Realität des Krieges zu vollziehen bzw. wird die Todesvision konkretisiert. Die Aufgabe der Vogelperspektive schließt die Überwindung ironischer Distanz mit ein und impliziert die für Owens Kriegslyrik charakteristische Solidarisierung mit dem kollektiven Leid. Jon Stallworthy sieht in der Schlußzeile des Gedichtes mit Recht eine Anspielung auf die Position des subalternen Offiziers Owen an der Spitze ("head") seines Zuges.[126] Das Bild fügt sich in den Kontext der in Owens Lyrik wiederholt auftretenden Thematik des Opfertodes Christi und seines Nachvollzugs im Martyrium der Frontsoldaten im Weltkrieg. (Im Motiv des abgetrennten Kopfes ist auch eine Anspielung auf den Tod Johannes des Täufers zu erkennen.) Kriegsbedingte Dehumanisierung und ihre Überwindung in einem christlichen Humanismus sind die beiden durch die Perspektive räumlich veranschaulichten Pole, zwischen denen sich der Sprecher des Gedichtes bewegt. "The Show" funktioniert somit auch als Metatext im Sinne einer Reflexion der Position des Dichters im Krieg und – in seinem intertextuellen Rahmen – des Dichters gegenüber der *conditio humana.*

Auch der Sprecher in Wilhelm Klemms "Die Beere" transzendiert seine Physis, das Gedicht läßt jedoch die von Owen artikulierte christlich-humanistische Akzeptanz des Leidens vermissen. Der Sprecher bleibt am Ende des Gedichtes isoliert:

Zu schwarzer Kunst von jeher hingezogen,
Hab ich ein finstres Stelldichein vollbracht:
Der Geisterfürst erschien. Und schweigend flogen
Wir mit geschloßnen Füßen durch die Nacht.

Die Räume gähnten in gigantischer Leere.
Es fror ein Licht hinaus, der greise Bart
Des Herrn. Und einsam schwebte eine Beere.
Die Erde war's auf ihrer müden Fahrt.

Und näher kommend sah ich, es umhüllte
Sie eine Haut von Schimmel, grauenvoll.
Das Lebende! Ein Hohngelächter brüllte,
Das wimmernd in der Ewigkeit verscholl.[127]

---

126 Vgl. *The Complete Poems and Fragments*, Anm. S. 157.
127 *Gloria*, S. 20.

Augenscheinlichste Differenz zwischen "The Show" und "Die Beere" ist die größere Partikularität des englischen Gedichtes. Klemms allegorisierende Darstellung operiert mit diffusen kosmischen Dimensionen, die panoramatische Vision des Sprechers erfolgt auf einer Art Hexenritt ins Weltall (vgl. Owens "vague height"). Durch die etwas umständliche Schilderung der "Vorgeschichte" verliert Klemms Gedicht bereits gegenüber dem unmittelbaren Beginn von "The Show" beträchtlich an Wirkung.

Die synästhetische Beschreibung der kosmischen Kälte in Z. 2 der zweiten Strophe ist verknüpft mit dem anthropomorphen Gottesbild christlicher Überlieferung, die Präsenz der moralischen Kategorien Gut und Böse in ihren personifizierten Repräsentanten ("Geisterfürst", "Gott") impliziert das Vorhandensein eines intakten Gebäudes traditioneller religiöser Konzepte, deren sich Klemm auch in der Folge bedient: Gott scheint sich von der Erde, die in ihrer Winzigkeit wie eine Beere durch den Kosmos treibt, abgewandt zu haben. In der Bezeichnung des Erdumlaufs als "müde[r] Fahrt" deutet sich bereits die im Bild der mit Schimmel überzogenen, "verdorbenen" Beere evozierte Vorstellung einer Entropie an. Unüberhörbar ist ein moralisierender Ton, der bei Owen weit weniger deutlich hervortritt: Paradoxerweise ist es "das Lebende", das die Zerstörung der Erde als seiner Grundlage und damit seine eigene Vernichtung betreibt. Gemeinsam ist beiden Gedichten, daß die Vision des Weltuntergangs keineswegs von einer Ästhetik der Zerstörung bzw. einer Faszination der Apokalypse geprägt ist, sondern ekelerregend erscheint. Im Abscheulichen manifestieren sich die Korrumpierung der Welt und der Triumph des Bösen im Krieg.

4. "Der alte Gott der schlachten ist nicht mehr"

Der Verlauf des Ersten Weltkriegs entsprach im Westen nur in der Anfangsphase den Plänen der Militärs. Sah es zunächst aus, als gelänge der deutschen Armee der im Schlieffenplan festgelegte rasche Vorstoß durch Belgien und die Picardie gegen die französische Hauptstadt, so kam die Offensive noch im Herbst 1914 an der Marne zum Stillstand. Der Krieg an der Westfront erstarrte zum Stellungs- und Materialkrieg, was sich erst mit der deutschen Frühjahrsoffensive 1918 zum Teil wieder ändern sollte. Als falsch erweisen sollte sich die optimistische Parole vom Kriegsende zu Weihnachten, die in den kriegführenden Staaten die Euphorie der Augusttage geschürt und die Freiwilligen in die Rekrutierungsbüros hatte strömen lassen. An der Front zeigte sich den Soldaten das Gesicht des Krieges im industriellen Zeitalter: Die Vernichtungsgewalt konzentrierten Artilleriefeuers und die technische Perfektionierung des Maschinengewehrs bedeuteten das Ende der offenen Feldschlachten alten Stils. Obgleich bereits der Amerikanische Bürgerkrieg, der Burenkrieg sowie der Russisch-Japanische Krieg 1905 die Feuerkraft moderner Gewehre und die Überlegenheit verschanzter Verteidiger gegenüber ungedeckt vorgehender Kavallerie oder Infanterie demonstriert hatten, huldigte man in den Armeekommandos auf beiden Seiten der Front dem Geist der Offensive und räumte Nahkampftaktiken eine wichtige Funktion ein.

Wie für die strategischen Konzepte der Generalstäbe waren auch für die Dichtung während der ersten Kriegsmonate anachronistische Auffassungen vom Krieg maßgeblich. In der kriegsaffirmativen Lyrik wurden die Klischees einer heroischen Tradition der Kriegsdichtung allerdings auch noch aufrechterhalten, als das Wesen des modernen Krieges sich längst enthüllt hatte, die dichterische Glorifizierung von Krieg und Heldenmut wurde angesichts einer militärischen Entwicklung betrieben, die sich objektiv immer stärker einer heroisierenden und romantisierenden Deutung entzog. Damit erfüllten diese größtenteils von "Schreibtischdichtern" verfaßten Texte eine wichtige Aufgabe im Rahmen der nationalen Kriegspropaganda. Entsprechend bemerkte Edward Thomas, in Anlehnung an Milton, mit einigem Zynismus: "If they also serve who only sit and write, poets are doing their work well."[1] Kriegskritische Gedichte standen hingegen in einem Spannungsverhältnis zur heroischen Tradition

---

1 "War Poetry", *Poetry and Drama* 2, 8 (Dezember 1914); zit. nach *A Language not to be Betrayed. Selected Prose of Edward Thomas*, ausgew. und eingel. von Edna Longley (Manchester, 1981), S. 131.

der Kriegsliteratur, was vielfach explizit thematisiert wurde. Dabei scheint die kritische Lyrik des Ersten Weltkriegs teilweise immer noch den Einfluß von Normen traditioneller Kriegsdichtung zu zeigen, indem auch hier Themen, die einer solchen Dichtungskonzeption nicht poetabel erscheinen konnten, ausgespart bleiben bzw. weit weniger oft gestaltet werden, als es auf Grund der kriegskritischen Tendenz dieser Gedichte zu erwarten wäre. Zu diesen Themen gehören Aspekte, die erst in jüngster Zeit vermehrt die Aufmerksamkeit der historischen und literarischen Forschung auf sich gelenkt haben, wie etwa das auf einer stillschweigenden Übereinkunft zwischen den Gegnern und einer Ritualisierung der Kampfhandlungen an einzelnen Frontabschnitten beruhende System des "Leben-und-Leben-Lassens", inoffizielle Waffenruhen und Fraternisierungen, wie sie sich in größerem Ausmaß zu Weihnachten 1914 ereigneten (s. 2.9), oder die Themen Selbstmord und Selbstverstümmelung, Meuterei und Desertion.[2]

In der kriegskritischen Lyrik, die bald nach der Euphorie der ersten Monate, in verstärktem Ausmaß aber nach den Materialschlachten an der Somme und bei Verdun 1916 hervortrat, nimmt die Reaktion auf den industrialisierten Charakter des Krieges eine zentrale Position ein. Nur wenige Aspekte der Fronterfahrung waren in ähnlicher Weise dazu angetan, die Frage nach der Sinnhaftigkeit dieses Krieges aufzuwerfen, wie seine Technisierung und – gemessen an früheren, lokal und quantitativ begrenzten Konflikten – das gigantische Potential der maschinellen Vernichtung. In der Folge soll versucht werden, Facetten der Erfahrung des maschinellen Krieges und ihrer poetischen Umsetzung zu umreißen.

Walter Benjamin streift im Nachwort zu seinem Essay *Das Kunstwerk im Zeitalter seiner technischen Reproduzierbarkeit* soziale und ökonomische Ursachen des modernen Krieges: "Nur der Krieg macht es möglich, die sämtlichen technischen Mittel der Gegenwart unter der Wahrung der Eigentumsverhältnisse zu mobilisieren."[3] Für Benjamin bzw. die seinem Essay zugrundeliegende marxistische Position ist der Krieg die

2 Zum System des "Leben-und-Leben-Lassens" an der Westfront 1914-1918 vgl. Tony Ashworth, *Trench Warfare 1914-1918*. Zum Thema Meuterei und Desertion s. Gloden Dallas und Douglas Gill, *The Unknown Army. Mutinies in the British Army in World War I* (London, 1985) sowie Douglas Gill und Ulrich Schneider, "Mutiny as a Theme in English and German Literature on World War I", in: *Intimate Enemies*, Hrsgg. Stanzel/Löschnigg, S. 365-82.

3 edition suhrkamp 28 (2. Aufl. Frankfurt a. M., 1968), S. 49. Benjamins Essay enthält – neben der bekannten Analyse des Faschismus als einer Ästhetisierung von Politik und Krieg – Ausführungen zu Marinettis vor dem Hintergrund des äthiopischen Kolonialkrieges stehendem "Futuristischen Manifest".

Konsequenz der unmündigen Beziehung der industrialisierten Gesellschaft zur Technik, der

> ... Diskrepanz zwischen den gewaltigen Produktionsmitteln und ihrer unzulänglichen Verwertung im Produktionsprozeß [...]. Der imperialistische Krieg ist ein Aufstand der Technik, die am *Menschenmaterial* die Ansprüche eintreibt, denen die Gesellschaft ihr natürliches Material entzogen hat. Anstatt Flüsse zu kanalisieren, lenkt sie den Menschenstrom in das Bett ihrer Schützengräben, anstatt Saaten aus ihren Aeroplanen zu streuen, streut sie Brandbomben über die Städte hin ...[4]

Die von Benjamin konstatierte scheinbare Emanzipation der Technik von der menschlichen Kontrolle vollzieht sich zumindest in Ansätzen bereits in den großen Materialschlachten des Ersten Weltkriegs. Wie Wolfgang Rothe bemerkt, resultiert diese Emanzipation in einer Totalisierung des Krieges, die in Opposition zu den Schlachten früherer Epochen tritt:

> Wie "Stalingrad" die restlose Überlagerung der Kriegskunst durch eine totalitäre Ideologie und einen absoluten Autokraten symbolisiert, so "Verdun" die Aufhebung der Strategie durch das fetischisierte "Material" und eine geradezu biologistische Wahnidee der "Vernichtung".[5]

In der Konfrontation mit der Zerstörungsgewalt des Kriegsmaterials fiel besonders dem Infanteristen im Ersten Weltkrieg eine im wesentlichen passive Rolle zu, aus der sein Gefühl der Ohnmacht und Hilflosigkeit resultierte:

> It is often said in the literature of the war that men no longer made war; war was made on men. Given the overpowering technology of warfare – the machine guns, the artillery, and the gas – the individual soldier was overwhelmed by a sense of vulnerability and helplessness.[6]

Je seltener an der Front der Gegner als Individuum greifbar wurde und je eindringlicher sich angesichts der Gegebenheiten des Materialkriegs die Sinnfrage stellte, desto mehr sah man im Krieg den "gemeinsamen Feind", ein Faktor, der als teilweise Erklärung für die oben erwähnten "subversiven" Haltungen und Ereignisse betrachtet werden muß. Das Gefühl der Insignifikanz des Individuums (entgegen der Glorifizierung individueller Tapferkeit in heroisierenden Kriegsdarstellungen) mußte zudem

---

4 Ebda, S. 50.
5 *Schriftsteller und totalitäre Welt*, S. 44.
6 Modris Eksteins, *Rites of Spring*, S. 183.

zu einer resignativen Haltung führen, die diese Phänomene begünstigte: "[The private soldier] had realized that with the almost complete dehumanising of war, the matter of his individual efficiency was of the last importance."[7]

Wurde die erzwungene Passivität des Einzelnen im technisierten Krieg in der überwiegenden Mehrzahl zeitgenössischer Darstellungen negativ bewertet, so sieht Guy Chapman im weitgehenden Wegfall individueller Verantwortung doch auch eine positive Seite der militärischen Entwicklung: "This mechanization had relieved him [d. h. den einzelnen Frontsoldaten] as much as it had added to his dangers."[8] Daß dem Verlust persönlicher Autonomie positive Aspekte abgerungen werden konnten, scheint auch aus einer Tagebucheintragung Siegfried Sassoons vom 27. Februar 1917 hervorzugehen. Interessant ist, daß der Eintrag zunächst den Entschluß des Dichters festhält, gegen die Fortführung des Krieges zu protestieren (Sassoons Resolution wurde am 30. Juli desselben Jahres im britischen Unterhaus verlesen und am darauffolgenden Tag in *The Times* veröffentlicht). Nach mehrmonatiger Rekonvaleszenz in England war Sassoon am 16. Februar in Rouen angekommen, von wo er im März zu seinem Regiment stoßen sollte: "... he has been drawn back into the Machine; he has no more need to worry."[9] Die Distanzierung durch das Personalpronomen der dritten Person (solche Einschübe, die wohl eine Art Vorstudie zu den fiktionalisierten Memoiren darstellen, begegnen uns an mehreren Stellen in Sassoons Tagebüchern) enthüllt Sassoons ambivalente Haltung gegenüber einem Krieg, der einerseits die Erfahrung der Solidarität mit den Frontkameraden bot, dessen technisierter Charakter und rein ökonomisch-politische Motivation dem Autor aber nicht verborgen blieben. In "War Experience", einem fünfzehn Jahre nach Kriegsende veröffentlichten Gedicht, ist denn auch von der Oppressivität des mechanisierten Krieges ("soul-conscripting war-mechanic") die Rede.[10] Sassoon betont den Initiationscharakter der Fronterfahrung[11] ("... a man began in youth to learn truth crude/ From life in the demented strife ..."), deren Intensität durch die Vorstellung der Kriegsmaschine vergegenwärtigt

7 Guy Chapman, *A Passionate Prodigality. Fragments of Autobiography* (London, 1933), S. 274 f.

8 Ebda.

9 *Siegfried Sassoon. Diaries 1915-1918*, S. 137.

10 *The War Poems*, S. 154. [Zuerst in *The Spectator* v. 2. Juni 1933; ob das Gedicht tatsächlich "twelve winters later", also schon 1930 entstand, oder die Zahl lediglich aus metrischen Gründen gewählt wurde, ließ sich nicht eruieren.]

11 Zum Erlebnis des Krieges als einer Initiation s. Eric J. Leed, *No Man's Land*, S. 1-38.

wird. Die Zusammensetzung "soul-conscripting" enthält nicht nur eine militärische Komponente, sondern impliziert eine Art Teufelspakt, den der junge Mann mit seinem militärischen Engagement eingeht.

Der Initiationscharakter des Fronterlebnisses steht im Mittelpunkt zweier jeweils "First Time In" betitelter Gedichte Ivor Gurneys,[12] beide poetische Variationen einer Episode, die der Dichter auch in seinen Briefen beschreibt.[13] Gurney schildert, wie die Ängste der neu an der Front eingetroffenen Gloucesters durch eine Gruppe walisischer Soldaten zerstreut werden, die in ihrem Unterstand Lieder aus der Heimat singen, um anschließend die Initianden in die Gegebenheiten des Stellungskrieges einzuführen:

> ... They told us lore, how and when did come
> Minnewerfers [!] and grenades from over there east
> [...]
> ... all necessary
> Common-sense workmanlike cautions of salutary
> Wisdom – the mechanic day-lore of modern war-making.[14]

Der Kontrast zwischen dem archaisierenden und romantisierenden "lore" und den pragmatischen, die Mechanik der Front betreffenden Instruktionen erzeugt in diesen Zeilen eine starke ironische Spannung. Gurneys "Towards Lillers" stellt den Maschinenkrieg in den Kontext einer voranschreitenden allgemeinen Technisierung: "The times scientific, as evil as ever again."[15] Eine ironische Umkehrung des biblischen "Schwerter zu Pflugscharen" (vgl. *Jes.* 2, 4) erscheint in dem Gedicht "The Mother": "We scar the earth with dreadful enginry".[16] Der industrialisierte Krieg, so deutet die Stelle an, rührt an die Grundfesten des Lebens.

Wenngleich in zahlreichen englischen und deutschen Gedichten das Bild des Krieges als einer Maschinerie eine zentrale Rolle einnimmt, wird der Kontrast zwischen den Paradigmen der Front im zwanzigsten Jahrhundert und dem Erscheinungsbild historischer Schlachten in der Lyrik doch seltener expliziert, als anzunehmen wäre. Eines der wenigen Beispiele ist die folgende Passage aus Peter Baums *Schützengrabenversen* (1915/16), die ein ästhetisierendes Bild vergangener Kriege projiziert:

---

12 "After the dread tales ..."; "The Captain addressed us ..."; *Collected Poems*, S. 69 f., 85 ff.

13 Vgl. Briefe vom 7. bis 21. Juni 1916; *War Letters*, S. 67-76.

14 *Collected Poems*, S. 86.

15 Ebda, S. 112.

16 Ebda, S. 32.

Schön da galten Lanzen, Schwerter, wenn vor [!] ihnen
Feindesreih gelichtet.
Nun sind selten sie geschwungen, heut wird mit Maschinen
hingerichtet.[17]

Albert Ehrensteins "Menschendämmerung" evoziert die Dimensionen des industrialisierten Massenkrieges in hyperbolischen Bildern und im ironischen Spiel mit germanischer und griechisch-antiker Mythologie:

Umtost vom vaterländischen Geheul
Der westlichen Wilden auf ihrem Kriegspfad,
Hager wie einer, den die Norne umarmt hat,
Erbleicht der Held, ihn bedrängt
Im unauslöffelbaren Kessel die Blutsuppe.
[...]
Der ohnmächtige Charon
Packt das kleinliche Ruder,
Zertrümmert die Barke, ihm front als
Totenschiff ein Ozeandampfer.[18]

Ähnliche Wirkung erzielen Kurt Heynicke ("Die Maschine mäht Menschen"[19]) und Leonard Barnes ("... the pick of two platoons/ strew in neat heaps that bloody acre – bundles/ of mown corn dropped by the reaper-and-binder of Death"[20]) durch die Übersteigerung der traditionellen Erntemetapher (vgl. 8.4.), während Johannes R. Bechers "An diese Zeit" in expressivem Stakkato proklamiert: "Ein neuer Krieg! Bazillenkrieg! Mechanischer Krieg!/ Krieg dem Krieger!/ Sturmpuppen, ferngelenkt. Speit Giftmord, Apparate!"[21] Als charakteristisches Attribut des neuen Krieges erscheint die Gasmaske. Karl Kraus' Portmanteauwort "chlorreich" in seinem Gedicht "Der neue Krieg" bringt die Divergenz zwischen "altem" und "neuem" Krieg auf den Punkt:

Am schwersten in diesem Krieg wird mir:
Gasmaske zu einen und Panier.
Wie ist das? Die vor dem Feind nicht weichen,
den Tod ihm mit chemischen Mitteln reichen,
die chlorreich bei der Waffe geblieben,

17 *Gesammelte Werke* 2, S. 194.

18 In: *Kameraden der Menschheit*, Hrsg. Rubiner, S. 45.

19 "Angriff", *Der Sturm* 7 (Januar 1917), S. 118. Abgedr. in: *Die Dichter und der Krieg*, Hrsgg. Anz/Vogl, S. 130-133; Zitat S. 132.

20 *Youth at Arms*, xviii (London, 1933), S. 30.

21 Johannes R. Becher, *Roter Marsch. Der Leichnam auf dem Thron. Die Bombenflieger* (Berlin, 1925), S. 59.

ob auch die Sonne über uns scheint –
sie wurden nicht aus der Armee getrieben
für rühmliche Feigheit vor dem Feind?[22]

Kraus' Gedicht "Mit der Uhr in der Hand" knüpft thematisch an "Der neue Krieg" an. Eine Zeitungsmeldung über die Versenkung eines "vollbesetzten feindlichen Truppentransportdampfer[s]" durch ein deutsches U-Boot im Mittelmeer am 17. September 1916, die Kraus dem Gedicht voranstellt, verrät den Anlaß zu dessen Abfassung; vor allem der Nachsatz "Das Schiff sank innerhalb 43 Sekunden" gibt zu denken:

Dies ist das Aug in Aug der Technik mit dem Tod.
Will Tapferkeit noch Anteil an der Macht?
Hier läuft die Uhr ab, aller Tag wird Nacht.
Du mutiger [!] Schlachtengott, errett uns aus der Not!

Nicht dir, der du da dumpf aus der Maschine kamst,
Ein Opfer war es, sondern der Maschine!
Hier stand mit unbewegter Siegermiene
ein stolzer Apparat, dem du die Seele nahmst.[23]

Wie in Stefan Georges *Der Krieg* ("Der alte Gott der schlachten ist nicht mehr") erfährt auch bei Kraus der Kriegsgott als Repräsentant einer heroisierenden Kriegskonzeption ("Tapferkeit", "mutig") durch den technisierten Krieg eine Veränderung[24] und scheint selbst der seine Position usurpierenden Maschine unterworfen. Ebenso präsentiert sich der "mit der Uhr in der Hand" den Untergang des Transportschiffes beobachtende Kommandeur auf der Brücke des U-Boots als ein zum Automaton gewordener Maschinendiener.

In der dritten Strophe wechselt die Szenerie vom Seekrieg zum Stellungskrieg an Ost- und Westfront:

Dort ist ein Mörser. Ihm entrinnt der arme Mann,
Der ihn erfand. Er schützt sich in dem Graben.
Weil Zwerge Riesen überwältigt haben,
Seht her, die Uhr die Zeit zum Stehen bringen kann!

---

22 *Werke*, Hrsg. Heinrich Fischer, Bd. 7: *Worte in Versen* (München, 1959), S. 158.

23 Ebda, S. 104. Vgl. Prosaskizze in *Die Fackel* 18, Nr. 437-442 (31. Oktober 1916), S. 121.

24 Vgl. auch Th. Th. Heines Zeichnung *Der neue Kriegsgott*, die einen idealisierten Mars mit Schwert und Schild mit einem kleinwüchsigen, buckligen Wesen im Paletot mit Pistole und Geldsack – und einer Geldbörse als Kopf – kontrastiert.

Die Kriegswaffe wendet sich gegen ihren Erfinder, der im Schützengraben Zuflucht vor ihrer Zerstörungsgewalt suchen muß. In der zweiten Hälfte dieser Strophe deutet Kraus auf eine tiefgreifende Störung der kosmischen Ordnung, bewirkt durch menschliche Hybris: Mit Hilfe der Technik hat sich der Mensch über seine Grenzen hinweggesetzt.

Strophe vier warnt vor den unkontrollierbaren Folgen der rapiden waffentechnischen Entwicklung:

Geht schlafen, überschlaft's. Gebt Gnade euch und Ruh.
Sonst sitzt euch einst ein Krüppel im Büro,
Drückt auf den Taster, hebt das Agio,
Denn grad flog London in die Luft, wie geht das zu!

Scheint die letzte Zeile der Strophe das Szenario eines Atomkriegs vorwegzunehmen, so stellt Kraus in den vorangehenden beiden Zeilen den ökonomischen Konnex des Kataklysmus her: Die Reaktion des Aktienkurses auf die neugeschaffene wirtschaftliche Situation läßt sich wie die Zerstörung einer Metropole bequem von den Schaltstellen der Macht aus bewerkstelligen.

In der folgenden Strophe stellt Kraus die Frage, welche Stufe einer auf Selbstzerstörung ausgerichteten Entwicklung die vom technischen Fortschritt "geblendete" Menschheit erreicht hat:

Wie viel war's an der Zeit, als jenes jetzt geschah?
Schlecht sieht das Aug, das giftige Gase beizen.
Doch hört das Ohr, die Uhr schlug eben dreizehn.
Unsichtig Wetter kommt, der Untergang ist nah.

Die apokalyptische Denotation der Schlußzeile (es ist überdies bereits eine Stunde n a c h zwölf) verdeutlicht den nihilistischen Triumph der Technik, die die Grenzen menschlicher Empirie gesprengt hat.

In der letzten Strophe geißelt Kraus in geschliffener Formulierung das Erscheinungsbild der von Profitgier und Krieg ("Zinsfuß und Prothese [der verstümmelten Kriegsopfer]") bewegten Zeit, geprägt von Chauvinismus und anachronistischer Glorifizierung des Krieges:

Entwickelt es sich so mit kunterbunten Scherzen –
Behüte Gott den Gott, daß er es lese!
Der Fortschritt geht auf Zinsfuß und Prothese,
Das Uhrwerk in der Hand, die Glorie im Herzen.

Bezeichnend für Kraus' versifizierte Antikriegspolemik ist neben ihrem prophetisch-visionären Anspruch und ihrer moralisierenden Haltung die Demaskierung der Phrase als des Ausdrucks des "Ungeistes" der Zeit. Häufig geschieht dies, wie im hier behandelten Gedicht, anhand signifikanter Zitate. Dieser Technik bediente sich auch Franz Pfemfert, der in der Rubrik "Ich schneide die Zeit aus" der *Aktion* eine aufschlußreiche Zeitungslese präsentierte, wobei er die reproduzierten Ausschnitte allerdings unkommentiert für sich sprechen ließ.

Im Gegensatz zur überwiegenden Mehrzahl seiner Dichterkollegen enthielt sich Stefan George lange Zeit jeder literarisch-publizistischen Äußerung zu den Kriegsereignissen, obwohl, wie Eckart Koester bemerkt, das vehemente propagandistische Engagement seiner "Jünger" Friedrich Gundolf, Karl Wolfskehl, Ernst Bertram u. a. nahelegt, daß der Meister dem Krieg zunächst nicht gänzlich negativ gegenüberstand.[25] Georges Schweigen war – entgegen Karl Kraus' berühmt gewordener Aufforderung "Wer etwas zu sagen hat, trete vor und schweige" – offenbar nicht durch persönliche Betroffenheit motiviert, sondern durch die vom Dichter schon vor dem Krieg eingehaltene elitär-ästhetizistische Distanz zum Tagesgeschehen. Auf George scheint vor allem das "Massenphänomen" Krieg abstoßend gewirkt zu haben – "Am streit wie ihr ihn fühlt nehm ich nicht teil", bedeutet in seiner 1917 veröffentlichten einzigen literarischen Stellungnahme, der Dichtung *Der Krieg*, der "Siedler auf dem berg" der Volksmenge.[26] *Der Krieg*, bestehend aus zwölf Strophen zu je zwölf im Blankvers gehaltenen Zeilen, enthält neben symbolistisch verschlüsselter Zeitkritik eine Reflexion der Stellung des Dichters in einer Zeit nationaler Krise. Überraschend hellsichtig ist die Analyse des Erscheinungsbildes des industriellen Massenkrieges in Strophe fünf:

> Zu jubeln ziemt nicht: kein triumph wird sein ·
> Nur viele untergänge ohne würde ..
> Des schöpfers hand entwischt rast eigenmächtig
> Unform von blei und blech · gestäng und rohr.
> Der selbst lacht grimm wenn falsche heldenreden
> Von vormals klingen der als brei und klumpen
> Den bruder sinken sah · der in der schandbar
> Zerwühlten erde hauste wie geziefer ..
> Der alte Gott der schlachten ist nicht mehr.
> Erkrankte welten fiebern sich zu ende
> In dem getob. Heilig sind nur die säfte

25 Vgl. *Literatur und Weltkriegsideologie*, S. 234 ff.

26 *Der Krieg. Dichtung* (Berlin, 1917). Zit. nach *Die Dichter und der Krieg*, Hrsgg. Anz/Vogl, S. 70.

Noch makelfrei verspritzt – ein ganzer strom.[27]

Die Formulierung "Unform von blei und blech" impliziert eine formal-ästhetische Kritik des technisierten Krieges und seiner Eigendynamik, die im Gegensatz zum Technikkult der literarischen Avantgarde steht. Verherrlicht der Futurismus marinettischer Prägung den Maschinenkrieg als dynamistisches Gesamtkunstwerk, so repräsentiert der gegenwärtige Konflikt für den um Harmonisierung im Sinne einer symbolistischen Ästhetik bemühten George chaotische Tendenzen, die sich jedem künstlerischen Gestaltungswillen entziehen. Die pointierte Darstellung der Diskrepanz zwischen dem geschönten Bild des Soldatentodes in der heroisierenden Überlieferung und der drastischen Realität – der Verstümmelung und Atomisierung durch die Wirkung moderner Explosivkörper – begegnet uns in dieser Deutlichkeit ansonsten nur in der kritischen Dichtung von Kriegsteilnehmern. In dem Satz "Der alte Gott der schlachten ist nicht mehr", der die Thematik der Strophe prägnant resümiert, wird Georges Bedauern über den Verlust der heroischen Tradition der Kriegführung spürbar, wodurch diese Passage keine Kritik des Krieges als solchem darstellt, sondern wie Thomas Hardys "Then and Now" (vgl. 10.1.3.) allein den Charakter des modernen Krieges verurteilt. Anders als für Hardy scheinen für Georges Kritik aber nicht allein ethische, sondern vor allem auch ästhetische Kategorien maßgebend zu sein: An der "schandbar/ Zerwühlten erde" stört weniger der Eingriff menschlicher Hybris in die elementare Ordnung der Natur, sondern vielmehr die Unordnung, und fast vermeint man einen Anflug von Ekel zu spüren, der den Dichter beim Gedanken an die wie "geziefer" in ihren Schützengräben dahinvegetierenden Soldaten und ihren degoutanten Tod überkommt. Ein letzter Rest des Heroischen freilich ist geblieben, wenn im letzten Satz der Strophe das Blutvergießen zum mystischen Reinigungsopfer verklärt wird. Wie in den Aufbruchsgedichten der expressionistischen Avantgarde fungiert der Krieg als Katalysator des allgemeinen Verfalls und damit letztlich als Katharsis.

Der mechanisierte Krieg ist für den Dichter Ausdruck einer materialistisch geprägten Zeit. Anders als etwa Gerhart Hauptmann (s. 10.2.3.) oder Richard Dehmel, in deren Kriegslyrik dieser Aspekt kaum zur Sprache kommt, verurteilt George aus seiner ästhetizistischen Position heraus auch die ökonomischen Interessen der eigenen Partei. Dabei greift er die von der Kriegspropaganda kultivierte Stereotypisierung Englands als

---

27 Ebda, S. 71.

einer Nation von "Krämern" auf, um den Deutschen einen Spiegel vorzuhalten:

> In beiden lagern kein Gedanke – wittrung
> Um was es geht .. Hier: sorge nur zu krämern
> Wo schon ein andrer krämert .. ganz zu werden
> Was man am andren schmäht und sich zu leugnen
> [...]
> Drüben: ein pochen auf ehemaligen vorrang
> von pracht und sitte · während feile nutzsucht
> Bequem veratmen will .. [...][28]

Aus der Rückschau auf den Ersten Weltkrieg thematisiert Klabunds "Ballade des Vergessens" den Gegensatz zwischen historischen Schlachten und dem modernen Krieg. Wie in Hardys erwähntem Gedicht "Then and Now" wird ein idealisiertes, von ritterlichen Ehrbegriffen geprägtes Bild vergangener Kriege gezeichnet. Die chevalereske Haltung früherer Heerführer zeigt sich z. B. darin, daß sich diese – anders als Wilhelm II. und Ludendorff – nicht durch die Flucht ins neutrale Ausland ihrer Verantwortung entzogen:

> Einst war der Krieg noch ritterlich,
> als Friedrich die Seinen führte,
> In der Faust die Fahne – nach Schweden nicht schlich
> Und nicht nach Holland 'chapierte.
> Einst galt noch im Kampfe Kopf gegen Kopf
> Und Mann gegen Mann – indessen
> Heut drückt der Chemiker auf den Knopf,
> Und der Held ist vergessen, vergessen.[29]

Bezeichnend ist der Rekurs auf Friedrich II., den auch Thomas Mann – allerdings in Apologie des Weltkriegs – in einem umfangreichen Essay[30] vornimmt: Der Preußenkönig repräsentiert für Klabund eine heroische Epoche der deutschen Geschichte bzw. eine Ära offener, durch den heldenhaften Kampf Mann gegen Mann geprägter Feldschlachten. Es bleibt abzuwägen, ob in der Faszination historischer Kriege nicht letztlich doch

---

28 Ebda, S. 73. Zum deutschen Englandstereotyp während des Weltkriegs s. auch Hans-Joachim Lang, "England als Erzfeind in der deutschen Kriegsdichtung, 1914-1915", in: *Intimate Enemies*, Hrsgg. Stanzel/Löschnigg, S. 201-21.

29 *Klabund* [= Alfred Henschke]. *Gesammelte Gedichte. Lyrik. Balladen. Chansons* (Wien, 1930), S. 270.

30 Vgl. Thomas Mann, "Friedrich und die große Koalition. Ein Abriß für den Tag und die Stunde", *Der neue Merkur* 1 (1914/15), H. 10/11; abgedr. in: *Th. M. Gesammelte Werke in zwölf Bänden*, Bd. 10: *Reden und Aufsätze 2* (Frankfurt a. M., 1960), S. 76-135.

auch eine Faszination des Krieges an sich mitschwingt, wie sie der Dichter vorbehaltlos in seinen 1914 veröffentlichten *Soldatenliedern* zelebrierte.

Für Klabund haben die Deutschen aus der Katastrophe nichts gelernt, die Erinnerung an Leid und Tod wird verdrängt. Als Menetekel angesichts revanchistischer Strömungen und der ungebrochenen Attraktivität heroisierender Kriegsbilder beschwört der Dichter die apokalyptische Vision eines bakteriologisch-chemischen Krieges der Zukunft:

Der neue Krieg kömmt anders daher,
als ihr ihn euch geträumt noch:
Er kommt nicht mit Säbel und Gewehr,
Zu heldischer Geste gebäumt noch:
Er kommt mit Gift und Gasen geballt,
Gebraut in des Teufels Essen.
Ihr werdet, ihr werdet ihn nicht so bald
Vergessen, vergessen, vergessen.

[...]

Ihr kämpft mit Dämonen, die keiner sieht,
Vor Bazillen gelten nicht Helden,
Es wird kein Nibelungenlied
Von eurem Untergang melden.[31]

4.1. *"The extreme fury of war self-multiplies"*

Aus den Gegebenheiten des Stellungskrieges resultierte als eine der befremdlichsten Erfahrungen des Frontkämpfers die Unsichtbarkeit des Gegners. Da beide Seiten in einem weitläufigen System von Schützengräben Deckung vor Artillerie- und Maschinengewehrfeuer suchten, bekamen die Soldaten der gegnerischen Armeen einander kaum jemals zu Gesicht. Die Szenerie an der Front wirkte menschenleer: "As for men, they were seldom to be seen. For this was the peculiarity of the Western Front: the uproar seldom ceased and the number of men involved was countless, but the terrain seemed deserted."[32] Ivor Gurney erscheint ein Moment, in dem der Feind sichtbar wird, für wert, emphatisch festgehalten zu werden: "Germans seen actually ...".[33] Für Ernst Jünger ist es nach

31 Ebda, S. 270 f.
32 Leon Wolff, *In Flanders Fields. The 1917 Campaign* (Harmondsworth, 1979), S. 34.
33 "Near Vermand", *Collected Poems*, S. 132.

einer langen Zeit des Ausharrens im Schützengraben "eine Erlösung", als Anführer eines Stoßtrupps "den Feind endlich als Erscheinung greifbar zu sehen."[34] Solange die Routine des Lebens im Schützengraben jedoch nicht durch Offensiven, Stoßtruppunternehmen oder Patrouillengänge unterbrochen wurde, deuteten meist nur Anzeichen auf die Anwesenheit des Gegners in den Gräben jenseits des Niemandslandes. Typisch für den Anblick, der sich dem Beobachter durch das Scherenfernrohr bot, erscheint John Balls Eindruck von den deutschen Stellungen an einem "ruhigen" Frontabschnitt in David Jones' *In Parenthesis*: "John Ball, posted as 1st Day Sentry, sat on the fire-step; and looking upward, sees in a cunning glass the image of: his morning parapets, his breakfast-fire smoke, the twisted wood beyond."[35] Die für literarische Frontdarstellungen bezeichnende Kollektivierung des Gegners durch den Singular des Personalpronomens ("he" bzw. "er") ist Ausdruck der Tatsache, daß der Feind als Individuum nicht greifbar wurde bzw. es erst dann wurde, wenn er aufgehört hatte, eine Bedrohung zu sein: als Verwundeter, den man, falls das Risiko vertretbar schien, aus dem Niemandsland barg,[36] als Gefangener oder bei den bereits erwähnten inoffiziellen Waffenruhen und Fraternisierungen. Ansonsten blieb der Gegner verborgen bzw. war vielfach nur undifferenziert wahrnehmbar: "Wie der letzte Rauch sich vom Boden gelöst hat, steht und liegt und kriecht und läuft und springt, graue lebendige Masse, der Feind."[37]

Das in der Literatur des Ersten Weltkriegs artikulierte Gefühl, hilflos einer gigantischen Kriegsmaschinerie ausgeliefert zu sein, gründete nicht zuletzt in der Tatsache, daß die im Graben erlebten Schocksequenzen scheinbar nicht mit einem identifizierbaren Agens in Zusammenhang zu bringen waren: "Men were invisible: It was a struggle of giants hurling thunderbolts."[38] Das Zurücktreten des Menschen hinter die vermeintliche Autonomie der Vorgänge läßt den Krieg als eigendynamische Gewalt erscheinen: "The fighting was so impersonal as a rule that it seemed rather a conflict with dreadful hostile forces of Nature than with other men. You did not see the men who fired the ceaseless hail of

34 *In Stahlgewittern*, S. 259.

35 *In Parenthesis*, S. 65.

36 Vgl. Robert Graves, *Goodbye to All That*, S. 117: "The Royal Welch were gentlemanly: perhaps a one-in-twenty risk of getting a wounded German to safety would be considered justifiable."

37 Edlef Köppen, *Heeresbericht*, S. 79.

38 Siegfried Sassoon, *Diaries 1915-1918*, S. 73.

shells on you".[39] In diesem besonderen Aspekt des Stellungskriegs gründet die ultimative Dehumanisierung des Soldaten: "Der Kampf von Unsichtbaren gegen Unsichtbare – ist das nicht der furchtbarste Hohn auf alle Menschenwürde?"[40]

Der massive Einsatz von Artillerie im Ersten Weltkrieg repräsentiert eine fortgeschrittene Stufe jener waffentechnischen Entwicklung, die auf eine Vergrößerung der Distanz des Tötens und damit auf eine Reduktion der Tötungshemmung ausgerichtet ist. In der heroischen Tradition der Kriegsdichtung hingegen figuriert der Kampf Mann gegen Mann als Epitom kriegerischer Auseinandersetzung. Ganz im Sinne einer solchen heroisch-individualistischen Kriegsauffassung argumentiert der kriegsfreiwillige Artillerist Ernst Toller, um seinen Wunsch um Versetzung zur Infanterie zu begründen: "Wir schießen, und wissen nicht, auf wen. Die drüben schießen, wir wissen nicht wer. Ich will den Feind sehen, gegen den ich kämpfe."[41] Gilbert Frankau, der an anderer Stelle die dämonische Faszination der Geschütze thematisiert (s. 5.), erklärt in seinem Gedicht "The Other Side" das mechanisierte Töten auf Distanz zu einem der schlimmsten Schrecknisse des Krieges: "Men disembowelled by guns five miles away ...".[42] In Edlef Köppens *Heeresbericht* versucht ein verständnisvoller Offizier, dem fiktionalen *alter ego* des Autors, Adolf Reisiger, ins Gewissen zu reden; Reisiger hat, wie *realiter* Köppen, in der *Aktion* kriegskritische Gedichte veröffentlicht:

> ... hat Ihnen denn, ich meine, Ihnen privat, schon irgendeinmal jemand zugemutet zu töten? Also ich meine: Wir Artilleristen haben es doch gerade in dieser Hinsicht besonders gut. Wir schießen doch meistens, ohne überhaupt zu sehen, wo es trifft und wen es trifft.[43]

Isaac Rosenberg nimmt im zweiten Teil seines Gedichtes "Marching" (s. auch 4.2.), entstanden noch vor dem Aufbruch des Dichters an die Front,

---

39 Richard Aldington, *Death of a Hero* (London, 1929), S. 292.

40 Erich Mühsam, "Das große Morden", in: *Fanal. Aufsätze und Gedichte 1905-1932*, Hrsg. Kurt Kreiler, Wagenbachs Taschenbücherei 22 (Berlin, 1984), S. 82. Mühsams Aufsatz, verfaßt im Mai 1914, ist tatsächlich eine Prophetie der Charakteristika des Materialkriegs.

41 *Eine Jugend in Deutschland*, S. 47.

42 "The Other Side"; in: *Poetry of the Great War*, Hrsgg. Hibberd/Onions, S. 164.

43 *Heeresbericht*, S. 202; vgl. auch S. 200. Es handelt sich um Köppens Gedichte "Träumen" und "Loretto" (*Die Aktion* 5 [25. Sept. 1915], Sp. 492). Die Vermengung von authentisch-biographischen und fiktionalen Elementen ist typisch für die Montagetechnik des Romans.

dieses Charakteristikum des Maschinenkriegs in einem eindrucksvollen Bild vorweg: "Blind fingers loose an iron cloud/ To rain immortal darkness/ On strong eyes."[44] Der Beginn des Zitats enthält eine doppelte Referentialität im Sinne eines metaphorischen ("blind fingers") und metonymischen ("fingers" = Artilleristen) Bezugs. Darüberhinaus verweist die Fügung auf die "Verblendung" des Menschen als Ursache des Krieges. Die menschliche Physis ("strong eyes"), *topos* einer heroisierenden literarischen Tradition, wird im Maschinenkrieg atomisiert, athletische Qualitäten werden angesichts der Zerstörungskraft des Kriegsmaterials bedeutungslos, wie Rosenberg in "Break of Day in the Trenches" andeutet – wiederum ist von "strong eyes" die Rede:

> It seems you [d. h. die vom Sprecher adressierte Ratte] inwardly grin as you pass
> Strong eyes, fine limbs, haughty athletes
> Less chanced than you for life,
> Bonds to the whims of murder
> ...[45]

Das Bewußtsein, mit einer unkontrollierbar gewordenen Maschinerie der Vernichtung konfrontiert zu sein, beeinflußte die Einstellung des Frontsoldaten zum Gegner: " ... der die Granaten herschickt, ist – das spürt man schon lange – nicht anders ein Geknebelter, ein Verdammter, wie der, dem sie gelten."[46] Im Gegensatz zu den Haßtiraden der Kriegspropaganda begegnet uns in den Tagebüchern und Memoiren von Kriegsteilnehmern immer wieder eine gewisse Sympathie für den Feind, die Ausdruck des Bewußtseins um die Identität der Schicksale ist: "For the Hun I feel nothing but a spirit of amiable fraternity that the poor man has to sit just like us and do all the horrible and useless things that we do ...".[47] Pointiert formuliert Carl Zuckmayer den Abbau irrationaler Feindbilder und das Gefühl einer die gegnerischen Lager verbindenden Frontgemeinschaft: "Längst war der Haß gegen den 'Feind' im Nachbargraben erloschen. Der Feind, für uns alle, war der Krieg, nicht der Soldat in Stahlblau oder Khaki, der dasselbe durchmachen mußte wie wir."[48] In der Dichtung des Weltkriegs werden die neuen Paradigmen

---

44 *Collected Works*, S. 96.

45 Ebda, S. 103.

46 Alexander Moritz Frey, *Die Pflasterkästen. Ein Feldsanitätsroman* (Frankfurt a. M., 1986 [Berlin, 1929]), S. 170.

47 Arthur Graeme West, *The Diary of a Dead Officer. Being the Posthumous Papers of A. G. W.*, Hrsg. Dominic Hibberd, Art and Literature Series 3 (London, 1991 [1918]), S. 12.

48 *Als wär's ein Stück von mir*, S. 230.

des Krieges (Unsichtbarkeit und Kollektivierung des Gegners, Töten auf Distanz, "Eigendynamik" des Krieges und Solidarität mit dem Feind) zum einen durch abstrahierende Bilder angedeutet, zum anderen kommen sie in kollektivierenden oder den Vorgängen eine scheinbare Autonomie verleihenden Pronominalisierungen zum Ausdruck. So heißt es etwa bei Edmund Blunden, in dessen Kriegsgedichten Technikbilder ansonsten selten auszumachen sind: "... terrible is the insistency/ Of the east where like a fiend automaton/ the thunder-throated cannonade booms on ...".[49] Leonhard Barnes findet für die Eigendynamik des Maschinenkriegs ein eindrucksvolles Bild: "The extreme fury of war self-multiplies/ To seismic climax ...".[50] Zahlreiche deutsche Gedichte zeigen eine an Darstellungen hypostasierter Kriegsgötter (vgl. 3.2.) gemahnende Personifikation des Kampfes, so z. B. das Gedicht "Der belgische Acker" des jungen Bert Brecht: "Fern noch brüllte, brannte und stampfte/ Die Schlacht."[51] Rückblickend heißt es bei Kurt Heynicke: "Hier flammte grell die Schlacht" ("Die Statue des Schweigens auf dem Douaumont"[52]); Max Barthels *Verse aus den Argonnen* enthalten zwei Gedichte mit dem Titel "Die ferne Schlacht", die beide eine anthropomorphisierte Darstellung des Geschehens erkennen lassen: "Die Schlacht stampft im Blut"; "Mit dumpfen Paukentönen/ geht eine ferne Schlacht".[53] Ähnliche musikalische Assoziationen begegnen uns in grotesker Übersteigerung auch in Kurd Adlers "Mai-Phantasie 1916": "Der Contrabaß/ des zerstückelnden Krieges kreischt nach Taten",[54] während Anton Schnacks "Montmedy" den Krieg in Analogie zum industriellen Produktionsprozeß setzt (vgl. 9.1.2.); man beachte die durch das Bild veranschaulichte Passivität des "Menschenmaterials" im Krieg: "... wir, die die Schlacht schon hämmerte, der Tod schon rührte bei Verdun, bei Arras ...".[55] Schnacks "In der Ebene" und "Abendlicher Marsch" decouvrieren die Obszönität und Absurdität des Massensterbens: "... fern feiert eine ungeheure Schlacht mit Tod und Aufruhr ihr ruchloses Fest"; "... die Schlacht [...], die in Gräben trommelte, die irrsinnig ist schon sieben Tage, die Tote

---

49 "Mont de Cassel"; *The Poems*, S. 45.
50 *Youth at Arms* xviii, S. 34.
51 *Bertolt Brecht: Gesammelte Werke*, Bd. 8: *Gedichte 1* (Frankfurt a. M., 1967), S. 10.
52 *Das lyrische Werk 2*, S. 167.
53 *Verse aus den Argonnen* (Jena, 1916), S. 41, 23.
54 In: *1914-1916*, Hrsg. Pfemfert, S. 17.
55 *Tier rang gewaltig mit Tier*, S. 14.

häuft/ Immer höher, die schwer atmet, grollend, bös."[56] Oskar Kanehls Gedicht "Schlachtfeld" trifft in der Zeile "Die Schlacht ist müde"[57] eine Aussage über die Verselbständigung des Geschehens ebenso wie über die physische und mentale Erschöpfung der Soldaten. Auch Walter Flex, dessen lyrisches Oeuvre in seinem Tenor der Kriegskritik Adlers oder Kanehls konträr ist, bedient sich des Bildes in seinem Gedicht "Vorfrühling im Felde": "die Schlacht entschlief .../ [...]/ Dann schrak der Krieg aus Fieberphantasien/ und grollte tief/ und sank zurück in Schlaf und Traum der Nacht ...".[58]

Die Vorstellung von der Front als eines menschenverschlingenden Leviathans erscheint an mehreren Stellen in Peter Baums *Schützengrabenversen*: "... seit mich der Rachen/ Dieses Krieges in den Schlund geschoben"; "Höllen standen über meinen Jugendstunden,/ Ihre Zungen leckten rote Flammenwunden./ Labyrinthisch zahndurchwegtem Rachen/ Morgens ich entrann ..."[59]. Johannes R. Bechers propagandistischer Hymnus "Liebknecht, Luxemburg, Lenin" konstatiert: "Vier Jahre Krieg: Stahlstrudel, .../ [...]/ Der Mensch ist Material. Die Massenschlacht/ Frißt davon viel!"[60] und Walter Hasenclever betont in "1917" die panoramatische Totalität der Materialschlacht: " ... de[r] rauchende[...] Kessel der brüllenden Schlacht".[61] Heinrich Lerschs "Träume. I: Vom Eisen" führt im Dialog des Sprechers mit dem Götzen "Material" dessen "Fetischisierung" (s. o.) im Krieg vor:

> "... Ihr habt mich ja zu eurem Gott gemacht!"
> Ich schwieg und sah voll Grauen der Maschinen Schlacht:
>
> Geschütze, Gase, Minen, prall voll Todbegier.
> "Wir sind die Herren! Maschinen, Knechte ihr!"[62]

Daß der Schock eines Artilleriebombardements oft nicht mehr in Zusammenhang mit einem identifizierbaren Gegner gebracht wurde, geht aus der Wahl des Pronomens in Wilhelm Klemms "Feuerüberfall" hervor: " E s muß doch auch einmal aufhören [meine Hervorhebung]."[63]

---

56 Ebda, S. 78, 58.
57 *Die Schande*, S. 18.
58 *Im Felde zwischen Tag und Nacht. Gedichte* (München, o. J.), S. 19.
59 *Schützengrabenverse*, S. 191, 193.
60 *Roter Marsch*, S. 9.
61 *Tod und Auferstehung*, 1917; *Gedichte, Dramen, Prosa*, S. 82.
62 *Heinrich Lersch. Das dichterische Werk. Mensch im Eisen. Mit brüderlicher Stimme* (Stuttgart, Berlin, o. J. [1925]), S. 283.
63 In: *1914-1916*, Hrsg. Pfemfert, S. 66.

Klemms "Beschießung" vergegenwärtigt eindrucksvoll die Zufälligkeit, die an der Front über Leben und Tod entschied: "Plötzlich fangen sie wieder an zu schießen./ Die ganze Höhlung knirscht. Man hockt und wartet./ Die zwei Quadratmeter brauchen doch nicht gerade getroffen zu werden."[64] Eine Kollektivierung des Gegners bewirkt das Pronomen in Karl Brögers "Ein Nachtgefecht": "Dort von der Höhe – wie e s rennt und hetzt!/ Zweihundert Meter .. Hundert .. Fünfzig .. Jetzt ../ Ein kurzes Tak-tak-tak .. Es kracht, es knallt ../ Millionen Blitze zucken aus dem Wald [meine Hervorhebung]."[65] Anton Schnacks Formulierung " ... vornwärts schlug man tot" vermittelt den Eindruck räumlicher und emotionaler Distanz.[66] August Stramms Gedichte wiederum betonen durch ihre Abstrahierung, vor allem aber durch die Häufigkeit von Verbalsubstantiven, die Eigendynamik des Geschehens, so z. B. in der Andeutung einer Nahkampfszene und des Todes eines der Kontrahenten in "Schlacht":

Ächzen ringt
[...]
Packen würgt
Wild
Krallt
Das Sterben
Auf
Zum Himmel.[67]

4.2. *"This is the happy warrior ..."*

Komplementär zum Bild des Krieges als einer eigendynamisch agierenden Megamaschine erscheint in der Dichtung des Weltkriegs wiederholt das Motiv des Automatenmenschen. Die Darstellung von "Mikromaschinen innerhalb der Makromaschine"[68] versinnbildlicht den Verlust individueller Identität im technisierten Massenkrieg. Sie begegnet uns vor allem in Gestaltungen der folgenden Themen: Exerzieren, Marschieren sowie Kampf und Tod. Die im folgenden behandelten Manifestationen des Automatonmotivs in englischen und deutschen Kriegsgedichten greifen auf

64 Ebda, S. 67.
65 *Kamerad, als wir marschiert* (Jena, 1918), S. 13.
66 "Der Kanal"; *Tier rang gewaltig mit Tier*, S. 18.
67 *Das Werk*, S. 77.
68 Arno Bammé u. a., *Maschinen – Menschen, Mensch – Maschinen. Grundrisse einer sozialen Beziehung* (Reinbek bei Hamburg, 1983), S. 205.

mechanische Androiden in der Überlieferung der Antike (z. B. die goldenen Gesellen Hephaistos' in Buch 18 der *Ilias*) ebenso zurück wie auf Beispiele in der englischen (Mary Shelleys *Frankenstein*) und deutschen Literatur (E. T. A. Hoffmanns Erzählungen "Der Sandmann" und "Die Automate").[69] In diesen Kontext fügen sich auch Darstellungen des Weltkriegs als eines grotesken Puppentheaters wie etwa in Walter de la Mares "The Marionettes",[70] das einen imaginären Zuschauer jedoch am Schluß zur entsetzten Feststellung kommen läßt: "'It's true!'"

Isaac Rosenbergs "Marching (As Seen from the Left File)", entstanden im Ausbildungslager Bury St. Edmunds im Dezember 1915, gestaltet, wie schon der Untertitel angibt, die Perspektive des in die Marschkolonne eingebundenen Soldaten; durch den eingeschränkten Blickwinkel des Sprechers erscheinen die Marschierenden auf einzelne Körperteile reduziert:

My eyes catch ruddy necks
Sturdily pressed back –
All a red brick moving glint.
Like flaming pendulums, hands
Swing across the khaki –
Mustard-coloured khaki –
To the automatic feet.

Das Automatonmotiv ("pendulums", "automatic feet") leitet über zu komplexen Bildern, deren Aussage über das Wesen des modernen Krieges in ihrer Hellsichtigkeit erstaunt, bedenkt man die Entstehung des Gedichtes vor Rosenbergs Fronteinsatz. Die Zeile "Not broke is the forge of Mars" bestätigt den Krieg als integrativen Teil der Menschheitsgeschichte, doch werden im Wortspiel auf "forge" ("Schmiede/Fälschung") heroische Kriegsvorstellungen dekonstruiert. Dies geschieht auch in den folgenden Zeilen, die die Vorstellung der apokalyptischen Reiter ("the hoofs of death") verfremdend in den Kontext des Maschinenkriegs transponieren. Das martialische Bild der Marschierenden im ersten Teil kontrastiert mit

69 Zu den verschiedenen Ausprägungen des Automatonmotivs in der Literatur vgl. Horst S. u. Ingrid Daemmrich, *Themen und Motive in der Literatur. Ein Handbuch* (Tübingen, 1987), S. 56-59; Elisabeth Frenzel, *Motive der Weltliteratur. Ein Lexikon dichtungsgeschichtlicher Längsschnitte*, Kröners Taschenausgabe 301 (Stuttgart, 1976), S. 513-524. Lienhard Wawrzyn, *Der Automaten-Mensch. E. T. A. Hoffmanns Erzählung vom Sandmann*, Wagenbachs Taschenbücherei 24 (Berlin, 1976), S. 98 ff., verweist auf die vielbestaunten mechanischen Flöten- und Orgelspieler, Schreiber-Androiden u. ä. des Rokoko, von Vaucanson, Jaquet-Droz, Kempelen u. a.

70 In: *Men Who March Away*, Hrsg. Parsons, S. 72.

der Betonung der Fragilität der menschlichen Physis gegenüber dem Kriegsgerät am Schluß des Gedichtes:

We husband the ancient glory
In these bared necks and hands.
Not broke is the forge of Mars;
But a subtler brain beats iron
To shoe the hoofs of death,
(Who paws dynamic air now).
Blind fingers loose an iron cloud
To rain immortal darkness
On strong eyes.[71]

Bei Siegfried Sassoon findet sich das Automatonmotiv sowohl in seinen Fronttagebüchern als auch in Gedichten. Eine Tagebucheintragung vom 13. Juli 1916 betont die Gefahr intellektueller und psychischer Abstumpfung unter den Gegebenheiten der Front: "This life begets a condition of mental stagnation unless one keeps trying to get outside it all. I try to see everything with different eyes to my companions, but their unreasoning mechanical outlook is difficult to avoid."[72] Durch ihre routinierte Hantierung am Kriegsgerät erscheint Sassoon eine Geschützmannschaft als Teil der Maschine: "Down the hill some gunners are busy around the sixty-pounder guns, turning some sort of wheel with a rattling sound. I can see their tiny arms working like piston-rods."[73] Sein Gedicht "A Letter Home" spricht von "clockwork soldiers in a row".[74] "The March Past" läßt das Motiv nicht nur im mechanischen Charakter der Bewegungen der defilierenden Soldaten, sondern auch in der marionettenhaften Darstellung des inspizierenden Generals anklingen. In Antizipation ihres Schicksals (viele werden bei der nächsten Offensive fallen) betrachtet der Sprecher des Gedichtes die Soldaten bereits als einem "Schattenreich" zwischen Leben und Tod angehörig, wodurch die Präsentation mechanischer, "entseelter" Menschen mit dem mittelalterlichen Topos "media vita in morte sumus" (vgl. 8.) verbunden erscheint. Trotz aller Jovialität wird der General seine Truppen bedenkenlos in den Tod schicken:

"Eyes right!" We passed him with a jaunty stare.
"Eyes front!" He'd watched his trusted legions go.

---

71 *Collected Works*, S. 95 f. Vgl. 1.
72 *Diaries 1915-1918*, S. 92.
73 3. April 1918; ebda, S. 228.
74 "A Letter Home"; *The War Poems*, S. 36.

> I wonder if he guessed how many there
> Would get knocked out of time in next week's show.
> "Eyes right!" The corpse-commander was a Mute;
> And Death leered round him, taking our salute.[75]

Als ein signifikantes sprachliches Detail fungiert der ironische Kontrast zwischen heroisierender ("trusted legions") und entmystifizierender Diktion ("show"), die mit dem Stabsoffizier als Repräsentanten glorifizierender und dem Frontkämpfer als Vertreter "realistischer" Kriegsauffassungen assoziiert werden. Das zynische, die heroistische Fassade durchdringende Wortspiel gegen Ende des Gedichtes korreliert mit Sassoons Verwendung des Automatonmotivs: Ähnlich Coleridges *Mariner* wird der General zum Kommandeur einer Geisterarmee, zum "corpse-commander". So geringfügig die hierzu nötige sprachliche Änderung ist, scheint das Gedicht anzudeuten, so klein ist für die an die Front marschierenden Soldaten der Schritt vom Leben in den Tod. Dem Sprecher des Gedichtes enthüllt sich hinter der anachronistischen Glorie der Uniform die Fratze des personifizierten Todes, der das Kommando übernommen hat, der General wird zur Marionette bzw. zum Automaton ("a Mute").

Herbert Read verwendet das Automatonmotiv mehrmals in seinen Kriegsgedichten. Seine Sicht des Soldaten als eines Teilchens im Mechanismus der Kriegsmaschinerie artikuliert Read aber auch in seinen Kriegsmemoiren: "A soldier is part of a machine: once the machine is in movement, he functions as part of that machine, or simply gets killed. There is very little scope for individual initiative, for non-co-operation."[76] Es mag verwundern, daß Read an anderer Stelle zu einer positiven Deutung dieser Funktionalisierung kommt: Der Verlust individueller Identität impliziere eine Überwindung solipsistischer Positionen und anstelle einer Reduktion auf die Physis (wie im Fall des klassischen Humanoiden) deren Transzendierung:

> The war seemed to annihilate all sense of individuality. The mass of it was so immense that oneself as a separate unit could not rationally exist. But there is

---

75 Ebda, S. 65. Vgl. Tagebucheintragung v. 25. Dezember 1916 (*Diaries 1915-1918*, S. 107 f.): "This Christmas night I did a grim, jeering, heart-rending sort of thing about a General taking the salute as we marched past him. [...] And I remembered old wine-faced Rawlinson at Flixécourt last May, as we swung down the hill with the band playing, two hundred officers and N.C.O.'s of his Fourth Army; and how many of them are alive and hale on Christmas Day? About half, I expect; perhaps less. But I'll warrant old Sir Henry made a good dinner in his château at Querrieux, good luck to him and his retinue!"

76 Herbert Read, *The Contrary Experience. Autobiographies* (London, 1963), S. 214.

> a sense in which the death of individuality means the birth of personality. This truth is the basis of all sacrifice and martyrdom. A saint may die for his faith, but only because that faith is an expression of his personality. And so in the presence of danger, and in the immediate expectation of death, one can forget the body and its fears and exist wholly as a mind.[77]

In Reads Gedicht "Kneeshaw Goes to War" ist die Bewertung des mechanistischen Aspekts der Fronterfahrung allerdings eindeutig negativ. Der Initiand in die Welt des Stellungskrieges erkennt sehr bald seine Funktionalität im Getriebe der Kriegsmaschine: "Kneeshaw felt himself/ A cog in some great evil engine,/ Unwilling, but revolv'd tempestuously/ By unseen springs."[78] Während eines Sturmangriffs auf die feindlichen Stellungen erfährt Reads Protagonist das Gefühl, in einer Art Trance zu handeln und den eigenen Körper aus der Außenperspektive zu beobachten. Im Vorwärtsstürmen über das Niemandsland löst sich die Anspannung, die der Stunde Null vorangegangen war, und wie beim Exerzieren oder auf dem Marsch ist es auch hier nicht der bewußte Einsatz der eigenen Motorik, der den Körper gegen das Maschinengewehrfeuer treibt, sondern der kollektive Impetus der in Gang gesetzten Maschinerie: "Kneeshaw found himself in the second wave:/ The unseen springs revolved the cog/ Through all the mutations of that storm of death."[79] Auch in den Kriegsmemoiren vergegenwärtigt sich Read das tranceartige Erleben des eigenen Selbst während einer Sturmtruppaktion: "My body didn't exist, save as a wonderfully unconscious mechanism."[80] Sein Gedicht "The Happy Warrior" jedoch, Gegenentwurf zur Idealisierung des Soldaten in Wordsworths "The Character of the Happy Warrior", präsentiert im Bild eines bestialisierten, mechanisch handelnden Soldaten die Abgründigkeit dieser Erfahrung. Motiviert durch einen internalisierten Tötungszwang, agiert Reads Krieger – im Gegensatz zu Wordsworths Ideal – außerhalb zivilisatorischer Ordnungen und christlicher Ethik:

> His wild heart beats with painful sobs
> his strain'd hands clench an ice-cold rifle
> his aching jaws grip a hot parch'd tongue
> his wide eyes search unconsciously.
>
> He cannot shriek.

---

77 Ebda, S. 224.
78 *Naked Warriors* (1919); *Collected Poems*, S. 31.
79 "Kneeshaw Goes to War"; ebda, S. 32.
80 *The Contrary Experience*, S. 224.

Bloody saliva
dribbles down his shapeless jacket.

I saw him stab
and stab again
a well-killed Boche.

This is the happy warrior,
this is he ...[81]

Ähnlich wie hier sind auch in Robert Graves' "Country at War" die Protagonisten zu Barbaren bzw. zu Automata geworden, eine Feststellung, in der ein bitterer Vorwurf enthalten ist, resultiert ihre Dehumanisierung doch aus dem Kriegseinsatz im Dienst der Nation und, so man der Kriegspropaganda Glauben schenkt, dem Kampf für die Integrität britischer Werte. Die Erkenntnis des Verlustes autonomen Handelns darf jedoch nicht der Apologie des Kriegserlebens dienen, sondern muß ein erster Schritt zur sozialen Reintegration sein:

"Heathen, how furiously you rage,
Cursing this blood and brimstone age,
How furiously against your will
You kill and kill again, and kill:
All thought of peace behind you cast,
Till like small boys with fear aghast,
Each cries for God to understand,
'I could not help it, it was my hand.'"[82]

Aus der Anstrengung und der Monotonie des Marsches resultiert das mechanistische Erleben des eigenen Körpers in Frederic Mannings "Relieved"[83]:

We are weary and silent,
There is only the rhythm of marching feet;
Tho' we move tranced, we keep it
As clock-work toys.

Wie in Isaac Rosenbergs "Marching" und Oskar Kanehls "Auf dem Marsch" (s.u.) befindet sich auch hier der Sprecher mitten in der Marschkolonne und artikuliert die Situation des Kollektivs. Dem Androidenmotiv allerdings eignet ein der Kollektivität konträres

81 *Collected Poems*, S. 35.
82 *Country Sentiment* (1920); *Poems About War*, S. 58.
83 *Eidola*, S. 5; abgedr. in: *Poetry of the Great War*, Hrsgg. Hibberd/Onions, S. 84.

isolierendes Element, das im folgenden auch angesprochen wird: "But each man is alone in this multitude". Wie Kanehl betont auch Manning die völlige Insensitivität der Soldaten gegenüber der Umgebung als Symptom ihrer Automatisierung:

> We know not the world in which we move,
> Seeing not the dawn, earth pale and shadowy,
> Level lands of tenuous grays and greens;
> For our eye-balls have been seared with fire.
>
> Only we have our secret thoughts,
> Our sense floats out from us, delicately apprehensive,
> To the very fringes of our being,
> Where light drowns.

Im Bewußtsein des allgegenwärtigen Todes partizipiert die Psyche der Soldaten bereits an einem Schattenreich, eine Parallele zu Sassoons "The March-Past". Hier, in den pessimistischen Schlußzeilen des Gedichtes, enthüllt sich die Ambivalenz des Titels: "Relieved" bezieht sich nicht nur auf die A b lösung der erschöpften Soldaten, die ihrem Rückmarsch in die Etappe voranging, sondern auch auf die Aussicht auf eine E r lösung, die in ihrer Situation, so scheint es, jedoch nur der Tod bringen kann.

Auch in deutschen Weltkriegsgedichten vergegenwärtigt das Automatonmotiv den mechanischen Aspekt des Militär- und Kriegserlebnisses. Zwar scheinen Beispiele nicht signifikant häufiger zu sein als in der englischen Dichtung, doch ist hier – im Gegensatz zu den englischen Pendants – die Betonung des Autonomieverlustes durch die Mechanismen von Armee und Front gelegentlich mit prononcierter Kritik am herrschenden politischen System sowie an Willfährigkeit und Obrigkeitsdenken verbunden.[84] In diesem Zusammenhang ist es auch interessant festzuhalten, daß das in den 1870er Jahren in Anknüpfung an die Gehorsamsregel des Jesuitenordens geprägte "Kadavergehorsam" zur Bezeichnung blinder Subordination im Englischen keine Entsprechung findet.

Kurt Tucholskys "Drei Minuten Gehör" skizziert das gesellschaftliche Umfeld der Automatisierung des Soldaten. Das 1922 entstandene Gedicht verurteilt eine soziale Ordnung, die in die Katastrophe führte.

---

84 Vgl. auch Erich Mühsams Tagebucheintragung vom 5. Februar 1915: "[Der Deutsche] funktioniert statt zu leben, und darauf beruht ja auch seine hervorragende Militärtüchtigkeit. Denn der Militarismus mechanisiert die Menschen, macht sie zu Automaten und kann sich für seinen Drill kein geeigneteres Material erwünschen als das deutsche" ("Kriegstagebuch"; abgedr. in: *Sinn und Form* 36, 6 [1984], S. 1143).

Mit scharfer Polemik wird in der zweiten Strophe die im Krieg erfahrene Erniedrigung den Betroffenen in Erinnerung gerufen:

> Ihr: feldgraues Kanonenfutter –!
> Ihr zogt in den lehmigen Ackergraben.
> Da saht ihr keinen Fürstenknaben:
> Der soff sich einen in der Etappe
> Und ging mit den Damen in die Klappe.
> Ihr wurdet geschliffen. Ihr wurdet gedrillt
> Wart ihr noch Gottes Ebenbild?
> In der Kaserne – im Schilderhaus
> Wart ihr niedriger als die schmutzigste Laus
> Der Offizier war eine Perle,
> Aber ihr wart nur "Kerle"!
> Ein elender Schieß- und Grüßautomat.[85]

Die ursprüngliche Funktionalität des militärischen Drills, eine automatisierte Handhabung der Waffe in der Extremsituation der Schlacht, klingt in einem Gedicht Theodor Kramers an. Exerzierende Soldaten erleben sich als mechanische Puppen: "Wir hörten uns die Kolben mit verdrehten/ Gelenken schwingen und die Zünder [der Handgranaten] ziehn."[86] Unter den Gegebenheiten der Front wird auch die spezifisch menschliche Fähigkeit der Sprache automatisiert: "Mechanisch lallend suche ich Entspannen", heißt es in Jomar Förstes Gedicht "Nachts".[87] Oskar Kanehls "Auf dem Marsch" ist ein Gegenentwurf zu den schwungvollen patriotischen Marschliedern der ersten Kriegsmonate, deren abgedroschene Inhalte bei Kanehls Protagonisten keinerlei Emotionen mehr hervorrufen. Das Gedicht demonstriert die Sinnlosigkeit des Krieges anhand der physischen und psychischen Abstumpfung der zu "Körpermaschine[n]" degradierten Soldaten:

> Aus müden Mündern fallen lalle Lieder.
> Nur um den Takt.
> Kein Mensch freut oder ärgert sich
> Über den lieben Gott oder das Vaterland,
> Von dem sein Sang singsangt.
> Es gibt überhaupt nicht Freude und Haß mehr in uns.
> Wir sind so sehr verkommen.
> [...]
> Die Marschkolonne hat ihren Gleichschritt aufgegeben.
> Jeder pendelt im Gleichschritt seiner Körpermaschine.

---

85 *Gesammelte Werke*, Bd. 1: *1907-1924*, Hrsgg. Mary Gerold Tucholsky u. Fritz J. Raddatz (Reinbek bei Hamburg, 1960), S. 1013 f.

86 "Im Übungslager"; *Wir lagen in Wolhynien im Morast*, S. 11.

87 In: *1914-1916*, Hrsg. Pfemfert, S. 36.

Irrsinnig eintönig. Irrsinnig eintönig.[88]

In Paul Zechs "Verdun" geraten marschierende Truppen in einen Hinterhalt. Da "vor würgender Gewalten Zaun"[89] kein anderer Ausweg als der Gegenangriff bleibt, versuchen die Soldaten, die erhöhten Stellungen des Feindes zu stürmen:

Was uns bewegt, wird nicht aus uns bewegt:
Alarme treiben den Motor,
Der uns den Berg empor
Wie Blätterwirbel fegt.
[...]
Aus uns herausgerissen fliegt
Der Herzschlag, wilderm Pulse hingeschmiegt,
...[90]

Die folgende Schilderung einer Nahkampfszene spiegelt Mechanismen der psychischen Bewältigung traumatischer Erfahrung. Die Darstellung des Tötungsakts als einer automatischen Handlung entlastet das Individuum und ordnet die Verantwortung jenen Faktoren zu, die zum Verlust individueller Autonomie geführt haben. Damit schließt sich ein Kreis, der beim militärischen Exerzieren als der Grundlegung einer Entfremdung von Körper und Geist seinen Anfang nimmt. An den hier analysierten Darstellungen mechanisierter Tötungshandlungen zeigt sich jedoch, daß in der Kriegsdichtung das Automatonmotiv nicht allein im Sinne einer Negation, sondern durchaus auch einer grundsätzlichen Problematisierung subjektiver Verantwortung fungiert.

4.3. "Alles ist Gedicht umher"

In der Folge sollen drei Gedichte eingehender betrachtet werden, in denen eine mechanistische Auffassung des Kriegserlebnisses bzw. einzelner Phänomene der Front sichtbar wird: Herbert Reads "The End of a War", Isaac Rosenbergs "Dead Man's Dump" und August Stramms "Signal". Die beiden englischen Gedichte unterscheiden sich in Umfang, Form und thematischer Gestaltung deutlich von August Stramms avantgardistischem Versuch. Herbert Reads "The End of a War" zeigt überdies einen bewuß-

---

88 *Die Schande*, S. 16.
89 In: *Die Dichter und der Krieg*, Hrsgg. Anz/Vogl, S. 126. [Zuerst in *Die Schaubühne*, 12, 31 (3. August 1916), S. 101 f.]
90 Ebda.

ten Bezug auf tradierte Formen bzw. Genres der Lyrik – im Gegensatz zu Stramms formaler Innovation verpflichtetem "Signal". Ein inhaltlicher bzw. formaler Vergleich dieser Gedichte würde sich daher nur allzu schnell in einer Feststellung des Offensichtlichen erschöpfen. Aus diesem Grund konzentriert sich die Analyse auf einen – wie zu zeigen sein wird – in allen drei Texten prominenten Bildbereich, die Vorstellung des Krieges als einer Maschinerie, sowie auf die Funktion der Maschinenmetaphorik im Gesamtzusammenhang des jeweiligen Gedichtes.

Herbert Reads "The End of a War", entstanden 1931/32 und 1933 veröffentlicht, zählt zweifellos zu den bemerkenswertesten literarischen Reaktionen auf den Ersten Weltkrieg. Während es sich bei den in der Sammlung *Naked Warriors* (1919) enthaltenen früheren Kriegsgedichten Reads zum Teil um imagistische Bildgedichte ("Villages Démolis"), zum Teil um längere narrative Gedichte ("Kneeshaw Goes to War"; "The Execution of Cornelius Vane") handelt, ist Read mit "The End of the War" ein inhaltlich und formal herausragendes meditatives Gedicht gelungen. "The End of a War" reiht sich mit David Jones' *In Parenthesis* unter jene Texte, die in einer größeren, zum Teil an epische Vorbilder angenäherten Form die Gestaltung der fragmentarischen Erfahrung des modernen Krieges in literarische Traditionen zu integrieren versuchen. Konkrete intertextuelle Bezüge sind – im Gegensatz zu *In Parenthesis* – in Reads Gedicht nur selten auszumachen, die Bezüge auf die diskursive und philosophisch-religöse Dichtung sind allgemeinerer formaler und thematischer Natur. Gemeinsam mit dem ebenfalls vergleichsweise spät entstandenen Epos David Jones' ist "The End of a War" das Bemühen um objektive Distanz zum dargestellten Geschehen, offenbar ein Kriterium für William Butler Yeats, das Gedicht in sein *Oxford Book of Modern Verse* aufzunehmen.[91] Hierin liegt insofern eine gewisse Ironie, als Read sich kritisch zu Yeats' Diktum "passive suffering is not a theme for poetry" äußerte, das den Ausschluß von Kriegsdichtern wie Wilfred Owen aus der Sammlung begründen sollte.[92]

"The End of a War" basiert laut Read auf einer wahren Begebenheit:[93] Am Vorabend des Waffenstillstands nähert sich ein englisches Bataillon einem französischen Dorf. Ein Spähtrupp findet einen schwer-

91 *The Oxford Book of Modern Verse 1892-1935*, Hrsg. William Butler Yeats (Oxford, 1936), S. 343-60; siehe auch "Introduction", S. xxxiv: "I have a distaste for certain poems written in the midst of the great war; they are in all anthologies, but I have substituted Herbert Read's *End of a War* written long after."

92 Vgl. *The Contrary Experience*, S. 177 f.

93 Vgl. die nachgereichte Notiz zu "The End of a War", *Collected Poems*, S. 280.

verwundeten deutschen Offizier, der den Engländern zu verstehen gibt, der Ort sei von den Deutschen bereits geräumt worden. Als die arglosen Briten daraufhin in das Dorf einziehen, werden sie aus dem Hinterhalt beschossen und erleiden schwere Verluste. Nachdem man die Maschinengewehrstellungen ausgehoben und ein Korporal mit dem deutschen Offizier abgerechnet hat, findet man in einem Keller die verstümmelte Leiche eines jungen Mädchens, das offenbar als Spionin von den Deutschen umgebracht wurde. Der britische Leutnant S.- legt sich schlafen und wird am nächsten Morgen vom Läuten der Glocken geweckt, die den Waffenstillstand verkünden.

Die Integration dieses Handlungsgerüsts in einen vorwiegend reflexiven Text stellt ein künstlerisches Problem dar, das Read durch eine vorangestellte Synopse ("Argument") zu lösen versuchte. Durch die Trennung des Handlungsberichts von den Reflexionen der Protagonisten unterstreicht der Dichter deren erweiterte Gültigkeit, die übrigens auch in einem signifikanten Detail des Titels, nämlich der Verwendung des unbestimmten Artikels, zum Ausdruck kommt. Seine Intention, der Thematik seines Gedichtes eine über den situativen Kontext hinausgehende Validität zu verleihen, expliziert Read im folgenden:

> The incident is true [...]. But its horrors do not accuse any particular nation; they are representative of war and of human nature in war. It is not my business as a Poet to condemn war (or, to be more exact, modern warfare). I only wish to present the universal aspects of a particular event. Judgement may follow, but should never precede or become embroiled in the act of poetry.[94]

Reads Universalitätsanspruch ist verbunden mit dem Postulat ästhetischer Distanz von der moralischen Problematik des Krieges, das durch die späte Abfassung des Gedichtes im Ansatz bereits erfüllt scheint. Wie Jon Silkin dazu bemerkt, läßt sich Reads Forderung nach einer Wertfreiheit des künstlerischen Gestaltungsprozesses freilich schwer aufrecht erhalten, da schon die Auswahl der Thematik einen evaluativen Akt darstellt.[95] Überdies wird sich wohl kaum ein Leser dem Eindruck entziehen können, daß die Verurteilung des Krieges durch den Sprecher des dritten und letzten Abschnitts von "The End of a War" zur Botschaft des Gedichtes wird.

Die drei Teile des Gedichtes ("Meditation of a Dying German Officer", "Dialogue between the Body and the Soul of the Murdered Girl" und

94 Ebda.
95 Vgl. *Out of Battle*, S. 186.

"Meditation of the Waking English Officer") bewegen sich um die im Prolog eingeführten Hauptpersonen. Die Gedanken der beiden Offiziere sowie der auf mittelalterliche literarische Dialoge zwischen Körper und Seele zurückgreifende Mittelteil kreisen um die Themen Patriotismus, Gewalt, Leid und Glauben. Im Mittelpunkt unseres Interesses steht der innere Monolog des englischen Offiziers, da Read sich hier wiederholt der Maschinenmetapher bedient, um die psychische Verunsicherung und Glaubenskrise des Sprechers zu motivieren. Während der atheistische Deutsche gefestigt in seinem zur Ersatzreligion gewordenen Patriotismus sterben kann, wird in den Reflexionen des Engländers die Erschütterung eines traditionellen christlichen Weltbildes und Gottesbegriffs durch den Krieg deutlich.

Der grundlegende Kontrast zwischen den Passagen des deutschen und des englischen Offiziers wird durch den Beginn des jeweiligen Abschnitts etabliert: "Ich sterbe ..." bzw. "I wake: I am alive".[96] In beiden Teilen bedient sich Read der Gezeitenmetapher, um im einen Fall das Verebben des Lebensstroms, im anderen den Übergang vom Schlaf in den Wachzustand ("dream's retreating surf") zu vergegenwärtigen.[97] Das Aufwachen des Briten am Morgen des Waffenstillstands wird im übertragenen Sinn zu einem Erwachen aus dem Alptraum des Krieges bzw. aus einer Paralyse: "The day has come at last! Suspended life/ renews its rhythmic beat. I live!" Der Zustand des Lebens im Tod resultierte aus der Eingliederung des Offiziers in die Maschinerie des Krieges – in der Folge wird im Gedicht von der entwürdigenden Passivität die Rede sein, die der moderne Krieg den Soldaten aufoktroyiert. Aus dem Bewußtsein, dem Arsenal der Vernichtung entkommen zu sein, entspringt das Erlebnis des Erwachens als einer Wiedergeburt ("rebirth") zu neuer psychischer und auch physischer Identität: "O limbs, your white radiance/ no longer to stand against bloody shot".[98]

Die hier angesprochene Vergewaltigung physischer Intaktheit durch das Kriegsmaterial begegnet uns schon im zweiten Teil, dem Dialog zwischen Körper und Seele des getöteten Mädchens, in einem Bild, das auf den symbolhaften Protzenwagen in Isaac Rosenbergs "Dead Man's Dump" (s. u.) verweist: "War moves with armoured wheels/ across the quivering flesh and patient limbs/ of all life's labile fronds."[99] Die in verschiedenen

---

96 *Collected Poems*, S. 101, 109.
97 Vgl. ebda.
98 Alle Zitate ebda, S. 109.
99 Ebda, S. 105.

Darstellungen der Penetration des menschlichen Körpers durch Projektil oder Bajonett anzutreffenden sexuellen Konnotationen (vgl. Sassoons "The Kiss") schlagen in diesen Zeilen um in die Obszönität des verstümmelten Körpers. Das Mädchen starb in der Überzeugung, der Sache Frankreichs gedient zu haben. Sein Opfertod sowie die erlittenen Martern assoziieren es mit christlichen Märtyrerinnen (Agathe, die Jungfrauen der hl. Ursula) und den Opfern des bethlehemitischen Kindermordes ("any massed innocents massacred"). Im Gegensatz zu deren "Unschuld" steht allerdings die Korrumpierung, die das Mädchen durch sein Kriegserlebnis erfuhr: "My sacrifice was made to gain/ The secrets of these hostile men."[100] Um den Verlust "kindlicher" Unschuld im Krieg zu illustrieren ("Child-radiance then is clouded" läßt übrigens Wordsworths "Intimations of Immortality" anklingen), bedient sich Read einmal mehr der Vermengung sexueller und technischer Bildbereiche: "My wild flesh was caught/ in the cog and gear of hate."[101]

Die Freude über das Ende des Krieges verbindet sich im Bewußtsein des englischen Offiziers mit der qualvollen Erinnerung an die Geschehnisse des Vorabends. Noch sind die Toten zu begraben, und es erscheint fast als Ironie, daß die Friedensglocken in jenem Kirchturm geläutet werden, von dem die einziehenden Briten beschossen wurden. In dem völlig sinnlosen Akt der Feindseligkeit unmittelbar vor dem Waffenstillstand erreichte das Grauen des Krieges einen letzten Höhepunkt:

> ... In excess of horror
> War died. The nerve was broken
> fray'd men fought obscenely then: there was no fair joy
> no glory in the strife, no blessed wrath.
> Man's mind cannot excel
> mechanic might except in savage sin.
> Our broken bodies oiled the engines: mind was grit.[102]

Die Personifizierung des Krieges im ersten Satz des Zitats betont die Totalität der Erfahrung. Das letzte Aufbäumen der Kriegsfurie übersteigt endgültig die psychische Kapazität der Soldaten und führt zu einer Orgie der Gewalt, deren Obszönität im krassen Gegensatz zur "Ästhetik der Gewalt" in glorifizierenden Schlachtendarstellungen steht. Jede Apologie des Krieges wird durch dessen Grauen *ad absurdum* geführt. Über dem modernen Krieg als einer scheinbar eigendynamisch sich fortzeugenden

100 Ebda, S. 108.
101 Ebda, S. 107.
102 Ebda, S. 109 f.

Größe, so betont Read, steht in der Hierarchie der Schrecken lediglich die im Krieg triumphierende atavistische Grausamkeit des Menschen, ein Thema, das, durch den bestialischen Tötungsakt veranschaulicht, auch im Mittelpunkt von Reads zynischer Neudeutung von Wordsworths "The Happy Warrior" steht (s. o.).

Vom Ende des Krieges bewegen sich die Gedanken des Sprechers zurück zu dessen Beginn. Die Motive des Engländers für die Teilnahme am Krieg sind – im Gegensatz zum deutschen Offizier des ersten Teils – nicht eindeutig zu bestimmen: "I answered no call/ there was no call to answer/ I felt no hate".[103] Eine einzige dem Leser angebotene Erklärung ist, daß der Sprecher vom Strom der Ereignisse mitgerissen wurde. Im Bild der Lawine wird die Flutmetaphorik des Eingangs dieses letzten Abschnitts wieder aufgenommen, womit sich durch die Reflexionen des englischen Offiziers eine Abfolge von Bildern der Bewegung und Erstarrung zieht, die den Rhythmus von Leben und Tod versinnbildlicht. Einmal an der Front, lassen die Realität des Stellungskampfes und das Gefühl, einer Maschinerie der Vernichtung ausgesetzt zu sein, den Offizier an der Existenz Gottes zweifeln. In ihrer erzwungenen Passivität verhaftet, erfahren die Soldaten eine Transformation zu menschlichen Automata; das mechanisierte Morden an der Front (auch die charakteristische Unsichtbarkeit des Gegners wird angesprochen!) steht in krassem Gegensatz zur idealistischen Vorstellung vom Opfertod für das Vaterland, die im Monolog des Deutschen und im Dialog zwischen Körper und Seele des Mädchens dominiert:

> Often in the weariness of watching
> warding weary men, pitch'd against
> the unmeaning blackness of the night, the wet fog,
> the enemy blanketed in mystery, often
> I have questioned my life's inconstant drift;
> God not real, hate not real, the hearts of men
> insentient engines pumping blood
> into a spongy mass that cannot move
> above the indignity of inflicted death ...[104]

Die Automatisierung der Soldaten durch die Gegebenheiten des technisierten Krieges ist eingebunden in eine mechanistische Konzeption des Universums, die sich im Bild einer Uhr ausdrückt: "The universe swaying between Nothing and Being/ and life faltering like a clock's tick/ between

103 Ebda, S. 110.
104 Ebda.

a pendulum's coming and going."[105] Von der mechanistischen Deutung der Schöpfung ist es nur mehr ein kleiner Schritt zu einem Determinismus, der sowohl die Existenz Gottes als auch die eigene Identität in Frage stellt:

> Where all must be, there is no God
> for God can only be the God of prayer
> an infinitely kind father whose will
> can mould the world, who can
> in answer to my prayer, mould me.
> But whilst I cannot pray, I can't believe
> but in this frame of machine necessity
> must renounce not only God but self.
> For what is the self without God?[106]

Die Erfahrung des Krieges ist im wesentlichen eine Erfahrung der Sinnlosigkeit und Isolation. Wie in Coleridges "Rime of the Ancient Mariner" äußert sich auch in Reads Gedicht die Entfremdung des Protagonisten von Gott in seiner Unfähigkeit zu beten. Die Erstarrung im Materialismus, dessen extreme Ausprägung und Hypostasierung der Krieg letztlich verkörpert, und der Verlust christlicher Wertvorstellungen führen zu einem Rückfall in einen amoralischen Primitivismus:

> Now I see, either the world is mechanic force
> and this the last tragic act, portending
> endless hate and blind reversion
> back to the tents and healthy lusts
> of animal men: or we act
> God's purpose in an obscure way.
> Evil can only to the Reason stand
> in scheme or scope beyond the human mind.[107]

Der Monolog des englischen Offiziers kreist um das Problem der Theodizee; die Einsicht, zu der er gelangt, wiederholt erprobte theologische Argumentationen: Es kann nicht Sache des Menschen sein, Gottes Wege ergründen zu wollen. Die Schrecken des Krieges stellen eine Prüfung dar, aus der der Mensch geläutert hervorgeht: "God seeks the perfect man, plann'd/ to love him as a friend: our savage fate/ a fire to burn our dross/ to temper us to finer stock".[108] In diesem Punkt korrelieren die

105 Ebda, S. 111.
106 Ebda.
107 Ebda, S. 113.
108 Ebda.

Reflexionen des englischen Offiziers mit der pseudo-theologischen Legitimation des Krieges durch Kriegspropaganda und kriegsaffirmative Literatur. Durch die Flutmetapher in Reads Gedicht ergeben sich konkrete Anknüpfungspunkte zur kathartischen Konzeption des Krieges in Gedichten wie Rupert Brookes "Peace" ("swimmers into cleanness leaping"[109]) oder Ernst Wilhelm Lotz' "Aufbruch der Jugend" ("Wie Sturmflut haben wir uns in die Straßen der Städte ergossen/ Und spülen vorüber die Trümmer zerborstener Welt").[110]

Am Ende seines Monologs ist Reads Sprecher mit Gott versöhnt; der Friede wird als Zeichen der göttlichen Gnade interpretiert:

> To that end worship God, join the voices
> heard by these waking ears. God is love:
> in his will the meek heart rejoices
> doubting till the final grace a dove
> From Heaven descends and wakes the mind
> in light above the light of human kind ...[111]

Reads "The End of a War" geht, entsprechend den Intentionen des Autors (vgl. die angeführte Notiz zum Gedicht), weit über eine Kritik des modernen Krieges hinaus. Der Krieg, und insbesondere der Krieg in seiner technisierten Form, erfüllt jedoch eine wesentliche Funktion nicht nur als Ausgangs- und Angelpunkt der Reflexionen der Charaktere, sondern auch auf der metaphorischen Ebene des Gedichtes. Ähnlich der bizarren, lebensfeindlichen Polarregion in Coleridges "Ancient Mariner" spiegelt das mechanistische Prinzip der Front die Distanz des Menschen im Krieg zu Gott und seiner Schöpfung. Als *contradictio* zum Abschnitt des deutschen Offiziers, der die von Propaganda und kriegsaffirmativer Dichtung beschworene spirituelle Purifikation durch den Krieg artikuliert, entlarvt Read im Monolog des Engländers den Krieg als Manifestation des Materialismus, die Haltung des Deutschen als Nihilismus. Im Schlußteil des Gedichtes erfolgt somit eine Bekräftigung christlicher und humanistischer Positionen. Materialismus und Spiritualität, Materie und Geist stellen somit nicht nur in den Meditationen des englischen Offiziers, sondern im Rahmen des gesamten Gedichtes die grundlegende Opposition dar, der Materialkrieg wird zur zentralen Metapher.

---

109 *The Poetical Works*, S. 19.
110 Zit. nach *Die Dichter und der Krieg*, Hrsgg. Anz/Vogl, S. 45.
111 *Collected Poems*, S. 113.

Unter den bedeutendsten englischen Gedichten des Ersten Weltkriegs ist Isaac Rosenbergs "Dead Man's Dump" zu nennen, von Joseph Cohen in eine Reihe mit Herbert Reads "The End of a War", Wilfred Owens "Strange Meeting" und einzelnen Passagen aus David Jones' *In Parenthesis* gestellt.[112] Entstanden im Mai 1917 (die vermutlich endgültige Fassung ist mit "14. Mai 1917" datiert[113]), beruhen die im Gedicht dargestellten Vorgänge auf persönlichen Erfahrungen Rosenbergs, dessen Einheit zum betreffenden Zeitpunkt hauptsächlich mit Schanzarbeiten beschäftigt war: Stacheldrahtrollen mußten auf Maultierkarren in die vorderste Frontlinie transportiert und in nächtlichen Einsätzen im Niemandsland ausgelegt werden:[114]

The plunging limbers over the shattered track
Racketed with their rusty freight,
Stuck out like many crowns of thorns,
And the rusty stakes like sceptres old
To stay the flood of brutish men
Upon our brothers dear.

The wheels lurched over sprawled dead
But pained them not, though their bones crunched,
Their shut mouths made no moan,
They lie there huddled, friend and foeman,
Man born of man, and born of woman,
And shells go crying over them
From night till night and now.[115]

Die eindringliche Wirkung von "Dead Man's Dump" beruht auf der Verbindung realistischer Details und symbolkräftiger Bilder. Im Zentrum steht der Transportwagen als Emblem der indifferenten Maschinerie des Krieges, die überrollten Gefallenen erleben eine letzte Entwürdigung, auf die bereits der Titel des Gedichtes hindeutet. Gleichzeitig identifiziert Rosenberg durch die Insignien der Passion

112 Vgl. *Journey to the Trenches. The Life of Isaac Rosenberg 1890-1918* (London, 1975), S. 163.
113 Vgl. *Collected Works*, S. 112.
114 Vgl. Brief an Edward Marsh, abgestempelt am 8. Mai 1917: "I've written some lines suggested by going out wiring or rather carrying wire up the line on limbers and running over dead bodies lying about" (ebda, S. 254). Ende Februar 1917 war Rosenberg nach krankheitsbedingter Unterbrechung wieder zu seiner Pionierkompanie (*229 Field Company, Royal Engineers*) gestoßen, die den *Eleventh King's Own Lancasters* zugewiesen war. Das Regiment lag im Mai 1917 vor dem Siegfried-Sektor der Hindenburg-Linie, auf die sich die deutschen Truppen zurückgezogen hatten. (Vgl. Cohen, *Journey to the Trenches*, S. 160 ff.)
115 *Collected Works*, S. 109.

Christi das Leid der Soldaten mit dem Martyrium, wodurch wie in Herbert Reads "The End of a War" eine Polarität zwischen spirituellen Werten und dem Krieg als Verkörperung nihilistischer Gewalt besteht. Das Ende des Gedichtes präsentiert in Form einer empathischen Vision des Sprechers die letzten Augenblicke eines Soldaten, dessen Körper von den Wagen überrollt wird wie die Leichen seiner Kameraden. Auf der symbolischen Ebene des Gedichtes geraten Humanität, Spiritualität und Erlösungshoffnung unter die Räder der alles zermalmenden Kriegsmaschinerie:

> Here is one not long dead;
> His dark hearing caught our far wheels,
> And the choked soul stretched weak hands
> To reach the living world the far wheels said,
> The blood-dazed intelligence beating for light,
> Crying through the suspense of the far torturing wheels
> Swift for the end to break,
> Or the wheels to break,
> Cried as the tide of the world broke over his sight.
>
> Will they come? Will they ever come?
> Even as the mixed hoofs of the mules,
> The quivering-bellied mules,
> And the rushing wheels all mixed
> With his tortured upturned sight,
> So we crashed round the bend,
> We heard his weak scream,
> We heard his very last sound,
> And our wheels grazed his dead face.[116]

In der gleichsam embryonalen Position ("huddled") der Gefallenen schließt sich ein Kreis von Leben und Tod. Rosenberg verwendet das Motiv der im Tod vereinigten Gegner (vgl. René Arcos' "Les morts sont tous d'un seul côté", s. 8.) und betont ihr gemeinsames Menschsein. Das Bemühen, sich durch Drahtverhaue voneinander abzugrenzen, erscheint durch die egalisierende Macht des Todes *ad absurdum* geführt (bemerkenswert ist das offensichtlich ironische Echo der Kriegspropaganda in der Formulierung "stay the flood of brutish men/ Upon our brothers dear"). Letztlich, so scheint Rosenberg anzudeuten, gehen beide Seiten im Krieg ihrer Humanität verlustig, die sie auch im Tod nicht wiedergewinnen: Dornenkrone und Szepter haben ihre erlösende Kraft verloren.

116 Ebda, S. 111.

"Dead Man's Dump" enthüllt wie wohl kaum ein anderes Gedicht aus dem Ersten Weltkrieg den Zynismus des Krieges.

Die Kriegsgedichte August Stramms stellen zweifellos einen der interessantesten Versuche dar, dem Fronterlebnis im Ersten Weltkrieg adäquaten Ausdruck zu verleihen. Äußerste Verdichtung spiegelt die Intensität der Erfahrung, das "gewaltsame" Aufbrechen syntaktischer Strukturen und lexikalischer Kategorien versinnbildlicht den Zusammenbruch aller Ordnung im Chaos des Krieges. Was Lothar Jordan über die von ihm edierten Kriegsbriefe Stramms an dessen Frau bemerkt, scheint in gesteigertem Maße auf die Gedichte zuzutreffen: Stramms "zerfetzte Sprache", so Jordan, sei "der Versuch, das Grauen [angesichts des Krieges] zu objektivieren."[117]

Wie die vor dem Herbst 1914 entstandenen Texte (etwa die in der Sammlung *Du* im Januar 1915 veröffentlichten Gedichte) zeigen, hatte Stramm schon vor dem Krieg zu seinem experimentellen Stil gefunden, den er unter dem Einfluß seines Kriegserlebnisses konsequent weiterentwickelte. Die Diskussion über die Bedeutung des italienischen Futurismus, den der Dichter durch seinen Mentor Herwarth Walden kennenlernte, für Stramms Werk ist in der Stramm-Forschung noch nicht abgeschlossen.[118] René Radrizzani verweist auf Forderungen in Marinettis "Technischem Manifest der Futuristischen Literatur" (Auflösung der Syntax, Verwendung des Verbums im Infinitiv), die in Stramms Dichtung verwirklicht sind, betont aber gleichzeitig Stramms eigenständige Entwicklung.[119] (Weitere Punkte des "Technischen Manifests", wie z. B. die Eliminierung von Adverbien und Adjektiven, die Marinetti im ersten seiner *parole in libertà*-Texte[120] demonstriert, werden von den Gedichten nur zum Teil erfüllt.) Stramm fühlte sich von Marinetti sicherlich angezogen und in

---

117 "Familie und Krieg. Zu August Stramms Briefen an seine Frau", in: *August Stramm. Kritische Essays und unveröffentlichtes Quellenmaterial aus dem Nachlaß des Dichters*, Hrsgg. Adler/White, S. 124. Vgl. auch ders., "Zum Verhältnis traditioneller und innovativer Elemente in der Kriegslyrik August Stramms", in: *Das Tempo dieser Zeit ist keine Kleinigkeit. Zur Literatur um 1918*, Hrsg. Jörg Drews (München, 1981), S. 112-27.

118 Vgl. dazu Peter Demetz, *Worte in Freiheit. Der italienische Futurismus und die deutsche literarische Avantgarde (1912-1934). Mit einer ausführlichen Dokumentation* (München, Zürich, 1990), S. 81 und Literaturhinweise S. 162, Anm. 16.

119 Vgl. "Anhang" zu *Das Werk*, S. 433. S. auch Patrick Bridgwater, "The Sources of Stramm's Originality", in: *August Stramm. Kritische Essays*, Hrsgg. Adler/White, S. 31-46: Bridgwater verweist auf zwei für die Dichtung August Stramms entscheidende Werke, Fritz Mauthners *Beiträge zu einer Kritik der Sprache* (1901) und Hans Vaihingers *Die Philosophie des Als Ob* (1911); vgl. dazu auch P. B., *The German Poets of the First World War*, S. 39 f.

120 Beide abgedr. in Demetz, *Worte in Freiheit*, S. 193-208.

vielem bestätigt, mit Marinettis Verherrlichung des Krieges, so Radrizzani, konnte er sich aber nicht identifizieren: "Maschinenkult, Verhimmelung des Krieges [...] mußte Stramm als wesensfremd empfinden."[121]

Das Gedicht "Signal" wurde zuerst im 1./2. Januarheft 1915 des *Sturm* (Jg. 5, Nr. 19/20) veröffentlicht und ist mit großer Wahrscheinlichkeit im November/Dezember 1914 entstanden. Herwarth Walden stellte es 1919 der von ihm für den Verlag des *Sturm* besorgten (unvollständigen) Sammlung der Kriegsgedichte Stramms voran, deren Titel *Tropfblut* dem in einem Brief an Walden vom 27. Juni 1915 geäußerten Wunsch des Dichters entspricht.[122] Bis April 1915 war Stramm, als Hauptmann der Reserve gleich nach Kriegsbeginn einberufen, an der Westfront im Einsatz, bevor sein Regiment in den Osten verlegt wurde.

In ihrer innovativen Form auf vielfältige Assoziationsmöglichkeiten angelegt, entziehen sich Stramms Gedichte – wie die des ebenfalls dem *Sturm*-Kreis angehörenden "'Strammianers'"[123] Franz Richard Behrens – oft einer schlüssigen Deutung. So meint Christoph Hering, daß in rund einem Drittel von ihnen "konkrete Inhalte [...] nur Anlaß für einen abstrahierenden Gestaltungswillen sind und daß die Frage nach inhaltlicher Aussage falsch gestellt ist",[124] wobei er jedoch die in *Tropfblut* versammelten Gedichte weitgehend ausschließt. Wenngleich nur wenige der Kriegsgedichte, wie z. B. "Frostfeuer", eindeutig auf konkrete Situationen zurückgeführt werden können, läßt sich, wie Patrick Bridgwater anhand von "Schlachtfeld" zeigt, der "verzerrten" Sprache Stramms meist eine konzise Bedeutung zuweisen.[125] Der Abstraktionsgrad eines großen Teils dieser Gedichte, so Bridgwater an anderer Stelle, ist tatsächlich geringer, als es zunächst scheint: "Stramm's war poems are concerned with particulars, with the brute realities, the basic experiences, the facts of life at the front."[126]

Peter Demetz unterscheidet für Stramms Lyrik zwei grundlegende Typen von Gedichten: den "durch eine bis zur Formelhaftigkeit gesteigerte rhythmisch-expressive Wiederholung und die Ausschaltung des

---

121 Radrizzani, "Anhang" zu *Das Werk*, S. 433. Gegen eine Überschätzung des Einflusses Marinettis auf Stramms experimentelle Dichtung wendet sich auch Christoph Hering in "Die Botschaft des Schweigens. Über die Steigerung der Ausdrucksgebärden im Verstummen der Sprache", in: *August Stramm. Kritische Essays*, Hrsgg. Adler/White, S. 16 (Anm.).

122 Vgl. Radrizzani, "Anhang" zu *Das Werk*, S. 461 f.

123 Demetz, *Worte in Freiheit*, S. 81.

124 "Die Botschaft des Schweigens", S. 17.

125 Vgl. *The German Poets of the First World War*, S. 45 f.

126 Ebda, S. 49.

verbum finitum charakterisiert[en] [...] Typus *Alpha*" und einen Typ "*Beta*", der zwar kurze, aber "immer noch grammatisch wohlgeformte Sätze" aufweist und durch "Zeitworte kräftiger und hektischer Energie" sowie durch "akzentuierte Eigenschafts- und Umstandsworte" gekennzeichnet ist.[127] "Signal" kann dabei als eine Angleichung des Typs *Beta* an den Typ *Alpha* gelten.[128] In der folgenden Analyse wird diesen Kriterien ebenso wie der Typographie des Gedichtes besondere Beachtung zu schenken sein. Dennoch soll sich die Interpretation nicht auf sprachliche und formale Aspekte beschränken, sondern versuchen, die einzelnen Elemente des Gedichtes in Bezug zu einer dem Text zugrundeliegenden Situation zu setzen:

Signal

Die Trommel stapft
Das Horn wächst auf
Und
Sterben stemmt
Das Haupt durch flattre Sterben
Sträubt
Gehen Gehen
Sträuben
Geht
Und geht und geht
Und geht und geht
Und geht und geht und geht und geht
Geht
Stapft
Geht.[129]

"Signal", soviel läßt sich vorneweg sagen, thematisiert den Vormarsch an die Front bzw. das Vorrücken gegen die feindlichen Stellungen.[130] Das Gedicht steht somit in enger Beziehung zu den annähernd gleichzeitig verfaßten Texten "Angriff" und "Sturmangriff".[131] "Trommel" und "Horn" geben das Zeichen zum Vorrücken, Instrumente, die einer Zeit offener Feldschlachten angehören und im Verlauf des Weltkriegs weitgehend von der prosaischeren Trillerpfeife des Offiziers abgelöst wur-

---

127 *Worte in Freiheit*, S. 82 f.
128 Vgl. ebda, S. 86.
129 *Das Werk*, S. 72.
130 Zu diesem Befund gelangt auch Scott D. Denham, *Visions of War. Ideologies and Images of War in German Literature Before and After the Great War*, Germanic Studies in America 64 (Bern u. a., 1992), S. 86.
131 Vgl. *Das Werk*, S. 83, 73.

den. Dennoch tritt in Fritz von Unruhs 1916 entstandener Novelle *Opfergang* ein "Trommler" auf, der den Sturmangriff seiner Kompanie auf eine der Befestigungen bei Verdun begleitet, und im letzten Kapitel von Thomas Manns *Zauberberg*, das die Hauptfigur Hans Castorp als Freiwilligen im Weltkrieg zeigt, erscheinen beide in Stramms Gedicht verwendeten Instrumente: " ... das Zink ruft dringend, die Trommel klopft und rollt im tieferen Donner".[132] Bei Stramm selbst finden sich Trommel und Horn in der expressionistischen Prosaskizze "Der Letzte", entstanden vermutlich im April 1914 unter dem Eindruck des vom Dichter kurz zuvor entdeckten Futurismus.[133] "Der Letzte" stellt eine thematische Vorwegnahme des Kriegserlebnisses und seiner Gestaltung speziell auch in "Signal" dar. Geschildert wird ein Sturmangriff aus der Sicht eines Verteidigers, um den herum bereits alle Kameraden gefallen sind: "Teufel! totsein ist Schande! seht! ich schieße. schieße. Verstärkung. hört! Trommeln. Hörner. tata trrr!"[134]

Das Vorrücken gegen den Feind wird in "Signal" durch Verba bzw. deren Substantivierungen vergegenwärtigt, die dynamische Bewegung ausdrücken: "wächst", "stemmt" bzw. "stapft", "gehen/geht". Ihre Dominanz im Gedicht erscheint fast erdrückend. Einzig das adjektivische, möglicherweise als verkürztes Partizip aufzufassende "flattre" (im Gegensatz zu vielen anderen seiner Gedichte verzichtet Stramm in "Signal" nahezu gänzlich auf die Verwendung grammatikalisch oft nicht eindeutig zu bestimmender Neologismen) bildet mit den Konkreta "Trommel", "Horn" und "Haupt" sowie der Kopula ein Gegengewicht zur potentiellen Energie der Verba, die sich – vergleichbar der in Soldaten aufgestauten Spannung im Moment des Aufbruchs oder Angriffs – im Verlauf des Gedichtes zu entladen scheint.

Die durch das Übergewicht der Verba erzeugte Dynamik erscheint im Druckbild des Gedichtes umgesetzt.[135] "Signal" weist ein ähnliches typographisches Schema wie "Sturmangriff" auf, dessen Form Patrick Bridgwater an barocke Bildgedichte erinnert,[136] und dessen einleitende

---

132 Vgl. *Opfergang* (Frankfurt a. M., 1925), S. 102; *Der Zauberberg* (Frankfurt a. M., 1967), S. 755. Denhams Feststellung, Trommel und Horn seien in "Signal" in ihrer Funktion auf die rhythmische und musikalische Begleitung des Marsches eingeschränkt, erscheint zu restriktiv und wird überdies durch den Titel des Gedichtes widerlegt (vgl. *Visions of War*, S. 86).

133 S. Radrizzani, "Anhang" zu *Das Werk*, S. 466 f.

134 *Das Werk*, S. 124.

135 Zur Bedeutung typographischer Aspekte in Stramms Dichtung vgl. John White, "Aspects of Typography and Layout in August Stramm's Poetry", in: *August Stramm. Kritische Essays*, Hrsgg. Adler/White, S. 47-68.

136 Vgl. *The German Poets of the First World War*, S. 47.

und abschließende Langzeilen Christoph Hering als visuelle Entsprechung der "beiden feindlichen Linien [...], zwischen denen der Peitschenschlag des Todes die Angreifer vorantreibt"[137] betrachten zu können meint. Der Wechsel von Lang- und Kurzzeilen in "Signal" versinnbildlicht die einzelnen Marschkolonnen, deren Spitze die aus dem viermal wiederholten "und geht" aufgebaute Zeile 12 bildet. Für diese Interpretation spricht die generelle Bedeutung der Materialität der Sprache in Stramms Dichtung, in der Herwarth Walden seine Theorien einer Wortkunst verwirklicht sah. Wie vor allem das Beipiel Otto Nebels (s. 11.) zeigt, repräsentierte der *Sturm*-Kreis aber auch ein Zentrum der Vortragskunst, und so ist es nicht verfehlt anzunehmen, daß Stramm bei der Abfassung seiner Gedichte neben typographischen auch Aspekte der Rezitation berücksichtigte. Gerade für die Kriegsgedichte, die zum Teil stark durch die Wiedergabe auditiver Eindrücke geprägt sind (und dadurch auf deren Dominanz im modernen Krieg verweisen), darf dies gelten. Herings folgende Bemerkung zum Zusammenspiel eines in Stramms Gedichten erkennbaren Kompositionsprinzips und Aspekten des mündlichen Vortrags trifft, wie ein Blick auf die typographische Form des Gedichtes verrät, in besonderem Maße auch auf "Signal" zu:

> Die Zeilen verkürzen sich gegen Ende, so daß fast alle Gedichte eine dreieckförmige äußere Gestalt aufweisen. Dabei konzentriert sich die Gesamtbewegung des Gedichtes auf die wenigen, oft einsilbigen Schlußwörter, was für den Vortrag dieser Texte eine auf stoßweises Keuchen abzielende Steigerung ekstatischen Stammelns oder – ganz selten – eine das Verstummen andeutende Wortkargheit verlangt.[138]

An drei vollständige Sätze zu Beginn von "Signal" reiht sich eine bis zum Schluß durchgehaltene, zum Teil asyndetische Abfolge finiter und infiniter Formen des Zeitworts "gehen", unterbrochen allein durch das sinnverwandte "Stapft" der vorletzten Zeile und das in seiner Bedeutung konträre "Sträubt" bzw. "Sträuben" in Z. 6 und 8. Liegt dem Gedicht, wie wir annehmen müssen, die Situation des Vorrückens gegen den Feind zugrunde, so vergegenwärtigt der Wechsel von Bewegung und Verharren die den Vormarsch zunächst hemmende Angst der Soldaten, die in einem Akt äußerster Willensanstrengung überwunden werden muß. Fast scheint es, als kämen zunehmende Entschlossenheit und sich verringernder

---

137 "Die Botschaft des Schweigens", S. 20.

138 "August Stramm: 'Untreu'", in: *Gedichte der "Menschheitsdämmerung". Interpretationen expressionistischer Lyrik. Verfaßt von einem Arbeitskreis*, Interpretationen für den Deutschunterricht (München, 1971), S. 99.

Widerstand im Wechsel finiter und infiniter Verbformen in den Zeilen 6-9 zum Ausdruck: Während das Sträuben an "Bestimmtheit" verliert, folgt auf das infinite "Gehen Gehen" (Z. 7) in Z. 9 das finite "Geht", das vielleicht aber auch als energischer Befehl des seine Männer nach vorne treibenden Offiziers aufgefaßt werden kann.

Im repetitiven Charakter der Zeilen 9-15 spiegelt sich das Mechanische des nun nicht mehr aufzuhaltenden Vormarsches. Immer mehr gewinnt man den Eindruck, daß Stramm seiner Darstellung des Vorrückens das Bild einer sich in Bewegung setzenden Maschine unterlegt, deren Anlaufen vorerst nur langsam erfolgt, da das ängstliche Verharrenwollen der Soldaten im Hinterland der Front bzw. in der schützenden Deckung ein dem Antrieb entgegenwirkendes Trägheitsmoment entwickelt. Dann, ihren Rhythmus findend, bewegt sich die Maschine (der Titel des Gedichts legt die Analogie zu einer anfahrenden Lokomotive nahe) unaufhaltsam weiter, wobei die Abfolge von Lang- und Kurzzeilen und das konsequent eingehaltene, fortschreitende jambische Schema in den Langzeilen als typographische und metrische Spiegelungen ihres Arbeitstaktes betrachtet werden können. Die deutliche Zäsur nach den ersten beiden Zeilen, bewirkt durch das stark betonte "und", das allein die dritte Zeile bildet, repräsentiert den kurzen Augenblick des Innehaltens, der extremen Anspannung des Mechanismus (des "Menschenmaterials"?), bevor sich die Maschinerie der Front in Gang setzt.

Was, führt man das Bild weiter aus, ist das Antriebsmoment hinter dem Geschehen? "Sterben stemmt", heißt es in Z. 4 – paradoxerweise fungiert der Tod als dynamisches Prinzip, als etwas, das die Angreifer aus ihrer Stellung treibt, das die ganze Maschinerie des Krieges "anwirft". Vielleicht keine ganz unberechtigte Deutung: Im (modernen) Krieg, so scheint das Gedicht zu implizieren, agieren entseelte, von einer Art kollektivem Todestrieb bewegte Teile einer Maschinerie. Einmal an der Front, sind die angreifenden Soldaten Tod und Vernichtung ausgesetzt, wie das Gedicht andeutet, indem "Haupt", das einzige Wort, das auf ihre physische Präsenz verweist (und in seiner stilistischen Überhöhung dem dargestellten mechanischen Geschehen fremd bleibt), in den Mittelpunkt einer syntaktischen Einheit (Z. 4-5) plaziert ist, an deren Anfang und Ende als Subjekt und Objekt jeweils "Sterben" steht. Verweist "flattre" sodann auf die Geschosse, welche die Soldaten "umschwirren", oder impliziert Stramm mit "Das Haupt durch flattre Sterben" (Z. 5) die unzusammenhängenden Bilder und Gedanken an den Tod, die einem Menschen in solchen Momenten durch den Kopf gehen?

Zwar hat Stramm, der am 1. September 1915 an der Ostfront fiel, den Stellungs- und Materialkrieg in seiner extremen Form nicht mehr erfahren, doch kann sein Gedicht "Signal" als ein Indiz dafür gewertet werden, daß er schon zu Beginn des Konfliktes dessen potentielle Dimensionen erkannt hat. Das Gefühl, sich mit einer gigantischen Maschinerie, einer alle Sinne okkupierenden Totalität des Krieges konfrontiert zu sehen, artikuliert Stramm in einem Brief vom 6. Oktober 1914 an Herwarth Walden, der für das Verständnis seiner Kriegsdichtung von entscheidender Bedeutung ist:

> Ich möchte morden morden dann bin ich wenigstens eins mit dem ringsum dann habe ich wieder Grund und Boden dann bin ich nicht so furchtbar allein so in der Luft ohne Flügel. Wo ist der Prediger des Mordes der das Evangelium predigt des Mordes des Mußmordes. Morden ist Pflicht ist Himmel ist Gott. Rasen [...] Wo sind Worte für das Erleben [...] Ich dichte nicht mehr, alles ist Gedicht umher. Elendes feiges heimtückisches Grausen und die Luft kichert höhnisch dazu und gurgelt donnernd von den Bergen her ...[139]

"[A]lles ist Gedicht umher": die schockartige Erfahrung des Grauens wird zum Impuls und zugleich zum Gestaltungsprinzip der Kriegsgedichte Stramms. Gleichsam emanzipiert vom gestaltenden Subjekt (nur einmal, in "Angststurm", erscheint ein "Ich") versuchen diese Gedichte eine objektive Wiedergabe der Fronterfahrung, die sich nicht in konventionellen Wahrnehmungskategorien fassen oder in traditionellen Formen ausdrücken läßt. In der Akzeptanz von Chaos und Fragmentarisierung als struktureller Momente liegt die radikale Modernität Stramms begründet.

Noch drastischer als im oben angeführten Zitat faßt Stramm das Grauen des mechanisierten Krieges in einem Brief an Walden vom 14. Februar 1915 zusammen:

> Hast Du schon mal einen Fleischerladen gesehen, in dem geschlachtete Menschen zum Kauf liegen, und dazu stampfen mit ungeheurem Getöse die Maschinen und schlachten immer neue in sinnreichem Mechanismus. Und Du stumpf darin, gottlob stumpf, Schlächter und Schlachtvieh.[140]

Im Zusammenhang dieser beiden Briefstellen wird offenbar, daß "Signal" in Studien der Kriegsdichtung August Stramms bisher zu Unrecht vernachlässigt wurde: Das Gedicht leistet nicht nur einen formal höchst

---

139 Zit. nach Paul Pörtner, Hrsg., *Literatur-Revolution 1910-1925. Dokumente – Manifeste – Programme*, Bd. 1: *Zur Aesthetik und Poetik* (Darmstadt, 1960), S. 47.

140 Ebda, S. 50.

anspruchsvollen Beitrag zur Dichtung des Ersten Weltkriegs, sondern stellt vor allem eines der ersten deutschen Frontgedichte dar, das in Thematik und Gestaltung die Grundlagen des modernen Kriegserlebnisses bereits deutlich erkennen läßt.

5. "Menschheit vor Feuerschlünden aufgestellt"[1]

Aus dem statischen Charakter des Stellungskriegs an der Westfront resultierte eine in der Militärgeschichte einzigartige, symptomatisch für den Materialkrieg erscheinende Konzentration von Artillerie: "The war of 1914-1918 was an artillery war: artillery was the battle-winner, artillery was what caused the greatest loss of life, the most dreadful wounds, and the deepest fear."[2] Von den Zahlen, mit denen der Militärhistoriker John Terraine dieses Diktum belegt, seien hier nur einige wenige angeführt: Während der Belagerung der Forts von Verdun 1916 wurden auf beiden Seiten ca. 2000 Stück Artillerie eingesetzt und schätzungsweise 24 Millionen Granaten abgefeuert, die Verluste betrugen insgesamt 700 000 Mann.[3] Für das vorbereitende Artilleriebombardement zu Beginn der Sommeoffensive konzentrierten die britische Vierte und Fünfte Armee 2029 Geschütze verschiedener Kaliber auf einen Frontabschnitt von ca. 20 km, die Zahl der verbrauchten Stück Munition wurde genau festgehalten: 1 732.873.[4] Von den Verwundungen in der britischen Armee während des Ersten Weltkriegs gingen 58,51 % auf das Konto der Artillerie, gegenüber 38,98 % durch (Maschinen-) Gewehrfeuer.[5]

Literarische Zeugnisse aus dem Ersten Weltkrieg dokumentieren die von den Geschützen und ihrem destruktiven Potential ausgeübte Faszination ebenso wie die immense nervliche Anspannung des passiv der Treffzufälligkeit des Artilleriebeschusses ausgesetzten Grabenkämpfers und die durch die verheerende Wirkung von Explosivgeschossen und Schrapnell drastisch vor Augen geführte Fragilität des menschlichen Körpers. Vor allem in poetischen Texten fungieren die Geschütze häufig als Embleme der Oppressivität des Krieges, während umgekehrt hinter einer der zentralen Metaphern der englischen und deutschen Weltkriegsdichtung, der Darstellung des Krieges als einer gewaltigen Maschinerie, die konkrete Erfahrung der Wirksamkeit des Artilleriebombardements an der französischen Front steht.

---

1 Georg Trakl, "Menschheit" [1912]; *Dichtungen und Briefe*, S. 24.

2 John Terraine, *White Heat. The New Warfare 1914-1918* (London, 1982), S. 95.

3 Vgl. ebda, S. 208.

4 Ebda, S. 210; leicht divergierende Angaben bei Trevor Wilson, *The Myriad Faces of War. Britain and the Great War, 1914-1918* (Cambridge, 1986), S. 320: 1,5 Millionen Schuß, davon 2/3 Schrapnells, die sich gegen Infanterie im Schützengraben als weit weniger wirksam erwiesen als Explosivgeschosse und auch nicht präzise genug abgefeuert wurden, um den Stacheldraht zwischen den Linien zu zerstören; s. auch ebda, S. 102 passim.

5 Vgl. Terraine, *White Heat*, S. 96.

Stereotypes Stilmittel in poetischen Darstellungen der Artillerie ist die familiarisierende Animation bzw. Anthropomorphisierung der Geschütze:

> ... ein Geschütz brüllt auf –/ Die Gespenster der Vernichtung schnattern.
>
> Aus kahlgeschossenen Wäldern/ Bellen der Batterien ...
>
> Das rollende Trommelfeuer, taglang, nachtlang, speiend, würgend ...
>
> ... Ein weites Geschütz anfangend zu heulen in die Finsternis ...
>
> ... das Gebrüll der Kanonen ...
>
> Die Geschütze schliefen ...
>
> ... the guns died to silence ...
>
> Guns mostly deadest still ...
>
> ... the guns bark night-long to spoil the velvet silence deep ...
>
> ... guns spat their fires ...
>
> Guns bellow ...
>
> At last the barrage roars its opening range.[6]

Die folgenden Beispiele zeigen eine teils explizite, teils durch charakteristische Körperteile oder Laute implizierte Identifikation der Geschütze mit näher spezifizierten Tieren:

> Away somewhere, gun with lifted muzzle, Jaguar-coughs, across the rain.
>
> Jaguar-gun, wind carried, barks again from X zone.
>
> ... eight bright tongues licked, swift as adder-fangs darted ...
>
> Woods where no guns thrust their lean muzzles out ...

6 Wilhelm Klemm, "Stellung", *Gloria*, S. 53; "Somme", in: *1914-1916*, Hrsg. Pfemfert, S. 68; Anton Schnack, "Ein bäuerischer Soldat spricht", ebda, S. 103; "Der Überläufer", *Tier rang gewaltig mit Tier*, S. 54; "Schreckliche Vision", ebda, S. 81; Edlef Köppen, "Für Gerhard Lepsius", in: *1914-1916*, Hrsg. Pfemfert, S. 82; Ivor Gurney, "War Books", *Collected Poems*, S. 196; "New Year's Eve", ebda, S. 79; "De Profundis", ebda, S. 41; "First Time In", ebda, S. 85; W. S. S. Lyon, "Lines Written in a Fire-Trench", in: *A Treasury of War Poetry*, Hrsg. Clarke, S. 300; Leonard Barnes, *Youth at Arms* xvii, S. 24.

> ... those brute guns lowing at the skies ...
>
> The guns like surly bandogs bark ...
>
> Der Geschütze/ blauschwarze Mäuler glotzen stumpf und stier.
>
> Die Batterie erhebt ihre Löwenstimme/ Sechsmal hinaus in das Land.[7]

Wie eine Parodie des letzten Zitats erscheint Albert Ehrensteins Zeile "Kläglich blökten Kanonen".[8] Tierische und menschliche Metaphern begegnen uns in Hermann Plagges "Nacht im Granatfeuer" ("Die ganze Nacht durch wühlen unter uns große Tiere ans Licht,/ Die Dunkelheiten zerfleischen sich draußen mit lautem Knallen"[9]) und der folgenden Passage aus David Jones' *In Parenthesis*: "The dug place in whose depth they sheltered shockt and tremored with each projectile's violent nosing, whether of dud or lively detonate."[10] Eine Animation der Kanonen bewerkstelligt auch Siegfried Sassoons Formulierung "The unheroic Dead who fed the guns",[11] eine poetische Paraphrase der laut *OED* erstmals 1891 lexikographisch belegten Lehnübersetzung des deutschen "Kanonenfutter". Anthropomorphe Züge eignen den Geschützen in den folgenden Beispielen, wobei in den englischen Zitaten den Kanonen die Funktion von Rächern erlittenen Unrechts bzw. Vollstreckern einer höheren Gerechtigkeit attestiert wird. Dadurch wird die scheinbare Autonomie des Kriegsgeräts besonders hervorgehoben:

> Kanonen lachen ...
>
> ... alle Münder der Kanonen stieren höhnisch in die Sterne ...
>
> Noch immer fallen dumpf die Faustschläge der Geschütze ...
>
> Kanonen jauchzen und singen ...
>
> Zweiundsiebzig Stunden heult die Luft./ Jede halbe Minute durchjauchzt eine wollüstige Granate.
>
> The anger of guns ...

---

7 David Jones, *In Parenthesis*, S. 30; ebda, S. 31; ebda, S. 136; Edmund Blunden, "11th R.S.R.", *The Poems*, S. 172; "Vlamertinghe: Passing the Chateau", ebda, S. 152; "Clear Weather", ebda, S. 41; Kurd Adler, "Betrachten", in: *1914-1916*, Hrsg. Pfemfert, S. 10; Wilhelm Klemm, "Schlacht an der Marne", *Gloria*, S. 27.

8 "Der Waldesalte", in: *Kameraden der Menschheit*, Hrsg. Rubiner, S. 46.

9 In: *Die Dichter und der Krieg*, Hrsgg. Anz/Vogl, S. 128.

10 *In Parenthesis*, S. 85.

11 "On Passing the New Menin Gate", *The War Poems*, S. 153.

Guns again! The quiet/ Shakes at the vengeful voice ...

The great guns of England, they listen mile on mile/ To the boasts of a broken War-Lord; they lift their throats and smile ...[12]

In den beiden folgenden Beispielen wird die Tarnung der Geschütze zur Kostümierung bzw. zur Dekoration: "... the trained muzzles which sway their sylvan masquerade with each discharge"; "Von Laub umgattert, wie geschmückte Tiere/ stehn die Geschütze".[13] Als Katalysatoren natürlicher Zyklen erscheinen die Kanonen in Siegfried Sassoons "Autumn" ("October's bellowing anger breaks and cleaves/ The bronzed battalions of the stricken wood"[14]) und Edmund Blundens "An Infantryman" ("Masked guns like autumn thunder drummed the outcast year away"[15]), während die folgende Zeile aus Alfred Vagts' "Schloßpark im Feindesland" auf die grundsätzliche Dichotomie von natürlicher Vitalität und Sensualität und mechanisierter Zerstörung verweist: "Den Duft der Früchte haben die Kanonen abgeschallt ...".[16] Kurt Heynickes "Die rote Sonne" läßt im Gegensatz dazu die Kanonen der Abfolge natürlicher Phänomene unterworfen sein: "... Winter war und der Schnee lag auf den Hügeln,/ die kalten Nebel erdrückten das Land und zerstörten die Ferne,/ es schwiegen die Geschütze, stumm gemacht von der Natur".[17]

Eine groteske Übersteigerung der Anthropomorphisierung der Geschütze im Sinne einer Demaskierung glorifizierender Kriegsauffassungen zeigen Edlef Köppens "Nachts" ("Manchmal gröhlt ein Geschütz,/ Und dann flattern singende Fetzen umher"[18]) und Robert Graves' "Recalling War": "And we recall the merry ways of guns –/ Nibbling the walls of factory and church/ Like a child, piecrust".[19] Richard Aldingtons

---

12 Kurt Heynicke, "Die Ballade vom Trommelfeuer", *Das lyrische Werk* 1, S. 148; "Schlachtfeld", ebda, S. 157; Wilhelm Klemm, "Halt bei Nacht", *Gloria*, S. 42; Fritz von Unruh, "Das Lied der Schlacht", in: *Der deutsche Krieg im deutschen Gedicht*, Hrsg. Julius Bab, H. 2 (1914), S. 29; Kurt Heynicke, "Angriff", in: *Die Dichter und der Krieg*, Hrsgg. Anz/Vogl, S. 130; Siegfried Sassoon, "In Palestine", abgedr. in: *Diaries 1915-1918*, S. 227; Robert Nichols, "In the Grass: Halt by the Roadside", in: *Up the Line to Death*, Hrsg. Gardner, S. 36; Dunsany, "Songs from an Evil Wood", in: *A Treasury of War Poetry*, Hrsg. Clarke, S. 254.

13 David Jones, *In Parenthesis*, S. 141; Kurd Adler, "Spätsommerabend", in: *1914-1916*, Hrsg. Pfemfert, S. 11.

14 *The War Poems*, S. 109.

15 *The Poems*, S. 160.

16 In: *Die Dichter und der Krieg*, Hrsgg. Anz/Vogl, S. 117.

17 *Das lyrische Werk* 2, S. 166.

18 In: *Die Dichter und der Krieg*, Hrsgg. Anz/Vogl, S. 143.

19 *Poems About War*, S. 79.

"Reverie" ("The guns are beating madly upon the still air"[20]), T.M. Kettles "To My Daughter Betty" ("the mad guns curse overhead"[21]) und, in Anspielung auf die biblische Apokalypse, Sherard Vines' "War Commemoration" ("... the guns crouched in pits and shouted/ Lunatic judgement in dull obedience"[22]) projizieren den Wahnsinn einer außer Kontrolle geratenen Destruktivität auf deren Instrumente. In Owens "The Last Laugh" werden die chorischen Geschoßlaute zum zynischen Kommentar der Kriegsmaschinerie zur Agonie der Sterbenden: " The Bullets chirped – In vain, vain, vain!/ Machine-guns chuckled [...]/ And the Big Gun guffawed."[23] Edmund Blunden bedient sich in "Concert Party: Busseboom" nicht nur der für eine Reihe seiner Kriegsgedichte charakteristischen kontrastiven Technik, sondern auch des Motivs des Totentanzes (vgl. 8.2.): Nach dem unbeschwerten Amüsement einer Truppenunterhaltung finden sich die Soldaten sogleich wieder als Akteure auf der Bühne der Front:

> We heard another matinée,
> We heard the maniac blast
>
> Of barrage south by Saint Eloi,
> And the red lights flaming there
> Called madness: come, my bonny boy,
> And dance to the latest air.[24]

Eine Desillusionierung des Lesers erfolgt am Beginn von Blundens Gedicht "Zero": Der ungewöhnlich farbenprächtige Sonnenaufgang enthüllt sich als die pyrotechnische Revue eines den Sturmangriff vorbereitenden Artilleriebombardements (der Titel verweist auf die Stunde Null des Angriffs – im englischen Soldatenjargon "zero hour"). Aus der Gegensätzlichkeit der mit Morgenrot und Artilleriebeschuß verbundenen Assoziationen (Erwachen bzw. Zerstörung und Tod) resultiert eine weitere Ironie des Gedichtes, in dem der "Naturdichter" Blunden sein verzweifeltes Festhalten am Bild einer heilen Natur selbst zu parodieren bzw. zu negieren scheint:

---

20 *Complete Poems*, S. 101.
21 In: *A Treasury of War Poetry*, Hrsg. Clarke, S. 241.
22 In: *Poetry of the Great War*, Hrsgg. Hibberd/Onions, S. 188.
23 *The Complete Poems and Fragments* 1, S. 168.
24 *The Poems*, S. 149.

O rosy red, O torrent splendour
Staining all the Orient gloom,
O celestial work of wonder -
A million mornings in one bloom!

What, does the artist of creation
Try some new plethora of flame
For his eye's fresh fascination?
Has the old cosmic fire grown tame?[25]

Mythisiert erscheinen die Geschütze in Wilhelm Klemms "Nächtliche Aussicht" ("Unter den dunklen Beschwörungen der Kanonen/ Erhebt der Krieg sein nachtschwarzes Haupt"[26]) und "Schlachtenhimmel": "Und jetzt zersprengen die Kanonen den Horizont./ Unsichtbare Kolosse der Luft/ Heulen auf, kreischen verzweifelt, platzen".[27] Die Assoziation der Geschütz- und Geschoßlaute mit dem (personifizierten) Tod erscheint in Julian Grenfells "Into Battle" ("... in the air death moans and sings"[28]) und Isaac Rosenbergs "Dead Man's Dump": "The air is loud with death".[29] David Jones bemüht zur Versinnbildlichung der verheerenden Wirkung einer einschlagenden Granate die antike Mythologie ("Out of the vortex, rifling the air it came – bright, brass-shod, Pandoran"[30]), während Richard Aldingtons "Barrage" ein Pandämonium antiker, heidnischer und christlicher Provenienz versammelt:

THUNDER,
The gallop of innumerable Valkyrie impetuous for battle,
The beating of vast eagle wings above Prometheus,
The contest of tall barbaric gods smitten by the hammer of Thor,
Pursuit! Pursuit! Pursuit!
The huge black dogs of hell
Leaping full-mouthed in murderous pursuit![31]

Zwischen einer mythisierenden Deutung als Nachvollzug des alttestamentarischen Brudermords und einer durch das Simile in der letzten Zeile bewerkstelligten Trivialisierung schwebt die Schilderung der Detonation in Oskar Kanehls "Überfall":

---

25 Ebda, S. 143 f.
26 *Gloria*, S. 50.
27 *Die Aktion* 4 (21. Nov. 1914), Sp. 870 f.; abgedr. in: *Die Dichter und der Krieg*, Hrsgg. Anz/Vogl, S. 106.
28 In: *Poetry of the First World War*, Hrsg. Hussey, S. 71.
29 *Collected Works*, S. 110.
30 *In Parenthesis*, S. 24.
31 *Complete Poems*, S. 102.

Auf einmal – eingesehene Stelle –
heult gefräßig – Warnungssignal –
und stürzt
der schwere Schuß.
Rauchsäule steigt
vom Kainsopfer
und fällt
und läßt ein Loch
wie eine große Badewanne.[32]

Völlig konträr, auch in der Diktion, zu Aldingtons "wilder Jagd" erscheint die in Edmund Blundens "Thiepval Wood" ("The tired air groans as the heavies swing over, the river hollows boom"[33]) und Hans Kochs "An einem Mittag" evozierte beschönigende Gemächlichkeit: "Wie Viertelstunden fallen Wumpse/ Aus träumenden Kanonenschlünden".[34] Auch David Jones verwendet das Bild der Uhr, die Regelmäßigkeit des Beschusses deutet jedoch nicht auf die Routine an einem ruhigen Frontabschnitt, sondern ist Vorbereitung auf die Stunde Null:

> ... there was the heavy battery operating just beneath the ridge, at a kept interval of minutes, with unnerving inevitability, as a malign chronometer, ticking off with each discharge an exactly measured progress toward a certain and prearranged hour of apocalypse.[35]

Gilbert Frankau, bekannt als Verfasser des kurzzeitig populären Kriegsromans *Peter Jackson, Cigar Merchant* (1920), verarbeitete seine Erfahrung als Artillerist in der Schlacht von Loos im September 1915 in dem Gedichtbändchen *The Guns*,[36] an dessen Beginn und Ende die beiden komplementären Gedichte "The Voice of the Slaves" und "The Voice of the Guns" stehen. In Ausage und Stil der trivialen kriegsaffirmativen Dichtung nahe, verdienen sie wie das die Logistik der Artillerie thematisierende "Ammunition Column" auf Grund der in ihnen dargestellten Beziehung zwischen Mensch und Kriegsgerät eingehendere Betrachtung. Die Natur dieses Verhältnisses expliziert der Prolog zu "The Voice of the Slaves":

---

32 *Die Schande*, S. 23.
33 *The Poems*, S. 11.
34 In: *1914-1916*, Hrsg. Pfemfert, S. 76.
35 *In Parenthesis*, S. 135.
36 *The Poetical Works of Gilbert Frankau*, Bd. 1: *1901-1916* (London, 1923), S. 193-209.

We are the slaves of the guns,
Serfs to the dominant things;
Ours are the eyes and the ears,
And the brains of their messagings.

Ours are the hands that unleash
The blind Gods that raven by night,
The lords of the terror at dawn,
When the landmarks are blotted from sight
By the lit curdled churnings of smoke;
When the lost trenches crumble and spout
Into loud roaring fountains of flame;
Till, their prison walls down, with a shout
And a cheer, ordered line after line,
Black specks on the barrage of gray,
That we lift – as they leap – to the clock,
Our infantry storm to the fray.

These are our masters, the slim
Grim muzzles that irk in the pit;
That chafe for the rushing of wheels,
For the teams plunging madly to bit
As the gunners swing down to unkey,
For the trails sweeping half-circle-right,
For the six breech-blocks clashing as one
To a target viewed clear on the sight –
Dun masses, the shells search and tear
Into fragments that bunch as they run –
For the hour of the red battle-harvest,
The dream of the slaves of the gun.

We have bartered our souls to the guns;
Every fibre of body and brain
Have we trained to them, chained to them. Serfs?
Aye! but proud of the weight of our chain –
Of our backs that are bowed to their workings,
To hide them and guard and disguise –
Of our ears that are deafened with service,
Of our hands that are scarred, and of eyes
Grown hawk-like with marking their prey –
Of wings that are ripped as with swords
When we hover, the turn of a blade
From the death that is sweet to our lords.

By the ears and the eyes and the brain,
By the limbs and the hands and the wings,
We are slaves to our masters the guns ...
But their slaves are the masters of kings!

Das Geschütz unterjocht seine Bediener, wenngleich schon im Prolog impliziert wird, daß das dargestellte Abhängigkeitsverhältnis ein durchaus wechselseitiges ist. Deutlicher wird dies zu Beginn der ersten Strophe, wo der Sprecher ein aus dem Wissen um die ultimative Verantwortung der Geschützmannschaften resultierendes Selbstbewußtsein, betont durch die prominente Position des Possessivpronomens am Beginn der ersten Zeile, artikuliert. Die ersten beiden Zeilen der Strophe erinnern übrigens an Isaac Rosenbergs "Marching (As Seen from the Left File)" (vgl. 1. u. 4.2.): "Blind fingers loose an iron cloud". Während jedoch Rosenberg die Gewichtung stärker auf die Eigendynamik der dargestellten Vorgänge legt, ist bei Frankau der Mensch als Agens noch nicht im selben Maß hinter das Geschehen zurückgetreten.

In weiterer Folge schildert die erste Strophe die Funktion der Batterien vor und während eines Sturmangriffs: Ihr Sperrfeuer bildet einen Schutzwall für die vorgehende Infanterie, der Moment des Angriffs wird in der Schilderung des Sprechers zu einem Akt der Befreiung, der die Soldaten in ihrem Drang, sich auf den Gegner zu stürzen, die zu Gefängnismauern gewordenen Gräben überwinden läßt. Unüberhörbar ist der Stolz des Artilleristen, den Angriff in Gang gesetzt, ja durch die Präzision des vorbereitenden Beschusses erst ermöglicht zu haben.

Die zweite Strophe skizziert die hektische Aktivität rund um die Geschütze: In rasendem Tempo wird neue Munition herangeschafft, während die Kanonen, anthropomorphisiert zu launischen Herren, in ihren Stellungen ungeduldig der zur Befriedigung ihres Destruktionstriebs nötigen Bedienung durch ihre "Sklaven" harren.

Während die ersten beiden Strophen des Gedichtes von dynamischer Bewegung geprägt sind, die sich im Schwung des daktylischen Versmaßes spiegelt, resümiert in der dritten Strophe der Sprecher die Situation der Artilleristen. Die Legitimität des Herrschaftsverhältnisses wird nicht in Zweifel gezogen, sondern im Gegenteil mythisch überhöht, was durch die raubvogelhafte Transformation der Geschützdiener (vorbereitet im "Sturzflug" der Granaten in Strophe zwei), vor allem aber durch das Motiv des Teufelspakts (die Servilität der Maschinendiener erscheint hier als doppelter Kontrast zum luziferischen "non serviam") unterstrichen wird.

Der Epilog betont erneut die Dominanz der Maschine, die dem Menschen jedoch eine noch nie gekannte Machtfülle in die Hände gibt.[37]

37 Diese Thematik begegnet bereits in Rudyard Kiplings "The Secret of the Machines" (s. Rudyard Kipling, *Complete Verse. Definitive Edition* [New York u. a., 1989], S. 733 f.), das auch formal ein Vorbild für Frankaus Gedicht gewesen sein könnte.

In Frankaus Gestaltung des Verhältnisses Mensch-Maschine äußert sich mehr als bloße Akzeptanz des Krieges und Glorifizierung der militärischen Technik: Das Gedicht enthält zunächst eine palliative Komponente, als nämlich die – im nationalen Interesse notwendige – Reduktion des Menschen im Krieg zum Maschinendiener positiv bewertet wird, ist doch der Machtgewinn über den Gegner durch die Gewalt der Kriegsmaschine unbedingt anzustreben. Im übrigen, so der Tenor des Gedichtes, ist die Versklavung durch die Maschine nur eine scheinbare, da diese zur Entfaltung ihrer destruktiven Kraft der Geschützmannschaften bedarf und daher letztlich immer noch der Mensch die Kontrolle über sie ausübt. Im übrigen scheint es nicht verfehlt, in Frankaus Darstellung des präzisen Zusammenwirkens von Kanone und Geschützmannschaften eine Analogie zur Mensch-Maschine-Kopplung im industriellen Produktionsprozeß und zur Kompensation der von der Arbeiterschaft erfahrenen Entfremdung durch ein demonstratives Arbeitsethos zu sehen (s. 9.1.): Der heldenhafte Dienst an der Maschine erhöht und verschafft moralische Befriedigung. Frankau gelingt es, Normen der Industriegesellschaft in den Kontext des industriellen Materialkriegs zu übertragen und in seine Darstellung der Relation Mensch-Maschine zu integrieren. In der Thematisierung der Faszination des Kriegsgeräts verfolgt "The Voice of the Slaves" somit auch einen politisch-propagandistischen Zweck.

Auch in "Ammunition Column" stellt Frankau die Funktion des Menschen als Maschinist in den Mittelpunkt und stellt die Geschütze als zu "fütternde", eigenwillige Wesen dar. Das Gedicht verfolgt den Weg der Munition von den zentralen Depots bis in die vorderste Frontlinie, zu "the loader's forearm at breech". Militärische bzw. waffentechnische Termini ("gun-pit", "limber", "breech" ...) dokumentieren die Detailtreue der Schilderung, die refrainartige Wiederholung der Eingangszeile versinnbildlicht die mechanische Routine der sich kontinuierlich wiederholenden Abläufe. Der Sprecher identifiziert sich gänzlich mit seiner Rolle als Teil eines gut eingespielten Ganzen, als Rädchen im Getriebe einer präzise funktionierenden Maschinerie: "I am only a cog in a giant machine, a link of an endless chain".[38] Der Beginn der dritten Strophe nimmt diese Zeile mit einer entscheidenden Veränderung wieder auf: "I am only a cog in a giant machine, but a vital link [!] of the chain".[39] Mit dieser Behauptung unterliegt der Sprecher freilich einer Selbsttäuschung: In seiner Person

Kiplings Gedicht erschien zuerst in der amerikanischen Ausgabe von C. R. L. Fletchers und R. K.'s *A History of England* (New York, 1911).

38 Ebda, S. 205.

39 Ebda, S. 206.

jederzeit austauschbar, ist er nur in seiner Funktion ein unabdingbares Glied der pervertierten Seinskette, der Natur seiner Versklavung durch die Kriegsmaschinerie, d.h. des Verlustes seiner Identität, wird er sich nicht bewußt.

Thematisiert Gilbert Frankau in seinen formal konventionellen Gedichten ein auf der destruktiven Potenz der Kanone gründendes quasiökonomisches Abhängigkeitsverhältnis, so impliziert der Titel von Franz Richard Behrens' avantgardistischem Gedicht "Kanonenverliebt" eine erotische Beziehung des "Maschinendieners" zum Geschütz:

Bronze münden so Sonne
Sonne so silbriggezückt
Fieber hätscheln Flammenfliegen
Mohne aaren roten Samen
Steilen röhren Fassen
Rote Locken brodeln Rosenkronen.[40]

In den ersten drei Zeilen von "Kanonenverliebt" schaffen einzelne Wörter in Verbindung mit dem Titel ein Netz assoziativer Bezüge, die das erotische Verhältnis der Geschützmannschaften zur Kanone skizzieren: "Bronze" scheint metonymisch die phallisch aufragende Lafette des Geschützes zu bezeichnen, "Fieber" möglicherweise die "fieberhafte" Aktivität der Geschützmannschaften, die schließlich zum "Flammenfliegen" (dem Abfeuern der Granate) führt, eine Gratifikation, die das "gehätschelte" Geschütz seinen Dienern gewährt. In der zweiten Hälfte des Gedichtes wiederum deuten "röhren" und die wiederholt evozierte Farbe Rot ("Mohne", "Rosenkronen" – die Rose ist konventionelles Emblem für die Wunde) auf Blut und Tod als Resultat des "Liebesdienstes" am glorifizierten Objekt. Auch in Behrens' "Kanonenkuß", ebenfalls in der Sammlung *Blutblüte* (1917), klingt das Motiv an, wobei das in der Eingangszeile ("Trinke Sand"[41]) enthaltene Bild eines an die Erde gepreßten Soldaten auf die Degradierung des Menschen in der "abartigen" Beziehung zur Kriegsmaschine hinzudeuten scheint. Sexuelle Assoziationen erweckt auch Jomar Förstes Zeile "Entmannte Geschütze stehen, schwarze Wesen"[42]: Mit den Kanonieren ist den Geschützen ihre destruktive Potenz genommen.

---

40 *Franz Richard Behrens: Blutblüte. Die gesammelten Gedichte. Werkausgabe Bd. 1*, Hrsg. Gerhard Rühm, Frühe Texte der Moderne (München, 1979), S. 37.

41 Ebda, S. 50.

42 "Sinkende Nacht"; in: *1914-1916*, Hrsg. Pfemfert, S. 36.

Symptomatisch für die ambivalente Reaktion der Dichter auf die militärische Technologie erscheint das Schwanken des Sprechers zwischen Abscheu und Faszination in Kurd Adlers "Das Geschütz", dem wohl prägnantesten Beispiel in der deutschen Weltkriegsdichtung für eine konsequente Animation der Kanone:

Breit, klotzig, hart schaut es über lehmige Erde.
Des Rohres Länge ist weisende Gebärde
Gegen die fremden Schwestern.
Kühl starrt es Tag und Nacht. Nacht und Tag sprungbereit.
Wie die lauernde Sphinx hält es Wacht.
Wie die Berge, die in irgendeiner Zeit
Plötzlich aufschreien und beben und Ebenen verschlingen.
So droht es zum Mensch, droht es zum Land, droht es zum Himmel.
Steht gleich einem gebundenen Wildtier in Schlingen,
Bis es gelöst. Und es im Schoße ein Kind
Sich wachsen fühlt.
Einen Augenblick spielt
Es mit ihm. Hält es ehernheiß
In seinem Leib. Es weiß:
Jetzt springen
Die Ringe.
Dann kreischt es auf wie in Mutterwehen
Und speit die wilde Geburt hoch in das Land.
Bäumt sich auf, jagt zurück, rast vor,
Und spürt sekundenlang in sich ein tiefes Geschehn.

Lugt wieder still übers lehmige Tor
Tag und Nacht. Nacht und Tag, wie die Felsen stehen.
Schaut rätselkühl sphinxhaft den Brand,
Den rauschenden Tod und das schreiende Blut.
Wartet.
Und gebiert nach Tag und Nacht, Nacht und Tag neue blutlüsterne Brut.[43]

Adlers Kanone ist primär prähistorisches Monstrum und sprungbereites Raubtier, verfügt aber auch über anthropomorphe Züge, zwei Vorstellungsebenen, die im Bild der Sphinx synthetisiert werden, in dem sich überdies die enigmatische Faszination der Kanone manifestiert. Interessant ist, daß der Expressionist Adler sich in der Darstellung des Kriegsgeräts und seiner elementaren Destruktivkraft an zwei Stellen einer symbolistischen Diktion bedient: "Gebärde" (Z. 2); "spürt [...] in sich ein tiefes Geschehn" (Z. 20). In der "Gebärde" enthüllt sich dem symbolistischen Dichter die innere Natur der Dinge, übertragen auf das unbelebte Kriegsgerät erscheint sie als Ausdruck des Nihilismus, der hinter der

43 Ebda, S. 7; zuerst *Die Aktion* 5 (26. Juni 1915), Sp. 327.

Fetischisierung der Waffe steht, die drohende Gebärde nach drüben ist somit auch auf einer tieferen Ebene Negation. Damit korrespondiert auch der im zweiten Teil des Gedichtes dargestellte pervertierte Gebärvorgang: Allein die eigendynamische, destruktive Gewalt der Maschine zeugt sich im Abschuß der Granate fort. Das *concetto* enthüllt die Widernatürlichkeit des Geschehens und verweist auf die Erschütterung natürlicher Ordnungen durch den Krieg.

Wilfred Owens "Sonnet. On Seeing a Piece of Our Heavy Artillery Brought into Action" präsentiert die Kanone als Instrument der göttlichen Gerechtigkeit und gleichzeitig als Götzen. Das Sonett, eines der weniger bekannten Kriegsgedichte Owens, entstand nach Jon Stallworthy möglicherweise schon im Juni 1917 und wurde im Mai 1918 in Scarborough überarbeitet. In seiner Diktion erscheint es an Donnes *Holy Sonnets* angelehnt, ein mehr rezentes literarisches Vorbild vor allem für die Anthropomorphisierung der Kanone könnte allerdings auch Thomas Hardys "The Going of the Battery" (*Poems of the Past and the Present*, 1902) darstellen. Bemerkenswert erscheint die Verbindung der im Rahmen der propagandistischen Intentionen des Gedichtes stehenden apokalyptischen Bildlichkeit mit der Einsicht in ökonomische Aspekte des Krieges (Z. 7-8, 12):

Be slowly lifted up, thou long black arm,
Great Gun towering towards Heaven, about to curse;
Sway steep against them, and for years rehearse
Huge imprecations like a blasting charm!
Reach at that Arrogance which needs thy harm,
And beat it down before its sins grow worse.
Spend our resentment, cannon, – yea, disburse
Our gold in shapes of flame, our breaths in storm.

Yet, for men's sakes whom thy vast malison
Must wither innocent of enmity,
Be not withdrawn, dark arm, thy spoilure done,
Safe to the bosom of our prosperity.
But when thy spell be cast complete and whole,
May God curse thee, and cut thee from our soul![44]

Die Grenze zwischen Instrumentalisierung ("thou long black arm"; "dark arm") und Fetischisierung der Kanone, so impliziert das Gedicht, ist

---

44 *The Complete Poems and Fragments* 1, S. 151. Zur unsicheren Datierung des Gedichtes s. Jon Stallworthys Anmerkungen ebda ("perhaps begun as early as July 1917") und Dominic Hibberd, *Owen the Poet*, S. 214, Anm. 6 sowie ders., "Attitudes to Germany in the Work of Wilfred Owen and Other British Poets of the First World War", in: *Intimate Enemies*, Hrsgg. Stanzel/Löschnigg, S. 223.

fließend, die Friedensvision am Ende des Sonetts bleibt nicht zuletzt auch dadurch hypothetisch, daß die Entmystifizierung der Kriegsmaschine (der "Fluch" der Kanone in Z. 2 wird am Ende des Gedichtes gegen sie gekehrt) der göttlichen Vorsehung übertragen wird. Owens Gedicht "Soldiers' Dream" setzt die Invektive der letzten Zeile des Artilleriesonetts in eine allegorische Vision um: Christus ist zur Erde herabgekommen, um den Kriegswaffen Einhalt zu gebieten: "I dreamed kind Jesus fouled the big-gun gears,/ and caused a permanent stoppage in all bolts".[45] Dem alttestamentarischen Gott der Rache ist das Werk jedoch nicht gefällig ("Soldiers' Dream" enthält wie Owens "The Parable of the Old Man and the Young" das die kriegskritische Dichtung durchziehende Thema des Generationenkonflikts): "But God was vexed, and gave all power to Michael;/ And when I woke he'd seen to our repairs."[46] Anton Schnacks "Die Batterien" faßt die Traumvision des Sprechers in "Soldier's Dream" in eine vorwurfsvolle Frage: "Was stieg er nicht herauf, abendlich, groß, unsterblich,/ Der Christus aller Süßigkeit [...] und hieß sie schweigen". Die Darstellung der Geschütze in Schnacks breit ausmalenden, hymnischen Langzeilen erzeugt im Vergleich zur elliptischen Expressivität in den unten behandelten Gedichten "Feuerüberfall" und "Beschießung" von Wilhelm Klemm einen eigentümlichen Verfremdungseffekt:

> Sie, die zertrümmerten das Land, gewaltig, schändlich; dunkle hinter Rauch,
> Feldsteinen, Häusern; dunkle hinter Nacht, Verstecken, Pfaden; rufend schwer und wüst
> Durch Wald und Raum. Sowie ein Abend rötlich ward, verdämmernd, übersüßt,
> Sprachen sie los gewaltges Zeug ...
> [...]
> ... So kam die Nacht heran ...
> Da lärmten die Gewitter wieder überall um zu zerfetzen: Träume, die volle Finsternis, Schlaf, Menschenherzen; um hinzusäen: Leid,
> Tod, Sterben; um aufzuhäufen: Gram, Verblutung, Wunden, Notschreie, Tränen, wenn sie maßlos, gewaltig, schrecklich grollten ...[47]

Schnacks Reihung ästhetisierender visueller und akustischer Eindrücke prägt auch die Gestaltung der Thematik in dem Gedicht "Schweres Geschütz", das überdies durch wörtliche Echos an das oben angeführte, in der Sammlung der Kriegsgedichte unmittelbar vorangehende "Die Batterien" anknüpft:

45 Ebda, S. 182.
46 Ebda.
47 *Tier rang gewaltig mit Tier*, S. 37.

Und dann auf einmal dies: der Traum, der Schall, der Ruf, gewaltig, sonderbar, der Mund
Weit aufgerissen, brüllend; und darum wir ...
[...]
... – Herumgelagert um den Abgrund,
Wo es aufsprach mit Tod, gefährlichem; wo es verbaut war, grünlich von Geäst,
Braun, rötlich, gelb; wo es dann anhub, tierisch, grollend, groß, wo es dann schrie
Gespenstisch, hoch, verdunkelt, tief, und überhäuft von Erde, mit wildem Stoß,
erschüttert, ungeheures Zeug, Gewitterworte, Donner; wo es dann Feuer warf,
Grellrotes, Blitze, Glut, Rauch, Gas, Gestank ...[48]

Wilhelm Klemms um Authentizität bemühte Frontgedichte versuchen, das Szenario eines Artilleriebombardements durch onomatopoetische Ausdrücke, die Ballung von Verba und Adjektiva, die akustische Wahrnehmungen wiedergeben, und einen durch abrupte Einsätze und Parataxe erzeugten Stakkatorhythmus zu vergegenwärtigen. Ein markantes Beispiel ist das Gedicht "Feuerüberfall":

Plötzlich wie ein Signal, fällt der erste Kanonenschuß.
Krachen und Pfeifen in hoher Luft. Blitzen und Erderbeben.
[...]
Feuersturm und echteste wilde Jagd!
Man versteht sein Wort nicht mehr. Getöse,
Explosionen. Jetzt schießt unsere Artillerie.
Wie Orgelton brummen die großen Minensplitter.
Es gröhlt, quiekt, rasselt und pfeift, dröhnt wie Bergsturz,
Es regnet Erde. Der Luftdruck preßt einem den Magen.
Abwarten. Es muß doch auch einmal aufhören.[49]

Die im letzten Satz des Zitats artikulierte Hilflosigkeit des zum passiven Ausharren verurteilten Grabenkämpfers wird in den Anfangszeilen eines thematisch verwandten Gedichtes Klemms noch pointierter zum Ausdruck gebracht: "Beschießung" vermittelt die Wahrnehmungen und Gedanken eines Infanteristen während eines Artilleriebombardements. Die Beschreibung einer schockartig erfahrenen Sequenz von Sinneseindrücken (vgl. 3.) alterniert mit einem inneren Monolog des Sprechers, in dem der Krieg jeder Glorie entkleidet wird:

Plötzlich fangen sie wieder an zu schießen.
Die ganze Höhlung knirscht. Man hockt und wartet.
Die zwei Quadratmeter brauchen doch nicht gerade getroffen zu werden!

---

48 Ebda, S. 38.
49 In: *1914-1916*, S. 66.

Gemächlich rauscht ein ganz schweres Kaliber heran.
Das gilt nicht uns. Das Ohr verfolgt den zischenden Bogen.
Atempause. Voll und gewaltig
Bäumt sich der Einschlag. Nichts. Es geht alles vorbei.

Aber jetzt! Es zischt heran eine Lokomotive
Krach und Rauch! Alles wackelt. Dreck spritzt herein.
Das war nahe! Man sieht in blassere Gesichter.
Gelassenheit ist auch ein Ziel. Die Ratten kratzen.[50]

August Stramm versucht die Intensität optischer und vor allem akustischer Eindrücke während des Bombardements durch die für seine Lyrik charakteristische Verdichtung und, im zweiten Beispiel, durch die asyndetische Reihung von Geräuschwörtern zu reproduzieren:

Der Himmel wirft Wolken
Und knattert zu Rauch.
Spitzen blitzen.
Füße wippen stiebig Kiesel.
Augen kichern in die Wirre
Und Zergehren.

Klappen Tappen Wühlen Kreischen
Schrillen Pfeifen Fauchen Schwirren
Splittern Klatschen Knarren Knirschen
Stumpfen Stampfen.[51]

Stramms "Im Feuer" vermittelt einen Eindruck von der Isolation und der erzwungenen Passivität des Grabenkämpfers unter Artilleriebeschuß:

Tode schlurren
Sterben rattert
Einsam
Mauert
Welttiefhohe
Einsamkeiten.[52]

Der englische Soldatenjargon des Ersten Weltkriegs kennt für das gegnerische Artilleriefeuer die Ausdrücke "hate" (nach dem als "Hymn of Hate" auch im englischen Sprachraum zu weiter Verbreitung gelangten "Haßgesang gegen England" von Ernst Lissauer) und "strafe" (auch

---

50 Ebda, S. 67.
51 "Schrapnell", "Granaten"; *Das Werk*, S. 81, 94.
52 Ebda, S. 90.

substantiviert, nach der Parole "Gott strafe England!"). Vor allem der Ausdruck "hate" wurde hauptsächlich für den routinemäßigen Artilleriebeschuß zu bestimmten Zeiten gebraucht ("morning/evening hate"). Die gelegentlich in Prosawerken anzutreffenden, nonchalanteren deutschen Entsprechungen "Morgen-" bzw. "Abendgruß" treten in den Verf. bekannten Gedichten nicht auf. In David Jones' *In Parenthesis* begegnet der im Schutz der Dunkelheit in die vorderste Frontlinie rückende Zug John Balls einer Einheit von Artilleristen auf dem Weg ins Hinterland; angerufen wird die Heilige Barbara, Schutzpatronin der Kanoniere: "... may Barbara/ bless the bed that you go to/ and keep/ her partial suffrages against his evening hate."[53] Eine leise Ironie liegt im Verständnis des Sprechers für die Situation der an sich unparteiischen Fürsprecherin. Den Feind bezeichnet das in Jones' epischem Gedicht durchgehend verwendete kollektivierende Personalpronomen im Singular.

Ivor Gurney übernimmt in mehreren seiner Gedichte den Ausdruck "strafe" zur Bezeichnung des Artilleriebombardements (siehe z. B. "That Centre of Old", "Laventie"), in "First Time In" auch in Verbindung mit einer der geläufigen Denominationen für den Feind: " ... next day Fritz strafed at us".[54] Der zuletzt genannte Titel, "First Time In", verweist auf den Initiationscharakter des Fronterlebnisses,[55] der sich, wie zahlreiche Memoiren und Romane von Kriegsteilnehmern belegen, in der "Feuertaufe" des ersten durchlebten Artilleriebombardements am deutlichsten enthüllt. Gurneys "Strange Hells" versucht eine poetische Darstellung dieses Moments:

There are strange hells within the minds war made
Not so often, not so humiliatingly afraid
As one would have expected – the racket and fear guns made.
One hell the Gloucester soldiers they quite put out:
Their first bombardment, when in combined black shout
Of fury, guns aligned, they ducked lower their heads
And sang with diaphragms fixed beyond all dreads,
That tin and stretched-wire tinkle, that blither of tune:
"Après la guerre fini", till hell all had come down,
Twelve-inch, six-inch, and eighteen-pounders hammering
hell's thunders.[56]

53 *In Parenthesis*, S. 29.
54 *Collected Poems*, S. 73; 78; 87.
55 Vgl. dazu Eric J. Leed, *No Man's Land*, passim.
56 *Collected Poems*, S. 140 f.

Der Verssprung zu Beginn des Gedichtes spiegelt die prekäre mentale Balance, die vor dem Abgleiten in die Hölle des vom Krieg erschütterten Inneren bewahrt. Die psychische Funktionalität der Solidarität und des Lokalpatriotismus der *Gloucesters* betont Gurney auch in dem Gedicht "Ypres": "At Ypres – the talk of soldiers was the one delight there,/ The one goodness, greatness of bearing Hell-from-high without fear."[57] An anderer Stelle thematisiert der Dichter die nervliche Belastung durch den Geschützdonner: "... When mere noise numbs/ The sense of being, the fear-sick soul doth sway,/ ..."; "Suddenly into the still air burst thudding/ And thudding, and cold fear possessed me all,/ No flame we saw, the noise and the dread alone/ Was battle to us ...".[58] Auch in Max Plowmans "Going into the Line" ("his head is bursting with noise"[59]) und Siegfried Sassoons retrospektivem Gedicht "Repression of War Experience" erscheint der psychologische Effekt der Artillerie an prominenter Stelle: "I'm going stark, staring mad because of the guns."[60] Die vom Geschützdonner ausgehende Mischung aus Faszination und Grauen artikuliert F. W. Harveys "The Orchard, The Sea and The Guns": Für den Kriegsteilnehmer übertrifft das Grollen der Kanonen zwei elementare, dem Menschen seine Insignifikanz im Kosmos vergegenwärtigende Geräusche in dieser Eigenschaft an Intensität, nämlich das Rauschen des Windes und das Toben der Brandung:

> ... another sound
> Wilder than wind or sea,
> When on the silent night
> I hear resound
> In mad delight
> The guns ...
> They bark the whole night through.
> And though I fear,
> Knowing what work they do,
> I somehow thrill to hear.[61]

Poetische Beschreibungen des Geschützdonners reichen von musikalischen Analogien ("Das düstre D-Moll der Kanonen .../ Die Paukenschlag-

---

57 In: *Poetry of the First World War*, Hrsg. Hussey, S. 156; nicht in *Collected Poems*.
58 "To the Poet before Battle", *Collected Poems*, S. 31; "On Somme", ebda, S. 157.
59 In: *Up the Line to Death*, Hrsg. Gardner, S. 102.
60 *The War Poems*, S. 85.
61 Abgedr. in: A. Boden, *F. W. Harvey: Soldier, Poet*, S. 56.

symphonie der Granaten"[62]) über plastische Vergleiche ("Suddenly the air is torn asunder,/ Ripped as coarse silk,/ Then a dull thud ..."[63]) bis zum Rückgriff auf (hypostasierte) natürliche Phänomene: "There seemed in the whole air above but from no sensible direction, or point, a strong droning, as if a million bees were hiving to the stars."[64]

Zahlreiche Gedichte reflektieren die Tatsache, daß der kontinuierliche Geschützdonner der Front über große Entfernungen, bei entsprechenden Windverhältnissen sogar an der englischen Kanalküste hörbar war:

> And ever we hear the distant growl of our hid guns thundering ...
>
> He heard, like distant thunder, growl and grow/ The rumbles of battle in the night -// Rumours, reverberant, indistinct, remote ...
>
> Hark! There's the big bombardment on our right/ Rumbling and bumping ...
>
> ... some subtle stir,/ Some far-off throbbing, like a muffled drum,/ Beaten in broken rhythm over sea ...[65]

Wilhelm Klemms "Ste. Marie a Py" entwirft eine Abendstimmung, die durch die Disparität des Bildes in der letzten Zeile als Anti-Idyll entlarvt wird:

> Auf tiefem Hügel stand eine Madonna aus Stein.
> Der Abend kam sanft und blau. Sonne staunte hinab.
> Weit hauchten das graue Land und niedrige Wälder.
> Rings in der Ferne läuteten die Kanonen.[66]

Darstellungen der Artillerie in englischen und deutschen Gedichten des Ersten Weltkriegs zeigen vor allem in der häufigen Animation bzw. Anthropomorphisierung der Geschütze und in ihrer ambivalenten, zwischen Faszination und Oppressivität der Artillerie schwankenden Haltung weitgehende Übereinstimmung. Einzelne deutsche Beispiele (Schnack, Adler) zeigen Einflüsse des neoromantischen und symbolistischen Dinggedichts, eines in der englischen Literatur fehlenden Genres. Einziger

---

62 Wilhelm Klemm, "In Perenchies", *Die Aktion* 5, 45/46 (6. Nov. 1915), Sp. 567.

63 Frederic Manning, "A Shell", in: *Poetry of the First World War*, S. 92.

64 David Jones, *In Parenthesis*, S. 20.

65 Gilbert Frankau, "Headquarters", in: *A Treasury of War Poetry*, Hrsg. Clarke, S. 293; Alan Seeger, "The Aisne", in: *Up the Line to Death*, Hrsg. Gardner, S. 31; Siegfried Sassoon, "Trench Duty", *The War Poems*, S. 124; A. C. Doyle, "The Guns in Sussex", in: *A Treasury of War Poetry*, S. 158.

66 *Gloria*, S. 37.

wesentlicher Unterschied zwischen den beiden Literaturen bleibt jedoch das Fehlen avantgardistischer, zum Teil vor dem Hintergrund des futuristischen und expressionistischen Technikkults stehender Texte in der englischen Kriegsdichtung.

5.1. Die Avantgarde und der technisierte Krieg: Franz Richard Behrens, "Expressionist – Artillerist"

"Expressionist – Artillerist", erschienen im Februar 1916 in *Der Sturm*,[67] ist das erste veröffentlichte Gedicht des Stramm-Epigonen Franz Richard Behrens. Der ungewöhnliche, formelhafte Titel skizziert die beiden Pole, zwischen denen sich das Gedicht bewegt. Er verweist, so Gerhard Rühm, auf die "zusammenschau von zeitinhalt und zeitstil".[68] Gleichzeitig wird im Leser eine Erwartungshaltung bezüglich der formalen Gestaltung des Textes (impliziert wird, daß man ein "expressionistisches" Gedicht vor sich hat) sowie der Beziehung der beiden im Titel enthaltenen Begriffe geweckt: Erfolgt eine (teilweise) Identifikation von "Expressionist" und "Artillerist", und wenn ja, auf welcher Basis, oder wird die Dichotomie der Begriffe offenbar werden? Fungiert die asyndetische Reihung somit im Sinne einer Sequentialisierung oder einer Dissoziation:

Bäh
Drüben fliegt ein Eisenvogel ab, kerzengrader
Als alle Vögel der Erde
Ein-und-zwanzig
Die Linie kennt die Natur nicht
Zwei-und-zwanzig
Der Organismus ist sie
Drei-und-zwanzig
Den Blick nicht verlieren
Ob teuer Opfer schließlich wert
Fünf-und-zwanzig
Schäumende Schrapnells kleben Sonne Sehnsucht
Sechs-und-zwanzig
Mein Seelensingen brechen im Muß
Sieben-und-zwanzig
Zweckblitz ducken droben die sieben Haubitzen
Acht-und-zwanzig
Verdammt echtes Lebensgefühl bornt verflucht

---

67 Jg. 6 (1915/16), S. 130. Das Gedicht wurde vom Autor nicht in die Sammlung *Blutblüte* aufgenommen. Gerhard Rühms Werkausgabe reproduziert es unter den "Verstreute[n] Gedichten[n]", S. 43 f.

68 Gerhard Rühm, "die kriegsgedichte von franz richard behrens", in: *Das Tempo dieser Zeit ist keine Kleinigkeit*, Hrsg. Drews, S. 102.

Heißen Ausdruck
Neun-und-zwanzig
Die Luft stinkt Millionen Schwefel, Kohle
Blutabsinth
Die Luft ist Stahl und rein
Ein-und-dreißig
Die Granattrichter tüpfeln gar nicht harmonisch
Zwei-und-dreißig
Der feindliche Beobachter findet das höchst glücklich
Drei-und-dreißig
Die Blüten weinen Licht unter donnerschlagendem Krachen
Vier-und-dreißig
Die Zentralisierung des Willens ist die Kraft des Kommandeurs
Fünf-und-dreißig
Im Leichenblut schöne Farben sehen. Alte Jacke
Knochensplitter sein, Impressionisten und Naturalisten
Sieben-und-dreißig
Sein und Übersein
Acht-und-dreißig
Mein Geschütz steht in Wechselwirkung zum sechsten,
Neun-und-dreißig
Keinen Meter mehr nach rechts darf es stehen,
Ein-und-vierzig
Kanonen macht man,
Granaten werden gemacht
Zwei-und-vierzig
Kanonaden entstehen
Drei-
Ich glaube aufzugehen
-und
Ich drücke mich hoch heilig
-vierzig
aus
Fetzen Fratzen Platzen[69]

Behrens' Gedicht besteht aus zwei zunächst völlig disparat erscheinenden Schichten, einer Folge von Assoziationsbruchstücken und einer konsequent fortgeführten Zählreihe. Beide lassen sich erst durch den situativen Kontext verbinden: Aus der Zeit, die zwischen dem Aufblitzen des Mündungsfeuers einer feindlichen Batterie ("Drüben", Z. 2) und dem Einschlag des Geschosses verstreicht (bei normalem Sprechtempo entsprechen viersilbige Zahlwörter ab einundzwanzig bekanntlich ziemlich genau einer Sekunde), läßt sich die Entfernung des gegnerischen Geschützes ableiten,

69 Zit. nach *Die Dichter und der Krieg*, Hrsgg. Anz/Vogl, S. 63 f. Bei der von den Herausgebern abgedruckten Fassung handelt es sich tatsächlich um die in *Sturm-Abende. Ausgewählte Gedichte*, Hrsg. Herwarth Walden (Berlin, 1918) enthaltene Version. Zu den unwesentlichen Abweichungen von der Erstfassung siehe *Werkausgabe*, S. 337 f.

ein Gegenschlag im "Artillerieduell" wird möglich. Die präzise eingehaltene Zahlenfolge (die zweisilbigen Werte 30 und 40 werden übergangen, bei längeren Gedankeneinschüben wird ein Zahlenwert zum Ausgleich übersprungen) stellt das chronologische Gerüst für die eingeschobenen Assoziationen des Sprechers dar und fungiert so als eine exakt ablaufende innere Uhr des Gedichtes. Darüberhinaus verleiht der Wechsel von bruchstückhaften Assoziationen und Zahlwörtern (der Bindestrich zwischen den einzelnen Komponenten impliziert deutliche Artikulation) dem Gedicht einen markanten Stakkatorhythmus. Zählreihe und Gedankenbruchstücke sind dabei freilich als simultan vorzustellen, das Verhältnis zwischen Sprechzeit und Geschehniszeit reflektiert die Dehnung des Vorganges im subjektiven Zeitempfinden des gespannt die Explosion erwartenden Beobachters.

Im ersten Bild des Gedichtes tritt der Scheinorganismus der Technik in Opposition zur Natur: Die parabolische Flugbahn des Geschosses, deren in Z. 5 explizierte Widernatürlichkeit durch den unsinnigen Komparativ "kerzengrader" unterstrichen wird, induziert die in der Kriegsdichtung geläufige Dichotomie zwischen Natur und Technik. (Behrens' Formulierung "Eisenvogel" erinnert an die "kupferne[n] feindliche[n] Vögelein" in Alfred Lichtensteins "Die Schlacht bei Saarburg".[70]) Das anschließende Bild der Schrapnellwölkchen vor der Sonne wiederum scheint eine metaphysische Dimension des Geschehens vorzubereiten, wie sie uns auch in Behrens' "Sechstaktmotor" (vgl. 7.5.) begegnet: Aus der Dynamik des mechanisierten Geschehens resultiert ein Gefühl der Exaltation, das jedoch – im Gegensatz zum "Höhenflug" der Imagination des Sprechers im späteren Fliegergedicht des Autors – nur von kurzer Dauer ist: Das "Seelensingen" (Z. 14) des Künstlers, sein intensiviertes Lebensgefühl und expressionistisches Pathos, scheitert an der Oppressivität des Krieges. Spürbar wird eine Desillusionierung des Sprechers, die mithin auch seine Sicht der Paraphernalien des Krieges zu bestimmen scheint: Die feuernden Geschütze, Embleme der Explosivität und – zieht man die Parallele zum literarischen Expressionismus – Expressivität, sind wie er eingebunden in militärische Notwendigkeiten, ihr Mündungsfeuer bleibt ein "Zweckblitz" (Z. 16). Das Schwanken des Sprechers zwischen Begeisterung und Skepsis

70 In: *1914-1916*, Hrsg. Pfemfert, S. 88. Patrick Bridgwater bemerkt hier ein parodistisches Echo auf Heinrich Heine, der wiederum die "Vögelein" der romantischen Lyrik parodierte (vgl. *The German Poets of the First World War*, S. 70). Lichtensteins Vorbild steht hinter den folgenden Zeilen Hans Kochs: "Fette Pinguinen, die unbeflügelt rauschen,/ Auch Kolibris, die kupfern singen,/ Reisen vom Spätrot ins Mondlicht der Nacht" ("Während der Schlacht", in: *1914-1916*, Hrsg. Pfemfert, S. 78).

schlägt sich auch in den folgenden Zeilen nieder, in deren überhöhtem sprachlichen Gestus zunächst die enthusiastische Bejahung des intensiven Erlebens und seiner Umsetzung in dichterisches Pathos zu triumphieren scheint: "Verdammt echtes Lebensgefühl bornt verflucht/ heißen Ausdruck" (Z. 18-19). Durch die Ambivalenz der im Soldatenjargon als Intensivadverbien verwendeten, in ihrer primären Bedeutung jedoch auf die prekäre Situation des Menschen im Krieg verweisenden Partizipien wird die vitalistische Exaltation des Krieges freilich relativiert, der Kontrast zum romantisierenden, archaisierenden "bornt" erzielt darüberhinaus einen bemerkenswerten Verfremdungseffekt.

Ein Korrelat findet die Intensität des Erlebens in der Wahrnehmungsqualität der Front, deren die Sinne besetzende Totalität Behrens durch die Einbeziehung olfaktorischer Eindrücke, nicht zuletzt aber auch durch das intensivierende, das Bild einer Flammenhölle evozierende "Millionen" (Z. 21) zu vermitteln versucht. Der Neologismus "Blutabsinth" (Z. 22), so Gerhard Rühm, impliziert zum einen die berauschende Faszination der dargestellten Vorgänge, zum anderen wird durch lautliche Assoziation die Vorstellung einer Sintflut miteinbezogen.[71] Tatsächlich scheint durch die stählernen Geschosse eine Purifikation der Atmosphäre bewirkt worden zu sein: "Die Luft ist Stahl und rein" (Z. 23).

In Z. 33-34, einer Schlüsselstelle des Gedichtes, erweitert Behrens das durch den Titel eingeführte metatextuelle Element um eine komprimierte poetologische Aussage, als nämlich dem der Dynamik des Maschinenkriegs kongenialen expressionistischen Dichtungsverständnis Betrachtungsweisen anderer literarischer Strömungen entgegengehalten werden, die dem darzustellenden Gegenstand letztlich inadäquat erscheinen: "Im Leichenblut schöne Farben sehen. Alte Jacke/ Knochensplitter sein, Impressionisten und Naturalisten" (Z. 33-34). Nicht nur angesichts der Schöpfung, sondern auch angesichts der gewaltigen Zerstörung, so scheint Behrens anzudeuten, fehlt dem Impressionismus das "Große[...] und Totale[...], das [der] Idee [des Expressionismus] zugrundeliegt."[72] Dynamik wird in Dichtung und bildender Kunst des Expressionimus zum strukturbildenden Moment:

---

71 Vgl. Rühm, "die kriegsgedichte von franz richard behrens", S. 104.

72 Kasimir Edschmid, "Expressionismus in der Dichtung. Rede gehalten am 13. Dezember 1917 vor dem Bund deutscher Gelehrter und Künstler und der Deutschen Gesellschaft 1914", *Die neue Rundschau* 29, 1 (März 1918), S. 359-374. Zit. nach *Expressionismus. Manifeste und Dokumente zur deutschen Literatur 1910-1920*, Hrsgg. Thomas Anz u. Michael Stark (Stuttgart, 1982), S. 45.

> Im Impressionismus noch war ein starrer Inhalt in das Bewegliche der Form gekleidet: mit der Form nun hat der Inhalt des expressionistischen Kunstwerkes auch die *Beweglichkeit* erlangt. [...] Statik und Dynamik: dieser Gegensatz ist im Expressionismus bewußt geworden. Und dieses Bewußtsein wird viel Abgestorbenes überwinden; es scheint [...], als wäre jetzt erst die letzte Stunde des Naturalismus gekommen: der Expressionismus hat seine Starrheit befreit und in Bewegung verwandelt.[73]

Lakonisch postuliert Behrens das Ablegen der "alten Jacke" impressionistischer und naturalistischer Darstellungsweisen, die zu klein geworden ist angesichts der Dimensionen des Ereignisses. Das Festhalten an ästhetisierenden ("schöne Farben") oder drastisch-realistischen Details ("Knochensplitter") gilt es zu ersetzen durch die in kühnem sprachlichen Gestus vorgetragene, die Totalität des Kriegserlebens reflektierende panoramatische Vision des Expressionismus.

Die zielgerichtete Bewegung des Geschosses, dessen Energie sich in der Explosion entlädt, korreliert mit der steigenden Spannung des Sprechers, dessen Ekstase in einer (aus der Todesangst resultierenden?) "Entgrenzung" am Ende des Gedichtes eine letzte Steigerung erfährt: "Ich glaube aufzugehen" (Z. 47). Die Zeilen 46-51 demonstrieren Behrens' Geschick, mittels assoziationsträchtiger Details verschiedene Bedeutungen in den Text einzubringen und dessen beide Ebenen, Zählreihe und Assoziationskette, zusammenzuführen: Die Zergliederung des letzten Zahlenwerts "dreiundvierzig" vergegenwärtigt den Höhepunkt der Spannung angesichts der herannahenden Granate und verstärkt den Eindruck der Simultaneität der Vorgänge im Bewußtsein des Sprechers. Durch das eingeschobene Zahlenbruchstück in Z. 50 ("Ich drücke mich hoch heilig/ -vierzig/ aus") und den Verssprung verlagert sich darüberhinaus die Betonung von der Partikel auf das Verbum, die große verbale Geste, Ausdruck der Exaltation, wird angesichts des Ernstes der Lage zu pragmatischem Handeln reduziert: Es ist besser, sich schnell zu verdrücken. Das nunmehr isolierte "aus" macht deutlich, daß in diesem Moment tatsächlich das Ende kommt. Die Detonation des Geschosses bildet auch das abrupte Ende des Gedichts, wobei die asyndetische Reihung in der Schlußzeile einmal mehr die Simultaneität akustischer und visueller Eindrücke wiederzugeben versucht. In der "Fratze", so scheint Behrens anzudeuten, dem Chaos der Explosion, zeigt sich das wahre Gesicht des Krieges.

---

73 Paul Hatvani, "Versuch über den Expressionismus", *Die Aktion* 7 (1917), Sp. 146-150. Zit. nach *Expressionimus. Manifeste und Dokumente*, S. 40.

Der Wechsel von "euphorische[r] überreiztheit mit lustlosigkeit, totaler erschöpfung und ekel",[74] den Gerhard Rühm in Behrens' Feldtagebüchern aus der Zeit seines Einsatzes an der Westfront (März bis Dezember 1915) und in Galizien (Juni bis September 1916) erkennt, ist in Ansätzen auch in "Expressionist – Artillerist" auszumachen. Entscheidend ist jedoch, daß Behrens' Gedicht auch einen Versuch darstellt, eine Aussage über die Beziehung zwischen Krieg und Dichtung, genauer über das Erlebnis des modernen Krieges und seine Affinität zur neuen Kunst zu treffen. Tatsächlich begrüßte die kulturelle Avantgarde Deutschlands den Krieg nicht nur als Katalysator gesellschaftlicher Umwälzungen, sondern verband mit ihm auch die Erwartung einer Revolution in der Kunst, insbesondere einer Dynamisierung und Modernisierung des sprachlichen Ausdrucks. Dies trifft vor allem auf die durch ihre Futurismus-Rezeption bereits vorgeprägten "Wortkünstler" des *Sturm*-Kreises um Herwarth Walden zu, dem, wie bereits gesagt, auch Behrens angehörte (s. 4.3.). Im Fehlen einer modernistischen Stilrichtung (und damit auch von Gedichten, die mit Behrens' "Expressionist – Artillerist" vergleichbar wären) in England zeigt sich die wohl einzige eklatante Differenz (neben dem Fehlen einer ausgeprägten "Arbeiterdichtung", s. 9.) zwischen englischer und deutscher Weltkriegslyrik: Wyndham Lewis' Versuch eines "Vortizismus" schlug sich nicht in Kriegsgedichten nieder, die imagistischen Frontgedichte Richard Aldingtons erscheinen im Vergleich zu Stramm oder Behrens von einer "[g]ebremste[n] Modernität".[75] Behrens Gedicht zeigt die sprachlichen Kennzeichen expressionistischen Stils: Ellipse, Neologismen, Reduktion bzw. gänzlicher Wegfall von Konjunktionen, Artikeln und Präpositionen sowie die abwechselnde Ballung von Substantiven und Dominanz der Verba. Die von Thomas Anz und Joseph Vogl im Nachwort zu ihrer Anthologie deutscher Weltkriegsgedichte konstatierte "Faszination an der Kriegstechnik"[76] ist allerdings nicht so eindeutig gegeben. Vielmehr spiegelt "Expressionist – Artillerist", und das macht Behrens' Gedicht zusätzlich interessant, widersprüchliche Tendenzen expressionistischer Dichtung, in der Technikbegeisterung neben generellem Protest gegen die Industrialisierung und Mechanisierung der Zeit, metaphorische Überhöhung und ekstatisch-visionäre Steigerung des Ausdrucks neben der Sektion traditioneller Bildsprache etwa in den Gedichten Gottfried Benns

74 Rühm, "die kriegsgedichte von franz richard behrens", S. 99.

75 Hans Ulrich Seeber, "Vormoderne und Moderne", in: *Englische Literaturgeschichte*, Hrsg. H. U. S. (Stuttgart, 1991), S. 332.

76 *Die Dichter und der Krieg*, Hrsgg. Anz/Vogl, S. 236.

erscheinen. Behrens' Gedicht kann überdies als symptomatisch für eine Entwicklung betrachtet werden, die Richard Sheppard in der expressionistischen Lyrik während des Weltkriegs erkennt:

> Once the war had begun to contract the realization grew that those irrational powers in which the earlier poets had exulted were, when their true nature was revealed on the battlefield, totally destructive. The primal energies of ecstasy were seen to be those of death: they smashed, but did not reshape.[77]

"Expressionist – Artillerist" ist kein programmatisches expressionistisches Kriegsgedicht, sondern die sehr persönliche Aussage eines Mannes, der beides, Artillerist und Expressionist, ist und in der Dynamik des modernen Krieges eine Fortsetzung und Intensivierung seiner künstlerischen Existenz sah – und diese Auffassung angesichts der Oppressivität des mechanisierten Krieges in vielem revidieren muß.

---

77 Richard Sheppard, "German Expressionist Poetry", in: *Modernism 1890-1930*, Hrsgg. Malcolm Bradbury und James McFarlane (Harmondsworth, 1976), S. 386.

6. Der "chlorreiche"[1] Krieg

Im Katalog der Schrecknisse an den Fronten des Ersten Weltkriegs figuriert das Giftgas häufig an erster Stelle. Lautlos und zum Teil auch geruchlos, ist der psychologische Effekt der neuen Waffe – analog zu den von den Epidemien des Mittelalters generierten kollektiven Angstvisionen[2] – wesentlich höher einzuschätzen als ihr militärischer.[3] Wie Trevor Wilson bemerkt, kam dem Gas darüberhinaus ein wesentlicher Anteil an der endgültigen Desillusionierung der Frontsoldaten über den Charakter des Krieges und an dessen Entheroisierung zu. Wie kaum eine andere Waffe demonstrierte es, daß im technisierten Krieg die klassischen militärischen Tugenden nicht mehr ausschlaggebend waren: "None of the martial virtues signified when death was born on the very air which men breathed, so that the most elementary act for sustaining life served to extinguish it."[4] Das Anlegen der Gasmaske repräsentiert somit paradoxerweise auch einen Akt der Demaskierung – als Karikatur eines ritterlichen Vollvisierhelms erscheint das Utensil emblematisch für das antiheroische Wesen des modernen Krieges. David Jones bringt im Vorwort zu *In Parenthesis* die Dichotomie zwischen heroisierenden Kriegsbildern und der Realität des modernen Krieges auf den Punkt, wenn es dort heißt: "Some of us ask ourselves if Mr. X adjusting his box respirator can be equated with what the poet envisaged, in 'I saw young Harry with his beaver on.'"[5] Im grotesken Anblick, den Soldaten mit Gasmasken bieten, manifestiert sich ihre Dehumanisierung durch den Krieg: "We gaze at one another like goggle-eyed, imbecile frogs. The mask makes you feel only half a man. You can't think."[6] Noch deutlicher

---

1 Karl Kraus, "Der neue Krieg"; vgl. 4., Anm. 22.

2 Vgl. Jean Delumeau, *Angst im Abendland. Die Geschichte kollektiver Ängste im Europa des 14. bis 18. Jahrhunderts*, übers. von Monika Hübner, Gabriele Konder und Martina Roters-Burck (Reinbek, 1985 [1978]), Bd. 1, Kap. 3: "Typische kollektive Verhaltensweisen in Pestzeiten", S. 140-199.

3 Vgl. Rolf-Dieter Müller, "World Power Status through the Use of Poison Gas? German Preparations for Chemical Warfare 1919-1945" [Übers. Dean S. McMurry], in: *The German Military in the Age of Total War*, Hrsg. Wilhelm Deist (Leamington Spa, Dover/NH, 1985), S. 172: zwischen 65 000 und 90 000 Soldaten starben im Ersten Weltkrieg an den direkten Folgen von Gasvergiftungen; s. ebda, S. 203, Anm. 6 zu weiterer Literatur.

4 *The Myriad Faces of War*, S. 128. Vgl. auch Marc Ferro, *Der große Krieg 1914-1918*, Übers. Michael Jeismann (Frankfurt a. M., 1988 [1969]), S. 161 f.

5 *In Parenthesis*, S. xiv. Vgl. 11.

6 A. Hanbury Sparrow; zit. nach Denis Winter, *Death's Men. Soldiers of the Great War* (Harmondsworth, 1979), S. 124.

heißt es in einem Gedicht des ansonsten unbekannten Österreichers Ernst Waldinger über die Maske:

Ein Schweinerüssel aus dem Höllenschlund,
Der frech ein Menschenangesicht verhöhnt!
[...]
... heut starrt in der Maske Mann den Mann
So fremd, als wäre er ein Untier, an.[7]

Als Emblem des technisierten Krieges wirkt die Gasmaske besonders in Literatur und Kunst der Zwischenkriegszeit weiter:[8] Eine "männliche" und eine "weibliche Gasmaske" erscheinen im Epilog zu Karl Kraus' *Die letzten Tage der Menschheit*;[9] die apokalyptische Thematik von Georg Kaisers Trilogie *Gas* steht vor dem Hintergrund des chemischen Vernichtungskriegs; George Grosz' 1928 veröffentlichte Zeichnung *Christus mit der Gasmaske*[10] brachte dem Künstler einen Gotteslästerungsprozeß ein.

Am 22. April 1915 kam es im Rahmen der zweiten Ypernschlacht zum ersten massiven Einsatz von Chlorgas durch die deutsche Armee.[11] Der im alliierten Lager entfachte Sturm der moralischen Entrüstung verhinderte nicht, daß auch die Ententemächte sehr bald Giftgas einsetzten: Bereits fünf Tage nach dem deutschen Gasangriff bei Langemarck kam es zu einer Anfrage Kitcheners an Asquiths Kabinett, ob man sich "auf eine Stufe mit den Barbaren" begeben und ebenfalls den Einsatz von Gas erwägen sollte.[12] Dieser erfolgte nach aufwendigen Vorbereitungen am 25. September 1915 während eines gemeinsamen Angriffs französischer und britischer Truppen in der Schlacht bei Loos. Vornehm-

---

7 "Als wir die ersten Gasmasken bekamen", in: *Weltkrieg – Weltfriede. 161 österreichische Autoren in einer Anthologie*, Hrsgg. Albert Massiczek u. Erica Wantoch (Wien, 1967), S. 60 f.

8 Siehe dazu auch Gottfried Korff, "Gas – Maske – Angst", *Ästhetik und Kommunikation* 19, H. 75: *Technikkultur. Inszenierte Technik – Transformierte Wahrnehmung* (1990), S. 71-78 und Modris Eksteins, *Rites of Spring*, S. 163 f.

9 Vgl. Teil 2, S. 274 f.

10 Nr. 10 aus *Hintergrund. 17 Zeichnungen von George Grosz zur Aufführung des Schweijk auf der Piscatorbühne*, reproduziert z. B. in: *Kunstmetropole Berlin 1918-1933. Die Kunststadt in der Novemberrevolution. Die "goldenen" Zwanziger. Die Kunststadt in der Krise*, Hrsgg. Bärbel Schrader und Jürgen Schebera (Berlin, Weimar, 1987), S. 308. Der Band enthält auch Auszüge aus dem stenographischen Protokoll des Prozesses (S. 307 ff.).

11 Vgl. Olaf Groehler, *Der lautlose Tod. Einsatz und Entwicklung deutscher Giftgase 1914-1945* (Berlin, 1978).

12 Charles Carrington kommentiert mit einigem *understatement*: "[Gas] produced a reaction in the emission of clouds of moral indignation, which in their turn, were neutralized when it was understood that we might gas the Germans, with the aid of the westerly winds, more efficiently than they could gas us" (*Soldier from the Wars Returning* [London, 1965], S. 63).

lich aus Geheimhaltungsgründen, sicherlich aber auch als Folge der heftigen propagandistischen Reaktion auf den deutschen Gasangriff bei Ypern, wurde für das von der eigenen Seite eingesetzte Gas die von Robert Graves in *Goodbye to All That* kritisierte euphemistische Umschreibung "accessory" verwendet.[13] Ließ man bei Loos das aus Zylindern strömende Gas vom Wind auf die gegnerischen Stellungen treiben (ein unsicheres Verfahren, bei dem die Gefahr für die eigene Truppe oft größer war als für den Gegner), so ermöglichten ab Mitte 1916 Gasgranaten einen gezielteren Einsatz der Kampfstoffe. Neben Chlorgas wurden im Stellungskrieg Phosgen und, von Juli 1917 an, vor allem Senfgas verwendet, das von den genannten Substanzen die verheerendsten Wirkungen zeitigte, da es bereits in einer Konzentration von einem Teil Gas in zehn Millionen Teilen Luft tödlich wirkte. Das Gas zerstörte die für die Sauerstoffaufnahme verantwortlichen Alveolen der Lungen und führte zu einem qualvollen Erstickungstod.[14]

In der englischen und deutschen Lyrik des Ersten Weltkriegs finden sich überraschend wenige Gedichte, die sich eingehender mit der neuen Kriegswaffe befassen. Dies mag zum Teil darin begründet sein, daß das mit dem Odium des Heimtückischen und "Unsportlichen" behaftete Gas von einer vielfach immer noch durch Normen heroischer Kriegsdichtung beeinflußten Lyrik als Thema ausgeklammert wurde, zum Teil aber einfach auch darin, daß die Chemiewaffe eine Novität darstellte, deren dichterische Verarbeitung erst allmählich erfolgen konnte. Wo dies der Fall ist, werden familiarisierende Metaphern für das Gas verwendet, wie am Beispiel des unten diskutierten Gedichtes von Arnold Ulitz deutlich wird. Daß sich insbesondere die deutsche kriegsaffirmative Lyrik des Themas nicht annahm, bedarf keiner weiteren Erklärung. Für die kriegskritische deutsche Dichtung gilt, daß viele ihrer Repräsentanten, vor allem die der *Aktion* und dem *Sturm* nahestehenden jungen Expressionisten, schon in einer frühen Phase des Krieges an der Front fielen und den Gaskrieg in seiner extremen Ausprägung nicht erlebten. Englische propagandistische Gedichte dokumentieren in weit geringerem Ausmaß als anzunehmen die Entrüstung über die barbarische Innovation, wohl auch wegen der bereits erwähnten umgehenden Verwendung von Giftgas auch auf alliierter Seite. Hilda D. Spear und Sonya A. Summersgill erörtern in einem ersten Überblick einige Beispiele von Giftgasgedichten aus der englischen Kriegs-

---

13 Vgl. *Goodbye to All That*, S. 129 f.
14 Vgl. Denis Winter, *Death's Men*, S. 121 ff.

lyrik,[15] wobei der Großteil der angeführten Texte (vor allem die zitierten Passagen von Robert Graves und Siegfried Sassoon) durch Bilder (Ersticken, Verschwimmen der visuellen Wahrnehmung) oder durch Erwähnung der Paraphernalien des Gaskriegs (etwa farbige Signalraketen) nur implizit auf das Gas verweist.

Eines der seltenen Beispiele für eine detailliertere Behandlung des Themas in der englischen Weltkriegsdichtung ist Erno Mullers "Assault". Der hier zitierte Beginn des Gedichtes skizziert mit der Darstellung des Gasalarms, des Anlegens der Maske und des Todes eines Gasopfers das Handlungsgerüst von Owens "Dulce et Decorum Est", das im folgenden noch eingehender zu behandeln sein wird:

> Gas!
> Faces turned,
> eyes scanned the sky,
> hands feverishly ripped open canisters,
> and masks were soon covering faces.
> A man choked
> as the white cloud,
> swirling round him like fog, caught him
> unawares.
> Then his body flopped over.[16]

Gasalarm wurde an den Fronten des Ersten Weltkriegs außer durch Leuchtraketen auch durch das Trommeln auf Metallgefäße bzw., wie im unten besprochenen Gedicht von Arnold Ulitz deutlich wird, durch Gongs ausgelöst. Edmund Blunden verwendet in der Eingangsstrophe seines Gedichtes "Clear Weather" Gasgongs als Requisiten zur Erzielung eines markanten ironischen Effekts:

> A cloudless day! With a keener line
> The ruins jut on the glintering blue,
> The gas gongs by the billets shine
> Like gold or wine, so trim and new.[17]

Gilbert Frankaus ca. 170 Zeilen umfassendes Gedicht "The Other Side: The Barn, October 31st, 1917" tritt uns als Replik eines Frontoffiziers auf einen Band euphemistischer Kriegsgedichte des nach England zurückgekehrten Kameraden entgegen. Die Kritik des Sprechers, es wäre anstatt

---

15 Vgl. "Poison Gas and the Poetry of War", *Essays in Criticism* 41, 4 (1991), S. 308-322.

16 In: *In Time of War*, Hrsg. Ann Harvey (London, 1987), S. 25.

17 *The Poems*, S. 41.

patriotischer und euphemistischer Platitüden eine Aussage über den tatsächlichen Charakter des Krieges zu treffen gewesen ("... something real, vital; that should strip/ The glamour from this outrage we call war"[18]), ist verbunden mit einer Aufzählung der Schrecknisse an der Westfront. An vorderer Stelle rangiert das Gas: "Men choking out their souls in poison-gas".[19] Frankaus "Poison" (*Poems of War and Peace: 1918-1920*) wurde, wie der Untertitel deutlich macht, am 21. April 1919 anläßlich des vierten Jahrestages des ersten deutschen Giftgasangriffs als Memento deutscher Barbarei verfaßt; durch seine Bestialisierung des Gegners reiht sich das Gedicht unter früher entstandene antideutsche Hetzgedichte der Sammlung ("The Beasts in Gray", "The Reason", beide Anfang November 1918), die gegen den sich abzeichnenden Waffenstillstand Stellung nehmen. Bezeichnend ist in "Poison" die Gegenüberstellung "sauberer" und "unsauberer" Kampfesweisen:

> ... I remember
> Men who face death
> Choking for breath,
>
> Four years back to a day-
> Men who fought cleanly.
> Killed, say you? Murdered, I say,
> Murdered most meanly,
> Poisoned! ... And yet,
> You can forget.[20]

Wilfred Owen erwähnt Gas außer in "Dulce et Decorum Est" auch in "The Last Laugh" ("And the Gas hissed"[21]) und "The Next War"; beide Texte zeigen durch Anthropomorphisierung bzw. Personifikation sowie – im Falle des letzteren – kolloquiale Diktion den Versuch der Familiarisierung des Neuen: "Up there, we walked quite friendly up to Death, –/ [...]/ We've sniffed the green thick odour of his breath ...".[22] Unter deutschen Gedichten von Kriegsteilnehmern findet sich Giftgas an mehreren Stellen in Anton Schnacks Sammlung *Tier rang gewaltig mit Tier* (1920) erwähnt, wobei die letzten beiden der angeführten Beispiele in ihrer Abstrahierung bzw. in der Verwendung belebender Metaphern

---

18 *The Poetical Works of Gilbert Frankau*, Bd. 2: *1916-1920* (London, 1923), S. 35.
19 Ebda, S. 36.
20 Ebda, S. 211.
21 *The Complete Poems and Fragments* 1, S. 168.
22 Ebda, S. 165.

Rückschlüsse auf die Problematik der dichterischen Familiarisierung der neuen Waffe zulassen:

> ... Windwärts herkamen Gase
> Matt, schwach, verschlagen, weit von vorne
>
> ... Wenn Gas heraufwuchs
> Würgend, mit gelbem Gift, wenn einer zu Grunde ging plötzlich unter
> geheimnisvoller Stille, leise, lautlos, ermattet,
> ...
>
> ... Gas streckt seine Flügel geisternd her.[23]

Den Alptraum jedes Frontsoldaten thematisiert Otto Nebels *Zuginsfeld*:

> Doch
> Schnuffelt
> G a a a a s!
> Die Maske vor
> Die Maske fehlt
> Im allergrößten Drang
> Gasmaske fortgeflogen.[24]

Im folgenden soll das auch von Spear und Summersgill kurz behandelte[25] bekannteste englische "Giftgasgedicht", Wilfred Owens "Dulce et Decorum Est", einem seiner wenigen deutschen Pendants, Arnold Ulitz' "Gasangriff", gegenübergestellt werden, wobei schon eine erste Lektüre die verschiedenartige Konzeption der beiden Gedichte deutlich werden läßt: Versucht Ulitz, das Szenario eines Gasangriffs zu präsentieren, so konzentriert sich Owen auf den Tod eines einzelnen Giftgasopfers.

Das früheste erhaltene Manuskript von "Dulce et Decorum Est" datiert vom 8. Oktober 1917, zwischen Januar und März 1918 erfolgten drei Überarbeitungen. Die ersten Entwürfe des Gedichtes tragen den Untertitel "To a Certain Poetess".[26] Gemeint ist Jessie Pope, Verfasserin patriotischer Rekrutierungsgedichte, in denen immer wieder das Klischee des "sauberen" Heldentodes für das Vaterland bemüht wird, gegen das Owen mit "Dulce et Decorum Est" so vehement anschreibt. Die Dichterin erscheint stellvertretend für zivile Ignoranz und Selbstgerechtigkeit angesichts des Massensterbens im Krieg. (In der letzten Fassung des

---

23 "Der Kanal"; "Im Graben"; "Sturm"; *Tier rang gewaltig mit Tier*, S. 18, 39, 62.
24 *Das dichterische Werk*, Bd. 1, S. 83.
25 Vgl. "Poison Gas and the Poetry of War", S. 315 ff.
26 Vgl. *The Complete Poems and Fragments* 2, S. 292-7.

Gedichtes fehlt die ironische Widmung, woraus eine Kollektivierung des "you" der Anrede und eine Erweiterung der Anklage resultiert.) Als drastisch-realistisches Korrektiv des romantisierten Soldatentodes mußte sich Owen der Gastod förmlich aufdrängen, das horazische Diktum[27] wird angesichts der Obszönität seiner Symptomatik zum blanken Zynismus. Im Bemühen um eine Korrektur der von der kriegsaffirmativen Lyrik kultivierten Todesbilder verfällt Owen im letzten Abschnitt seines Gedichtes (Z. 17-28) freilich in exzessives Moralisieren: In dem einen "atemlosen" Satz dieses Abschnitts drängt der Sprecher gleichsam auf die Explikation seiner Botschaft hin, das Gedicht verliert gegenüber der expressiven, komprimierten Bildlichkeit der ersten Hälfte deutlich an Wirkung. Die ästhetische Divergenz zwischen den beiden Teilen von "Dulce et Decorum Est" erscheint umso deutlicher, wenn man sich vergegenwärtigt, daß die erste Hälfte des Gedichtes ein in sich vollendetes Sonett darstellte, leiteten nicht anstelle eines abschließenden Reimpaares die Anfangszeilen eines neuen Quartetts zum zweiten Teil des Gedichtes über. Auch dieses Aufbrechen der geschlossenen Form (Owen verwendete die Sonettform in einer Reihe seiner Gedichte) verweist auf die Verdrängung ästhetischer Momente zugunsten propagandistischer Intentionen:

Bent double, like old beggars under sacks,
Knock-kneed, coughing like hags, we cursed through sludge,
Till on the haunting flares we turned our backs
And towards our distant rest began to trudge.
Men marched asleep. Many had lost their boots
But limped on, blood-shod. All went lame; all blind;
Drunk with fatigue; deaf even to the hoots
Of tired, outstripped Five-Nines that dropped behind.

Gas! Gas! Quick, boys! – An ecstasy of fumbling,
Fitting the clumsy helmets just in time;
But someone still was yelling out and stumbling,
And flound'ring like a man in fire or lime ...
Dim, through the misty panes and thick green light,
As under a green sea, I saw him drowning.

In all my dreams, before my helpless sight,
He plunges at me, guttering, choking, drowning.

If in some smothering dreams you too could pace
Behind the wagon that we flung him in,
And watch the white eyes writhing in his face,

---

27 "Dulce et decorum est pro patria mori", *Carmina* III, 2, 13.

His hanging face, like a devil's sick of sin;
If you could hear, at every jolt, the blood
Come gargling from the froth-corrupted lungs,
Obscene as cancer, bitter as the cud,
Of vile, incurable sores on innocent tongues, –
My friend, you would not tell with such high zest
To children ardent for some desperate glory,
The old Lie: Dulce et decorum est
Pro patria mori.[28]

Owens Gestaltungsprinzip in "Dulce et Decorum Est" ist die Evokation von Kontrasten. So erscheint bereits die einleitende antiheroische Schilderung des Rückmarsches der erschöpften Truppen in ihre Quartiere, die Betonung ihrer Antriebslosigkeit und Abgestumpftheit, als Gegensatz zu den vielen fröhlichen Marschgedichten der patriotischen Lyrik.[29] Deutet das Husten der Soldaten darauf hin, daß sie bereits mit Gas in Berührung gekommen sind, so bereitet das Bild der wie in Trance sich Dahinschleppenden ("drunk with fatigue", Z. 7) ebenso wie das Attribut "haunting" (Z. 3) die alptraumhaften Visionen in den folgenden Abschnitten des Gedichtes vor.[30] Ein interessantes Detail stellt die Änderung der letzten Zeile des ersten Abschnitts gegenüber einer früheren Fassung dar. Anstelle von " ... deaf even to the hoots/ Of tired, outstripped Five-Nines that dropped behind" heißt es dort "Of gas shells dropping softly behind".[31] In der letzten Fassung fehlt somit nicht nur der Hinweis auf die Lautlosigkeit und "Heimtücke" des Gases, sondern auch die unmittelbare Antizipation der Thematik des folgenden, den Gastod eines der Soldaten darstellenden Abschnitts. Der Wechsel von der Lethargie der ersten Strophe zur plötzlich einsetzenden hektischen Aktivität gewinnt an Dramatik.

Owens Beschreibung der Gasmasken als "clumsy helmets" verweist auf den Improvisationscharakter und die umständliche Handhabung

---

28 *The Complete Poems and Fragments* 1, S. 140.

29 Die Anfangszeile "Bent double, like old beggars under sacks" erinnert überdies an Darstellungen alter Bettler und Vaganten in Gedichten Wordsworths, so. z. B. "The Old Cumberland Beggar", "Old Man Travelling" oder "Resolution and Independence". "Bent double" ist möglicherweise ein wörtliches Echo der Beschreibung der Figur des "Leech Gatherer" im zuletzt genannten Gedicht: "His body was bent double ..." (*The Poetical Works of William Wordsworth*, Hrsg. E[rnest] de Selincourt, Bd. 2 [Oxford, 1952], S. 237).

30 Die "Traumvision" in Owens Gedicht illustriert Modris Ekssteins Bemerkung über das Erscheinungsbild des Gaskrieges: "For many, gas took the war into the realm of the unreal, the make-believe" (*Rites of Spring*, S. 163). Vgl. auch Reisigers Gang durch die bizarre "Gaslandschaft" in Edlef Köppens *Heeresbericht*, S. 240 ff.

31 Vgl. *The Complete Poems and Fragments* 2, S. 292.

früher Modelle. Erst 1917 wurde eine funktionstüchtige Gasmaske, bekannt als "box respirator", entwickelt, die Owen auf jeden Fall vertraut gewesen sein mußte. "Misty panes" (Z. 13) deutet auf einen gravierenden Nachteil der Maske, die ständig anlaufenden Zelluloidscheiben, hin.[32] Um welche Art von Gas es sich in Owens Gedicht handelt, ist nicht eindeutig festzustellen: "fire or lime" (Z. 12) läßt an die von Phosgen oder Senfgas verursachten Verätzungen denken,[33] während das grünliche Licht einer Unterwasserwelt, in das die Vorgänge dem Sprecher eingehüllt scheinen, auch mit Chlorgas ("Grünkreuz") assoziiert werden könnte. Die Frage ist letztlich unerheblich, da es Owen nicht um die akribische Dokumentation eines Gastodes geht, sondern um dessen Funktionalisierung im Rahmen der moralischen Intentionen seines Gedichtes.

Das Bild des Ertrinkenden erinnert an Clarences Traumvision in Shakespeares *Richard III* (I. iv. 9 f.), im Kontext der englischen Lyrik des Weltkriegs mag es als ein Gegenentwurf zu Rupert Brookes Sicht der erwartungsvollen Krieger als "swimmers into cleanness leaping" erscheinen. Die von Brooke 1914 artikulierte Erwartung einer mit dem Krieg verbundenen Purifikation führt das spätere Gedicht Owens in den entstellenden Kontortionen des Gasopfers *ad absurdum*. Bilder des Ertrinkens und Erstickens treten in Owens dichterischem Werk immer wieder auf. Dominic Hibberd verfolgt ihre Präsenz von den Juvenilia bis zu den späten Kriegsgedichten wie "Strange Meeting" oder "The Sentry" und führt sie auf unterdrückte Sexualphantasien und Owens intensive Beziehung zu seiner dominierenden Mutter zurück, durch die seine persönliche Entwicklung gleichsam "erstickt" zu werden drohte.[34] In "Dulce et Decorum Est" manifestiert sich die von Hibberd konstatierte Obsession Owens mit dem Motiv in der Fixierung des traumatischen Erlebnisses im Unterbewußtsein des Sprechers: "In all my dreams, before my helpless sight,/ He plunges at me, guttering, choking, drowning" (Z. 15 f.).[35] Die latente Aggression der Traumvision impliziert ein unterschwelliges Schuldgefühl, auf das auch die Ambivalenz der Fügung "my helpless sight", die einen der zentralen Begriffe des Textes enthält, hindeutet: Das Unvermögen, sich dem Traumbild zu entziehen, reflektiert die Erfahrung der

---

32 Vgl. *Death's Men*, S. 124.

33 So auch Spear u. Summersgill, "Poison Gas and the Poetry of War", S. 315 f.: "[Owen] was at the Front during the phosgene gas period and it seems most likely that the gas casualty in 'Dulce et Decorum Est' had been exposed to phosgene gas."

34 Vgl. Dominic Hibberd, *Owen the Poet*, S. 19, 42, 51, 75.

35 *The Complete Poems and Fragments* 1, S. 140.

Hilflosigkeit in der konkret erlebten Situation. Aus dem Bewußtsein der individuellen Ohnmacht erwächst die Anklage des Schlußteils.

Der Nachvollzug der Erfahrung durch den Nichtkombattanten bleibt durch den Konjunktiv und die Einschränkung auf den Alptraum doppelt hypothetisch. Umso eindringlicher muß daher die Schilderung der Symptome des Gastodes ausfallen. Aus der groben Behandlung ("flung him in", Z. 18) des Gasopfers, hinter der das Wissen um die Hoffnungslosigkeit seines Zustands steht, erhellt sowohl die Desensibilisierung der Soldaten gegenüber dem Leid des Kameraden als auch die Reduktion des Sterbenden zur zuckenden Masse Fleisches. Owens Bestreben, seine Verurteilung der Verklärung unschuldigen Heldentums in den Versen der Schreibtischdichter deutlich zu machen, resultiert in dem hyperbolischen Bild des Soldaten als eines gefallenen Engels, der seiner Korrumpierung durch den Krieg überdrüssig geworden ist. Die unmenschlich verzerrte Fratze des Giftgasopfers symbolisiert die Häßlichkeit und Bestialität des Krieges. Auch Vera Brittain, als Verwundetenpflegerin an mehreren Fronten des Ersten Weltkriegs mit Gasopfern konfrontiert, erscheint deren Anblick als unfehlbares Korrektiv naiver Vorstellungen über das Wesen dieses Konfliktes:

> I wish those people who write so glibly about this being a holy war [...] could see a case – to say nothing of 10 cases – of mustard gas in its early stages – could see the poor things [!] burnt and blistered all over with great mustard-coloured suppurating blisters, with blind eyes [...] all sticky and stuck together, and always fighting for breath, with voices a mere whisper, saying that their throats are closing and they know they will choke. [...] and yet people persist in saying that God made the war, when there are such inventions of the devil about ...[36]

Hatte Owen selbst das klassische Zitat vom hohen Wert des Opfertodes für die (nationale) Gemeinschaft in einer vor seinem Kriegseinsatz entstandenen lyrischen Spielerei noch ohne jede Ironie aufgegriffen ("O meet [it] is and passing sweet/ To live in peace with others,/ But sweeter still and far more meet/ To die in war for brothers"[37]), so zeigt sich in "Dulce et Decorum Est" eine radikale Negation nicht nur der

36 *Testament of Youth. An Autobiographical Study of the Years 1900-1925* (London, 1985), S. 395.

37 "The Ballad of Purchase-Money", 1914 entstandene fragmentarische Vorstudie zu einer "Ballad of Kings and Christs", s. Fragment 126 in *The Complete Poems and Fragments* 2, S. 500-509 (Zit. S. 507). J. M. Gregsons Bemerkung "That this sentiment is so devastatingly demolished three years later in 'Dulce et Decorum Est' only underlines what Brooke might have achieved had he too been spared for front line experience" (*Poetry of the First World War*, S. 15) bleibt Spekulation.

moralischen, sondern auch der ästhetisierenden Komponente der Maxime. Owens Intention, ein möglichst abstoßendes Bild des Soldatentodes zu zeichnen, läßt sich aus einer signifikanten Änderung in der letzten Fassung des Textes ersehen. Die Zeilen: "And think how, once, his head was like a bud,/ Fresh as a country rose, and keen, and young", die Owen nachgerade als zu sentimental und romantisierend betrachtet haben dürfte,[38] werden durch "Obscene as cancer, bitter as the cud,/ Of vile, incurable sores on innocent tongues" (Z. 23 f.) ersetzt.[39] Der Gegensatz zwischen der drastischen Schilderung des Gastodes am Ende des Gedichtes und seiner imaginativen Behandlung im Bild des Ertrinkenden offenbart den Konflikt zwischen Owens künstlerischem und humanitärem Anliegen.

Bedient sich Owen des mit drastischem Realismus gezeichneten individuellen Gastodes, um seinen Protest gegen die Glorifizierung des Soldatentodes durch zivile Verseschmiede zu artikulieren, so fungiert das Gas in Arnold Ulitz'[40] Gedicht "Gasangriff"[41] als generalisierendes Epitom für das Grauen des modernen Krieges. Ähnlich plakativ wie die zweite Hälfte von "Dulce et Decorum Est", führt das im November 1916 entstandene und im *Simplicissimus* veröffentlichte Gedicht dem Leser die Folgen eines Gasangriffs an der Ostfront vor Augen. In der zentralen Metapher des ersten Abschnitts äußert sich auch Ulitz' Bemühen, das Obszöne und Widernatürliche dieser Waffe aufzuzeigen: Das Gas wird zur Bestie, die, nachdem ihr der Mensch die "Käfigtür" geöffnet hat, eine unkontrollierbare Eigendynamik entwickelt.[42] Wie in zahlreichen anderen Gedichten aus dem Ersten Weltkrieg stellt auch hier die Animation des Kriegsgeräts implizit die Frage nach der Verantwortung des Menschen:

---

38 Vgl. D. S. R. Welland, *Wilfred Owen. A Critical Study* (London, 1960), S. 49; vgl. auch Franz K. Stanzel, "Englische und deutsche Kriegsdichtung 1914-1918. Ein komparatistischer Versuch", S. 235 f.

39 Vgl. *The Complete Poems and Fragments* 2, S. 293.

40 Arnold Ulitz (1888-1971), geboren in Breslau, studierte in Kattowitz Germanistik, Anglistik und Romanistik. Im Weltkrieg als Soldat und Offizier an der Ostfront. Ulitz veröffentlichte hauptsächlich Prosa, die in der Erzähltradition seiner schlesischen Heimat steht. 1915 erschienen unter dem Titel *Die vergessene Wohnung* acht Novellen, in denen er die Eindrücke des Krieges verarbeitet. Auch der 1920 veröffentlichte Roman *Ararat* stellt eine Reaktion auf den Krieg (und die Oktoberrevolution) und einen Versuch der Wahrheitsfindung dar.

41 In: *Deutsche Dichtung im Weltkrieg 1914-1918*, Hrsg. Volkmann, S. 238 f.

42 Eine ähnliche Metapher findet sich in Remarques *Im Westen nichts Neues*, S. 54: "Jetzt schleicht der Schwaden über den Boden und sinkt in alle Vertiefungen. Wie ein weiches, breites Quallentier, legt er sich in unseren Trichter, räkelt sich hinein."

Wir trafen einen Wind, der sich unserm Zorne verschwor,
Da entriegelten wir dem Gase das stählerne Tor.
Bleichsüchtig, grün, tierhaft, vampirhaft, mit Schneckenbauch,
Ausgehungert von finsterer Kerkerhaft,
Verdorrt und durstig nach lebendigem Saft,
Kriecht er hervor, molluskischer Leib aus Rauch.
Wind spornt die Bestie. Sie stinkt nach Chlor.

Das Gasraubtier kriecht
Feuchtfingrig tastend, auf weichen, leisen Pfoten.

Ähnlich dem Bild des Ertrinkenden in "Dulce et Decorum Est" dient bei Ulitz die vertraute Tiermetaphorik dazu, den neuen Schrecken vorstellbar zu machen. In der wiederholten Explikation der Metapher, die für den heutigen Leser den poetischen Effekt des Bildes verringert, äußert sich der Hang der kritischen Weltkriegsdichtung zur Didaxe. Die Anfangszeile des Gedichtes gibt nicht nur Aufschluß über die verwendete Methode, das Gas in die feindlichen Gräben zu bringen, sondern leitet auch die gegen Ende bestimmende Naturthematik ein. Scheint zu Beginn noch eine beinahe mystische Einheit zwischen menschlicher Absicht und natürlichen Phänomenen zu bestehen, so ist es in der weiteren Folge des Gedichtes gerade auch die Natur, die unter dem Einsatz des Giftgases leidet: "Blatt und Blume siecht./ Sterben muß der Falter, der an toten/ Blumenrippen riecht." Die Dichotomie zwischen der Häßlichkeit des (modernen) "Gasraubtieres" und den ihm zum Opfer fallenden traditionellen Repräsentanten einer ästhetischen Natur läßt dieselbe kontrastive Technik erkennen, die auch Owen in seinem Gedicht anwendet.

Im dritten Abschnitt des Gedichtes schildert Ulitz die Reaktion im feindlichen Lager und den Anblick, der sich den angreifenden Soldaten bietet:

Die Gongs im russischen Walde läuten Alarm,
Aber der Klöppel stürzt aus gelähmtem Arm.
Leichen mit aufgepflanzten Bajonetten warten
Auf die stillen Sieger regungslos.
Hinter den Froschaugen der Masken stehen die erstarrten
Menschenaugen betend, tot und groß.

Da sich die vorgehenden Soldaten selbst mit Masken vor dem Gas, das sich in den Gräben des Gegners festgesetzt hat, schützen müssen, erfolgt die Eroberung der feindlichen Stellungen in gespenstischer Stille. Sieger und Besiegte erscheinen hinter ihren Gasmasken gleichermaßen entmenschlicht und vergegenwärtigen so die dehumanisierende Wirkung des

Krieges auf beiden Seiten. Mit den Menschen schweigen "im russischen Walde" aber auch die "Vögelein":

> Vor den toten Menschen sind wir nicht erschrocken,
> Toten Menschen sahn wir zu oft ins Gesicht.
> Aber siehe, siehe! Allerorten
> Fallen tote Vögel von den Bäumen, die verdorrten,
> Fallen fruchtschwer ins ergraute Moos.
> Und wir horchen, wie sie fallen, und wir reden nicht.
>
> Und wir hören auch die toten Blätter fallen,
> Knisternd, wie verbrannt, auf kleine Nachtigallen.

Wie die Verfremdung konventioneller Herbst- und Erntebilder deutlich macht, stellt der Einsatz des Gases einen nicht wieder gutzumachenden Eingriff in natürliche Abläufe dar. Wiederum scheint sich Ulitz jedoch genötigt zu sehen, seine Metaphorik zu erklären:

> Vor den toten Menschen sind wir nicht erschrocken,
> Vor den toten Vögeln wissen wir mit einem Male:
> Wo wir gehn, da ist bald Herbst geworden,
> Gottes Zeitenfolge müssen wir ermorden.
> Seht, das Raubtier weidet schon im Tale.
>
> Wird noch einmal Frühling werden, Brüder,
> Glaubt ihr noch?

Der Gasangriff wird zu einem Akt kosmischer Tragweite, einer Wiederholung des Sündenfalls, der auch im Vergleich des Sterbenden mit einem "devil [...] sick of sin" in Owens Gedicht impliziert ist. Der totale Krieg, der im Gaseinsatz kulminiert, stellt die gottgewollte Ordnung und damit den Schöpfer dieser Ordnung selbst in Frage. Die letzte Zeile drückt nicht nur Pessimismus bezüglich eines baldigen Kriegsendes aus, sondern auch Zweifel an der Gültigkeit moralischer und religiöser Wertvorstellungen angesichts des in der Zerstörung manifest gewordenen Nihilismus der Zeit.

Wie bei Owen ist auch bei Ulitz die Dokumentation des Gaseinsatzes und seiner Folgen nur von sekundärem Interesse. Ein Vergleich der beiden Gedichte zeigt, daß "Dulce et Decorum Est" trotz seiner prononcierteren propagandistischen Tendenz eine größere Zahl partikulärer Beobachtungen enthält, was nicht zuletzt schon aus der Fokussierung auf ein individuelles Schicksal, dem freilich eine repräsentative Funktion eingeräumt wird, resultiert. Auch scheint der englische Dichter weniger Scheu zu haben, die Dinge beim Namen zu nennen, wohingegen Ulitz' Gedicht in seiner gelegentlichen Weitschweifigkeit und metaphorischen Überhöhung der Vorgänge der Kritik viel von ihrer Schärfe nimmt. Dabei darf freilich nicht übersehen werden, daß die Stoßrichtung der Kritik in den beiden Gedichten eine andere ist. Handelt es sich in "Dulce et Decorum Est" in erster Linie um eine identifizierbare Gruppe (repräsentiert durch die *poetastrix*), gegen die sich Owens Empörung richtet, so stellt Ulitz in "Gasangriff" die Frage nach der kollektiven Verantwortung an den Vorgängen. Demzufolge tritt in "Dulce et Decorum Est" der Sprecher am Ende des zweiten Abschnitts hervor, während er in "Gasangriff" in das Kollektiv eingebunden bleibt. In diesem Zusammenhang spielt auch die Tatsache eine Rolle, daß es im deutschen Gedicht die eigene Seite ist, die das Gas anwendet, während Owen die Sicht des Opfers thematisiert. In der Gestaltung wirkt Owens Gedicht dramatischer, seine Sprache trotz der flammenden Anklage des Schlußteils weniger stark rhetorisch überhöht. Owens Bemühen um Realismus zeigt sich auch in der Verwendung des Soldatenjargons ("Five-Nines"; "Quick, boys!"), während Ulitz' poetisierendes Idiom seine Darstellung gelegentlich in die Nähe unfreiwilliger komischer Effekte rückt.

7. "They are the knighthood of this war ..."

Eine Diskussion dichterischer Darstellungen der im Ersten Weltkrieg eingesetzten Waffengattungen muß dem Fugzeug eine besondere Bedeutung beimessen: Während es einerseits die revolutionärste aller technischen Neuerungen darstellte, deren man sich in diesem Krieg bediente, wurde es andererseits, wie der Militärhistoriker Robert L. O'Connell bemerkt, am stärksten mit glorifizierenden und romantisierenden Assoziationen befrachtet: " ... the development of the fighter aircraft demonstrated that advanced technology was not necessarily incompatible with traditional preconceptions of war and weapons."[1] In der Tat erscheint die Diskrepanz von moderner militärischer Technik und heroisierenden Kriegsbildern in literarischen Schilderungen des Luftkampfes gänzlich aufgehoben: " ... [the fighter aircraft] provided a rare syncretism of warlike preconceptions and high technology."[2] Die Faszination der Fliegerduelle über den Frontlinien liegt für O'Connell darin begründet, daß sich in ihnen – vergleichbar dem Nahkampf – inmitten der technisierten Massenvernichtung eine Form des "intraspezifischen Kampfes" erhielt, die den Normen einer heroisierenden Kriegsauffassung entsprach.[3] Den Piloten der neuformierten Jagdstaffeln gelang es, sich im ersten industrialisierten Krieg der Geschichte eine anachronistische Aura ritterlichen Einzelkämpfertums zu bewahren. Die Assoziation des Fliegers mit einem idealisierten Rittertum steht freilich in einem weiteren Kontext, da die Propaganda der kriegführenden Nationen chevalereske Verklärungen des Konfliktes generell forcierte. In Deutschland und Großbritannien war der Boden zudem durch die Mittelalternostalgik neoromantischer künstlerischer Strömungen und vor allem durch eine Fülle einschlägiger Jugendliteratur bereitet.[4] Symptomatisch für die Nobilitierung des Fliegers im Weltkrieg ist Lloyd Georges Eloge auf die Piloten des Royal Flying Corps: "They are the knighthood of this war [...] and they recall the legendary days of chivalry, not merely by the daring of their exploits,

1 *Of Arms and Men. A History of War, Weapons and Aggression* (New York, Oxford, 1989), S. 243.

2 Ebda, S. 263.

3 Vgl. ebda, S. 243.

4 Vgl. ebda, passim, und Michael C. C. Adams, *The Great Adventure*, Kap. 5: "Knights and their Dragons", S. 62-72.

but by the nobility of their spirits";[5] ähnlich äußerte sich Henry Newbolt: "... our airmen are singularly like the knights of the old romances."[6]

Im folgenden soll das grundlegende Spannungsfeld zwischen moderner Technik und archaisierenden Kriegsbildern, zwischen physikalischer Präzision und heroisierender Mystifikation in der Lyrik des Ersten Weltkriegs am Beispiel von englischen und deutschen Flugzeug- und Fliegergedichten (letzterer Begriff sei hier sowohl autoren- als auch themabezogen verwendet) umrissen werden. Dazu ist es notwendig, zunächst einen Überblick über die militärische Verwendung des Flugzeugs 1914-1918 zu geben und die mit den Maschinen und ihren Piloten verbundenen Assoziationen auch anhand ausgewählter Prosastellen zu untersuchen. Zu bemerken ist, daß Flugzeuggedichte in der englischen und deutschen Dichtung des Ersten Weltkriegs weit weniger zahlreich sind, als dies auf Grund der Novität des motorisierten Fluges und der Faszination des Luftkampfes, aber auch in Anbetracht des Technikkults der in den Jahren unmittelbar vor dem Ausbruch des Krieges einsetzenden avantgardistischen literarischen Strömungen[7] naheläge. (Ein völlig anderes Bild zeigt hier die Prosaliteratur des Krieges!) Vor allem fällt auf, daß von den herausragenden Vertretern der englischen und deutschen Weltkriegsdichtung so gut wie keine Fliegergedichte überliefert sind. Zum Teil mag dies einfach dadurch bedingt sein, daß die Luftwaffe zu Beginn des Ersten Weltkriegs eine *quantité négligeable* darstellte, die überwiegende Mehrheit der deutschen und englischen Kriegsdichter somit anderen Truppenverbänden zugeteilt war. Eine weitere Erklärung liegt in der Gegensätzlichkeit der Sphären, in denen sich Flieger und Grabenkämpfer bewegten: Dringlicher als der schnelle und "saubere" Tod in der Luft schien das inhumane Sterben in den Schützengräben nach dichterischer Gestaltung zu verlangen und zeitigte die für das heutige Bild der Weltkriegsdichtung prägenden Protestgedichte sowie autotelischen Versuche der Sinnfindung in einer chaotischen Wirklichkeit durch Sprache. Darüberhinaus dürfte aber auch im Fehlen literarischer Vorbilder – ein Mangel, der nur

---

5 Zit. nach Ezra Bowen, *Knights of the Air* (Alexandria/Va., 1980), S. 18. Vgl. auch Stuart Sillars, *Art and Survival in First World War Britain*, Kap. 6: "The War in the Air", S. 90-115.

6 *Tales of the Great War* (1916); zit. nach Mark Girouard, *The Return to Camelot. Chivalry and the English Gentleman* (New Haven, London, 1981), S. 291.

7 Bereits 1907 erschien Filippo Tommaso Marinettis "L'aeroplano del Papa", eine erste dichterische Glorifizierung des Fluges und der Vogelperspektive; im 1912 veröffentlichten"Technischen Manifest der futuristischen Literatur" heißt es zu Beginn: "Im Aeroplan auf einem Ölzylinder, den Kopf am Bauche des Aviatikers, fühlte ich plötzlich die lächerliche Leere der alten, von Homer ererbten Grammatik" (zit. nach Peter Demetz, *Worte in Freiheit*, S. 193).

teilweise durch die Substitution heroisch-ritterlicher Bezüge ausgeglichen werden konnte – eine Ursache für die relativ geringe Zahl von Fliegergedichten zu sehen sein.

7.1. Das Flugzeug: Entwicklungen und Prophetien

Das Tempo, mit dem die Errungenschaft des motorisierten Fluges militärischen Zwecken zugeführt wurde, erscheint erstaunlich, bedenkt man, daß sich zwischen dem ersten gelungenen Flugversuch der Brüder Wright mit einem motorisierten Hängegleiter im Jahr 1903 und den Luftkämpfen zwischen wendigen, mit synchronisierten Maschinengewehren bestückten Doppel- und Dreideckern im Ersten Weltkrieg kaum mehr als ein Jahrzehnt erstreckt. Dennoch wurden die strategischen Implikationen der neuen Technologie von den Heeresleitungen erst allmählich erkannt. 1910 zeigte sich General Foch anläßlich einer Flugvorführung von der neuen Erfindung zwar beeindruckt, erklärte sie aber gleichzeitig als für militärische Zwecke wertlos.[8] Ein Jahr später setzten die Italiener im tripolitanischen Krieg erstmals Aeroplane ein, allerdings hauptsächlich zum Abwurf von Fliegerpfeilen, sogenannten *torpedine del cielo*.[9] Von seiten der deutschen Armee wurde noch während der Anfangsphase des Ersten Weltkriegs der Konstruktion von Luftschiffen Priorität eingeräumt.[10] Spätestens gegen Ende 1915 aber wurde die zahlenmäßige Aufrüstung der Fliegerstaffeln sowie die Entwicklung neuer, leistungsfähigerer Flugzeugtypen da wie dort energisch vorangetrieben. Während 1914 die Alliierten über 220, die Mittelmächte über 258 Flugzeuge (neben ca. 20 Luftschiffen) verfügten, produzierte 1918 Großbritannien allein 30.800 Stück.[11] Einen Hinweis auf die Aufrüstung der Luftwaffe enthält ein ironischer Kommentar Wilfred Owens zur ungebrochenen Kriegseuphorie der Presse: "Smile, Smile, Smile", entstanden im September 1918, zitiert einen fiktiven Zeitungsartikel:

> " ... when this war is done
> The men's first instincts will be making homes.
> Meanwhile their foremost need is aerodromes,

8 Vgl. John Terraine, *White Heat*, S. 29.

9 Vgl. Marc Ferro, *Der Große Krieg*, S. 170.

10 Vgl. Alan Clark, *Aces High. The War in the Air over the Western Front 1914-18* (London, 1973), S. 22; Trevor Wilson, *The Myriad Faces of War*, S. 362.

11 Vgl. Ferro, *Der Große Krieg*, S. 170 u. Wilson, *The Myriad Faces of War*, S. 609.

It being certain war has but begun."[12]

Wesentlich rascher als die Militärs erkannten Schriftsteller die Implikationen des Flugzeugs für den Verlauf zukünftiger militärischer Konflikte. Bereits vor Ausbruch des Ersten Weltkriegs waren sowohl in England als auch in Deutschland und Österreich-Ungarn Stimmen laut geworden, die vor den Folgen der technischen Entwicklung warnten. 1908 datierte Karl Kraus in einem mit "Apokalypse" überschriebenen offenen Brief den "Weltuntergang von der Eröffnung der Luftschiffahrt" her.[13] An erster Stelle steht hier aber H. G. Wells, der schon in seinen 1901 erschienenen *Anticipations* auf die zu erwartenden Folgen der technischen Entwicklung aufmerksam machte: " ... very probably before 1950, a successful aeroplane will have soared and come home safe and sound. Directly that is accomplished the new invention will be most assuredly applied to war."[14] Wells' 1908, ein Jahr vor Blériots Ärmelkanalflug, erschienener Roman *The War in the Air* antizipiert nicht nur die Möglichkeit eines durch deutsche Hegemoniebestrebungen ausgelösten militärischen Konfliktes,[15] sondern bereits auch die Luftschlachten und Flächenbombardements des Zweiten Weltkriegs. Die Bombardierung New Yorks durch eine deutsche Zeppelinflotte – ihr Kommandant, Prinz Karl Albert, und sein Stab verkörpern die Inhumanität nietzscheanischen Herrenmenschendenkens und des preußischen Militarismus – initiiert eine globale Katastrophe. In seinem Vorwort zu einer 1921 erschienenen Neuauflage des Romans bezeichnete Wells das Werk, nun freilich im Wissen um die rapide Entwicklung der Luftwaffe im Weltkrieg 1914-1918, als "fantasia [...] of possibility",[16] d. h. als eine imaginative Exploration der Konsequenzen sich bereits abzeichnender naturwissenschaftlicher und technischer Entwicklungen,[17] und unterstrich damit nachträglich den prophetischen Anspruch seiner

12 *The Complete Poems and Fragments* 1, S. 190.

13 *Die Fackel* 10, Nr. 261/2 (13. Oktober 1908), S. 1.

14 H. G. Wells, *Anticipations of the Reaction of Mechanical and Scientific Progress upon Human Life and Thought* (Leipzig, 1902), S. 175.

15 Wells verweist auf eine fiktive Studie eines realen Autors: Rudolf Martin, *The Future of Germany Lies in the Air* (1906); Martin veröffentlichte in den Jahren vor dem Weltkrieg fiktionale und theoretische Schriften zur Luftfahrt. Der von Wells erdachte Titel greift – mit einer signifikanten Veränderung – auf einen Ausspruch Wilhelms II. anläßlich der Einweihung des Stettiner Freihafens am 23. September 1898 zurück: "Unsere [d. h. Deutschlands] Zukunft liegt auf dem Wasser." Das Detail erscheint aufschlußreich für Wells' Vermischung von Faktischem und Fiktionalem in seinen Utopien.

16 H. G. Wells, *The War in the Air* (Harmondsworth, 1971), S. 7.

17 Vgl. ebda.

dystopischen Fiktion. Über den technisierten Charakter eines künftigen Krieges, ein Thema das Wells auch in mehreren semi-fiktionalen und theoretischen Schriften sowie einer Reihe von Zeitungsartikeln behandelte,[18] blieb allerdings schon der den nachgereichten auktorialen Kommentar entbehrende Leser der Erstausgabe von *The War in the Air* nicht im unklaren: "The days when the emotional infantryman decided battles had passed by forever. War had become a matter of apparatus, of special training and skill of the most intricate kind."[19] Bereits in *The War in the Air* erscheint übrigens die in der Literatur des Ersten Weltkriegs verbreitete Assoziation des Luftschiffers oder Fliegers mit einem romantisierten Rittertum: nach Auffassung Wells' wird ein "solitary balloonist" den "solitary horseman of the classic romances"[20] ersetzen.

In Deutschland veröffentlichte 1909 Paul Scheerbart, Verfasser phantastischer Romane und Erzählungen, seine Flugschrift *Die Entwicklung des Luftmilitarismus*, in der er die revolutionierenden Folgen eines Ausbaus der Luftflotten für den Charakter zukünftiger militärischer Konfrontationen aufzuzeigen versuchte. Scheerbarts Prognosen decken sich großteils mit dem von Wells entworfenen Szenario einer in und aus der Luft geführten Auseinandersetzung. Während einige seiner Voraussagen von frappierender Treffsicherheit erscheinen (so z. B. nimmt Scheerbart, wie schon vor ihm Wells, an, daß man "Gleitflieger zur Bekämpfung der Ballons" einsetzen werde[21]), sollten seine Theorien jedoch in anderen Punkten durch den Verlauf des Weltkriegs widerlegt werden: Zu einem massiven Einsatz von Luftschiffen in der Art der Zeppeline kam es im Krieg 1914-1918 nicht, Infanterie, Artillerie oder U-Boote verloren, entgegen der Ansicht Scheerbarts, keinesfalls ihre entscheidende Bedeutung (Kap. 4, 5, 7). Der Tenor der Prophezeiungen ist freilich zutreffend: "Der Luftkrieg entwickelt sich ein wenig rascher", konstatiert Scheerbart mit leiser Ironie, "als der alte Krieg mit Kanonen und Reiterei",[22] um zugleich eine generelle Warnung auszusprechen: "Alles, was der Mensch geschaffen hat, kann von Menschenhänden kurz und klein geschlagen werden – in ein paar Sekunden. [...] Das ist die böse Kehrseite

---

18 Vgl. Geoffrey H. Wells, *The Works of H.G. Wells 1887-1925. A Bibliography, Dictionary and Subject Index* (London, 1926) sowie die Bibliographie bei Bruno Schultze, *H. G. Wells und der Erste Weltkrieg* (Berlin, 1971).

19 *The War in the Air*, S. 123.

20 Ebda, S. 66.

21 Paul Scheerbart, *Die Entwicklung des Luftmilitarismus und die Auflösung der europäischen Landheere, Festungen und Seeflotten* (Berlin, 1909; Nachdruck München, 1982), S. 25.

22 Ebda, S. 39.

der Erfindung, die man 'Eroberung der Luft' genannt hat."[23] Scheerbarts vorsichtiger Optimismus, gerade die abschreckende Wirkung eines aus der Luft geführten "Dynamitkrieg[es]" werde Garant für einen dauernden Frieden sein, sollte sich nicht erfüllen. Aus Protest gegen den Ersten Weltkrieg trat der Autor in den Hungerstreik, an dessen Folgen er am 15. Oktober 1915 starb.

1912 erschien im Verlag der Friedens-Warte Bertha von Suttners Pamphlet *Die Barbarisierung der Luft*. Suttners Vorstellungen eines Bombenkriegs greifen, wie die Autorin selbst angibt, auf den "phantasiereichste[n] Autor der Gegenwart, H. G. Wells", zurück, dessen *The War in the Air* sie auszugsweise zitiert.[24] Erwähnt wird auch jenes Memorandum gegen den Gebrauch bewaffneter Luftschiffe, das neben Wells u. a. die "gefeierten Schriftsteller Thomas Herdy [sic!], John Galsworthy [...] [und] Conan Doyle" unterzeichneten.[25] Trotz ihrer scharfen Verurteilung der militärtechnischen Entwicklung muß aber auch die Pazifistin Bertha von Suttner die Faszination von Luftfahrt und Fliegerkampf anerkennen:

> Es gibt nichts Realistischeres wie den Krieg [...], und doch steckt auch eine sinnbetörende Romantik in seiner neuesten Waffe. Was unsere Altvordern nur dumpf ahnten, als sie von der Schlacht auf den Katalaunischen Gefilden erzählten, daß noch die Geister in der Luft gekämpft hatten, das wird zur Wahrheit.[26]

7.2. Gladiatoren der Luft

Entgegen dem verbreiteten Bild von Luftduellen gefeierter Fliegerasse bestand die hauptsächliche Funktion des Flugzeugs im Ersten Weltkrieg in der Aufklärung.[27] Aus seiner Vogelperspektive konnte der Flieger Dinge

---

23 Ebda, S. 44.

24 Bertha von Suttner, *Die Barbarisierung der Luft* (Berlin, Leipzig, 1912), S. 7. Vgl. auch S. 9 ff. Wells' Roman wurde bereits ein Jahr nach seinem Erscheinen ins Deutsche übersetzt.

25 Ebda, S. 26.

26 Ebda, S. 19. Vgl. auch 10.1.2.

27 Vgl. Denis Winter, *The First of the Few: Fighter Pilots in the First World War* (London, 1982), passim; Edward Jablonski, *The Knighted Skies. A Pictorial History of World War I in the Air* (London, 1964), S. 14; Wilson, *The Myriad Faces of War*, Kap. 34: "The War of the Skies", S. 362-72, bes. S. 362, 366 ("The fighters, it needs to be insisted, were not performing the central function of the air war. That remained with the reconaissance machines ..."); O'Connell, *Of Arms and Men*, S. 261 und Terraine, *White Heat*, S. 190 ff. Terraine, S. 30, zitiert Generalleutnant Sir James Grierson, der als einer der wenigen Militärs bereits 1912

ausmachen, die dem Auge der "Troglodyten" in den Schützengräben verborgen blieben: "Das Fliegen eröffnete endoskopische Tunnel, man erhielt Zugang, bis hin zum 'blinden Punkt', zu der überraschendsten topologischen Sicht ...".[28] Die Auswertung der von den Beobachtungsflugzeugen hergestellten Luftaufnahmen des Terrains wurde zu einem Faktor von größter strategischer Bedeutung und zu einer unabdingbaren Voraussetzung in der Planung von Offensiven, die Lokalisierung feindlicher Geschützstellungen und Observation von Truppenbewegungen aus der Luft ermöglichte einen gezielten Einsatz der Artillerie. Rudolf Binding beklagt in seinen Aufzeichnungen *Aus dem Kriege* die Benachteiligung seiner Einheit durch die quantitative Unterlegenheit der deutschen Luftaufklärung: "... durch [den] Mangel an Fliegern [...] sind die Artilleriestellungen des Feindes nicht aufzufinden und wir ihrem Feuer ohne Erwiderung preisgegeben."[29] Adolf Reisiger, Protagonist in Edlef Köppens *Heeresbericht*, erfährt als Artillerist die Gefährlichkeit feindlicher Aufklärungsflugzeuge am eigenen Leib: "Bisher hatte man gelacht, gespöttelt über jedes Flugzeug. Jetzt wurde es Verhängnis. Wie Aasgeier hielten die grauen Vögel Ausschau nach Opfern. Arme Artillerie. Es wurde schwer, verborgen zu bleiben, leicht, zertrommelt zu werden" (S. 140). Durch den Einsatz der Flugzeuge wird "aus Zufall korrekteste Berechnung" (ebda). Ebenso wie Adolf Reisiger bekommt Erich Maria Remarques Ich-Erzähler Paul Bäumer die Effektivität der Luftaufklärung zu spüren: "Die Kampfflieger lassen wir uns gefallen, aber die Beobachtungsflugzeuge hassen wir wie die Pest; denn sie holen uns das Artilleriefeuer herüber. Ein paar Minuten nachdem sie erscheinen, funkt es von Schrapnells und Granaten."[30]

Erkundungen des Geländes sowie der Stärke und Position gegnerischer Truppen waren bis dato Aufgabe der Kavallerie gewesen. Im Ersten Weltkrieg wurde die Reiterei in dieser Funktion bald vom überlegenen Flugzeug abgelöst, nachdem sie angesichts der Feuerkraft automatischer Gewehre bereits ihre Bedeutung als Angriffstruppe verloren

---

die Bedeutung von Luftaufklärung und -souveränität in künftigen Konflikten erkannte. Zur strategischen und propagandistischen Bedeutung der Luftaufnahmen siehe auch John Taylor, *War Photography. Realism in the British Press* (London, New York, 1991), S. 20 ff.

28 Paul Virilio, *Krieg und Kino*, S. 32.

29 *Dies war das Maß*, S. 238.

30 *Im Westen nichts Neues*, S. 95. S. a. Karl Bröger, *Bunker 17. Geschichte einer Kameradschaft* (Jena, 1929), S. 7: "'Der verdammte Flieger sucht schon seit fünf Tagen nach unsrer Pillenbüchse ... Kriegt er uns spitz, [...] funken [sie] uns [...] ins Massengrab.'"

hatte. Das traditionelle Charisma der Kavallerie als einer elitären Waffengattung ging auf die neu geschaffenen Fliegerkorps über,[31] deren Mitglieder sowohl in Deutschland als auch in England zu Beginn des Krieges fast ausschließlich der Oberschicht, vielfach sogar der Aristokratie angehörten und auf jeden Fall im Offiziersrang standen. In diesen Zusammenhang fügt sich auch, daß der "Rote Baron" Manfred von Richthofen, "Schützenkönig" unter den Jagdfliegern des Ersten Weltkriegs, den Krieg als Rittmeister bei der Kavallerie begann. Die anachronistische Assoziation des Fliegers mit einem romantisierten Rittertum in zeitgenössischen literarischen Darstellungen steht somit vor einem konkreten militärgeschichtlichen Hintergrund.

Aus der Aura der Nobilität, mit der diese moderne Kavallerie von Anfang an umgeben war, erklärt sich ihre Attraktivität für die Jugend der britischen *public schools*, aus der sich der englische Fliegernachwuchs fast ausschließlich rekrutierte.[32] Der sehnlichste Wunsch des jungen Cecil Lewis, dessen Memoiren zu einem der klassischen Werke der Fliegerliteratur gehören, geht in Erfüllung, als er ins *Royal Flying Corps* aufgenommen wird.[33] Für den angehenden Piloten stellen die mit dem Luftkrieg verbundenen Assoziationen ritterlichen Einzelkämpfertums die größte Faszination der Fliegerei dar:

> To be alone, to have your life in your own hands, to use your own skill, single-handed, against the enemy. It was like the lists of the middle ages, the only sphere in modern warfare where a man saw his adversary and faced him in mortal combat, the only sphere where there was still chivalry and honour: If you won, it was your own bravery and skill; if you lost, it was because you had met a better man.[34]

Herbert Read bemerkt in einer Tagebucheintragung vom 9. Mai 1918, nachdem er um Versetzung zum Fliegerkorps angesucht hat: "I rather hanker after [the] 'romance' [of flying]."[35] Aber auch auf Wilfred Owen, dem der *public school*-Hintergrund und damit der in den Eliteschulen herangebildete Korpsgeist ebenso fehlte wie jede Begeisterung für militärische Dinge, scheint die Vorstellung ihren Reiz ausgeübt zu haben: "Flying is the only active profession I could ever continue with enthusiasm after the war. [...] To battle with the super-Zeppelin, when he comes,

31 Vgl. O'Connell, *Of Arms and Men*, S. 262.
32 Vgl. Wilson, *The Myriad Faces of War*, S. 364.
33 Vgl. Cecil Lewis, *Sagittarius Rising* (London, 1985), S. 5 ff.
34 Ebda, S. 45.
35 Herbert Read, *The Contrary Experience*, S. 129.

this would be chivalry more than Arthur dreamed of; Zeppelin, the giant dragon ... ".[36] Als Owen an der Front Zeuge des Abschusses eines deutschen Aufklärungsflugzeugs wird, nimmt er das blutbefleckte Taschentuch des getöteten Piloten als Souvenir für seinen Bruder an sich.

Tatsächlich waren die Luftduelle über den Schützengräben aus dem Einsatz des Flugzeugs zu Aufklärungszwecken hervorgegangen. Primäre Aufgabe der Jagdflieger war es, den Schutz der eigenen Beobachtungsflugzeuge zu gewährleisten und die gegnerische Luftaufklärung soweit als möglich einzuschränken.[37] Von beiden Seiten wurde daher die Vorherrschaft in der Luft angestrebt und die Entwicklung leistungsfähigerer Maschinen vorangetrieben, bis in der letzten Phase des Krieges die alliierten Staffeln auf Grund ihrer massiven quantitativen Überlegenheit den Luftraum über den Linien nahezu uneingeschränkt dominierten. Die Fliegerkämpfe über den Stellungen der Westfront entwickelten jedoch sehr bald einen ritualisierten Charakter, der sie von ihrem ursprünglichen militärischen Zweck losgelöst erscheinen ließ. Piloten ließen sich Aufforderungen zum Duell zukommen, der zur Landung gezwungene Gegner wurde in der Regel geschont. Johan Huizinga sah in den Fliegerduellen ein Wiederaufleben der Aristeia, des rituellen Zweikampfs von Helden und Heerführern "zur Einleitung oder in Begleitung des allgemeinen Kampfes".[38] Der spielerische Charakter dieser reglementierten Auseinandersetzung steht dabei in krassem Gegensatz zum Erscheinungsbild des Krieges am Boden, dem der "letzte[...] Rest des Spielmäßigen im Kriege und damit zugleich [...] Kultur, Recht und Menschlichkeit überhaupt"[39] zu fehlen schienen. Wenngleich es zu bedenken gilt, daß durch die Einbeziehung des Luftraums der entscheidende Schritt in Richtung einer Totalisierung des Krieges vollzogen wurde, die den weitgehenden Verlust eines tradierten soldatischen Ehrenkodex implizierte (s. 10.1.3.), waren die ritterlich-sportlichen Fliegerkämpfe daher nicht nur im räumlichen Sinn der Sphäre der Schützengräben enthoben. Ein wesentlicher Unterschied zwischen der Kriegserfahrung des Jagdfliegers und der des Grabenkämpfers resultierte aus dem Umstand, daß es jenem möglich war, seinen Gegner zu identifizieren:

---

36 Brief an Susan Owen vom 27. August 1916; *Collected Letters*, S. 408.

37 Vgl. Wilson, *The Myriad Faces*, S. 366; Terraine, *White Heat*, S. 192 u. Clark, *Aces High*, S. 22.

38 *Homo Ludens. Vom Ursprung der Kultur im Spiel*, aus dem Niederländischen übers. v. H. Nachod (Reinbek, 1987), S. 104.

39 Ebda, S. 102.

> You did not sit in a muddy trench while some one who had no personal enmity against you loosed off a gun, five miles away, and blew you to smithereens – and did not know he had done it! That was not fighting; it was murder. Senseless, brutal, ignoble. We were spared that.[40]

Im individualistischen Charakter der Fliegerei besteht für Ernst Toller, begeisterter Freiwilliger und schließlich überzeugter Pazifist, deren Attraktivität: "Ich melde mich zum Fliegerkorps, nicht aus Tapferkeit, nicht einmal aus Lust am Abenteuer, ich will aus der Masse ausbrechen, aus dem Massenleben, aus dem Massensterben."[41] Eine schwere Erkrankung, die schließlich zu Tollers Entlassung aus dem Militärdienst führte, verhinderte die Erfüllung seiner Ambitionen – und, wirft man einen Blick auf die Statistiken,[42] mit einiger Wahrscheinlichkeit seinen "Heldentod" in den Wolken.

Das chevalereske Bild des Luftkampfes steht in enger Beziehung zur bereits erwähnten Tatsache, daß es sich bei den Jagdfliegern des Ersten Weltkriegs fast ausnahmslos um Offiziere handelte, deren Mannschaften als Mechaniker am Boden und damit in Sicherheit blieben. Die ritterliche Behandlung des Gegners, die in historischen und literarischen Darstellungen der Luftkämpfe immer wieder betont wird,[43] entspringt einem anachronistischen Ehrenkodex militärischer Eliten. In Gefangenschaft geratene Flieger konnten respektvolle Behandlung erwarten: "When they captured our pilots and observers they treated them with courtesy and gallantry, as I think we did them", schreibt Cecil Lewis,[44] und Friedrich Wilhelm Korff resümiert in seinem Essay zu Richthofens Memoiren Berichte über die Behandlung gefangener Flieger pointiert: "Wer von den Jagdfliegern lebend hinter die feindlichen Linien geriet, konnte damit rechnen, von den Soldaten zwar verprügelt, von den Offizieren aber herausgehauen und mit Champagner bewirtet zu werden."[45] Wenn

---

40 *Sagittarius Rising*, S. 45.

41 *Eine Jugend in Deutschland*, S. 54.

42 Die durchschnittliche Lebenserwartung eines Piloten an der Westfront im Ersten Weltkrieg betrug 3-6 Wochen (vgl. O'Connell, *Of Arms and Men*, S. 263.)

43 So z. B. in Frederick Sleaths "The Somme – Knights of the Air", abgedr. in: *Anthology of Armageddon*, Hrsgg. Bernard Newman u. I. O. Evans (London, Novato/Ca., 1989 [1935]), S. 196-99: Ein englischer und ein deutscher Pilot treffen sich zum Duell in den Wolken. Erst nachdem sich der zur Landung gezwungene Deutsche weit genug von seiner Maschine entfernt hat, schießt der siegreiche Engländer diese in Brand. Im Vorbeifliegen tauschen die Kontrahenten einen militärischen Gruß, der Deutsche warnt den Briten sogar durch Gesten vor nahenden feindlichen Flugzeugen.

44 *Sagittarius Rising*, S. 26.

45 "Richthofen", in: *Manfred Freiherr von Richthofen, Der rote Kampfflieger. Mit zahlreichen Abbildungen und einer Studie von Friedrich Wilhelm Korff* (München,

Richthofen einem besiegten Engländer Pardon gibt und dann von ihm attackiert wird, kommt dies einer persönlichen Beleidigung gleich. Enttäuscht von diesem Bruch der Spielregeln, zählt für ihn in Zukunft nur mehr der Abschuß des Gegners.[46]

Besonders augenscheinlich wird das unter den Jagdfliegern herrschende Dekorum in den zahlreich verbürgten Respekts- und Kondolenzbezeugungen für den getöteten Gegner. Richthofen erwies einem von ihm abgeschossenen englischen Piloten seine Reverenz ("Meinem in Ehren gefallenen Gegner setzte ich zum Andenken einen Stein auf sein schönes Grab"[47]) ebenso wie er selbst von alliierten Truppen mit allen militärischen Ehren begraben wurde.[48] Am 11. November 1916 warf über den deutschen Linien an der Somme ein englisches Flugzeug im Tiefflug einen Kranz "Zur Erinnerung an Hauptmann Boelcke,[49] unserem [sic!] tapferen und ritterlichen Gegner" ab. Der Vorfall wurde in sämtlichen deutschen Zeitungen kolportiert und fand auch Aufnahme in Franz Pfemferts kritische Zeitungslese in der Rubrik "Ich schneide die Zeit aus" der *Aktion*.[50] Die Überwindung chauvinistischer Haßgefühle im sportlichen Duell gleichwertiger Gegner übte offensichtlich auch auf kriegskritische Geister ihren Reiz aus.

Mögen Berichte über derlei Vorfälle zum Teil idealisiert sein, so scheint neben der Anerkennung fliegerischen Könnens zumindest eine nüchterne Professionalität charakteristisch für die Einstellung der Kampfflieger zu ihrem Gegner gewesen zu sein: "I do not remember, except on one occasion over London in 1917, ever having any feelings of animosity against the Germans. They were simply 'the enemy'; their machines had black crosses, and it was our job to bring them down."[51] Pejorative

---

1977), S. 223. So geschehen etwa im Fall des französischen Fliegerhelden Roland Garros (vgl. Jablonski, *The Knighted Skies*, S. 39).

46 Vgl. *Der rote Kampfflieger*, S. 109 f.

47 Ebda, S. 93.

48 Vgl. die Abbildung einer diesbezüglichen, von englischen Fliegern über den deutschen Stellungen abgeworfenen Mitteilung mit einer Photographie des blumengeschmückten Grabes in Jablonski, *The Knighted Skies*, S. 183. S. auch Clark, *Aces High*, S. 182: Abb. des Grabes des Engländers Albert Ball mit deutscher Inschrift. Geoffrey Keynes, "A Doctor's War", in: *Promise of Greatness. The War of 1914-1918*, Hrsg. George A. Panichas (London, 1968), S. 190, zitiert eine von deutschen Fliegern abgeworfene Nachricht vom Abschuß und feierlichen Begräbnis eines englischen Piloten.

49 Oswald Boelcke, deutsches Fliegeras und bis zu seinem Tod Kommandant der in der Folge von Richthofen geführten Jagdstaffel.

50 Amtliche Zeitungsmeldung abgedr. in *Die Aktion* VI, 47/48 (25. Nov. 1916), Sp. 657; zitiert nach ebda. Vgl. auch Jablonski, *The Knighted Skies*, S. 92.

51 Cecil Lewis, *Sagittarius Rising*, S. 26.

Bezeichnungen wie "Hunnen" werden unter diesen Umständen nicht als abwertend empfunden: "It has been suggested that this word [d. h. 'Hun'] has an ugly connotation, and that I should not use it. But we always referred to our friends the enemy [!] as 'Huns', just as the Infantry knew them as 'Fritz' or 'Jerry', and nothing derogatory was, or is, intended."[52] Demonstratives Lob des Feindes (" ... der Engländer [!] ist ein schneidiger Bursche, das muß man ihm lassen"[53]) dient freilich nicht zuletzt der Betonung des eigenen Renommés, ein Sieg im Luftkampf über einen prominenten Gegner steigert das persönliche Ansehen: "[Richthofens] Haupttrophäe ist das Maschinengewehr eines Engländers, der zweiunddreißig Deutsche abgeschossen hat. Das zeigt er wie etwa ein Jäger das Geweih eines kapitalen Hirsches."[54] Friedrich Wilhelm Korff schließt aus der "unbefangene[n] Art [...], wie auf beiden Seiten die Abschüsse gezählt wurden", auf einen "im Grunde ängstlichen Zusammenhalt": "Sie [d.h. die Jagdflieger] schossen sich ab, weil sie sich brauchten, und sie brauchten sich, um sich abzuschießen."[55] Tatsächlich scheint es, daß sich die Piloten im Ersten Weltkrieg einer die gegnerischen Lager umfassenden Fliegerkaste stärker zugehörig fühlten als eigenen, weniger prestigeträchtigen Truppenteilen. In den Memoiren Richthofens und Cecil Lewis' finden sich dafür zahlreiche Indizien, aber auch der Infanterieleutnant Ernst Jünger bemerkt diese Verbundenheit, zu der die ritualisierten Luftkämpfe ebenso beitrugen wie ein gemeinsamer Ehrenkodex, und konstatiert als Bewunderer heroisch-individualistischen Kämpfertums:

> Es gibt sogar zwischen ihnen und dem Gegner eine Art der Gemeinsamkeit, welche die Fronten überbrückt, die auf der Erde gezogen sind, eine Gemeinsamkeit desselben Elementes und derselben Kunst, ja vielleicht der tätigen und angreifenden Rasse überhaupt.[56]

Die von den Fliegerkämpfen ausgeübte Faszination führte nach Jean Norton Cru dazu, daß Darstellungen von Luftduellen ebenso wie Nah-

---

52 Ebda.

53 Richthofen, *Der rote Kampfflieger*, S. 94.

54 Rudolf G. Binding, "Aus dem Kriege", S. 471. An anderer Stelle hält Binding Meldungen des englischen Heeresnachrichtendienstes über Richthofens Abschuß und Begräbnis fest. Seine Erzählung "Unsterblichkeit" zeichnet das verkitschte Porträt eines Fliegeroffiziers, unschwer zu erkennen als Richthofen. Zum Fortwirken des Richthofen-Mythos bis in die Gegenwart vgl. Korff, "Richthofen", S. 264 ff. und Eckhardt Momber, *'s ist Krieg*, S. 92.

55 Korff, "Richthofen", S. 219.

56 *Das Wäldchen 125. Eine Chronik aus den Grabenkämpfen 1918* (6. Aufl. Berlin, 1935), S. 86.

kampfszenen in Kriegsmemoiren und Romanen häufiger aufscheinen, als es den tatsächlichen Gegebenheiten entspräche: "Only the aviator and the isolated patrol sometimes enjoy the privileges of single combat but these cases are much more uncommon than anecdote would have us believe."[57] Crus Bemühungen um eine Korrektur der durch literarische "Mystifizierungen" verzerrten Historie des Krieges werden, so aufschlußreich sie im einzelnen sein mögen, der Funktionalität eben dieser "Verfälschungen" selten gerecht. Schließlich untermauert sein Befund aber die These Eric J. Leeds, wonach den zahlreichen Darstellungen von Flugzeugen und Luftkämpfen in der Kriegsliteratur eine deutliche kompensatorische Funktion zukomme. Die Position des Fliegers repräsentiere, so Leed, die Überwindung der fragmentarischen Perspektive des Grabenkämpfers und stelle somit ein Identifikationsangebot für dessen eskapistische Sehnsüchte dar.[58] Anders als der passiv dem Artilleriefeuer ausgelieferte Infanterist konnte der Flieger den ihn bedrohenden Gefahren (Gegner, häufige technische Gebrechen, Witterung) bis zu einem gewissen Grad durch Mut und persönliches Geschick steuern und noch im Tod seine Dignität wahren:

> The more hideous trench warfare became, the more one's gaze was lifted to those free spirits floating in the sky above the trenches. The danger of it was not in our thoughts, for that was the element we breathed every day. The swift fall of an Icarus might have seemed a romantic exit compared with ignoble death in a ditch.[59]

Das Moment der persönlichen Bewährung, verkörpert in den Flieger-Heroen, stellte einen motivierenden Faktor auch dann noch dar, als der Krieg am Boden längst zu einem sinnlosen Morden auf Distanz geworden war:

> ... Richthofens Himmelshöhe über die da unten, mitten im Dreck des gegenseitigen Abschlachtens, seine Vogelperspektive, ist angenehm und verführerisch. Sie bietet Versöhnung mit dem eigenen Tun, den sauberen Umgang mit dem Grauenvollen.[60]

Immerhin handelt es sich um einen Krieg, in dem, wie Momber in seiner scharfsinnigen Analyse der Memoiren des "Roten Barons" zu bedenken

---

57 *War Books*, S. 59.
58 Vgl. *No Man's Land*, S. 134. Vgl. 3.3.
59 Herbert Read, *The Contrary Experience*, S. 63.
60 Momber, *'s ist Krieg*, S. 94.

gibt, die 80 "Abschüsse" Richthofens bestimmt von jedem MG-Schützen übertroffen wurden.[61]

Die romantisierende Verklärung des Fliegers illustriert in beinahe exemplarischer Weise Franz Karl Ginzkeys Gedicht "Feindlicher Flieger". Aus der Froschperspektive schildert der Sprecher den Abschuß eines gegnerischen Flugzeugs durch Artillerie:

Drüben ob den aufgewühlten Landen
Schraubt sich einer in des Abends Duft.
Wall und Graben sind ihm nicht vorhanden,
Freund wie Feind umschlingt die gleiche Luft.
Höchster Walstatt freudig auserkoren,
Wagt er hurtig seine Schlacht allein.
Ganz gewonnen oder ganz verloren
Soll sein einsam Schicksal sein.

Wie sein Nahn die Rufer nun verkünden,
Wird der Grimm der Unsern aufgestört.
Da begrüßt aus hundert Feuerschlünden
Ihn ein Todesjubel unerhört.
Aber er, in seiner Abendhelle,
Auf den Schwingen purpurkühlen Glanz,
Schlingt die weißen Wölkchen der Schrapnelle
Sich ums Haupt wie einen Freudenkranz.

Kreisend in azurnen Einsamkeiten,
Hochgemut mit offenem Visier,
Grüßt sein Wappen uns wie einst vorzeiten
Wackrer Ritter kühne Helmbuschzier.
Gläsernhell wie durch Libellenflügel
Blitzt es fordernd uns zu Häupten auf.
Donnernd spenden wir von Horst und Hügel
Eisenantwort seinem Lauf.

Seltsam: Wie er so im Abendglaste
Ruhig kreiset über Not und Tod,
Dünkt uns fast, er sei bei uns zu Gaste,
Mehr von uns gefeiert als bedroht.
Aber sieh, da hat mit einem Male
Eine Feuersäule ihn umrafft,
Wirbelt ihn und schmettert ihn zu Tale,
Ach, zur letzten Landung grauenhaft.

Wie wir den Versunknen dann umstehen
Fühlen wir: Für Feindschaft bleibt kein Raum.
Uns entwaffnet seines Leids Geschehen
Und des Todes brüderlicher Traum.

---

61 Vgl. ebda.

Seinem armen Erdenreste neigen
Wir uns stumm, von Ehrfurcht übermannt.
Einer betet laut. Und Gottes Schweigen
Ist darüber ausgespannt.[62]

Bereits in den ersten beiden Zeilen wird der Kontrast zwischen den Sphären etabliert, in denen sich Flugzeug und Bodentruppen bewegen. Z. 3 läßt die Signifikanz des Fliegers als Identifikationsobjekt für die eskapistischen Sehnsüchte der Grabenkämpfer erkennen, Z. 4 deutet auf die erwähnte Solidarität der Piloten über die gegnerischen Lager hinweg. Das archaisierende "Walstatt" in Z. 5 ist bezeichnend für die literarische Glorifizierung ritterlichen Einzelkämpfertums am Beispiel des Fliegers.

Der Eintritt der Maschine in den Wirkungsradius der Fliegerabwehr wird zum frenetisch bejubelten Einzug eines Triumphators. Mehrmals betont wird die Devotion, die dem Flieger von "unten" entgegengebracht wird und sogar in der feindseligen Handlung enthalten ist (" ... mehr von uns gefeiert als bedroht", Z. 28). Mit dem Kontrast zwischen den "Feuerschlünden" der Kanonen und der ätherischen Kühle, die den Einsamen umgibt, wird erneut der Gegensatz zwischen den Sphären aufgegriffen, die Hervorhebung des "purpurkühle[n] Glanz[es]" (Z. 14) der Tragflächen unterstreicht die Nobilitierung des Fliegers und verleiht seiner räumlichen Distanz eine deutliche hierarchische Konnotation.

Die führende Position des Aeronauten in der Rangordnung der Truppenteile expliziert der Vergleich mit einem heroistisch gezeichneten Rittertum in der dritten Strophe. Mit der entwürdigenden Erfahrung des Grabenkampfes kontrastiert sein (hier durchaus im Sinne der mittelalterlichen Bedeutung aufzufassender) "hohe[r] Mut" (Z. 18). Der Flieger kann sich seinem Gegner offen zeigen und so in ritterlicher Manier eine Aufforderung zur Konfrontation ausdrücken, ein Umstand, der übrigens in engem Zusammenhang mit der häufigen individuellen Kennzeichnung der Flugzeuge steht, die in der Signalwirkung von Richthofens rotem Dreidecker ihre zum Mythos gewordene Ausprägung fand. Der bewundernde Blick nach oben läßt in Ginzkeys Gedicht beinahe vergessen, daß Krieg ist und der Flieger ein zu tötender Gegner. Sein Absturz überrascht und wird betrauert. Ginzkey, der in seinem Gedicht "Die Flöte" das Thema der Versöhnung gestaltet,[63] greift das Motiv des Fliegers auf, um – ähnlich Thomas Hardy in "Then and Now" (vgl. 10.1.3.) – die Möglich-

---

62 F. K. Ginzkey, *Ausgewählte Werke in vier Bänden*, Bd. 1: *Gedichte* (Wien, o. J. [1960]), S. 289 f.

63 Vgl. 2.9. und Anm.

keiten einer durch chevalereske Konventionen reglementierten Auseinandersetzung zu sondieren, in der (im Gegensatz zur Eigendynamik des Stellungskriegs) die Überwindung der Feindseligkeit eingeschlossen ist.

7.3. "Kreisend in azurnen Einsamkeiten"

Ästhetisierende Darstellungen des Flugzeugs sind in der englischen und deutschen Dichtung des Ersten Weltkriegs häufig. Einige Beispiele zeigen jene familiarisierende Tiermetaphorik, die uns auch in poetischen Thematisierungen anderen Kriegsgeräts (Artillerie, Gas) begegnet. Aus der Froschperspektive des Infanteristen erscheinen die Flugzeuge als Raubvögel[64] oder gar zu winzigen Insekten verkleinert:

> Gone outward to the east and the new skies
> Are aeroplanes, and flat there as tiny as bright
> As insects wonderful coloured after the night
> Emerging lovely as ever into the new day's
> First coolness and lucent gratefulness ...
>
> ... the dawn with aeroplanes crawling high at Heaven's gate.
> Lovely aerial beetles of wonderful scintillate
> Strangest interest, and puffs of soft purest white –
> Seeking light, dispersing colouring for fancy's delight.
>
> ... Up there in the sky
> Big dragon-flies hung hovering ...[65]

Herbert Reads "Aeroplanes" erweitert die Metapher der zuletzt angeführten Passage zum imagistischen Bildgedicht:

---

64 So z. B. in Siegfried Sassoons "Editorial Impressions": "By Jove, those flying-chaps of ours are fine!/ I watched one daring beggar looping loops,/ Soaring and diving like some bird of prey" (*The War Poems*, S. 89); "... the big hawk forged ahead and then turned and went back, superb and insolent" (Siegfried Sassoon, *Diaries 1915-1918*, S. 38); "stählerne Falken" (Paul Zech, *Von der Maas bis an die Marne. Ein Kriegstagebuch* [Frankfurt a. M., 1988], S. 42); "... vor ihnen [...] kurvte der Flieger, ein Habicht, der noch nicht recht entschlossen ist, von welcher Seite er auf das verdatterte Opfer stoßen muß" (Karl Bröger, *Bunker 17*, S. 11).

65 Ivor Gurney, "Towards Lillers", "Laventie"; *Collected Poems*, S. 112, 78; Wilfrid Wilson Gibson, "Between the Lines"; *Collected Poems*, S. 389. Vgl. auch Ivor Gurney, *War Letters*, S. 77: " ... the gnat-like aeroplanes sailing blithely amid bits of fluff" u. Edward Thomas, "War Diary" (8. Februar 1917), *Collected Poems*, S. 469: "Enemy plane like pale moth beautiful among shrapnel bursts." Bei Remarque, *Im Westen nichts Neues*, S. 47, erscheint der Flieger als "schwarzes Insekt" im Licht der Scheinwerfer.

A dragonfly
in the flecked grey sky.

Its silvered planes
break the wide and still
harmony of space.

Around it shells
flash
their fumes
burgeoning to blooms
smoke lilies that float
along the sky.

Among them darts
a dragonfly.[66]

Edmund Blundens Darstellung eines Luftduells in "Clear Weather" unterstreicht Ästhetik und Dynamik des Geschehens. Der von den Posten ausgelöste Alarm verweist auf die Gefahr, die vom Einsatz der Flugzeuge zu direkten Angriffen auf Infanterie- und Artilleriestellungen ausging:[67]

And now the sentries' whistles ply,
For overhead with whirring drone
An Albatros comes racing by,
Immensely high, and one of our own

From underneath to meet it mounts,
And banks and spirals up, and straight
The popping maxims' leaden founts
Spurt fire, the Boche drops like a weight:

A hundred feet he nose-dives, then
He rights himself and scuds down sky
Towards the German lines again,
A great transparent dragon-fly.[68]

Anton Schnacks "Morgen bei Brieulles" ("Winziger Fliegerwuchs in frisches Blau"[69]) betont die ätherische Entrücktheit des Fliegers. Bei

66 *Collected Poems*, S. 47.

67 Vgl. C. E. Carrington, *Soldier from the Wars Returning*, S. 130: " ... the Germans [...] often troubled us with attacks on ground targets"; Rudolf G. Binding, "Aus dem Kriege", S. 468: "Ganz niedrig über unsere Linie streichen Flugzeuge die Gräben und Annäherungswege mit Maschinengewehrregen ab, gegen den die unsern regelmäßig zu spät auf dem Plan erscheinen."

68 *The Poems*, S. 41 f.

69 *Tier rang gewaltig mit Tier*, S. 25.

Gertrud Fauth und A. E. [= George William Russell] gerät sie zur mythischen Übersteigerung: "... – Der eine flog durchs Blau, Phaeton im Sonnenwagen"; "High o'er the cloudy battle sweep/ The wingèd chariots in their flight."[70] Anthropomorphisierend schildert Kurd Adler den Beschuß eines Fliegers durch gegnerische Luftabwehr: "... Silbern spottend, bebend rattert der Aeroplan./ Die kleinen, weißen Schrappnellwolken tanzen den Elfenreigen./ Immer näher, heißer, drängender, gährender [sic!]."[71] Die Häßlichkeit und Obszönität der Frontszenerie hingegen betont der Vergleich des Flugzeugs mit einem Insekt in Alfred Vagts' "Schloßpark im Feindesland": "Ein Äroplan steigt hinauf/ Und hängt wie eine Fliege über dieser steinernen Schachtel voll Aas."[72]

Robert Nichols' "Noon" thematisiert in seinen letzten beiden Strophen die Polarität zwischen den Sphären des Fliegers und der Grabenkämpfer:

From out a high cool cloud descends
An aeroplane's far moan ...
The sun strikes down, the thin cloud rends ...
The black spot travels on.

And sweating, dizzied, isolate
In the hot trench beneath,
We bide the next shrewd move of fate
Be it of life or death.[73]

Aus der Sicht des Verwundeten zwischen den Stellungen, die Nichols in seinem Gedicht "Comrades" vorführt, erscheint die Distanz des Fliegers als Indifferenz gegenüber dem Martyrium der Bodentruppen: "A heedless speck, a 'plane, slid on alone,/ Like a fly traversing a cliff of stone".[74]

Lyrische Darstellungen von Flugzeug und Luftkampf aus der Perspektive des Piloten sind geprägt von der Faszination des motorisierten Fluges, die Kriegsthematik tritt in der überwiegenden Mehrzahl dieser Gedichte in den Hintergrund. Scheinbar unbelastet von ethisch-

---

70 "Zwei Freunden", in: *Der deutsche Krieg im deutschen Gedicht* 6, Hrsg. Bab, S. 33; "Gods of War", in: *A Treasury of War Poetry*, Hrsg. Clarke, S. 138.

71 "In der Beobachtung", in: *1914-1916*, Hrsg. Pfemfert, S. 8. Ähnlich Gustav Sack in seiner Prosaskizze "Der Flieger": "Am nächsten Morgen aber wiegte sich hoch in dem reingefegten Himmel ein feindlicher Flieger, blinkend, surrend, frech und über alle Maßen schön in seiner koketten Unbekümmertheit um die rings um ihn in graziösen Wölkchen zerplatzenden Schrapnelle" (in: *Gustav Sack. Prosa. Briefe. Verse* [München, 1962], S. 345 f.).

72 In: *Die Dichter und der Krieg*, Hrsgg. Anz/Vogl, S. 117.

73 In: *Up the Line to Death*, Hrsg. Gardner, S. 37.

74 "Comrades", in: *Up the Line to Death*, Hrsg. Gardner, S. 40.

moralischen Überlegungen wird die Eroberung des Luftraums und – im Gegensatz zu Darstellungen von Artilleriegeschützen, in denen die Oppressivität des Kriegsgeräts und die Reduktion des Menschen zum Maschinendiener betont wird (s. 5.) – die Einheit von Mensch und Maschine zelebriert.

Ein großer Teil der dem heutigen Leser zugänglichen englischen Fliegergedichte 1914-1918 stammt von aktiven Piloten des Royal Flying Corps,[75] wofür sich in der erreichbaren deutschen Lyrik keine Beispiele finden. In ihrem überwiegend liedhaften und humoristischen Charakter spiegeln diese weitgehend anspruchslosen Texte den Korpsgeist und die demonstrative Nonchalance einer militärischen Elite. Stärkere Beachtung verdient das schmale poetische Ouevre Jeffery Days, Offizier des *Royal Naval Air Service*, der am 27. Februar 1918 im Kampf gegen sechs gegnerische Flugzeuge den Tod fand. Days Darstellung eines morgendlichen Patrouillenflugs in dem Gedicht "On the Wings of the Morning" huldigt dem Freiheitsgefühl des Fliegens und dem ästhetischen Erlebnis des Tagesanbruchs in der Luft. Krieg und militärischer Zweck des Fluges bleiben ausgeklammert. Die Beschreibung der friedlichen Landschaft, die sich tief unter dem Betrachter ausbreitet, erinnert an literarische Vorbilder, konkret an Wordsworths panoramatische Darstellung des frühmorgendlichen London im "Westminster Bridge"-Sonett. Auf die künstlerische Moderne dagegen verweist als signifikantes Detail die Sicht dieser Landschaft als eines "cubist-patterned carpet".[76] In Days Gedicht "The Call of the Air"[77] unterstreicht der liedhafte Charakter die naive Glorifizierung des Fluges, die repetitive Struktur unterstützt den Appell: "Have you ever sat in crystal space, enjoying the sensations/ Of an eagle hovered high above the earth [...]?" Ein Detail in der Darstellung der Vogelperspektive erinnert an Wilfred Owens "The Show" (vgl. 3.5.): "Have you seen a khaki maggot crawling down a thread of cotton –/ The route march of a regiment or so?" An anderer Stelle erscheint der Kontrast zwischen dem Schlamm der flandrischen Front und der ätherischen Entrücktheit des Fliegers: "Have you left the ground in murkiness, all clammy, grey and soaking/ [....] / and then leapt into a land of blazing

---

75 Gesammelt z. B. in *Echoes in the Sky. An Anthology of Aviation Verse from Two World Wars*, Hrsg. Ronald Dixon (Poole/Dorset, 1982). *A Treasury of War Poetry*, Hrsg. Clarke, faßt eine Gruppe von Fliegergedichten unter dem Titel "The Airmen" zusammen (S. 340-52). Für den Zweiten Weltkrieg s. *Air Force Poetry*, Hrsgg. John Pudney u. Henry Treece (London, 1944).

76 In: *Up the Line to Death*, Hrsg. Gardner, S. 53. Laut *OED* erscheinen die Begriffe "Cubism" bzw. "Cubist(s)" im Englischen erstmals 1911.

77 In: *Never Such Innocence*, Hrsg. Stephen, S. 256 f.

light [...]?" Day verfaßte allerdings auch kritische Gedichte, wie z. B. das in direktem Gegensatz zu "On the Wings of the Morning" stehende "Dawn": "... every night the orders tell/ the same monotonous old story/ 'machines will raid at dawn.' To hell/ with death or glory!"[78]

Neben Jeffery Days "On the Wings of the Morning" finden sich in neueren Anthologien englischer Weltkriegslyrik vor allem Texte von Paul Bewsher als Beispiele für Gedichte aktiver Piloten abgedruckt. "The Joy of Flying" preist in romantisierender Diktion die Einsamkeit des Fliegers:

> Ah! Then what solitude is mine –
> From grovelling mankind aloof!
> [...]
> How small their petty quarrels seem!
> Poor, crawling multitudes below;
> Which, like the ants, in feverish stream
> From place to place move to and fro!
> [...]
> Now know I why the skylark sings
> Untrammeled in the boundless air –
> For mine it is his bliss to share![79]

Passagen in Bewshers "The Dawn Patrol" ("Scarce human seem I, moving through the skies,/ And far removed from warlike enterprise"[80]) und auch "The Night Raid" ("Now high above War's frontiers do I sit –/ Above the lines"[81]) verweisen einmal mehr auf die marginale Rolle des Krieges in diesen und ähnlichen lyrischen Verherrlichungen des Fluges. Bewsher, der zeitweilig auch zu Bombenflügen hinter die Frontlinie eingesetzt war, verfaßte jedoch eine Reihe von Gedichten, die seine Selbstvorwürfe und Schuldgefühle artikulieren, so z. B. das unten behandelte "Nox Mortis". Zweifel an der Mission des Piloten läßt bereits das Gedicht "Cloud Thoughts (Written in an Aeroplane)" erkennen: "Above the clouds I sail [...],/ And wish my mind/ Above its clouds could climb as well/ And leave behind/ The world and all its crowds".[82] Im Gedicht "Searchlights" thematisiert Bewsher die Ängste des Fliegers im Fronteinsatz. Wie in Days "The Call of the Air" begegnet uns auch hier, allerdings unter anderen Vorzeichen, die Aufforderung zur Empathie in

78 Ebda, S. 255.
79 *The Dawn Patrol, and other Poems of an Aviator* (London, 1917), S. 9.
80 Ebda, S. 7.
81 Ebda, S. 15.
82 Ebda, S. 35.

der rhetorischen Frage: "Have you imagined what it is to creep/ High in the darkness, cold and terror-wise,/ For ever looked for by those cruel eyes [...]?"[83]

Der Artillerist Gilbert Frankau beschäftigt sich in seinem Gedicht "Eyes in the Air" detailliert mit dem Einsatz der Maschinen zu Luftaufklärung ("As clear as the charts before us, his [d. h. des Feindes] ramparts lie revealed") und Artillerielenkung. Die Kommunikation zwischen Fliegern und Kanonieren erfolgt mittels Leitstreifen (vgl. auch das unten diskutierte Gedicht von Franz Richard Behrens, Z. 40), Flaggen und auch schon mittels Drahtlostelegraphie:

> Line – target – short or over –
> Come, plain as clockhands run,
> Words from the birds that hover,
> Unblinded, tail to sun;
> Words out of air to range them fair,
> From hawks that guide the gun![84]

Die letzte Strophe stellt unter Fortsetzung der Raubvogelmetaphorik einen Luftkampf zwischen der englischen Maschine und einer deutschen (Fokker-) "Taube" dar; Aufforderung zum Duell und Absturz des Besiegten sind explizit mit erotischen Assoziationen verbunden:

> Your flying shells have failed you, your landward guns are dumb:
> Since earth hath naught availed you, these skies be open! Come,
> Where, wild to meet and mate you, flame in their beaks for breath,
> Black doves! The white hawks wait you on the wind-tossed boughs of death.
> These boughs be cold without you; our hearts are hot for this,
> Our wings shall beat about you, our scorching breath shall kiss;
> Till, fraught with that we gave you, fulfilled of our desire,
> You bank – too late to save you from biting beaks of fire –
>   Turn sideways from your lover,
>   Shudder and swerve and run,
>   Tilt; stagger; and plunge over
>   Ablaze against the sun:
>   Doves dead in air, who clomb to dare
>   The hawks that guide the gun.[85]

Als eines der frühesten deutschen Beispiele für dichterische Darstellungen der Faszinosa Flug und Luftkampf läßt sich Paul Zechs "In Wol-

---

83 In: *A Treasury of War Poetry*, Hrsg. Clarke, S. 351 f.

84 *The Guns (Loos, September 1915)*; *The Poetical Works of Gilbert Frankau* 1, S. 200.

85 Ebda.

ken über Sacré Coeur ... Paris" anführen. Der Luftkampf steht bezeichnenderweise nicht im Zentrum des Gedichtes, sondern figuriert lediglich in der letzten Strophe, das aggressive Moment tritt beinahe gänzlich hinter der ästhetisierenden Schilderung des Fluges zurück. Zechs elaborierte Sprache kontrastiert mit der naiven Begeisterung, die hinter der imaginären Schilderung von Beobachtungsflug und Luftkampf spürbar wird:

> Und fast vergaßen sie in dem Korund,
> Der da von unten nun mit allen Flächen flammte,
> Des Späherfluges urverbrieften Grund
> Und fuhren Kurven drohend und profund,
> Als schon ein Kugelspritzer die Zylinder schrammte.
>
> Und dann, in vollem Steigen fort, noch dies:
> Ein fremder Vogel steil zu ihnen aufwärts jagend ...
> Und war ein Wurf nur, der ihn wieder niederstieß,
> In Wolken über Sacré Coeur ... Paris
> Sich schließlich überschlagend.[86]

In einem unbetitelten Gedicht des am 9. Januar 1915 bei Soissons gefallenen Walter Heymann manifestiert sich der Technikkult der literarischen Avantgarde vor und zu Beginn des Ersten Weltkriegs:

> Maschinen, der Zeit gerüstete Krieger
> heben die Hebel, bewegen die Räder,
> da tritt sportlich im Panzer von Leder
> zum segelbespannten Vogel der Flieger;
>
> Und steigt in den Flugsitz, Gestampf der Motoren
> singt und pufft ihm vom endlichen bezwungenen
> Reich der wirbelnden Luft um die Ohren,
> mahlend drehn sich die herrlich geschwungenen
> Propeller zur Scheibe.[87]

Heymanns Gedicht glorifiziert die Dynamik und Ästhetik der Maschine, wobei sich in der heute stumpfen Metapher "Vogel" wie im zuvor zitierten Gedicht Paul Zechs noch ein ursprüngliches Staunen über das Phänomen des motorisierten Fluges zu artikulieren scheint. Die Verleihung ritterlicher Attribute ("gerüstete Krieger", "Panzer von Leder") sowohl an das Fluggerät als auch an den Piloten deutet auf eine *unio*

---

86 In: *Der deutsche Krieg im deutschen Gedicht*, Hrsg. Bab, 3 [Nov. 1914], S. 32.
87 In: *Zeit-Echo. Ein Kriegstagebuch der Künstler 1914-1915*, Hrsg. Otto Haas-Heye (München, o. J. [1915]; Nachdr. Nendeln, 1969), S. 210.

mystica von Mensch und Maschine, wie sie uns in Heinrich Lerschs Prosaskizze "Der Flieger" im Bild eines beide umfassenden Organismus begegnet: "So setzt er [d. h. der Flieger] sich in die Maschine, schmeißt den Kopf zurück, lacht den Monteuren zu. – Die Maschine ist ein Muskel geworden, es zittert die Kraft in dem Muskel, vibriert – Motor – sagt man? Unsinn, ein willkürlich bewegter Muskel".[88] (Eine makabre Variation dieses Themas findet sich übrigens in einem anonymen englischen Fliegergedicht über die Folgen einer Bruchlandung: "Take the piston rings out of my stomach,/ And the cylinders out of my brain,/ Extract from my liver the crankshaft/ And assemble the engine again."[89])

Entgegen der Exaltation des Fluges in den vorangegangenen Beispielen ist das zentrale Moment in Anton Schnacks "Der Flieger" die prekäre Balance von Auftrieb und Gravitation, und, in der Vision des Sturzes, der Triumph von Angst und Tod:

Am Abend aufgeschnellt bei ungeheurem Wind; weit westwärts Städte, Speicher, hoch und voller Brot.
Ein Rauch stand weiß. Im Hintergrund die Nacht, gewölbt, entsetzlich, rauschend. Auch Vögel flogen,
Etwas zerfetzt, die Schwingen schwarz. Dann dreier Wolken Überhang und Meer von Nebelwogen ...
Wer da hinabsah tief, im Nacken Sterne, eisig, klar, versprengt, bald grün, bald blau, und großes Abendrot,
Der sah den Tod, der sah ins Schwarz der Schluchten, der sah in Städte schmal und lichtumlodert,
Der fühlte: Luftströme, kalt und wild, den Sturz der Winde, haushoch; und wer tief unten säße,
Dunkel und müde, ins Hohe starrend, in gelben Sonnenuntergang, in einen runden Mond, in seidige Gestirngefäße,
Weit und ganz weiß, der dachte: niederfallen, oh zerschmettern und aufgefunden werden ganz vermodert,
Unkenntlich, alt, im Antlitz Brut von Maden, zerhackt von Raben, Nachtvögeln, Geiern,
Schauerlich; der dachte noch: Wer säh mich an? Wer würde rufen und stoßen mich mit seinem Fuß
Und senken seine Stirne traurig über mich, verbittert, schmerzlich? Wer würf mir Erde
Ins Gesicht? Und wenn Geschwader flögen? Es käme nicht zu mir, zu meiner Dunkelheit; und wenn ein Heer von Reihern
Entlang mit zöge? Auch dieses wäre nichts, und auch kein Donner, Schnee, kein Sturm, kein Regenguß

---

88 *Briefe und Gedichte aus dem Nachlaß*, Hrsg. Christian Jenssen (Hamburg, 1939), S. 15 f.

89 Anon., "A Poor Aviator Lay Dying", in: *Never Such Innocence*, Hrsg. Stephen, S. 246.

> Könnte mich rühren und zu Gelächter bringen, denn Tod liegt auf mir,
> würgend, riesenhaft und wie ein schauriges Gewicht. –[90]

Wie die meisten der Kriegsgedichte Schnacks repräsentiert auch "Der Flieger" trotz der manieristisch gelängten Zeilen ein regelmäßiges Sonett. Die Volta erscheint hier jedoch im Wechsel der Perspektive ("und wer tief unten säße ...") in der zweiten Zeile des zweiten Quartetts. Während in den beiden Quartetten die Häufung kosmischer Bilder die Isolation des Fliegers betont, schlägt Schnacks "dunkle" Ästhetik des Fluges im Übergang zum ersten Terzett in drastischen Realismus um: Das Bild der zerschmetterten Leiche des Fliegers vergegenwärtigt das Scheitern ikarischer Hybris gegenüber der Allgewalt des Todes.

7.4. Ikarus

Paul Zechs und Walter Heymanns Verklärung des motorisierten Fluges erscheint in einem frühen Gedicht Klabunds [= Alfred Henschkes], dessen spätere "Ballade des Vergessens" (vgl. 4.) eine technikfeindliche Haltung einnimmt, ins Metaphysische gesteigert. "Der Flieger" präsentiert eine vitalistische Überhöhung des Fluges, die Überwindung der Schwerkraft mit Hilfe der Maschine wird analog gesetzt zu einer geistigen Entgrenzung. Fliegen ist Erfüllung geheimer Sehnsüchte und intensivstes Lebensgefühl. In der Apotheose des Fliegers findet die durch dynamisierende Bilder ausgedrückte Ekstase ihre letzte Steigerung:

> Jedjede Muskel spannt sich straff wie eine Sehne.
> Qualmgrauer Nebel überrußt den Raum.
> Du steigst aus seinem Schaum
> Ins Licht wie Anadyomene.
>
> Dreitausend Meter ...
> Die Welt vergeht ...
> Nun ziehst du groß im Äther
> Als goldener Planet.
> Du ziehst im Zug der Sterne
> Gehoben aus der Zeit,
> Und fliegst in alle Ferne
> Und alle Ewigkeit.[91]

---

90 *Tier rang gewaltig mit Tier*, S. 57.

91 *Klabunds Soldatenlieder* (Dachau, 1914), S. 4; abgedr. in: *Die Dichter und der Krieg*, Hrsgg. Anz/Vogl, S. 89 f.

Von zentraler Bedeutung ist die von Klabund eröffnete symbolische Dimension des Fluges in Arthur Dreys "Der Himmelflieger", einer Variation des Ikarusmotivs[92] im Zeitalter des motorisierten Fluges. Das Gedicht erschien in einer Sammlung expressionistischer Lyrik mit dem programmatischen Titel *Der unendliche Mensch*:

Wund von Wundern und jung
Riß dich ein Rausch in die Höhe,
Daß im sausenden Schwung
Jubel und Ruhm bestehe.

Nicht bedürftig der Erde
Schien dein stürmendes Steigen,
Auf die kriechende Herde
Sahst du aus höchsten Gezweigen.

Sangst in die Sternäonen
All, was dein Eigen war,
Lachtest drohender Zonen,
Lähmender Höhengefahr ... [93]

Dreys Gedicht ist ein Gleichnis der Künstlerexistenz, der Steigflug des Piloten Sinnbild der Überwindung bourgeoiser Restriktionen. Im Bild des Fluges findet das ekstatische Lebensgefühl der expressionistischen Avantgarde, ihr Drang nach Entgrenzung, sein Symbol. Dreys Gedicht endet tragisch: der Höhenflug scheitert, da (gesellschaftliche und geistige) Isolation und tief implantierte bürgerlich-konservative Werthaltungen den Versuch als Hybris empfinden lassen:

Doch mit einemmal zuckte
Zitternd dein Leib und Blut,
Und die Kehle schluckte
Mühsam nach Luft und Mut.

Und in rasendem Drehen
Fühltest du klemmende Not --.
Konntest nicht länger bestehen.
Luft ohne Staub ward dein Tod.

---

92 Zur Deutung der Gestalt des Ikarus als Prototyp des Künstlers sowie zur Repräsentation des motorisierten Fluges in der Literatur des frühen zwanzigsten Jahrhunderts s. Felix Philipp Ingold, "Ikarus novus. Zum Selbstverständnis des Autors in der Moderne", in: *Technik in der Literatur. Ein Forschungsüberblick und zwölf Aufsätze*, Hrsg. Harro Segeberg, suhrkamp taschenbuch wissenschaft 655 (Frankfurt a. M., 1987), S. 269-350.

93 Der jüngste Tag. 68/69 (Leipzig, o. J.), S. 49. Nachdr. S. 897.

In der Leere der Lüfte
Brach die Seele der Glieder.
In die Tiefen der Klüfte,
Tonlos, stürztest du nieder.[94]

Unter englischen Gedichten aus der Zeit des Ersten Weltkriegs scheinen Deutungen des motorisierten Fluges als Paradigma der künstlerischen Existenz gänzlich zu fehlen. Prominente Ausnahme ist William Butler Yeats' "An Irish Airman Foresees his Death":

I know that I shall meet my fate
Somewhere among the clouds above;
Those that I fight I do not hate,
Those that I guard I do not love;
My country is Kiltartan Cross,
My countrymen Kiltartan's poor,
No likely end could bring them loss
Or leave them happier than before.
Nor law, nor duty bade me fight,
Nor public men, nor cheering crowds,
A lonely impulse of delight
Drove to this tumult in the clouds;
I balanced all, brought all to mind,
The years to come seemed waste of breath,
A waste of breath the years behind
In balance with this life, this death.[95]

Yeats verfaßte "An Irish Airman Foresees his Death" als Nachruf auf Major Robert Gregory, den vielseitig begabten Sohn der Freundin und Gönnerin Lady Gregory, der am 23. Januar 1918 im Luftkampf über der italienischen Front gefallen war, irrtümlich abgeschossen von einem italienischen Flieger, wie sich später herausstellen sollte. Veröffentlicht wurde das Gedicht in der Sammlung *The Wild Swans at Coole* (1919), zusammen mit der im Juni 1918 fertiggestellten und im August desselben Jahres in der *English Review* erstmals publizierten Elegie "In Memory of Major Robert Gregory". Zwei weitere Gedichte zum Gedenken Robert Gregorys sind das im März 1918 vollendete, in der Tradition der pastoralen Elegie stehende "Shepherd and Goatherd" und das 1921 entstandene, postum veröffentlichte "Reprisals". Erst in der Zusammenschau mit diesen Gedichten erschließt sich die volle Bedeutung von "An Irish Air-

94 Ebda.
95 *Yeats's Poems*, Hrsg. A. Norman Jeffares (London, 1989), S. 237. Eine rhetorisch-stilistische Analyse des Gedichtes gibt Ronald P. Draper, "Style and Matter", *Revue des langues vivantes* 27, 1 (1961), S. 15-23.

man Foresees his Death": Robert Gregory, Maler, Gelehrter und Athlet, repräsentiert das Universalitätsideal der Renaissance (nicht zuletzt nahm Yeats für "Shepherd and Goatherd" zunächst Spensers Ekloge auf den Tod Sidneys zum Vorbild. Für Yeats' in wesentlichen Zügen romantisch geprägte, die Dissoziation von *vita contemplativa* und *vita activa* und die soziale Isolation des schöpferischen Menschen betonende Kunstauffassung ist dieses Ideal ein Paradoxon. Wie Frank Kermode ausführt, war Gregorys Existenz für Yeats wie seine eigene durch die divergierenden Ansprüche der sozialen Sphäre und des Ideals eines isolationistischen Künstlertums ("the dream", s. u.) belastet.[96] In der Ekstase des Fluges scheint eine momentane Synthese von Kunst und Leben möglich: "For a moment an equilibrium is achieved; the tensions resolved, there is life, life of extraordinary fulness; but at the cost, the world being what it is, of immediate extinction."[97] Anders als in Dreys "Der Himmelsflieger" erscheint das Ende in Yeats' Gedicht nicht als Scheitern, sondern als Erfüllung, als "unifying and destructive delight, the singular achievement by a gifted artist of unity at the expense of life itself".[98] Yeats selbst nimmt diese Interpretation in einem im *Observer* veröffentlichten Nachruf auf Robert Gregory vorweg: Gregory habe, so berichtet er, G. B. Shaw bei dessen Frontbesuch erklärt, die Monate seit seinem Eintritt in die Armee seien die glücklichsten seines Lebens gewesen, und schließt:

> I think they brought him peace of mind, an escape from that shrinking, which I sometimes saw upon his face, before the growing absorption of his dream, the loneliness of his dream, as from his constant struggle to resist those other gifts that brought him ease and friendship. Leading his squadron in France or in Italy, mind and hand were at one, will and desire.[99]

An Yeats' "An Irish Airman" interessiert nicht nur die Signifikanz des Fluges, sondern auch die politische Aussage im ersten Teil des Gedichtes, denn nicht zuletzt spiegelt die Desinvolture des fiktionalen Robert Gregory Yeats' (vermutlich durch seine ästhetische Position motiviertes)

---

96 Frank Kermode, *Romantic Image* (London, 1957), Kap. 1: "The Artist in Isolation", S. 1-29 u. Kap. 2: "In Memory of Major Robert Gregory", S. 30-48. S. auch Robert Tracy, "Energy, Ecstasy, Elegy: Yeats and the Death of Robert Gregory", *Eire* 19, 1 (1984), S. 26-47.

97 Kermode, *Romantic Image*, S. 37.

98 Ebda.

99 "Major Robert Gregory", *The Observer* (17. Februar 1918); zit. nach *Uncollected Prose by W. B. Yeats*, Hrsgg. John P. Frayne u. Colton Johnson, Bd. 2: *Reviews, Articles and Other Miscellaneous Prose 1897-1939* (London, 1975), S. 431 [429-31].

Schweigen zu den Kriegsereignissen. Zwar stand Yeats der Sache der Alliierten nahe, er trat jedoch im Gegensatz zu vielen Schriftstellerkollegen nicht mit literarisch-propagandistischen Äußerungen an die Öffentlichkeit. Bekannt ist seine kaustische Antwort auf Edith Whartons Einladung, einen Beitrag zu dem von ihr herausgegebenen *Book of the Homeless* (1916) zu leisten: "I think it better that in times like these/ A poet's mouth be silent, for in truth/ We have no gift to set a statesman right".[100] In einem Brief an Henry James erklärte Yeats: "I shall keep the neighbourhood of the seven sleepers of Ephesus, hoping to catch their comfortable snores till bloody frivolity is over."[101] Yeats' Pilot agiert weder aus Sympathie für England ("Those that I guard I do not love") noch aus Antipathie gegen die Deutschen ("Those that I fight I do not hate"), sein Interesse konzentriert sich – wie das des Dichters – auf seine irische Heimat, deren verarmte Bevölkerung vom Ausgang des Krieges keine Veränderung ihrer Lebensumstände zu erwarten bzw. zu befürchten hat (vgl. Hardys "In Time of the Breaking of Nations"). Diese politische Dimension, konkret die irische Frage, steht im Mittelpunkt des zu "An Irish Airman" komplementären Gedichtes "Reprisals", dessen Publikation Yeats offenbar aus Rücksicht auf die Gefühle der Witwe Robert Gregorys zurückhielt.[102] "Reprisals" problematisiert den Kriegsdienst für ein Land, das die Unabhängigkeitsbestrebungen des eigenen Volkes brutal unterdrückt:

Some nineteen German planes, they say,
You had brought down before you died.
We called it a good death. Today
Can ghost or man be satisfied?
Although your last exciting year
Outweighed all other years, you said,
Though battle joy may be so dear
A memory, even to the dead,
It chases other thought away,
Yet rise from your Italian tomb,
Flit to Kiltartan cross and stay
Till certain second thoughts have come
Upon the cause you served, that we
Imagined such a fine affair:

---

100 "On being asked for a War Poem" (ursprünglicher Titel: "A Reason for Keeping Silent"; 2. Zeile zuerst: "We poets keep our mouths shut ..."); *Yeats's Poems*, S. 259.

101 An Henry James, 20. August 1915; *The Letters of W. B. Yeats*, Hrsg. Allan Wade (London, 1954), S. 600.

102 Vgl. Elizabeth Cullingford, *Yeats, Ireland and Fascism* (London, 1981), S. 108.

Half-drunk or whole-mad soldiery
Are murdering your tenants there.
Men that revere your father yet
Are shot at on the open plain.
Where may new-married women sit
And suckle children now? Armed men
May murder them in passsing by
Nor law nor parliament take heed.
Then close your ears with dust and lie
Among the other cheated dead.[103]

Yeats' Gedicht ist Ausdruck tiefer Desillusionierung: Die irische Unterstützung der Briten im Krieg zeitigte kein Entgegenkommen Englands in der Frage nationaler Souveränität, sondern Greueltaten einer nach Kriegsende von der Front nach Irland transferierten Soldateska, wie sie Lady Gregory 1920/21 in einer Reihe von Artikeln in *The Nation* beschrieb. Auf einen dieser Vorfälle, nämlich die unmotivierte Erschießung einer jungen Mutter durch *Black and Tans*, bezieht sich das Gedicht[104] (vgl. auch "Nineteen Hundred and Nineteen": "... a drunken soldiery/ Can leave the mother, murdered at her door,/ To crawl in her own blood, and go scot-free"[105]). Die Implikation der Eingangszeilen ist, daß Gregory sein Leben im Dienste Englands vergebens opferte – ebenso wie die zahllosen in der Somme-Schlacht gefallenen Angehörigen irischer Regimenter ("the other cheated dead"). Die Motivation des militärischen Engagements des Sprechers in "An Irish Airman" ("A lonely impulse of delight") erscheint durch die politische und humanitäre Anklage in "Reprisals" relativiert.

7.5. Nachtseite: Bombenflug

Wie die Luftduelle der Jagdflieger standen auch die ersten Einsätze des Flugzeugs zur Bombardierung von Zielen am Boden in ursächlichem Zusammenhang mit der Reconaissance, da man versuchte, aus der Luft ausgemachte Geschützstellungen und Truppenteile auch direkt anzugreifen. Von weitaus größerer Signifikanz sollten sich jedoch Luftangriffe auf Ziele hinter der Frontlinie erweisen: die Bombardierung von Produktionsstätten und logistischen Einrichtungen im Hinterland, vor allem aber der Zivilbevölkerung, stellte den letzten Schritt in Richtung

103 Abgedr. unter den Anm. zu "An Irish Airman" in *Yeats's Poems*, S. 553 f.
104 Vgl. Cullingford, *Yeats, Ireland and Fascism*, S. 106 f.
105 *The Tower* (1928); *Yeats's Poems*, S. 315.

jener Totalisierung des Krieges dar, die Wells, Scheerbart und Suttner antizipierten.[106] Zwar blieb der militärische Erfolg der *Zeppelin Raids* auf Ziele im Süden Englands gleich Null, ihr psychologischer Effekt darf jedoch, im Sinne eines Ausspruchs des britischen Fliegergenerals Sir Hugh Trenchard, nicht unterschätzt werden: "The moral effect of bombing stands to the material effect in a proportion of 20 to 1."[107] Zum ersten Zeppelineinsatz gegen Zivilbevölkerung kam es bereits am 6. August 1914 bei der Bombardierung Lüttichs, der erste Bombenflug des Weltkriegs mit motorisierten Eindeckern erfolgte am 22. September desselben Jahres: Maschinen des *Royal Naval Air Service* zerstörten die Zeppelinhangars in Düsseldorf und Köln.[108] Während des Krieges wurde die Entwicklung entsprechender Flugzeugtypen forciert. Der Einsatz von Gotha- und Siemens-Schuckert-Bombern (Tragflächenspannweite 25 bzw. 41 m) gegen Ziele in England zwischen Mai und August 1917 sollte bewirken, woran die Zeppeline gescheitert waren, nämlich den Krieg auf die britischen Inseln zu bringen.[109]

Herbert Palmers Gedicht "Air Raid 1917-18" präsentiert das Szenario eines Gotha-Angriffs aus der Sicht eines zwischen Furcht und Faszination schwankenden Zivilisten. Bemerkenswert ist folgender Vergleich, möglicherweise ein Nachhall propagandistischer Diffamierungen deutscher "Kultur", den Palmer seinem Sprecher in den Mund legt: "'Tis like some ruining harmony/ I heard in Berlin on the Spree/ The day they played the *Valkyrie*."[110] Wilfrid Wilson Gibsons Gestaltung des Themas in "Air-Raid" legt den Akzent auf den alptraumhaften Charakter der Situation,[111] während Laurence Binyons "The Zeppelin" die Darstellung des Bombenangriffs zum Appell verwandelt: nun hat auch die Zivilbevölkerung Anteil an den Kampfhandlungen und Gelegenheit zur Bewährung – unschwer zu erkennen ist die kompensatorische Motivation des

---

106 Vgl. Jablonski, *The Knighted Skies*, S. 52 u. Klaus A. Maier, "Total War and German Air Doctrine before the Second World War", in: *The German Military in the Age of Total War*, Hrsg. Deist, S. 210-19, bes. S. 211: "Total war, with its roots in the mass conscription armies of the French Revolution, reached its ultimate form with the technological innovation of aircraft."

107 Zit. nach John Terraine, *White Heat*, S. 192.

108 Vgl. ebda, S. 130.

109 Vgl. ebda, S. 264 ff. u. Jablonski, *The Knighted Skies*, S. 165 ff.

110 In: *Poetry of the First World War*, Hrsg. Hussey, S. 104. Vgl. Die Untermalung eines Kampfhubschraubereinsatzes durch den "Walkürenritt" in Francis Ford Coppolas Vietnamfilm *Apocalypse Now*.

111 *Collected Poems 1905-1925*, S. 497 f. Vgl. Wilfred Owen, Brief an Susan Owen v. 15. Oktober 1918: "It seems, when at night a plane over you shuts off its engines for a moment in order to drop a bomb, hours" (*Collected Letters*, S. 586).

Gedichtes.[112] F. S. Flints "Lament" beklagt die aus der Einbeziehung des Luftraums resultierende Totalität des Krieges ("[The young men of the world] no longer breathe freely:/ The genius of the air/ Has contrived a new terror/ That rends them into pieces"[113]), die sich freilich erst im Zweiten Weltkrieg in ihrem vollen Ausmaß enthüllen sollte.

Faszination und Schrecken des Bombenflugs aus der Perspektive des Piloten sind das Thema von W.J. Turners "Aeroplanes". Die Vogelperspektive spiegelt die emotionale Distanz des Sprechers, dessen Hybris am Schluß des Gedichtes demaskiert wird:

I laughed as I silently tossed blind Death
Down on that insect people,
Dreadful it was in the peaceful sky
To murder that insect people,
And never to hear a sound or cry
Or a bell toll in a steeple.

I laughed when my last bloody bomb had gone,
I shrieked high up in a cloud,
I wanted to fly in the face of their God
And spit my disdain aloud,
I ripped through the terrified whistling air
And burst through the earth's damp shroud.

Ah! It was blue there, wide and clear,
Dancing alive in the sun,
And millions of bright, sweet cymbals rang
Praising the deeds I had done,
And millions of angels cheering stood
Deep-columned around the Sun.

And then I stood erect and cheered,
Ay! shouted into the sky,
I filled the vast semicircle round
There was only the Sun and I,
The round, red glittering, blazing Sun
And a fluttering human fly.[114]

Wie die Formulierung "blind Death" impliziert, hat der Bombenflug der Zufälligkeit und Emotionslosigkeit maschineller Zerstörung eine neue Dimension erschlossen. Dieses Motiv erscheint auch in Paul Bewshers Gedicht "Nox Mortis" ("I have blindly killed"), das im Gegensatz zur

---

112 In: *Up the Line to Death*, Hrsg. Gardner, S. 73 f.
113 In: *The Penguin Book of First World War Poetry*, Hrsg. Silkin, S. 148.
114 In: *Poetry of the First World War*, Hrsg. Hussey, S. 138 f.

Exaltation des Fluges in Bewshers "The Dawn Patrol" oder Jeffery Days "On the Wings of the Morning" die Schattenseite der militärischen Fliegerei behandelt.[115] "Nox Mortis" stellt die Kriegsproblematik in den Vordergrund, der Natureingang dient in seiner Düsterkeit der Vorausdeutung kommenden Unheils, über die Mission des Piloten bleiben keine Zweifel: "So now must I,/ Bird of the night/ Towards the sky/ Make wheeling flight,/ And bear my poison o'er the gloomy land,/ And let it loose with hard unsparing hand."[116] Die Reflexion des Sprechers über sein Handeln endet mit einer deutlichen Verurteilung des Krieges:

Death, Grief, and Pain
Are what I give.
O that the slain
Might live – might live!
I know them not, for I have blindly killed,
And nameless hearts with nameless sorrow filled.

Thrice curséd War
Which bids that I
Such death should pour
Down from the sky.
O, Star of Peace, rise swiftly in the East
That from such slaying men may be released.[117]

Das folgende deutsche Beispiel hingegen, Franz Richard Behrens' 1917 veröffentlichtes avantgardistisches Gedicht "Sechstaktmotor", zeigt in seiner drastischen Bildlichkeit und seinem expressiven Duktus eine unverhüllte Faszination der Dynamik und der Gewaltsamkeit des Geschehens:

Blühen muss meine Maschine
Grüne Frösche
Verspannungsbefestigungslasche
Hellgrünheben
Neunzehnhundertneunundsiebzig
Wenn ich meine Bomben werfe
Grüne Hunde
Antrieb vom Geschwindigkeitsmesser
Rote Dächer
Fünfundzwanzig und dreissig Kilogrammquadratmeter
Bin ich schneller als er
Der stille Herr

115 Vgl. auch Bewshers Kriegsmemoiren *Green Balls: The Adventures of a Night Bomber* (London, 1919).

116 In: *Up the Line to Death*, Hrsg. Gardner, S. 56.

117 Ebda.

Zelluloid
Dunkle Bäume
Elftausend Kilogramm
Aber wohin werfen
Mondsüchtige
Zellon
Weisse Wölkchen
Dreimal hundertzwanzig Quadratmeter
Jetzt gilts Freund
Der Nachtwandler
Propeller mit geschweifter Eintrittskante
Platzende Schrapnelle
Ka X Ka Ypsilon und A durch W
Er ist stark
Der Drehwurm fährt Karussell
Aus einem Stück gebogenes Scharnier
Daunen steigen
Eins Komma eins von Hundert
Fünfzig Meter steht er über mir
Ganz grosse Kanone
Vorrichtung zur Verankerung der Verwindungsklappen bei Wind
Halten Sie sich zu meiner Rechten
Null Komma dreizehn Millimeter
Fünfzig Meter liegt er auf mich
Küken Rollengehäuse für Seilzug
Sie mehren sich
Dreizehn Komma vier Metersekunden
Oberfranz franzt Strich
Haftenteil für Gürtelschnalle zum Festschnallen
Schon sind sie auf beiden Seiten
Eins Komma zwei zwei drei Kilogrammkubikmeter
Dauerfranz verfranzt
Bajonettförmige Befestigung von Tragdeckenholmen
Die mit Laub bedeckten Erdhütten
Fünfzehn Grad Celsius
Ich sehe sein Grinsen
Affenfahrt
Autokanister
Protzen Munitionswagen Gespanne
Ka Ypsilon mal S mal Vquadrat
Er beugt über Bord
Ich will noch heute zum Südpol
Schwarzblechklempner
Ihr habt Recht euch zu retten
Nullkommanullfünf neun-sechsdrei
Ich höre nichts mehr
Ha und Be
Tropfender Rostschutzlack
Fünf Atemzüge sitze ich ihm im Rücken
Kaltes Messer am Halse
Mäuschen und Nägel

Kugellager
Herz über Herz
Kreuztraversen
Splitter spritzen fünfundzwanzig Meter Gurgeln
Meine Maschine küsst mir die Hand.[118]

Behrens bedient sich derselben Kompositionstechnik wie in "Expressionist – Artillerist": subjektive Eindrücke des Piloten alternieren mit technischen Daten des Flugzeugmotors (Hubraum, Motorleistung, Temperatur- und Druckverhältnisse, die z. T. durch physikalische Formeln angegeben werden), Details des Flugzeugkörpers (z. B. "Verspannungsbefestigungslasche", Z. 3) sowie Ausdrücken aus dem Fliegerjargon. Dieses Gestaltungsprinzip zeitigt einmal mehr zwei Bezugsebenen, aus deren Kontrast die grundsätzliche Spannung des Gedichtes resultiert. Ihr Zusammenhang enthüllt sich, ähnlich wie in "Expressionist – Artillerist", erst im Verlauf des Gedichtes: Es ist die Maschine, die den Sprecher nicht nur physisch über die Kriegslandschaft erhebt, sondern auch den "Höhenflug" seiner Imagination ermöglicht, die Abfolge von exakten Details und Assoziationsbruchstücken spiegelt diese Verbindung von Phantasie und Technik.

Zu Beginn des Gedichtes mutet der Ton des Sprechers gelöst und heiter an, noch frei von jener Spannung, die bis zum Ende dramatisch gesteigert wird, der Zweck des Fluges bleibt zunächst unbestimmt. In der Eingangszeile ("Blühen muß meine Maschine") klingt die Problematik des Verhältnisses Technik – Natur an, konstituierendes Element und unüberwindliche Opposition in "Expressionist – Artillerist" ("Die Linie kennt die Natur nicht"). Während dort jedoch die Blüten in der Frontlandschaft die Zerstörungsgewalt der Kriegsmaschinerie monieren, scheint Behrens hier eine Synthese von Organischem und Inorganischem anzustreben: Anwerfen des Motors und Rotation des Propellers sind vergleichbar dem Aufblühen einer Blume – die Maschine entfaltet ihre ganze Kraft. Das Bild fügt sich in den Kontext der expressionistischen Technikbegeisterung in der Nachfolge des Marinettischen Futurismus.

Je höher das Flugzeug steigt, desto schärfer werden die Konturen der Landschaft. Die mit dem Grün der Wiesen ("Hellgrünheben", Z. 4) kontrastierenden roten Dächer könnten das Ziel eines Bombenflugs sein. Dem Tod, den er dabei befördert, ist der Flieger durch die räumliche und zeitliche Distanz, in der die Bomben fallen, enthoben, wie ein Blick auf

118 *Blutblüte. Die Gesammelten Gedichte*, S. 46-48. Zuerst in *Der Sturm* 8, 3 (Juni 1917), S. 40. In leicht veränderter Fassung wiederabgedruckt in *Der Sturm* 14, 8 (August 1925). Hrsg. übernimmt im wesentlichen den Text der zweiten Fassung.

den Geschwindigkeitsmesser zeigt: "Wenn ich meine Bomben werfe/ [...]/ Bin ich schneller als er/ Der stille Herr" (Z. 6-12). Im zweiten Abschnitt wird die Spannung gesteigert, dem Gedicht eine immer deutlichere, auf einen Höhepunkt hinstrebende narrative Struktur unterlegt. Der Pilot hat sich der Frontlinie genähert und eine getarnte Geschützstellung des Gegners als lohnendes Ziel ausgemacht (Z. 47; 51 f.). Das Gefühl während des Sturzflugs ist Ekstase, der Rausch der Geschwindigkeit, die den Eindruck vermittelt, das Flugzeug müsse sich in die Erde bohren ("Ich will noch heute zum Südpol", Z. 55), ruft ein Kribbeln im ganzen Körper hervor ("Mäuschen und Nägel", Z. 64), der Luftstrom fühlt sich an wie ein "kaltes Messer am Halse" (Z. 65). Die Spannung des Sprechers kulminiert, wie auch in "Expressionist – Artillerist", im Moment vor der Explosion und löst sich in der Euphorie nach dem erfolgreichen Bombenabwurf: "Splitter spritzen fünfundzwanzig Meter gurgelnd/ Meine Maschine küßt mir die Hand" (Z. 68 f.)

Der Faszination der Maschine, so wird am Schluß des Gedichtes deutlich, eignet ein erotisches Element: Flugzeug und Pilot verbindet ein wechselseitiges Abhängigkeitsverhältnis, gleichsam als ob ein immanenter Drang der anthropomorphen Maschine, ihre Bomben abzuwerfen, lediglich des steuernden Menschen bedürfe. Die Anziehungskraft der Maschine äußert sich in "Sechstaktmotor" im Wechselspiel von präziser Berechnung und dem unberechenbaren Element der Gefahr, von Technik und Imagination, exakten physikalischen Werten und irrationaler Faszination. Fliegen wird zum Ausdruck gesteigerten Lebensgefühls, intensiviert im Moment des Sturzflugs wie in der Kompression eines Motors und sich entladend in der Explosion. Anders als in Behrens' "Expressionist – Artillerist" wird in "Sechstaktmotor" das Verhältnis des Menschen zum Kriegsgerät nicht problematisiert. Das Gedicht scheint, wie dies in vielen Fliegergedichten der Fall ist, vorbehaltlos die Dynamik und Ästhetik der Maschine zu glorifizieren, was insofern verwundern mag, als "Sechstaktmotor" der später entstandene Text ist und die krasse Reduktion von Ambivalenzen einem literarischen Rückschritt gegenüber der Behandlung der Thematik in "Expressionist – Artillerist" gleichkommt. Die Erklärung dafür ist im Gegenstand des Gedichtes zu suchen: Das Flugzeug wurde nicht mit der Oppressivität des Maschinenkriegs assoziiert, sondern blieb stärker mit tradierten Vorstellungen von heroischem Einzelkämpfertum verbunden. Die Maschine gehorcht dem Piloten, sie dient gleichsam nur der Verlängerung seines Aktionsradius als Kämpfer.

7.6. Tod und Verklärung

Während der ersten Kriegsjahre schrieb Franz Richard Behrens Frontberichte für die Fachzeitschrift *Flugsport*. In der Ausgabe vom 28. Juli 1915 findet sich eine Prosaskizze mit dem Titel "Auf Fliegerfang",[119] die insofern eine Ergänzung zu "Sechstaktmotor" darstellt, als hier die im zweiten Abschnitt des Gedichtes dargestellten Ereignisse aus der Perspektive der Kanoniere am Boden gesehen werden. Neben einzelnen bildlichen Parallelen wie der Darstellung der Schrapnellwölkchen deutet sich in "Auf Fliegerfang" schon der expressionistische Stil des später entstandenen Gedichtes an; ebenso findet sich bereits hier die Abfolge von Bildern und technischen Details, die in "Sechstaktmotor" und – in anderer Form – auch in "Expressionist – Artillerist" zu einem bestimmenden Gestaltungsmittel wird. Die Assoziation des Fliegers mit dem idealisierten Kämpfer mittelalterlicher Epik kommt in einem bezeichnenden Bild zum Ausdruck: "... ein Geschoß küßte seinen Saum. Flammen spielen Blut auf dem linken Flügel."[120] Die Zerstörung des Fliegers durch die ihm räumlich und hierarchisch untergeordnete Artillerie erscheint als Akt feudaler Ehrbezeugung. Auch im Untergang bewahrt der Gegner seine Größe.

Die Assoziation des Fliegers mit einem romantisierten Rittertum, die Franz Karl Ginzkeys "Der feindliche Flieger" gestaltet (s. o.), erscheint in Maurice Barings poetischem Nachruf auf den am 3. November 1916 im Luftkampf gefallenen Captain Auberon Herbert, Lord Lucas ("In Memoriam A. H."), um eine mythische Dimension erweitert:

> You had died fighting, fighting against odds,
> Such as in war the gods
> Aethereal dared when all the world was young,
> Such fighting as blind Homer never sung,
> Nor Hector nor Achilles ever knew;
> High in the empty blue.
> High, high, above the clouds, against the setting sun,
> The fight was fought, and your great task was done.[121]

Im Jenseits findet der gefallene Flieger Aufnahme in einen elitären Kreis legendärer Heldenfiguren:

---

119 Abgedr. bei Rühm, "die kriegsgedichte von franz richard behrens", S. 100 f.
120 Ebda, S. 101.
121 In: *A Treasury of War Poetry*, Hrsg. Clarke, S. 343.

Surely you found companions meet for you
in that high place;
You met there face to face
Those you had never known, but whom you knew;
Knights of the Table Round,
And all the very brave, the very true,
With chivalry crowned;
[...]
Where Lancelot and Tristram vigil keep
Over their King's long sleep,
Surely they made a place for you,
Their long-expected guest,
Among the chosen few,
And welcomed you, their brother and their friend,
To that companionship which has no end.[122]

Sowohl auf englischer als auch auf deutscher Seite finden sich verklärende poetische Nekrologe auf bekannte Fliegerhelden: Florence Earle Coates, "Captain Guynemer";[123] G. R. Samways, "Captain Albert Ball V.C".[124] In Walter Flex "Fliegerbegräbnis (Auf Hauptmann Boelckes Tod)" entrichtet ein deutscher Flieger den Salut für den gefallenen Helden, der im Tod eine Apotheose erfährt:

Von seines Motors Kraft emporgetragen,
die schütternd seinen schlanken Leib durchbebt,
fährt er wie auf Elias' Feuerwagen,
der brausend sich im Schwung zum Himmel hebt!

Schon gleißt er selbst als Licht, da hell und heller
ins Licht er seine steilen Kreise schraubt,
den Strahlenglanz der sausenden Propeller
Als Aureole über seinem Haupt.

Hell knatternd den Salut der Himmelskrieger
schießt das Gewehr, am schwanken Sitz verwahrt.
Erschaure, Volk! Es hält dein toter Flieger,
mit Feuerzungen redend, Himmelfahrt![125]

Als englischsprachiges Pendant zu Flex' Gedicht erscheint die Apotheose des Fliegers in Duncan Campbell Scotts "To a Canadian Aviator Who Died for His Country in France":

---

122 Ebda, S. 344 f.
123 Ebda, S. 350 f.
124 In: *Echoes in the Sky*, Hrsg. Dixon, S. 19 f.
125 *Im Felde zwischen Nacht und Tag*, S. 42 f.

... thou hast dared, with a long spiral twist,
The elastic stairway to the rising sun.
Peril below thee, and above, peril
Within thy car; but peril cannot daunt
Thy peerless heart: gathering wing and poise,
Thy plane transfigured, and thy motor-chant
Subduèd to a whisper – then a silence, –
And thou art but a disembodied venture
In the void.[126]

Das Motiv des für den getöteten Gegner abgeworfenen Kranzes findet sich in Julius Babs Gedicht "Tod und Verklärung", das im November 1915, also bereits ein Jahr vor Boelckes Tod und dem Kranz der englischen Flieger (s.o.), in *Westermanns Monatsheften* erschienen war. In der poetischen Fiktion Babs ist es freilich der Deutsche, der im Luftkampf siegreich bleibt und bald nach dem Abschuß eines ihrer Fliegerheroen den erstaunten Franzosen auch noch eine Lektion in Sachen Ritterlichkeit gibt: Der Kranz, den er über ihren Linien abwirft, trägt die lakonische Inschrift: "Pegoud mort en heros/ Son adversaire. – –"[127]

Die in diesem Kapitel behandelten Gedichte über Flugzeug und Luftkampf stellen einen Überblick über verschiedene Aspekte der Gestaltung des Themas durch die englische und deutsche Lyrik des Ersten Weltkriegs dar. Deutliche Parallelen bzw. Übereinstimmungen zeigen sich dabei in der verwendeten Metaphorik sowie in der heroisierenden Darstellung der Fliegerduelle. Auffällige Divergenzen sind das weitgehende Fehlen von Texten aktiver Flieger auf deutscher und von emblematischen Deutungen des Fluges als Paradigma eines radikalen Künstlertums auf englischer Seite. Ersterer Befund ist womöglich dadurch zu erklären, daß durch die in Deutschland herrschende Wehrpflicht sowie das Milizsystem die neu zu schaffenden Fliegerstaffeln schneller als in Großbritannien durch Berufs- bzw. Reserveoffiziere aus anderen Truppenteilen besetzt werden konnten, während sich die Angehörigen des englischen Fliegerkorps hauptsächlich aus – literarisch vorgebildeten und zum Teil dichterisch ambitionierten – Absolventen und Abgängern der *public schools* und der mit ihnen affiliierten *Officer Training Corps* rekrutierten. Für die Lakune auf englischer Seite ist das Fehlen einer ähnlich starken avantgardistischen Strömung wie der des deutschen Expressionismus in der Literatur vor und während des Weltkriegs als Ursache anzunehmen. Sowohl hinter deutschen als auch hinter englischen Flugzeuggedichten des Ersten

---

126 In: *A Treasury of War Poetry*, Hrsg. Clarke, S. 349.
127 *Der deutsche Krieg im deutschen Gedicht*, Hrsg. Bab, 9 [1915], S. 28.

Weltkriegs wird jedoch das Bewußtsein um die Ambivalenz der archaisierenden Glorifizierung einer revolutionären Technologie spürbar, das Bewußtsein um eine Faszination, die am prägnantesten vielleicht Gustav Sack in seiner Prosaskizze "Der "Flieger" zusammenfaßt:

> Gibt es etwas Verführerischeres zu denken als den Gedanken an das starre, mathematisch präzisierteste atomistische Geschehen und den Glanz von Farben, Tönen, Sentiments und Gedanken, die dieser atomistischen Taubheit, Blindheit, Gefühllosigkeit und Gedankenleere gegenüberstehen?[128]

---

128 *Prosa. Briefe. Verse*, S. 346.

8. "A certain cure for lust of blood"

Daß Krieg und Tod untrennbar miteinander verknüpft sind, ist müßig festzuhalten; desgleichen, daß Todesdarstellungen eine zentrale Stellung in der Dichtung des Krieges einnehmen und, je nach politischer oder humanitärer Position einzelner Autoren, diametral entgegensetzte Ausprägungen erfahren. Die Lyrik des Ersten Weltkriegs zeigt hier ein breites Spektrum, das in Übernahme oder Abkehr von Todesbildern der patriotischen Dichtung des neunzehnten Jahrhunderts den Soldatentod entweder mythisiert und heroisiert oder als Emblem für die Absurdität des Krieges interpretiert. In einzelnen Antikriegsgedichten, besonders in späteren expressionistischen Texten, wird der Tod an den Fronten des Krieges zum Ausgangspunkt der Vison einer neuen und friedlichen Welt, ein Motiv, das in René Arcos' bekannter Zeile "Les morts sont tous d'un seul côté" am prägnantesten zum Ausdruck kommt.[1]

Die Sakralisierung des Heldentodes in der Prokriegsdichtung seit Beginn des neunzehnten Jahrhunderts geht Hand in Hand mit einer "Profanisierung christlicher Überlieferungen im Dienst einer kultischen Überhöhung des Nationalen".[2] Den militärhistorischen Hintergrund der Mythisierung von Krieg und Soldatentod stellt dabei das Aufkommen der Freiwilligenarmeen seit der Französischen Revolution dar.[3] Freiwillige wurden zu Märtyrern im Dienst der Volksgemeinschaft hochstilisiert, ein Prozeß, bei dem vor allem in Deutschland die Dichtung eine tragende Rolle spielte. Dies zeigt zuerst die "nationalreligiöse Lyrik der Befreiungskriege", die, so Klaus Latzel, den "Begriff des Märtyrers aus dem religiösen Zusammenhang auf den Patrioten [übertrug]".[4] Auch in der bejahenden Dichtung des Weltkriegs helfen Opferideologie und der Bezug auf christlichen Erlösungsglauben, dem Tod den Schrecken der Endgültigkeit zu nehmen. Wer sein Leben der Gemeinschaft, repräsentiert in der Nation, opfert, wird auferstehen (George L. Mosse prägt hier den Begriff "nationalization of death"[5]), der Wert des Opfers überwiegt den indi-

---

1 "Les morts", in: *Ohne Haß und Fahne*, Hrsgg. Deppe/Middleton/Schönherr, S. 123.

2 Bernd Hüppauf, "'Der Tod ist verschlungen in den Sieg.' Todesbilder aus dem Ersten Weltkrieg und der Nachkriegszeit", in: *Ansichten vom Krieg*, Hrsg. Hüppauf, S. 90.

3 Vgl. George L. Mosse, *Fallen Soldiers. Reshaping the Memory of the World Wars* (New York, Oxford, 1990), Kap. 2: "Volunteers in War", S. 15-33.

4 Klaus Latzel, *Vom Sterben im Krieg. Wandlungen in der Einstellung zum Soldatentod vom Siebenjährigen Krieg bis zum II. Weltkrieg* (Warendorf, 1988), S. 72.

5 *Fallen Soldiers*, S. 36.

viduellen Verlust. Durch die Mythisierung des Krieges, und darin liegt deren entscheidende Funktion, erscheint der Tod im Krieg überwunden. In den zahllosen sentimentalen Darstellungen des Soldatentodes in Gedichten oder auf Postkarten wird der Tod zudem "in einer Weise stilisiert und ästhetisiert, daß er in dieser Verkleidung leicht in traditionelle Bilder vom friedlichen, sinnerfüllten Sterben eingebettet werden konnte."[6]

Das Todesbild der patriotischen Dichtung des neunzehnten Jahrhunderts und des Ersten Weltkriegs bedeutet eine Abkehr vom "säkularisierte[n] und aufgeklärte[n] Bild vom Tod" des achtzehnten Jahrhunderts, das "zugunsten archaischer, mythischer, naturreligiöser Anschauungen rückgängig gemacht [wird]."[7] Ulrich Linse spricht in diesem Zusammenhang treffend von einer "Resymbolisierung" des Soldatentodes.[8] Eine entscheidende Bedeutung kommt dabei der Integration von Krieg und Tod in natürliche Zyklen, wie z. B. den Lauf der Jahreszeiten, zu. Der Rekurs auf die regenerative Kraft der Natur fügt sich in den Rahmen pseudo-religiöser Verschleierungen der Endgültigkeit des Todes. Es verwundert nicht, daß die kriegskritische Dichtung, wie in diesem Kapitel gezeigt werden soll, gerade solche naturzyklischen Todesbilder aufgriff und verfremdete.

Das euphemistische Todesbild der national-konservativen Dichtung wurde in einem Krieg, in dem der Tod zum "Maschinisten"[9] geworden war, zunehmend als obsolet empfunden: "Die Idee vom erfüllten Tod im großen Krieg fürs Vaterland überlebte die Konfrontation mit dem Granatwerfer nicht."[10] Die Abgrenzung autotelischer Frontgedichte sowie prononcierter Antikriegsgedichte vom heroisierenden Todesbild der patriotischen Lyrik setzt bereits bei der Thematisierung individueller Todesfurcht ein, die in der kriegsbejahenden Dichtung nicht poetabel bzw. durch die Glorifizierung allgemeiner Opferbereitschaft verdrängt ist. Todesahnung und Visionen des eigenen Todes auf dem Marsch an die Front, während eines Artilleriebombardements oder am Vorabend eines Sturmangriffs repräsentieren einen individualistischen Kontrapunkt zum kollektiven Todesbild der Prokriegslyrik. Daß die Subjektivität antiheroischer Todesbilder einen Rückgriff auf traditionelle Vorstellungen nicht

---

6 Hüppauf, "'Der Tod ist verschlungen in den Sieg'", S. 66. Vgl. auch Mosse, *Fallen Soldiers*, Kap. 7: "The Process of Trivialization", S. 126-56.

7 Ebda, S. 62.

8 Ulrich Linse, "'Saatfrüchte sollen nicht vermahlen werden!' Zur Resymbolisierung des Soldatentods", in: *Kriegserlebnis*, Hrsg. Vondung, S. 262-74.

9 Wilhelm Lamszus, *Das Menschenschlachthaus. Bilder vom kommenden Krieg* (Hamburg, Berlin, 1912), S. 20.

10 Hüppauf, "'Der Tod ist verschlungen in den Sieg'", S. 71.

ausschloß, demonstriert Wilhelm Klemms Bezug auf die seit dem Mittelalter geläufige Vorstellung vom Leben im Tod (*media vita in morte sumus*) in seinen Gedichten "Abend im Feld" und "Vormarsch":

Jeden Abend in das nasse Zelt
Kommt ein Offizier und erzählt, wer gefallen ist.
Jeden hungrigen Abend, wenn wir frierend uns langlegen,
Sind Tote unter uns, die morgen sterben.
[...]
O du großer Gott, wie soll das endigen?
O du suchende Kugel, wann kommst du zu mir?

... unter den langen Mänteln und schmutzigen Feldröcken
Seh ich schon Rippenbögen und Röhrenknochen,
Die sich heute noch seltsam und still bewegen.[11]

Gegen romantisierende Verklärungen des Soldatentodes wendet sich die Todesvision des Sprechers in Robert Graves' "The Last Post":

'O spare the phantom bugle as I lie
Dead in the gas and smoke and roar of guns,
Dead in a row with the other broken ones,
Lying so stiff and still under the sky,
Jolly young Fusiliers, too good to die.'[12]

In Kurt Heynickes umfangreichem lyrischen Oeuvre zum Krieg tritt die Darstellung von Todesahnungen und -visionen wiederholt auf; im ersten der folgenden Beispiele, das Wilhelm Hauffs bekanntes "Reiterlied" ("Morgenrot,/ leuchtest mir zum frühen Tod?") anklingen läßt, verbindet sich die Thematik mit apokalyptischer Bildlichkeit, im zweiten begegnet uns die konventionelle Erntemetapher kriegsbejahender Literatur (s. 8.4.). Beispiel drei parodiert die Todesangst Christi im Garten Getsemani ("... gehe dieser Kelch an mir vorüber", vgl. *Matth.* 26, 36-46), während das letzte Zitat für die Todesfurcht des Sprechers ein adäquates militärisches Bild findet:

Über Wolken reitet roter Tod/ morgen sind wir Abendrot ("Letzte Stunde")

Singe Sense bald den letzten Tag,/ in fremder Scheuer mich in Segen zu verwandeln ("Ahnung")

---

11 *Gloria*, S. 28, 11.
12 *Poems About War*, S. 29.

Die Schlacht reicht mir den Tod in höhnischem Pokal,/ und meine Lippe wartet zitternd auf den ersten Tropfen ("Schrei in der Schlacht")

... über unser Herz schritt in Kolonnen der Tod ("Die rote Sonne").[13]

Als böses Omen fungiert ein Naturphänomen in Oskar Kanehls "Schlachtfeld": "Ein weißer Totenschädel/ scheint der Mond."[14] Kanehls "Der Deserteur" bedient sich wie die oben zitierten Gedichte Wilhelm Klemms der *media vita*-Thematik, die im Krieg zweifellos von besonderer Relevanz erscheint: "Die Kompagnie schläft todbestimmt in ihren Höhlen."[15] "Nacht vor dem Sturm" thematisiert die Schreckensvision des Todes im Drahtverhau, drastisches Korrektiv kriegskritischer Literatur zum heroistischen Todesbild patriotischer Dichtung:

Drüben in den feindlichen Drahtverhauen
hängen schon die vierte und fünfte.
Nun gehts an unsre Kompanie.
[...]
Ich bring eine letzte Mühe auf, leben zu wollen.[16]

Todesbilder durchziehen die Kriegsgedichte Anton Schnacks. "Fahrt nach dem Westen" ("Bin ich voll Tod .../ ... wertlos wie diese Dinge: Sand, windverweht; Bergblume, abgemäht"[17]) und "Marsch" ("Hinein: es baut sich Tod auf .../ [...]/... um dich, um mich im Unsichtbaren würfelt Tod"[18]) gestalten Todesahnungen auf dem Vormarsch an die Front. "Am Drahtverhau" führt Gedanken des Sprechers an die erste nächtliche Patrouille im Niemandsland vor:

... Auch ich werde schleichen müssen
Noch weiter vor, noch weiter ins Feindliche, noch näher zum Tod, quer durch Gebein, gelb und morsch, vorbei an manchem weißen Gesicht
Eines Menschenskeletts, unbegraben, in Wind und Wetter ...[19]

Den einsamen, qualvollen Tod im Niemandsland thematisiert Schnack in seinen Gedichten "Sterne" und "Schreie":

---

13 *Das lyrische Werk* 1, S. 84, 108, 154; *Das lyrische Werk* 2, S. 166.
14 *Die Schande*, S. 18.
15 Ebda, S. 26.
16 Ebda, S. 19.
17 *Tier rang gewaltig mit Tier*, S. 6.
18 Ebda, S. 7.
19 Ebda, S. 43.

... eine Stimme schrie aus der Finsternis schon die dritte Nacht, schwach und veratmend, langsam ins Dunkle verendend,/ Die Männerstimme eines Verlorenen, der seinen Tod wachsen sah von Stunde zu Stunde ...

... Schreie, die Nacht für Nacht kamen [...] tief hervor hinter einem Gitter,/ Vor dem der Tod wuchs, langsam, erdrückend und ohne Erbarmen, Tod der Verblutung, Tod der Verhungerung, Tod der Einsamkeit, groß und entsetzlich ragend – ...[20]

Schnacks "Der Tote" expliziert die Isolation des Sterbenden bzw. Toten durch den Vergleich zu Beginn. Vom Lyrizismus des Eingangs schwingt sich das Gedicht zur eindringlichen humanitären Anklage auf:

Lag da wie eine Einsamkeit, wie ein Gelage Steine, weißlich, hingestreckt, in vielem Regen liegend.
[...]
Nun eine Dunkelheit, ein Tod, ein Ding, ein Stein, zertrümmert über alles Maß, schwer in die Nacht sich über Grausamkeit empörend. –[21]

Was den Stellungskrieg wesentlich vom historischen Bewegungskrieg mit offenen Feldschlachten unterschied, war die kontinuierliche Todesgefahr, in der man sich befand. An diese gemahnten die allgegenwärtigen und in allen Stadien der Verwesung begriffenen Toten: "Immer die Überfülle des Todes",[22] formuliert Anton Schnack manieriert. Sein lakonisch "Ein Tag" betiteltes Gedicht erwähnt die Gewöhnung des Grabenkämpfers an die Omnipräsenz des Todes: "... wen noch kümmert Tod./ Tod ist wie dies so häufig, ist so häufig wie Wasser und wie weggeworfnes Brot./ Traf Grabende, traf solche im Gefecht, traf Schlafende ...".[23] "Death, the ever-present" heißt es in Ivor Gurneys "To England – A Note",[24] und in Arthur Graeme Wests "The Night Patrol": "Only the dead were always present – present/ As a vile sickly smell of rottenness".[25] Wilhelm Klemms "Betrachtung" (s. 2.14.) und "Tot" monieren trotz ihrer vordergründigen Desinvolture die Desensibilisierung gegenüber dem Sterben angesichts seiner Allgegenwart:

Deine Glieder sind steif, kalt, merkwürdig schwer.

---

20 Ebda, S. 49, 63.
21 Ebda, S. 13.
22 "Im Granatloch"; ebda, S. 41.
23 Ebda, S. 31.
24 *Severn & Somme* (1917); *Ivor Gurney. Severn & Somme and War's Embers*, Hrsg. R. K. R. Thornton (Manchester, 1987), S. 28.
25 In: *Poetry of the Great War*, Hrsgg. Hibberd/Onions, S. 77.

Das ist die sogenannte Totenstarre.
Grad über uns zerblitzt ein Schrapnell –
Kamerad, eigentlich ist es ganz egal.[26]

Klemms "An der Front" zeichnet ein einprägsames Bild des anonymen Massensterbens: "Wie Puppen liegen die Toten zwischen den Fronten."[27] Das Martyrium des Frontsoldaten artikulieren die folgenden Zeilen aus Ludwig Bäumers "Dämmerung im Graben": "Wir stehn vor unsern Bahren/ Und fangen Tode auf, damit wir zu Ende werden."[28] Klabunds "Der sterbende Soldat" verwirft in seiner Darstellung des Massenkriegs das ästhetisierende Todesbild bejahender Gedichte:

Der Tod hat heute keine Geige mehr.
Er ist kein einzelner, der seine Sense schwingt.
Er hebt den Arm aus einem ganzen Heer
Voll brauner Russen, das nach Juchten stinkt.[29]

Die Allgegenwart des Todes spiegelt sich in der Kriegslyrik nicht zuletzt in zahlreichen familiarisierenden Personifizierungen, die vor dem Hintergrund des noch zu behandelnden Totentanzmotivs stehen. In Max Plowmans "Going into the Line" erscheint die verstümmelte Leiche eines Gefallenen als Emblem für das anonyme Sterben: "Death had just trodden there – and there he lay,/ Foully deformed in what was once a man."[30] Ein ironisches Resümee der *stiff upper lip*-Attitüde zieht die Oktave von Wilfred Owens Sonett "The Next War":

Out there, we walked quite friendly up to Death, –
Sat down and ate beside him, cool and bland, –
Pardoned his spilling mess-tins in our hand.
We've sniffed the thick green odour of his breath, –
Our eyes wept, but our courage didn't writhe.
He's spat at us with bullets, and he's coughed
Shrapnel. We chorused if he sang aloft,
We whistled while he shaved us with his scythe.[31]

---

26 *Gloria*, S. 31.
27 Ebda, S. 45.
28 In: *1914-1916*, Hrsg. Pfemfert, S. 24.
29 *Gedichte*, S. 42.
30 In: *Up the Line to Death*, Hrsg. Gardner, S. 102.
31 *The Complete Poems and Fragments* 1, S. 165.

Anthropomorphisiert erscheint der Tod auch in Owens "Asleep" ("Death took him by the heart"[32]), das die euphemistische Identifikation von Schlaf und Tod der Prokriegsdichtung übernimmt (Owens Protagonist wird tatsächlich im Schlaf von einer Kugel getroffen), und in Schnacks "Der Tote": "Warum in der Nacht schrie ihn der Tod an".[33]

Darstellungen des konkreten Todesmoments in kriegskritischen Gedichten erscheinen als partikularisierender Kontrast zur abstrahierenden Sicht patriotischer Lyrik. Siegfried Sassoons "How to Die" (veröffentlicht im *Cambridge Magazine*, 6. Oktober 1917) enthüllt durch satirische Verzerrung die Diskrepanz zwischen heroisierenden und realistischen Todesbildern:

> You'd think, to hear some people talk,
> That lads go west with sobs and curses,
> And sullen faces white as chalk,
> Hankering for wreaths and tombs and hearses.
> But they've been taught the way to do it
> Like Christian soldiers; not with haste
> And shuddering groans; but passing through it
> With due regard for decent taste.[34]

"Photographische" Momentaufnahmen des gewaltsamen Todes gestalten Sassoons "A Working Party" ("And as he dropped his head the instant split/ His startled life with lead, and all went out"[35]) und ein ironisch "Trench Idyll" betiteltes Gedicht Richard Aldingtons: "The bullet hit him in the throat;/ He fell in a heap on the fire-step,/ And called out 'My God! *dead*!'"[36] Sassoons "Counter-Attack" zeigt im Bild des Ertrinkens eine Parallele zu Owens "Dulce et Decorum Est": "Down, and down, and down, he sank and drowned,/ Bleeding to death".[37] In verhaltenem Ton konterkarieren Owens "Asleep" ("... the slow, stray blood came creeping/ From the intruding lead, like ants on track"[38]) und Wilhelm Klemms "Sterben" die euphemistischen Naturbilder affirmativer Dichtung: "Das Blut sickert schüchtern durch den Rock./ Ruhig welken die schmutzigen, grauen Glieder."[39] David Jones' Porträts fallender Soldaten betonen

---

32 Ebda, S. 152 .
33 S. Anm. 21.
34 *The War Poems*, S. 92.
35 Ebda, S. 27.
36 *Complete Poems*, S. 88.
37 *The War Poems*, S. 106.
38 Siehe Anm. 32.
39 *Gloria*, S. 19.

durch Übersteigerung ins Groteske und, besonders in der letzten der angeführten Passagen, zeitlupenartige Dehnung den mechanischen Aspekt des Sterbens im modernen Krieg. Während des Angriffs auf den Wald von Mametz erlebt John Ball den Tod der Kameraden und des Zugsführers:

> [Wastebottom] maintained correct alignment with the others, face down, and you never would have guessed.
> [...]
> Talacryn doesn't take it like Wastebottom, he leaps up & says he's dead [...]/ but the mechanism slackens, unfed/ and he is quite still/ which leaves five paces between you and the next live one to the left.
>
> ... and everlasting doors lift up for '02 Weavel.
>
> [Mr. Jenkins] sinks on one knee/ and now on the other,/ his upper body tilts in rigid inclination/ this way and back ...[40]

Die Brutalität des gewaltsamen Todes, insbesondere die grauenvollen Verstümmelungen durch Explosionskörper, werden in der Lyrik wesentlich seltener thematisiert als in den später verfaßten kriegskritischen Prosawerken, ein Befund, der einmal mehr den Einfluß gattungsspezifischer Normen auf die Dichtung des Weltkriegs nahelegt. Eines der wenigen dichterischen Beispiele für eine drastische Darstellung verstümmelter Toter ist Ernst Tollers "Leichen im Priesterwald".[41] Anton Schnacks "Toter" (s.o.) ist "zertrümmert über alles Maß". Zumeist jedoch wird das Grauen in symbolkräftige Bilder gefaßt (s. Sassoons "Glory of Women", "Remorse" und "Atrocities") oder, wie hier bei W. S. S. Lyon, lediglich angedeutet: " ... I saw/ His head, and how the crown –/ I saw then why he crouched so still,/ And why his head hung down."[42] Oskar Kanehls "Der mazedonische Tod" erzielt seine Wirkung durch den abgeklärten Ton des Sprechers und die umgangssprachliche Formulierung:

> Vier Mann tot.
> Drei Beine brachten sie davon herunter
> in einer Zeltbahn.
> Und ein bissel Gehirn
> das in den Sträuchern hing.[43]

---

40 *In Parenthesis*, S. 158, 164, 166.

41 *Ernst Toller: Prosa. Briefe. Dramen. Gedichte*, mit einem Vorwort von Kurt Hiller, Rowohlt paperback 1 (Reinbek, 1961), S. 441.

42 "I tracked a dead man down a trench", in: *Poetry of the Great War*, Hrsgg. Hibberd/Onions, S. 96.

43 *Die Schande*, S. 23.

Darstellungen Toter in kritischen Weltkriegsgedichten sind geprägt von der Obszönität, gelegentlich aber auch der Ästhetik der Gefallenen. Am einen Ende des Spektrums findet sich ein Gedicht wie Robert Graves' "Dead Boche" (datiert 13. Juli 1915), das ebenso wie Owens "Dulce et Decorum Est" (s. 5.) ein imaginäres (ziviles) Gegenüber adressiert:

Today I found in Mametz Wood
A certain cure for lust of blood:

Where, propped against a shattered trunk,
In a great mess of things unclean,
Sat a dead Boche; he scowled and stunk
With clothes and face a sodden green,
Big-bellied, spectacled, crop-haired
Dribbling black blood from nose and beard.[44]

"Dead Boche" beruht auf einer Episode, die Graves in *Goodbye to All That* (S. 187) berichtet. Im Unterschied zur Prosaversion wird im Gedicht der obszöne Anblick des Toten (es fällt auf, daß Graves Attribute des stereotypen Deutschenbildes der Kriegspropaganda übernimmt) explizit zum moralischen Exempel, zur Warnung vor einer Verherrlichung eines vom Sprecher als absurd und grausam erkannten Krieges.

Beide Pole in der Darstellung der Gefallenen, Realismus und Ästhetisierung, stecken zwei zusammengehörige, jeweils "Soliloquy" betitelte Gedichte Richard Aldingtons ab. Das erste nimmt ausdrücklich Bezug auf das idealisierte Totenbild der Prokriegsliteratur:

Dead men should be so still, austere,
And beautiful,
Not wobbling carrion roped upon a cart ("Soliloquy 1")

I was wrong, quite wrong;
The dead men are not always carrion.
We found, lying upon the fire-step,
A dead English soldier,
His head bloodily bandaged
And his closed left hand touching the earth,

More beautiful than one can tell,
More subtly coloured than a perfect Goya,
And more austere and lovely in repose

44 *Poems About War*, S. 30.

Than Angelo's hand could ever carve in stone. ("Soliloquy 2")[45]

Die nekrophile Ästhetik des zweiten Gedichtes, das in der Konzentration auf den visuellen Eindruck ein markantes Beispiel für Aldingtons imagistische Technik bietet, verweist auf Wilfred Owens "Greater Love" (zum Titel vgl. *Johannes* 15:13), das die Negation heterosexueller Erotik zugunsten der exquisiteren sinnlichen Reize der Gefallenen nur mit Mühe in den Kontext des christlichen Opfergedankens zu integrieren vermag:

Red lips are not so red
As the stained stones kissed by the English dead.
Kindness of wooed and wooer
Seems shame to their love pure.
O Love, your eyes lose lure
When I behold eyes blinded in my stead!

Your slender attitude
Trembles not exquisite like limbs knife-skewed,
Rolling and rolling there
Where God seems not to care;
Till the fierce love they bear
Cramps them in death's extreme decrepitude.[46]

8.1. "Sweet sister death has gone debauched today"

Sowohl in der deutschen als auch in der englischen Dichtung des Ersten Weltkriegs begegnen uns Texte, in denen die Evokation von Todesgedanken und -sehnsüchten sowie die konkrete Darstellung des Soldatentodes mit erotischen Assoziationen verknüpft sind. Die in Literatur und bildender Kunst seit dem Barock häufig anzutreffende Verbindung von Eros und Thanatos erfuhr in Romantik, Neoromantik und Symbolismus ihre markanteste Ausprägung.[47] Sie geht letztlich auf mittelalterliche Totentanzdarstellungen zurück, die in der Kriegslyrik 1914-1918 auch direkt fortwirken (s. u.). An den folgenden Beispielen soll die Präsenz des Mo-

45 *Complete Poems*, S. 95 f.

46 *The Complete Poems and Fragments* 1, S. 166.

47 Vgl. Philippe Ariès, *Geschichte des Todes*, aus dem Französ. übers. von Hans-Horst Henschen u. Una Pfau (München, Wien, 1980 [1978]), S. 471-7; Hans H. Hofstätter, *Symbolismus und die Kunst der Jahrhundertwende. Voraussetzungen. Erscheinungsformen. Bedeutungen* (4. Aufl. Köln, 1978), S. 177-180 ("Tod und Eros") sowie das Standardwerk von Mario Praz, *Liebe, Tod und Teufel. Die schwarze Romantik* [*La carne, la morte e il diavolo nella letteratura romantica* (1930)], aus dem Italienischen übers. v. Lisa Rüdiger (2. Aufl. München, 1970).

tivs in der Lyrik des Weltkriegs bzw. seine durch die Erfahrung des modernen Krieges bedingte Neudeutung untersucht werden.

Prägnantestes Beispiel für eine kriegsaffirmative Gestaltung des Themas ist das Gedicht "Rendezvous" des Amerikaners Alan Seeger. Seeger hatte sich Ende August 1914 zur französischen Fremdenlegion gemeldet und fiel am 4. Juli 1916 an der Somme. Der Mythos, der sich bald nach seinem Tod um die Person des Dichters und Bohemiens rankte, erinnert in manchem an den Kult um den ebenfalls früh im Kriegseinsatz verstorbenen Rupert Brooke. Wie für Brooke oder den im Frühjahr 1915 gefallenen Julian Grenfell stellte der Krieg für Seeger eine Gelegenheit zu persönlicher Bewährung dar, und wie die beiden Engländer fiel er, bevor sein Idealismus durch den Verlauf der Kämpfe an der Somme und die folgenden Materialschlachten desillusioniert werden konnte:

> I have a rendezvous with Death
> At some disputed barricade,
> When Spring comes back with rustling shade
> And apple-blossoms fill the air –
> I have a rendezvous with Death
> When Spring brings back blue days and fair.[48]

Seegers Gedicht überträgt Elemente konventioneller Liebeslyrik (Stelldichein, Frühling) in den Situationskontext des Krieges. Die scheinbare Mühelosigkeit, mit der diese Transposition bewerkstelligt wird, ist dazu angetan, die Disparität der Bereiche "Liebe" und "Krieg" vergessen zu machen, die ein anderes Gedicht der Zeit in den Vordergrund rückt:

> The cherry trees bend over and are shedding,
> On the old road where all that passed are dead,
> Their petals, strewing the grass as for a wedding
> This early May morn when there is none to wed.[49]

In Edward Thomas' elegischem Vierzeiler verhindert der Tod konventionelle Liebeserlebnisse bzw. Hochzeiten in pastoralem Ambiente. Das Gedicht entstand 1916 im Ausbildungslager, ca. 11 Monate vor dem Tod des Dichters an der Front.

Während Seegers Romantisierung des Soldatentodes in "Rendezvous" eine tendenziöse Morbidität erkennen läßt, sind Kriegserlebnis und Tod in

48 In: *Up the Line to Death*, Hrsg. Gradner, S. 32.
49 "The Cherry Trees"; *The Collected Poems of Edward Thomas*, Hrsg. R. George Thomas (Oxford, 1978), S. 313.

Rudolf Leonhards Gedicht "Der Fähnrich" im Zusammenhang vitalistischer Aufbruchsgedichte zu sehen, wie sie zu Beginn des Krieges von Angehörigen der expressionistischen Avantgarde verfaßt wurden. Leonhard bedient sich erotischer Bilder und Vergleiche, um Todesahnung und gesteigertes Lebensgefühl im Angesicht des Todes zu vergegenwärtigen:

> Noch in die Morgensonne trat ich zitternd von der Nacht.
> Ich fühle mich in meinem Blute schweben.
> Die Muskelmüdigkeit durchliebter Nächte
> Hat mich niemals so hell und fest gemacht.
>
> Nach der Verwüstung dieser Nacht und dem Verfall der Frühe
> Nackt, windumspült die Hände waagrecht heben –
> Teilhaft des Tags, gelenkig, ohne Mühe
> Ein Mensch, und Leib, zärtlich, ein Glied der Mächte.
>
> Dort: umgestürzte, eingewühlte Feldhaubitzen, letzten Kampfes Beute;
> Davor ein angeschoßner Schimmel, der sich riesig bäumt.
> Scharfe Kommandos; Wunden, schon von Brand gesäumt,
> Zu tief gebrannte Küsse; fern Gefechte.
>
> So wacht ich nie, und habe doch geträumt –
> Aber so lief ich nie eine Treppe hinan.
> Wie heute; Wie sahn mich so die runden Urweltaugen der Tiere an
> Und alle Leute.
>
> So liebt ich nie. So wissend trat ich nie die Erde
> Wie heut im leiblichen Gefühl des Festes, daß ich fallen werde.[50]

Die von Leonhard vorgeführte Verbindung von Eros und Krieg war der deutschen Leserschaft der Zeit nicht zuletzt durch Rilkes *Weise von Liebe und Tod des Cornets Christoph Rilke* (1903) bekannt, deren Protagonist auf einem Feldzug gegen die Türken den Tod findet – und zwar am Morgen nach einer Liebesnacht. Leonhards Gedicht zeigt nicht nur im sprachlichen Duktus Anklänge an Rilke: Beide Texte thematisieren die Intensivierung subjektiven Empfindens im Vorgefühl des eigenen Todes; ihre Ästhetisierung und Glorifizierung des Kampfes enthält deutliche erotische Züge.

Eine weitere Vergleichsmöglichkeit bietet Rupert Brookes in verschiedenem Zusammenhang bereits erwähntes Gedicht "Peace". Negiert Brooke die trivialisierte Erotik einer dekadenten Friedenszeit ("... all the

---

50 In: *Die Dichter und der Krieg*, Hrsgg. Anz/Vogl, S. 104 f. Zuerst in Leonhards *Über den Schlachten* (Berlin, 1914).

little emptiness of love!"[51]), so distanziert sich Leonhards Sprecher von persönlichen sexuellen Erfahrungen und beschwört eine im orgiastischen Erlebnis des Kampfes gipfelnde Erotik des Krieges. ("Zu tief gebrannte Küsse" erinnert an Siegfried Sassoons "The Kiss" bzw. Owens "Greater Love": "Red lips are not so red/ As the stained stones kissed by the English Dead".[52]) Wie Brooke thematisiert Leonhard die kathartische Wirkung des Krieges, die sich in beiden Gedichten nicht zuletzt in einem neuen, sinnlichen Erleben der eigenen Körperlichkeit ausdrückt ("so hell und fest", "gelenkig, ohne Mühe" bzw. "With hand made sure, clear eye and sharpened power"). Ein wesentlicher Unterschied zu Brookes Sonett besteht in der Behandlung des individuellen Todes: Während "Peace" dessen Signifikanz gegenüber den vom Krieg gezeitigten kollektiven Veränderungen herunterspielt, zelebriert Leonhards Fähnrich in hymnischem Ton das initiatorische "Fest" des eigenen Todes.

Richard Aldingtons Vierzeiler "Reserve", 1919 entstanden und im selben Jahr in der Sammlung *Images of Desire* veröffentlicht, führt die klassische Tageliedsituation vor, das Aufwachen eines Liebespaares am Morgen nach der gemeinsam verbrachten Nacht. Thema des Gedichtes ist jedoch nicht das Liebeserlebnis, sondern die psychische Bewältigung traumatischer Erfahrung. In Gedanken adressiert der Sprecher die Geliebte:

> Though you desire me I will still feign sleep
> And check my eyes from opening to the day,
> For as I lie, thrilled by your gold-dark flesh
> I think of how the dead, my dead once lay.[53]

"Reserve" (der ambivalente Titel verweist auf das Sich-Verweigern des Sprechers ebenso wie auf die Gefallenen – Angehörige einer Reserveeinheit) verrät wie viele retrospektive Gedichte von Frontkämpfern eine neurotische Obsession mit dem Krieg. Die Formulierung "my dead" impliziert ein emotionales Verhältnis des Offiziers zu seiner Mannschaft, wie es gerade die englische Weltkriegsdichtung häufig gestaltet.

Todesahnung und Todessehnsucht stehen im Mittelpunkt von Aldingtons Gedicht "The Lover", in welchem sich der Dichter des Motivs des personifizierten Todes als Geliebter bedient. Anders als Seeger jedoch verwirft Aldington Szenerie und Stimmung konventioneller Liebeslyrik:

---

51 *The Poetical Works of Rupert Brooke*, S. 19.
52 S. Anm. 46.
53 *Complete Poems*, S. 134.

Though I have had friends
And a beautiful love
There is one lover I await above all
She will not come to me
In the time of soft plum-blossoms
When the air is gay with birds singing
And the sky is a delicate caress;
She will come
From the midst of a vast clamour
With a mist of stars about her
And great beckoning plumes of smoke
Upon her leaping horses.

Aldingtons Vision des todbringenden Projektils verbindet die aus Geschützdarstellungen vertraute Tiermetaphorik (s. 5.) mit mythologischen Assoziationen (Walkürenritt). Der Augenblick des Todes wird in der Imagination des Sprechers zum Liebesakt:

And she will bend suddenly and clasp me;
She will clutch me with fierce arms
And stab me with a kiss like a wound
That bleeds slowly.

But though she will hurt me at first
In her strong gladness
She will soon soothe me gently
And cast upon me an unbreakable sleep
Softly for ever.[54]

In der sexuellen Metaphorik des Gedichtes sowie in der euphemistischen Gleichsetzung von Schlaf und Tod, phonetisch eingeführt durch die beiden Langvokale der drittletzten Zeile, erscheint der aggressive Zugriff des Todes aufgehoben.

Das in Aldingtons "The Lover" ebenso wie in Leonhards "Der Fähnrich" auftretende Motiv des Todeskusses begegnet auch in Siegfried Sassoons "The Kiss",[55] Anton Schnacks "Im Graben" ("... wir sind Gezeichnete vom roten Todmund"[56]) und in avantgardistischer deutscher Kriegsdichtung, so z. B. im Titel von Franz Richard Behrens' "Kano-

---

54 Ebda, S. 79. Guy Chapman kleidet die in Aldingtons Gedicht spürbare Faszination von Krieg und Tod in seinen Kriegsmemoiren in ein nahezu identisches Bild: "... in that fascination lies War's power. Once you have lain in her arms you can admit no other mistress. You may loathe, you may execrate, but you cannot deny her. No lover can offer you defter caresses, more exquisite tortures, such breaking delights" (*A Passionate Prodigality*, S. 277).

55 Vgl. Franz K. Stanzel, "The Beauty of the Bayonet", S. 85.

56 *Tier rang gewaltig mit Tier*, S. 39.

nenkuß" (vgl. 5.) und in Otto Nebels experimentellem Antikriegsepos *Zuginsfeld*: " ... Schüsse küssen alles rot".[57] Auch August Stramms "Angriff" (entstanden zwischen Mai und August 1915 an der Ostfront) verbindet die Thematik "Kampf und Tod" mit erotischen Assoziationen. Die sexuellen Konnotationen des Kampfgeschehens kulminieren im "Kuß" der Waffe, d.h. im Todesstoß, und in der Vereinigung der Gegner in Kampf und Tod:

Tücher
Winken
Flattern
Knattern.
Winde klatschen.
Dein Lachen weht.
Greifen Fassen
Balgen Zwingen
Kuß
Umfangen
Sinken
Nichts.[58]

Wie in Stramms Gedicht "Signal" (vgl. 4.3.) spiegelt auch in "Angriff" die Dominanz der (substantivierten) Verba die Dynamik des Geschehens. Die erotische Bezugsebene des Gedichtes wird eingeführt durch den Gedanken an die Geliebte ("Dein Lachen weht"), deren Bild der Sprecher plötzlich vor sich zu sehen scheint. In der zweiten Hälfte des Gedichtes (Z. 7-12) scheint Stramm das Aufeinandertreffen der Gegner im Nahkampf mit sexuellen Assoziationen zu verbinden, die verwendeten Wörter bleiben ambivalent. Die latente Aggressivität des Sexualaktes ("Balgen Zwingen"), die hiebei das *tertium comparationis* darstellt, kommt in Stramms Liebeslyrik, gesammelt in dem im Februar 1915 erschienenen Band *Du*, immer wieder zum Vorschein, besonders deutlich in den Gedichten "Liebeskampf" und "Trieb". Letzteres erscheint beinahe identisch mit der zweiten Hälfte von "Angriff":

Schrecken Sträuben
Wehren Ringen
Ächzen Schluchzen
Stürzen
Du!
Grellen Gehren

---

57 xvi, 176; *Das dichterische Werk* 1, S. 83.
58 *Das Werk*, S. 83. Zuerst *Der Sturm* 7/8 [Juli 1915].

Winden Klammern
Hitzen Schwächen
Ich und Du!
Lösen Gleiten
Stöhnen Wellen
Schwinden Finden
Ich
Dich
Du![59]

Die expliziteste Verbindung von Eros und Thanatos in der Lyrik des Weltkriegs begegnet uns in einem Gedicht eines prominenten Nichtkombattanten: D. H. Lawrence. "Eloi, Eloi, Lama Sabachthani", das Lawrence als "sein Kriegsgedicht"[60] bezeichnete, markiert in der Identifikation des Sprechers mit dem Martyrium der Soldaten und der Figur des Erlösers einen durch christliche Traditionen geprägten Kreis von Liebe und Haß, Erbsünde und Erlösung, Tod und Auferstehung. Durch seinen hymnischen Gestus und die pazifistische Botschaft nimmt das Gedicht die spätexpressionistische Menschheitslyrik der deutschen Literatur vorweg. Die imaginierte Nahkampfszene im folgenden Zitat ist deutlich sexuell besetzt:

So when I run at length thither across
To the trenches, I see again a face with blue eyes,
A blanched face, fixed and agonized,
Waiting. And I knew he wanted it.
Like a bride he took my bayonet, wanting it,
Like a virgin the blade of my bayonet, wanting it
And it sank to rest from me in him,
And I, the lover, am consummate,
And he is the bride, I have sown him with the seed
And planted and fertilized him.
[...]
Why should we hate, then, with this hate incarnate?
Why am I bridegroom of War, war's paramour?
What is the crime, that my seed is turned to blood,

59 Ebda, S. 34.

60 Vgl. Brief vom 17. November 1914 an Harriet Monroe in Chicago, in dem Lawrence seiner Erregung über die Kriegsnummer der von ihr herausgegebenen Zeitschrift *Poetry* Ausdruck verleiht: "It put me into such a rage [...] that in a real fury I had to write my war poem, because it breaks my heart, this war" (*The Collected Letters of D. H. Lawrence*, Hrsg. Harry T. Moore [New York, 1962], Bd. 1, S. 294). Zuvor hatte Lawrence sich geweigert, an einem von Harriet Monroe veranstalteten Wettbewerb für das beste Kriegsgedicht teilzunehmen (vgl. Paul Delany, *D. H. Lawrence's Nightmare. The Writer and His Circle in the Years of the Great War* [Hassocks, Sussex, 1979], S. 18).

My kiss to wounds?[61]

Als Gegensätze zu den oben behandelten Gedichten Seegers, Leonhards und Aldingtons erscheinen Texte, in denen die erotisch befrachtete Ästhetisierung des Soldatentodes ins Obszöne umschlägt. " ... death blasphemed all men and their high birth/ With his obscenities", heißt es in T. P. Cameron Wilsons "A Soldier".[62] P. H. B. Lyons "The Road (A Memory of 1915)" konterkariert erotische Todesbilder in der Figur einer Straßendirne:

... the desolate road runs onward,
Barren and overgrown,
Where Death, the wanton, beckoning, beckoning,
Walks in the night alone.[63]

Drastisch vergegenwärtigt David Jones' Personifizierung des Todes die Obszönität des Massensterbens im Krieg. Jones' Bild einer Dirne, die in den reihenweise fallenden Soldaten zahlreiche Freier findet, mithin auch eine ironische Verkehrung des in *In Parenthesis* häufigen Mutter-Erde-Motivs (s. 8.5.), ist wohl eine der eindringlichsten dichterischen Verurteilungen romantisierender und ästhetisierender Kriegsauffassungen:

But sweet sister death has gone debauched today and stalks on this high ground with strumpet confidence, makes no coy veiling of her appetite but leers from you to me with all her parts discovered.

By one and one the line gaps, where her fancy will – howsoever they may howl for their virginity
she holds them ...[64]

---

61 *The Complete Poems of D. H. Lawrence*, Hrsgg. Vivian de Sola Pinto u. Warren Roberts, Bd. 2 (London, 1964), S. 742 f.; ursprünglicher Titel: "Ecce Homo!" Das Gedicht erschien nicht in *Poetry*, möglicherweise, so Paul Delany, weil Harriet Monroe Lawrences sexualisierte Darstellung von Gewalt (insbesondere der zitierten Bajonettpassage) nicht akzeptierte (vgl. Delany, *D. H. Lawrence's Nightmare*, S. 396, Anm. 30), sondern schließlich am 1. Mai 1915 in *The Egoist*.

62 In: *Poetry of the Great War*, Hrsgg. Hibberd/Onions, S. 104 f. Vgl. Cameron Wilsons Brief an Mrs. Orpen, datiert 3. März 1916: "One can't describe it. Only the memory of things like it makes one see this Spring evening's beauty through a sort of veil of obscenity, as a madman may see beauty. For mangled bodies are obscene whatever war-journalists may say. War is an obscenity" (in: *War Letters of Fallen Englishmen*, Hrsg. Laurence Housman [London, 1930], S. 299).

63 *Songs of Youth and War* (London, 1918), S. 41.

64 *In Parenthesis*, S. 162.

8.2. Totentanz

Einen bewußten Rückgriff auf literarische und künstlerische Vorbilder stellen moderne Varianten des mittelalterlichen Totentanzmotivs dar.[65] Die besondere Signifikanz des Motivs für die Kriegsdichtung liegt nach Ulrich Linse darin, "daß hier dem sozialdominanten Mythos vom Krieg als Fest eine schaurige Persiflage entgegengestellt wird."[66] Individuelle und kollektive Todesängste, durch romantisierende Verklärungen des Heldentods verdrängt, erscheinen im Symbol des Totentanzes konkretisiert, wodurch in literarischen und bildnerischen Darstellungen des *danse macabre* die "Entheroisierung des Todes ihren Höhepunkt erreicht".[67]

Die prominenteste Totentanzvariation in der deutschen Dichtung der Zeit ist Hugo Balls "Totentanz 1916", eine Kontrafaktur des populären Dessauer-Marsch-Liedes ("So leben wir, so leben wir/ So leben wir alle Tage"):

> So sterben wir, so sterben wir,
> Wir sterben alle Tage,
> Weil es so gemütlich sich sterben läßt.
> Morgens noch in Schlaf und Traum
> Mittags schon dahin.
> Abends schon zu unterst im Grabe drin.
>
> [...]
>
> So morden wir, so morden wir.
> Wir morden alle Tage.
> Unsere Kameraden im Totentanz.
> Bruder reck dich auf vor mir,
> Bruder, deine Brust!
> Bruder, der du fallen und sterben mußt.[68]

---

65 Zum mittelalterlichen Totentanz und seinem Weiterwirken in der Literatur s. u. a. Hellmut Rosenfeld, "Totentanz", in: *Reallexikon der deutschen Literaturgeschichte*, Bd. 4: 5./6. Lieferung (2. Aufl. Berlin, New York, 1981), S. 513-523, mit weiteren Literaturangaben; ders., "Der mittelalterliche Totentanz und seine Rezeption im 19. und 20. Jahrhundert", in: *Mittelalter-Rezeption II. Gesammelte Vorträge des 2. Salzburger Symposions "Die Rezeption des Mittelalters in Literatur, Bildender Kunst und Musik des 19. und 20. Jahrhunderts"*, Hrsgg. Jürgen Kühnel u.a., Göppinger Arbeiten zur Germanistik 358 (Göppingen, 1982), S. 455-72; *Tanz und Tod in der Literatur*, Hrsg. Franz Link, Schriften zur Literaturwissenschaft 8 (Berlin, 1993), bes. S. 59-61.

66 Ulrich Linse, "'Saatfrüchte sollen nicht vermahlen werden!'", S. 266.

67 Ebda.

68 *Hugo Ball. Gesammelte Gedichte* (Zürich, 1963), S. 21. Zu "Totentanz 1916" ausführlich Gerhard Schaub, "'Totentanz 1916'. Hugo Balls literarische Opposition gegen den Krieg", *Trierer Beiträge* 15 (1985), S. 29-52. Auf S. 38 f. (Anm. 96 f.) präsentiert Schaub eine (keinen Anspruch auf Vollständigkeit

Auch Gedichte von Kriegsteilnehmern verwenden das Motiv: Eine burleske Ausprägung erfährt es in Julius Talbot Kellers Darstellung von Truppen in Verbindungsgräben: "Über die lehmige Gangsohle rollt die elektrische Lampe des Telephonisten einen Läufer von Weißglut, auf dem wir feindwärts tanzen müssen wie widerwillige Bären auf Jahrmärkten."[69] Edmund Blundens "Trench Nomenclature" rekurriert auf das groteske Element des Totentanzbildes: "odd the foul-breathed alley twisted,/ As one feared to twist there too, if *Minnie* [= Soldatenjargon für "Minenwerfer"], forward quean insisted".[70] In "Concert Party: Busseboom" schlägt die Groteske spätestens im brutalen Bild der Schlußzeile ins Tragische um. Nach den Darbietungen eines Fronttheaters ruft der Geschützdonner den Soldaten die Realität des Krieges in Erinnerung:

> ... standing on the sandy way,
> [...]
> We heard another matinée,
> We heard the maniac blast
>
> Of barrage south by Saint Eloi,
> and the red lights flaming there
> Called madness: Come, my bonny boy,
> And dance to the latest air.
>
> To this new concert, white we stood;
> Cold certainty held our breath;
> While men in the tunnels below Larch Wood
> Were kicking men to death.[71]

In ungewöhnlicher Form, nämlich als eine Art Bacchanal, erscheint der Totentanz in Kurt Heynickes "Der Soldat":

> ... tanzen will ich den Tanz dieser Zeit,
> mit schwarzem Angesicht den Tanz mit Pferdefüßen,
> ich bin das Lachen,
> morgen
> zerreißt mich die Schlacht.[72]

---

erhebende) Liste literarischer und künstlerischer "Totentänze" aus dem Zeitraum 1914-1921/22.

69 "Präzisionsschießen", in: *1914-1916*, Hrsg. Pfemfert, S. 50.

70 *The Poems* (1930), S. 174.

71 Ebda, S. 149.

72 *Das lyrische Werk* 1, S. 146.

Thomas Hardy läßt in einer dichterischen Rückschau auf den Krieg das Motiv des Totentanzes anklingen: "... the four years' dance/ Of Death in the now familiar flats of France."[73]

Der in den mittelalterlichen Totentänzen ausgedrückte Gedanke, daß im Tod alle gleich sind, impliziert, daß dies auch im Leben so sei. Dem Totentanz eignet daher ein egalitäres Moment, das in seinen modernen Variationen vielfach betont wird. Die Antikriegslyrik stellt dabei "den sozialen Gleichheitsspekulationen des 'Burgfriedens' und der 'Volksgemeinschaft' eine andere Gleichheitsspekulation"[74] entgegen, nämlich die des Massengrabs: "Men in their dying are so much alike/ That soon each passing ghost/ Appears a mere quotation from the last."[75] Das nivellierende Todesbild der Antikriegsliteratur tritt neben das individualistisch geprägte der heroisierenden Kriegsdichtung, die den Gefallenen im Heldenkult weiterleben läßt. In ihrer Gesamtheit zeigt die Kriegsdichtung somit eine Parallelität divergierender Tendenzen: hier kollektivierender Opfermythos und ästhetisierte "Heldentode", da partikuläre und realistische Todesdarstellungen und das egalisierende Massensterben. Aus dem Bewußtsein der Anonymität des Todes resultiert das Gefühl der Solidarität in Alfred Lichtensteins Aufbruchsgedicht "Abschied": "Wir ziehn zum Krieg. Der Tod ist unser Kitt."[76] Rückblickend dichtet Ernst Blass im Eingang zu den *Gedichten von Sommer und Tod*: "Todes einziges Wesen ist auf die Männer gesenket,/ Die in freudigem Lauf fielen oder verstört,/ [...]/ Und die, irr und gequält, Tod der Erlösende nahm."[77] Robert Graves' "The Leveller" nimmt Bezug auf James Shirleys vielfach unter dem Titel "Death The Leveller" anthologisiertes Gedicht "The Glories of Our Blood and State".[78] Graves überrascht zunächst durch die Darstellung des Sterbens eines Achtzehnjährigen und eines rauhen, kampferprobten Söldners:

> ... in his death this cut-throat wild
> Groaned 'Mother! Mother!' like a child,
> While that poor innocent in man's clothes

---

73 "And there was a Great Calm (On the Signing of the Armistice, Nov 11th, 1918)"; *The Variorum Edition of the Complete Poems of Thomas Hardy*, Hrsg. James Gibson (London, 1979), S. 550.

74 Ulrich Linse, "'Saatfrüchte sollen nicht vermahlen werden!'", S. 265 f.

75 Leonard Barnes, *Youth at Arms* xviii, S. 30.

76 In: *Die Dichter und der Krieg*, Hrsgg. Anz/Vogl, S. 26.

77 *Die Gedichte von Sommer und Tod*, Der jüngste Tag 46 (Leipzig, 1918), S. 7.

78 Vgl. *The Golden Treasury of the Best Songs and Lyrical Poems in the English Language*, Neuaufl. mit einem 5. Buch, ausgew. v. John Press (London u. a., 1964), S. 61.

Died cursing God with brutal oaths.[79]

Die letzte Ironie des Todes liegt jedoch darin, daß diese so konträren Todesbilder durch den stereotypen Text des offiziellen Kondolenzbriefs nivelliert werden. In der pietätvollen Verschleierung der Wirklichkeit – nicht nur humanes, sondern auch politisches Gebot – kommt letztlich zum Ausdruck, daß im Krieg der Respekt vor dem individuellen Tod verlorengehen muß.

8.3. *"Those whom the Gods love/ Die young"*[80]

Im folgenden soll ein bestimmter Aspekt in der Darstellung des Soldatentodes behandelt werden, der die Polarität glorifizierender und entheroisierender Todesbilder in exemplarischer Weise illustriert. Kriegsbejahende Gedichte integrieren Krieg und Soldatentod in einen Zyklus des Werdens und Vergehens: Der Krieg erscheint gleichsam als Naturphänomen bzw. fungiert als Katalysator natürlicher Abläufe, das Sterben an der Front wird in apologetischer Absicht als Teil einer höheren Gesetzmäßigkeit interpretiert. Mit anderen Worten: Natur wird funktionalisiert im Rahmen einer Mystifikation des Krieges.[81] Die naturzyklische Deutung des Sterbens wendet den Blick von Tod und Untergang zur Hoffnung auf eine Wiederauferstehung. Kriegsbejahende Gedichte zeigen hierin eine Verquickung von nationaler Thematik, christlichem Erlösungsglauben und Naturmystik: "Nature symbolized [...] an immortality that could be shared by the soldier and that legitimized wartime sacrifice."[82] Es verwundert nicht, daß kriegskritische Texte eine oft plakative Dekonstruktion naturmystischer Kriegs- und Todesbilder versuchen.

Kurt Heynickes "Die Toten" ist eines der zahllosen Gedichte, die durch die Gestaltung zyklischer Todesbilder die Endgültigkeit des Todes in Abrede stellen:

Hernieder fällt Laub aus der Wende des Jahres,
doch im Verborgenen fließt immer der Frühling.

---

79 *Poems About War*, S. 61.

80 Osbert Sitwell, "How Shall we Rise to Greet the Dawn?", in: *Up the Line to Death*, Hrsg. Gardner, S. 149. "Quem di diligunt, adolescens moritur" (Plautus, *Bacchides* IV, 7, 18) ist die lateinische Formulierung des Schlusses von Menanders Komödienfragment *Die zweifache Täuschung*.

81 Vgl. George L. Mosse, *Fallen Soldiers*, Kap. 6: "The Appropriation of Nature", S. 107-25.

82 Ebda, S. 109.

So sind die Toten:
Lebende dennoch im großen Geheimnis,
hinter den Schleiern die ewige Wandlung:
sie ruhen im Blut uns
dunkel und stumm.[83]

Die folgenden englischen Beispiele stellen Analogien zwischen dem Krieg und der Abfolge der Jahreszeiten her:

... by your dyings, Life is born again

The earth breaks into blossom/ Richer from the dust of man

... life destroyed shall come to life again/ And loveliness rise from the sodden sod.[84]

Im Gegensatz zu den oben angeführten zyklischen Interpretationen des Krieges stehen Gedichte, in denen vorgeführt wird, daß natürliche Abläufe vom Krieg im Grunde nicht tangiert werden. Als programmatisches Gedicht erscheint hier Thomas Hardys "In Time of the Breaking of Nations" (s. 9.2.), das die Kontinuität grundlegender menschlicher Erfahrungen auch angesichts des Konfliktes betont, wobei dem Bild des pflügenden Bauern besondere Symbolkraft verliehen wird. Auch die wenigen Kriegsgedichte Edward Thomas' gestalten diese Thematik. Explizit angesprochen wird die Intaktheit natürlicher Zyklen bei Robert Graves und Richard Aldington:

So the first things of nature run,/ And stand not still for anyone,/
Contemptuous of the distant cry/ Wherewith you harrow earth and sky.

Can you stay them [d. h. Tiere und Frühlingspflanzen] with your noise?/
Then kill winter with your cannon,/ Hold back Orion with your bayonets/
And crush the spring leaf with your armies![85]

Prononciert kriegskritische Gedichte betrachten den Konflikt als gewaltsame Unterbrechung natürlicher Kontinua. Ein frühes Beispiel findet sich in Isaac Rosenbergs "On Receiving News of the War", das den Krieg, den

83 *Das lyrische Werk* 1, S. 170.
84 John Oxenham, "The Vision Splendid", in: *Poetry of the Great War*, Hrsgg. Hibberd/Onions, S. 92; Nowell Oxland, "Outward Bound", in: *Up the Line to Death*, Hrsg. Gardner, S. 58; Max Plowman, "The Dead Soldiers", ebda, S. 104.
85 "Country at War", *Poems About War*, S. 58; "In the Trenches", *Complete Poems*, S. 83.

"alten, blutigen Fluch" der Menschheitsgeschichte, als katastrophalen Wintereinbruch und somit als Störung elementarer kosmischer Ordnungen begreift:

> Yet ice and frost and snow
> From earth to sky
> This summer land doth know,
> No man knows why.
>
> O! ancient crimson curse!
> Corrode, consume.
> Give back this universe
> Its pristine bloom.[86]

Titel wie Max Barthels "Der Tod im Frühling"[87] erscheinen unter diesem Gesichtspunkt als potentiell kriegskritisch. Die Kritik wird z. B. in Hans Kochs "Märzabend im Flandrischen",[88] Wilfred Owens "Spring Offensive",[89] Alfred Vagts' "Schloßpark im Feindesland"[90] oder Edmund Blundens "Vlamertinghe: Passing the Chateau, July 1917"[91] durch den Kontrast zwischen einer detailliert gezeichneten Frühlingsszenerie und der Antizipation bzw. Darstellung von Tod und Untergang ausgeführt. Dagegen ist in Alfred Vagts' "Winterschlacht", einem keineswegs kriegsaffirmativen Text, der Tod an der Front in das jährliche Absterben der Natur integriert: "Vom Rand des Schützengrabens Helme sinken/ Wie letzte Blätter von den Wintereichen."[92]

Zahlreiche Gedichte heben den verfrühten Tod der Jugend im Krieg hervor, eine Thematik, die bereits in Titeln wie Margaret Postgate Coles "Preaematuri"[93] [sic!] oder Kurt Heynickes "Totenklage um einen Jüngling"[94] angedeutet wird. Hugo Hinz läßt in einem schlicht "Verse" betitelten Gedicht die an den Fronten des Krieges Geopferten sprechen:

> Wir träumten kaum erst unter Blütenbäumen
> vom Leichten des Daseins,

---

86 *Collected Works*, S. 75.
87 *Verse aus den Argonnen*, S. 19.
88 In: *1914-1916*, Hrsg. Pfemfert, S. 76.
89 *The Complete Poems and Fragments* 1, S. 192 f.
90 In: *Die Dichter und der Krieg*, Hrsgg. Anz/Vogl, S. 117.
91 *The Poems*, S. 152.
92 In: *Die Dichter und der Krieg*, Hrsgg. Anz/Vogl, S. 107/8; zuerst in der *Aktion* V (16. Januar 1915), Sp. 25 f.
93 In: *In Time of War*, Hrsg. Harvey, S. 56.
94 *Das lyrische Werk* 2, S. 185.

da überkam uns schon
schwerdunkle Fülle des Grabes.[95]

Eine prominente Position nimmt die Kritik am verfrühten Tod der Jugend in Isaac Rosenbergs Kriegslyrik ein:

> In the strength of their strength/ Suspended – stopped and held./ [...]/ Timelessly now, some minutes past,/ These dead strode time with vigorous life ... ("Dead Man's Dump")
>
> They blow to a live flame/ To char the young green days ("Daughters of War")
>
> Iron are our lives/ Molten right through our youth./ A burnt space through ripe fields,/ A fair mouths broken tooth ("August 1914")
>
> ... the flower of men,/ And the rose of beauty faded /
> And pined in the great gloom ("In War").[96]

Auch die folgenden Zitate unterstreichen durch die Betonung der Jugend des Gefallenen bzw. durch seine Assoziation mit dem Frühling die Tragik seines frühen Todes:

> ... einem Munde entblühte [Blut] schmal und leis .../ [...]/ Das allzu jugendlich verströmte
>
> These bore too soon the last of ills
>
> He was a boy of April beauty
>
> I am still so young, so young,/ And life was my own.[97]

In seiner dichterischen Rückschau auf den Krieg, "Recalling War", findet Robert Graves ein denkwürdiges Bild für das Massensterben: "... Death was young again: patron alone/ Of healthy dying, premature fate-spasm."[98] Bezug auf biblische und antike Überlieferung nimmt einmal mehr David Jones: "It's a proper massacre of the innocents in a manner of speaking, no so-called seven ages o'man only this bastard military

---

95 In: *1914-1916*, Hrsg. Pfemfert, S. 42.
96 *Collected Works*, S. 110, 112 f., 100, 106.
97 Anton Schnack, "Schnee", *Tier rang gewaltig mit Tier*, S. 51; I. A. Williams, "From a Flemish Graveyard", in: *Up the Line to Death*, Hrsg. Gardner, S. 47; John Drinkwater, "Riddles, R.F.C.", in: *A Treasury of War Poetry*, Hrsg. Clarke, S. 376; Robert Graves, "The Shadow of Death", *Poems About War*, S. 14.
98 Ebda, S. 78.

age."[99] F. S. Flints "Lament", Elegie auf eine verlorene Generation, resümiert: "[The young men of the world] no longer inherit the earth:/ The earth inherits them."[100]

8.4. "Rural Economy"

In unmittelbarem Zusammenhang mit zyklischen und antizyklischen Kriegs- und Todesvorstellungen stehen die in der affirmativen Lyrik auffallend häufigen Bilder des Säens und Erntens. Die Beliebtheit der Erntemetapher bei den Prokriegsdichtern erklärt sich zum beträchtlichen Teil aus ihrer Funktionalität im Sinne einer naturmystischen Euphemisierung von Krieg und Soldatentod: "Gefallen, gefällt, gemäht – die abgeschliffene Metaphorik wird in der Kriegslyrik rückverfremdet und reaktiviert in einer Naturalisierung des Sterbens."[101] Neben der Geläufigkeit des Motivs in den europäischen Kulturen bot auch die ungebrochene Attraktivität seines Signifikats für eine weitgehend urban und industriell geprägte Gesellschaft Anreize zu seiner Verwendung. Für Marion Adams liegt die Wirkung affirmativer Kriegslyrik nicht nur in ihrem Appellcharakter, sondern auch in der "Suggestion einer Bildersprache, die den Krieg mit bekannten Aspekten des Lebens assimiliert. [...] er bringt eine gewisse 'Ernte' ein und gehört also zum produktiven Rhythmus des Landlebens."[102]

Vor allem in unmittelbar nach Kriegsbeginn entstandenen patriotischen Gedichten finden sich, nicht zuletzt durch die Jahreszeit inspiriert, zahllose Beispiele für Herbst- und Erntebilder – ein wohl besonders (un)glückliches Zusammentreffen von literarischen Paradigmen und außerliterarischer Wirklichkeit! Eine Anzahl dieser Texte sammelt Julius Babs *Anthologie 1914. Der deutsche Krieg im deutschen Gedicht* (das dritte Heft trägt den bezeichnenden Titel "Der harte Herbst"). Gerhart Hauptmanns "O Mein Vaterland" etwa moniert mit Hilfe der Erntemetapher (und der Variation des traditionellen Schnitter-Tod-Motivs) die Notwendigkeit patriotischen und militärischen Engagements, verwendet darüberhinaus aber auch das vertraute Bild des Krieges als einer Naturgewalt:

---

99 *In Parenthesis*, S. 6.

100 In: *The Penguin Book of First World War Poetry*, Hrsg. Silkin, S. 147.

101 Christiaan L. Hart Nibbrig, *Ästhetik der letzten Dinge* (Frankfurt a. M., 1989), S. 164.

102 Marion Adams, "Metaphern der affirmativen Weltkriegslyrik", in: *Ansichten vom Krieg*, Hrsg. Hüppauf, S. 222.

"... du mußt ein Gras mähn mit fester Faust;
Mußt es furchtlos mähn in Wetternacht,
Mähn, ob Blitz und Donner um dich kracht,
Blutiger Eisenhagel dich umsaust.

[...]

Unermüdlich mußt du stehn und mähn,
Schnitter, dich entbindet nur der Tod:
Erst nach einem blutigen Morgenrot
Darfst du neue Körner in mich sä'n."[103]

Auch der erste der im August 1914 entstandenen "Fünf Gesänge" Rainer Maria Rilkes bedient sich des Bildes:

Wie so dicht zwischen die friedliche Frucht
furchtbares Handeln gesät war, plötzlich erwachsenes.
[...]
Denn der glühende Gott
reißt mit einem das Wachstum
aus dem wurzelnden Volk, und die Ernte beginnt ...[104]

Alfons Petzolds "Die Erde und der Krieg" ("Erde, birg dein menschlich Angesicht ...") greift auf die Erntemetaphorik zurück, um den Ausblick auf eine Zeit der Fülle und des Friedens nach Beendigung des Krieges zu eröffnen:

Mitten aus dem fluchumbrausten Sterben
hebt sich meiner Felder Erntepracht,
Licht muß folgen auf die schwerste Nacht,
und die Liebe wird den Haß beerben.[105]

Hans Carossas "Der Himmel dröhnt von Tod" (März 1915) – in die Ausgaben seiner Gedichte nicht aufgenommen – verwendet das Saatmotiv zu einer Apologie des Krieges, die, in den Worten Christiaan L. Hart Nibbrigs, "das Grauen zu einem christlich gewürzten chthonischen Fruchtbarkeitsmythos [verklärt]":[106] "Dies alles sind nur Saaten künftiger

---

103 H. 2 (1914), S. 4 f.; weitere Beispiele s. ebda, S. 8, 12, 46 f.; H. 4, S. 14, 19, 29; H. 5, S. 3, 34 f.; H. 6, S. 8, 22, 37, 42, 48.
104 In: *Die Dichter und der Krieg*, Hrsgg. Anz/Vogl, S. 30.
105 *Volk, mein Volk. Gedichte der Kriegszeit* (2. Aufl. Jena, 1918 [1915]), S. 52.
106 *Ästhetik der letzten Dinge*, S. 165.

Liebe./ Viel Blut, viel Blut muß in die Erde sickern;/ Nie wird sie sonst den Menschen heimatlich."[107]

In der englischen Kriegsdichtung sind Erntebilder schon allein durch die Tradition der Naturdichtung in der englischen Literatur bedingt häufig. Im Vergleich zu deutschen Gestaltungen des Motivs sind sie zumeist detaillierter ausgeführt, häufig fungiert der Anblick voll im Korn stehender Felder zuhause oder im Hinterland der Front als Kontrast zu den Verwüstungen des Krieges. Literarische Vorbilder für den Gebrauch der Erntemetapher fanden englische Dichter des Weltkriegs z. B. in Byrons Beschreibung des Schlachtfeldes von Waterloo in Canto 3 von *Childe Harold's Pilgrimage* ("How that red rain hath made the harvest grow!/ [...] Thou first and last of fields!"[108]) und James Shirleys "The Glories of our Blood and State" ("Death The Leveller"): "Some men with swords may reap the field".[109] Auch die bildende Kunst des Weltkriegs gestaltete das Thema: C. R. W. Nevinsons ironisch *The Harvest of Battle* betiteltes Gemälde (1919) zeigt eine von Sprengtrichtern übersäte Frontszenerie mit Verwundeten, Gefangenen und verstreut liegenden Toten. In den folgenden Beispielen englischer Weltkriegslyrik erfährt das Erntemotiv eine ebenso negative Deutung: J. E. Stewarts "Before Action" (Somme, Juli 1916) und Edmund Blundens "Mont de Cassel" präsentieren (imaginäre) Wiesen und Kornfelder als Kontrast zum Krieg: "... but we are called to another reaping,/ A harvest that will not wait";[110] "Our summer hideous, harvesting affright".[111] Blundens "Rural Economy" (1917) verkehrt das traditionelle Motiv des Säens und Erntens im Bild der gleichsam sich selbst fortzeugenden Zerstörungsgewalt des Krieges. Durch den Blick auf eine vorgestellte, intakte agrarische Landschaft hinter den Linien wird das Ausmaß der Verwüstung an der Front umso schmerzlicher bewußt:

> In sight, life's farms sent forth their gear;
> Here rakes and ploughs lay still;
> Yet, save some curious clods, all here
> Was raked and ploughed with a will.
> The sower was the ploughman too,
> And iron seeds broadcast he threw.

---

107 In: *Die Dichter und der Krieg*, Hrsgg. Anz/Vogl, S. 61.

108 xvii, 151-3; *Lord Byron. The Complete Poetical Works*, Hrsg. Jerome J. McGann, Bd. 2: *Childe Harold's Pilgrimage* (Oxford, 1980), S. 82.

109 S. Anm. 92.

110 In: *Poetry of the Great War*, Hrsgg. Hibberd/Onions, S. 68.

111 *The Poems*, S. 45.

What husbandry could outdo this?
With flesh and blood he fed
The planted iron that nought amiss
Grew thick and swift and red,
And in a night though ne'er so cold
Those acres bristled a hundredfold.

[...]
The field and wood, all bone-fed loam,
Shot up a roaring harvest-home.[112]

Kriegskritische Verwendungen des Motivs finden sich auch in F. W. Harveys "The Day" ("Now earth beneath us shakes/ Threshed with a hellish flail/ For granary of the worm"[113]), H. H. Bashfords "The Vision of Spring, 1916" ("This their self-sown holocaust"[114]) und Isaac Rosenbergs Transposition des Konfliktes in alttestamentarische Zeiten in "The Destruction of Jerusalem by the Babylonian Hordes": "And shadowy sowers went/ Before their spears to sow/ The fruit whose taste is ash".[115] Albert Ehrensteins Paradoxon "Ich schütte aus die dürre Kriegszeit"[116] deutet durch die Verkehrung des Bildes vom Füllhorn der Fortuna die Erschütterung elementarer Ordnungen durch den Krieg an. In Vernon Scannels "The Great War" ("Blind murders scythe/ The deathscape where the iron brambles writhe"[117]) und Kurt Heynickes "Angriff" ("Die Maschine mäht Menschen"[118]) erscheint das traditionelle Bild vom "Schnitter Tod" den Gegebenheiten des modernen Krieges angepaßt. Klabunds "Ballade des Vergessens" (vgl. 4.) integriert das Schnitter-Tod-Motiv in eine weiterreichende Verurteilung des mechanisierten Krieges: "Habt ihr vergessen, was man euch tat,/ Des Mordes Dengeln und Mähen?"[119]

112 Ebda, S. 149 f.
113 Abgedr. in: Boden, *F. W. Harvey: Soldier, Poet*, S. 111.
114 In: *A Treasury of War Poetry*, Hrsg. Clarke, S. 174.
115 *Collected Works*, S. 116
116 "Der Kriegsgott", in: *Die Dichter und der Krieg*, Hrsgg. Anz/Vogl, S. 85.
117 In: *The Oxford Book of War Poetry*, Hrsg. Jon Stallworthy (Oxford, New York, 1984), S. 223.
118 In: *Die Dichter und der Krieg*, Hrsgg. Anz/Vogl, S. 133.
119 *Gedichte*, S. 268.

8.5. "Earth has been waiting for them"

Als eine weitere Variante der Integration von Krieg und Soldatentod in naturzyklische Regenerations- bzw. Reinkarnationsvorstellungen begegnet uns in der kriegsaffirmativen Dichtung der Rekurs auf das in antiken Kosmogonien vorgeprägte Mutter-Erde-Motiv. Die kritische Dichtung setzt auch hier an und verfremdet die Vorstellung im Bild einer malevolenten Gea, die ihre Kinder verschlingt. In diesen Kontext fügt sich auch die Betonung der Körperlichkeit des Menschen durch Antikriegsgedichte in Opposition zur verkitschten Spiritualität der Prokriegslyrik, deren Trivialisierung christlichen Erlösungsglaubens durch die Konzentration auf den physischen Aspekt des Todes in kritischen Gedichten bloßgelegt erscheint. Beinahe zynisch muten Robert Graves' und Edward Thomas' Hinweise auf die Vergänglichkeit alles Irdischen an: "War was return of earth to ugly earth"[120]; "... the war began/ To turn young men to dung".[121] August Stramm impliziert in "Triebkrieg" die Allgegenwart von Tod und Verwesung an der Front: "Moder wahnet um/ Und/ Stickt/ Und/ Stickt."[122] David Jones faßt die Körper-Seele-Thematik in der Bezeichnung der Gefallenen als "dung-making Holy Ghost temples"[123] pointiert zusammen, während Ivor Gurneys Gedicht "Butchers and Tombs" das von Rupert Brookes "The Soldier" in exemplarischer Weise gestaltete Motiv des Begrabenseins in fremder Erde ironisiert: "It had seemed well to .../ [...]/ Leave them buried, hidden till the slow, inevitable/ Change came should make them service of France alone."[124]

Die Gegebenheiten des Stellungskriegs, die ganze Armeen zu einem Vegetieren im Erdinneren zwangen, mögen die in den folgenden Beispielen deutliche Sicht der Erde als eines bergenden, schützenden Elements auch noch im Tod geprägt haben:

> ... men are crushed like clods, and crawl to find/ Some crater for their wretchedness ...
>
> Dieser barg verschämt den Leib/ in der ersten krausen Ackerfurche./ Sein Leib, die Erde, sind schon eins
>
> Out where a furrow folded in its dead ...

---

120 "Recalling War", *Poems About War*, S. 78.
121 "Blenheim Oranges", *Collected Poems*, S. 355.
122 *Das Werk*, S. 84.
123 *In Parenthesis*, S. 43.
124 *Collected Poems*, S. 173.

.. these/ Lie now lapt in their silence and the clay

Die Erde hüllt

Die Erde krallt die Hand.[125]

In der Nachfolge pastoraler Vorbilder[126] treten in der englischen Weltkriegslyrik häufig Mohnblumen auf. Gestützt durch die traditionelle Assoziation des Mohns mit Schlaf und Vergessen, symbolisiert das Rot der Blume das Blut der Gefallenen, das die Pflanze aus der Erde zieht. John McCraes "In Flanders Fields",[127] das das Motiv gestaltet, wurde zum wohl bekanntesten englischsprachigen Gedicht des Krieges. Der deutschen Kriegslyrik ist das Mohnblumenmotiv in dieser Form nicht geläufig – wiederum ein Indiz für den Einfluß literarischer Vorbilder auf die dichterische Verarbeitung des Kriegserlebnisses.[128] Hier besinnt man sich auf den Baum, insbesondere die Eiche, als nationales Emblem, das im Zusammenhang mit den "Heldenhainen" (ebenso wie in den französischen *jardins funèbres*) eine ähnliche Deutung erfährt: jeder Baum repräsentiert einen Gefallenen. Visionär übersteigert zu einem die Auferstehung der Toten versinnbildlichenden Lebensbaum begegnet uns die Vorstellung in Wilhelm Klemms "Halt bei Nacht": "In die Erde bescheiden sickern Blutstropfen./ Aber aus jedem wächst ein Wunderbaum,/ Strotzend und schwer von rotem Blut.[129]

Variationen des *poppy*-Motivs enthalten z. B. F. W. Harveys "If We Return" ("English fields shall blossom red/ For all the blood that has been shed"[130]) und Isaac Rosenbergs "Break of Day in the Trenches": "Poppies whose roots are in man's veins".[131] In David Jones' *In Parenthesis* findet sich die Vorstellung als Teil eines komplexen Gefüges von Naturbildern bzw. einer Naturmystik, die unter anderem durch Frazers *The Golden Bough* inspiriert ist, ein Werk, auf das sich Jones in seiner Dichtung auch

125 Siegfried Sassoon, "Break of Day", *The War Poems*, S. 102; Wilhelm Stolzenburg, "Gefallene", in: *1914-1916*, Hrsg. Pfemfert, S. 108; J. E. Adamson, "Resurrection", in: *A Treasury of War Poetry*, Hrsg. Clarke, S. 212; Edmund Blunden, "The Troubled Spirit", *The Poems*, S. 166 f.; August Stramm, "Schlacht", *Das Werk*, S. 77; "Gefallen", ebda, S. 75.

126 Vgl. dazu Fussell, *The Geat War and Modern Memory*, S. 248-54.

127 Abgedruckt z. B. in *The Penguin Book of First World War Poetry*, Hrsg. Silkin, S. 85.

128 Zu diesem Befund gelangt auch George L. Mosse, *Fallen Soldiers*, S. 111.

129 *Gloria*, S. 42.

130 In: *Poetry of the First World War*, Hrsg. Hussey, S. 77.

131 *Collected Works*, S. 103.

ausdrücklich bezieht.[132] In der folgenden Passage erscheint zunächst der kreatürliche Aspekt des Sterbens betont: "[they] sink limply to a heap/ nourish a lesser category of being/ like those other who fructify the land ..." (S. 163). Es folgt eine Auflistung keltischer Heldengestalten, deren legendäre Aureole ebenso subtil dekonstruiert wird wie die im Zitat angedeutete naturmystische Interpretation der Vorgänge. Diese Ironie fehlt hingegen in der abschließenden "Queen of the Woods"-Episode, die im Bild der zum Opfer auf dem Altar des Krieges bekränzten Soldaten auch das Motiv der Vereinigung der Gegner im Tod gestaltet:

The Queen of the Woods has cut bright boughs of various flowering.
[...]
Emil has a curious crown it's
made of golden saxifrage.
Fatty wears sweet briar,
He will reign with her for a thousand years.
[...]
Ulrich smiles for his myrtle wand.
That swine Lillywhite has daisies to his chain – you'd hardly credit it.
She plaits torques of equal splendour for Mr. Jenkins and Billy Crower.
Hansel with Gronwy share dog-violets for a palm, where they lie in serious embrace beneath the twisted tripod. (S. 185)

Der englische Soldatenjargon, auf den Jones' Epos ansonsten häufig zurückgreift (vgl. 11.), bediente sich zur Darstellung desselben Sachverhalts bekanntlich der despektierlichen Formulierung "Pushing up daisies", zitiert im dramatischen Monolog des Sprechers in Wilfred Owens "A Terre".[133] In Owens Kriegsgedichten erscheint die Thematik "Erde/Natur – Tote" an mehreren Stellen. So resultiert etwa die grundlegende Spannung in "Spring Offensive" aus dem Kontrast zwischen dem Aufblühen der Natur und dem Schicksal der dem Untergang geweihten Soldaten. Das Bild des Grals steht hinter der Sicht der Blumen als Gefäße für das Blut der Gefallenen: "... earth set sudden cups/ In thousands for their blood".[134] Eine naturalistische, den Toten in die Häßlichkeit der Frontszenerie integrierende Darstellung findet sich dagegen in "Asleep":

... whether yet his thin and sodden head
Confuses more and more with the low mould,

---

132 Vgl. *In Parenthesis*, S. 67 und Anm. 15, S. 204.
133 *The Complete Poems and Fragments* 1, S. 179.
134 Ebda, S. 192.

His hair being one with the grey grass
Of finished fields, and wire-scrags rusty-old
Who knows? ...[135]

Auf fremdem Boden vergossenes Blut erwähnen "Inspection" ("Far off to where his wound had bled/ And almost merged forever into clay") und "Disabled": "He's lost his colour very far from here,/ Poured it down shell-holes till the veins ran dry".[136] Wie ein ironisches Echo auf Brookes "The Soldier" mutet in Owens vermutlich letztem vollendeten Gedicht, "Smile, Smile, Smile" (entstanden an der Front Ende September 1918), das Ausbluten einer ganzen Nation durch den Tod ihrer Jugend an: "England one by one had fled to France/ Not many elsewhere now, save under France."[137]

Anton Wildgans' Zeilen "Fremde Erde sah ihre letzte Not,/ Fremde Erde schlürfte ihr Blut so rot"[138] sind ein Beispiel für zahlreiche anthropomorphisierende Darstellungen der Erde in der Weltkriegsdichtung. Metaphern wie Alfred Lichtensteins "Äcker röcheln" ("Doch kommt ein Krieg"[139]) oder August Stramms "Die Erde blutet unterm Helmkopf" ("Wunde"[140]) und Metonymien wie Siegfried Sassoons "The place was rotten with dead" ("Counter-Attack"[141]) stehen in einer Reihe mit zahlreichen weiteren Beispielen, die menschliche Attribute auf die Frontlandschaft übertragen. Richard Aldingtons "In the Trenches" zeichnet das Bild einer Mutter Erde, mit der ihre Geschöpfe leiden: "Each wound on the breast of earth,/ Of Demeter, our Mother,/ Wound[s] us also".[142]

In kriegskritischen Texten wird, wie schon erwähnt, das Mutter-Erde-Motiv uminterpretiert: "Mich saugt die fremde Erde an"; "... earth cries out its toll"; "... the dead descend;/ earth yawns".[143] Der Schlamm an der flandrischen Front sowie die Gefahr, lebendig begraben zu werden, stellt das Korrelat zu solchen Bildern. George Willis' Paradoxon

135 Ebda, S. 152.
136 Ebda, S. 95, 175.
137 Ebda, S. 190.
138 "Die blinden Soldaten", *Gedichte* (Wien, 1953), S. 188 f.
139 In: *Die Dichter und der Krieg*, Hrsgg. Anz/Vogl, S. 14.
140 *Das Werk*, S. 69.
141 *The War Poems*, S. 105.
142 *Complete Poems*, S. 82.
143 Franz Werfel, "Der Verwundete", in: *Kameraden der Menschheit*, Hrsg. Rubiner, S. 32; Edward Shillito, "Hardness of Heart", in: *Poetry of the Great War*, Hrsgg. Hibberd/Onions, S. 121; Herbert Read, "My Company", *Collected Poems*, S. 40.

"living men are buried and the dead unburied lie"[144] verweist auf die relativ hohe Zahl von Verschüttungen vor allem an der Westfront. In Herbert Reads "Kneeshaw Goes to War" kann, da für einen Rettungsversuch keine Zeit ist, einem im Schlamm versinkenden Soldaten nur durch einen Kopfschuß der qualvolle Erstickungstod ("A sucking, clutching death"[145]) erspart werden. Siegfried Sassoon kleidet in "To the Warmongers" die Schrecknisse der Front in das folgende drastische Bild: "Young faces bleared with blood,/ Sucked down into the mud".[146] Charles H. Sorley ("All the Hills and Vales Along") und Isaac Rosenberg ("Dead Man's Dump") erweitern das Motiv allegorisch zum Bild einer indifferenten bzw. malevolenten Mutter Erde:

Earth that never doubts nor fears
Earth that knows of death, not tears,
Earth that bore with joyful ease
Hemlock for Socrates,
Earth that blossomed and was glad
'Neath the cross that Christ had,
Shall rejoice and blossom too
When the bullet reaches you.

Earth has waited for them [d. h. die Gefallenen]
All the time of their growth
Fretting for their decay:
Now she has them at last!
In the strength of their strength
Suspended – stopped and held.[147]

Demgegenüber erscheint in August Stramms "Schlachtfeld" die Vorstellung auf den materiellen bzw. kreatürlichen Aspekt reduziert:

Schollenmürbe schläfert ein das Eisen
Blute filzen Sickerflecke

---

144 "Any Soldier to His Son", Ausz. in: *Poetry of the Great War*, Hrsgg. Hibberd/ Onions, S. 180.

145 Ebda, S. 31.

146 *The War Poems*, S. 77; vgl. auch "Glory of Women", ebda, S. 100: "O German mother dreaming by the fire,/ While you are knitting socks to send your son/ His face is trodden deeper in the mud."

147 *The Poems and Selected Letters*, S. 72; *Collected Works*, S. 110; s. auch Entwurf S. 112. Rosenbergs Zeilen enthalten möglicherweise eine Anspielung auf William Wordsworths "Ode: Intimations of Immortality from Recollections of Early Childhood", Z. 78 f.: "Earth fills her lap with pleasures of her own,/ Yearnings she has in her own natural kind" (*The Poetical Works of William Wordsworth*, Hrsgg. Ernest de Selincourt u. Helen Darbishire, Bd. 4 [Oxford, 1947], S. 281).

Roste krumen
Fleische schleimen
Saugen brünstet um Zerfallen.[148]

In Franz Janowitz' "Die Erde antwortet" begründet die Muttergottheit im imaginären Dialog mit dem Dichter ihre Grausamkeit als Naturgesetz, dem sie selbst unterworfen ist:

... du klagtest recht mich an:
Der Kinder Tod erzwingt ein alter Bann.

Sooft mein Schoß die Leichen wiederbringt:
Sie leben nur, bis sie der Schoß verschlingt!

Und schlingen selbst einander! Ewig kreist
des Blutes Hunger, das mit Blut ihn speist![149]

Robert Graves' "Dead Cow Farm" schließlich parodiert antike und christliche Schöpfungsmythen in einer tragikomischen Kosmogonie. Im Schlamm der Schützengräben schließt sich ein Kreis, der im Urschlamm seinen Anfang nahm. Das Gedicht artikuliert den Nihilismus einer desillusionierten Generation. Im Zusammenhang der hier behandelten Texte erscheint es als ultimative Dekonstruktion naturzyklischer Kriegs- und Todesauffassungen:

An ancient saga tells us how
In the beginning the First Cow
(For nothing living yet had birth
But elemental cow on earth
Began to lick cold stones and mud:
Under her warm tongue flesh and blood
Blossomed, a miracle to believe;
And so was Adam born, and Eve.
Here now is chaos once again,
Primaeval mud, cold stones and rain.
Here flesh decays and blood drips red,
And the Cow's dead, the old Cow's dead.[150]

---

148 *Das Werk*, S. 68.
149 *Auf der Erde. Gedichte* (München, 1919), S. 88 (zuvor: "Sei, Erde, wahr!").
150 In: *Up the Line to Death*, Hrsg. Gardner, S. 129.

9. Affinität und Kontrast: Fabrikshallen und pastorale Landschaft

Im folgenden Kapitel sollen unterschiedliche Reaktionen auf den Ersten Weltkrieg in formal konventionellen, größtenteils von Kriegsteilnehmern verfaßten deutschen und englischen Gedichten einander gegenübergestellt werden. Die Auswahl der Beispiele erfolgte nach (kontrastierenden) thematischen Kriterien, die im einen Fall als bezeichnend für die Gedichte einer bestimmten Gruppe von Autoren innerhalb der deutschen Kriegslyrik 1914-1918 gelten können (auch wenn sich diese Dichter nicht als Angehörige einer literarischen Gruppierung betrachteten und auch kein Programm einer solchen vorliegt), im anderen Fall Ausdruck einer generellen Tendenz der englischen Dichtung des Ersten Weltkriegs sind. Aus praktischen Gründen sollen deutsche und englische Textstellen getrennt behandelt und die Ergebnisse der Untersuchung in einer vergleichenden Gegenüberstellung am Schluß des Kapitels zusammengefaßt werden.

9.1. Die "Arbeiterdichter" und der Krieg

Vergleicht man das Zustandsbild der englischen und deutschen Dichtung während der Kriegsjahre, so zeigt die deutsche Weltkriegslyrik nicht nur das Fortwirken einer im Vergleich zu England stärkeren avantgardistischen Strömung (während auf deutscher Seite viele Vertreter des literarischen Expressionismus im Fronteinsatz standen, läßt sich für die englische Literatur – neben den Imagisten Richard Aldington und Herbert Read – lediglich das Beispiel Wyndham Lewis' anführen), sondern auch eine distinkte "proletarische Tradition", die der englischen Kriegsdichtung in dieser Form gänzlich fehlt. Zwar griffen in den Jahren unmittelbar vor Kriegsausbruch vereinzelt englische Autoren wie William Morris, John Davidson ("Thirty Bob a Week"), aber auch die während des Krieges produzierenden Laurence Binyon und Wilfrid Wilson Gibson in ihrer Lyrik das Thema sozialer Ungerechtigkeit und Not auf,[1] während der Kriegsjahre erschienen jedoch (außer einigen lediglich regional verbreiteten Sammlungen) keine Gedichte, die eine ähnliche Verquickung biogra-

1 Vgl. Gerhard Haefner, *Impulse der englischen Lyrik. Lyrik im Spannungsfeld von Politik, Gesellschaft, Interessen und Ideologien in England von der Shakespearezeit bis zur Gegenwart* (Heidelberg, 1985), Kap. 7: "Soziale Not und imperialistische Propaganda in der englischen Lyrik um die Jahrhundertwende", S. 131-148.

phischer Bezüge und sozialer Themen aufweisen, wie dies bei den Werken der sogenannten "Arbeiterdichter" in Deutschland der Fall ist.

Während die herausragenden Vertreter der englischen Kriegsdichtung fast durchwegs der Mittelschicht angehörten und im Krieg großteils als Offiziere eingesetzt waren (eine der wenigen Ausnahmen in beiden Punkten ist Isaac Rosenberg), nahmen auf deutscher Seite mit Heinrich Lersch, Karl Bröger, Max Barthel und Gerrit Engelke auch Dichter am Krieg teil, die zumindest zeitweise ihren Lebensunterhalt als Industriearbeiter verdient hatten. Wie im Fall jener Dichter, die heute als Repräsentanten der englischen Lyrik des Ersten Weltkriegs gelten, war jedoch auch für diese Autoren der Krieg vielfach entscheidender Anstoß zu literarischem Schaffen. Dies belegt nicht zuletzt eine Aussage Karl Brögers in einer 1929 erschienenen Sondernummer der *Literarischen Welt* mit dem Titel *Arbeiterliteratur*, wonach "[e]rst im Krieg [...] Ausdruck und Begriff des Arbeiterdichters geprägt [wurden]".[2]

In der gebotenen Kürze muß an dieser Stelle auf den Begriff "Arbeiterdichter" eingegangen werden, der in der Literaturgeschichte zunächst werkbezogen auf Autoren angewandt wird, die "vorzugsweise Sujets aus dem Lebensbereich des industriellen Arbeiters gestalten",[3] im allgemeinen aber zugleich eine vage Herkunftsbezeichnung darstellt. Tatsächlich, so Dieter Mayer, entstammte die Mehrzahl der "Arbeiterdichter" "proletarisierten Handwerker- und Kleinbürgerfamilien [...], deren Vorstellungen sie auch dort tradierten, wo ihre Texte in das Ambiente einer hochindustrialisierten Arbeitswelt eingebettet waren."[4] Ihre in den ersten Kriegsjahren entstandenen Gedichte unterscheiden sich weder in ihrem kriegsaffirmativen Tenor noch in formaler Hinsicht von den unzähligen Kriegsgedichten bürgerlicher Autoren. In späteren Texten wie Heinrich Lerschs "Massengräber" oder Gerrit Engelkes von expressionistischem Menschheitspathos getragenen Hymnus "An die Soldaten des großen Krieges" kommt jedoch vereinzelt Kriegskritik sowie eine stärkere Betonung sozialer Themen zum Vorschein. Bedingt durch den biographischen Hintergrund der Verfasser weisen einige der zwischen 1914 und 1918 entstandenen Gedichte der Arbeiterpoeten jedoch Themen auf, die sie aus der uniformen Masse der patriotischen Dichtung herausheben und, wie im

---

2 Zit. nach Dieter Mayer, "Die Epoche der Weimarer Republik", in: *Geschichte der deutschen Literatur vom 18. Jahrhundert bis zur Gegenwart*, Hrsg. Viktor Žmegač, Bd. III/1: *1918-1945* (Königstein, 1984), S. 109.

3 Eckart Koester, *Literatur und Weltkriegsideologie*, S. 143.

4 Dieter Mayer, "Die Epoche der Weimarer Republik", S. 110.

folgenden noch zu zeigen sein wird, eine gesonderte Diskussion ihres Beitrags zur deutschsprachigen Kriegslyrik rechtfertigen.

Während der Kriegsjahre fand die Lyrik der Arbeiterdichter neben den Texten etablierter Schriftsteller wie Richard Dehmel und Gerhart Hauptmann in Deutschland die weiteste Verbreitung. Der Grund für diese Rezeptionslage ist nicht nur in der *hausse* patriotischer Kriegslyrik besonders in der Anfangsphase des Konfliktes, sondern vor allem in der sozialintegrativen Tendenz dieser Gedichte zu suchen: Nichts konnte wohl glaubwürdiger die Überwindung von Klassengegensätzen in der gemeinsamen Anstrengung eines ganzen Volkes veranschaulichen als der ideologische Beitrag von Angehörigen der untersten Gesellschaftsschichten.[5] Prononcierte Sozialkritik oder gar ein klassenkämpferisches Programm ließ die Lyrik Brögers oder Lerschs allerdings auch nach dem Krieg vermissen. Vielmehr zeigt sie eine grundlegende Akzeptanz kapitalistischer Produktionsmethoden, die durch die literarische Glorifizierung der Arbeit und des heldenhaften Erduldens ungerechter sozialer Bedingungen kompensiert wird. Es verwundert auch nicht, daß Lersch und Bröger zu Parteigängern der Nationalsozialisten wurden, deren Ziele sie allerdings zum Teil verkannten, und ihr Werk im Sinn nazistischer Arbeits- und Volkstumsideologie vereinnahmt wurde.

Das ideologische Wohlverhalten der "Arbeiterdichter" während der Kriegsjahre 1914-18, das von der bürgerlichen Literaturkritik und einer breiten bürgerlichen Leserschaft entsprechend honoriert wurde, steht im Einklang mit der Politik der rechten Sozialdemokraten, deren Zustimmung zur Bewilligung der Kriegskredite im Reichstag am 4. August 1914 die Hoffnung derjenigen zunichte machte, die ein entschiedenes Auftreten der Sozialistischen Internationale gegen den Krieg erwartet hatten. Daß es den Arbeiterpoeten leicht fiel, sich bei Kriegsausbruch in den Dienst der herrschenden konservativ-militaristischen Ideologie zu stellen, mag zum Teil auch in ihrer grundlegenden sozialen Unsicherheit begründet sein: "Kriegsausbruch und sozialdemokratische Burgfriedenspolitik [boten] [den Arbeiterdichtern] die einmalige Chance, sich zum Klassenstatus des 'Arbeiters' zu bekennen und zugleich eine klassentranszendierende Identifikation in einer 'nationalen' Gemeinschaft zu finden."[6] Dementsprechend

---

5 Zur sozialen Problematik vor und während des Krieges vgl. Jürgen Kocka, *Klassengesellschaft im Krieg. Deutsche Sozialgeschichte 1914-1918* (Göttingen, 1973); *Die Pöhlands im Krieg. Briefe einer sozialdemokratischen Arbeiterfamilie aus dem 1. Weltkrieg*, Hrsg. Doris Kaculle (Köln, 1982).

6 Martin Rector, "Sozialdemokratische Literatur von 1890-1918", in: *Geschichte der deutschen Literatur vom 18. Jahrhundert bis zur Gegenwart*, Hrsg. Viktor Žmegač, Bd. II/1: *1848-1918* (Königstein/Ts., 1980), S. 254.

konnte Franz Pfemfert im Rückblick auf die poetischen Beiträge Brögers, Lerschs und des nach dem Krieg "in 'Kommunismus' machen[den]" Max Barthel ätzend bemerken: "'Arbeiterkriegsdichter' [...], das ist, ungefähr, die sozialdemokratische Reichstagsfraktion von 1914 ins kitschig Lyrische übersetzt."[7]

Karl Bröger (1886-1944), Kaufmannslehrling, Bauhilfsarbeiter und ab 1912 Redakteur bei der *Fränkischen Tagespost*, wurde bei Ausbruch des Krieges zum 6. Bayerischen Reserve-Infanterieregiment eingezogen und kam bereits im Herbst 1914 an die Front, wo er in den frühen Kämpfen um die Lorettohöhen verwundet wurde.[8] Er verfaßte drei Bände Kriegsgedichte, in denen er das an der Front erlebte Gemeinschaftsgefühl zelebrierte: *Aus meiner Kriegszeit. Gedichte* (Nürnberg, 1915); *Kamerad, als wir marschiert. Kriegsgedichte* (Jena, 1916), ein erweiterter Nachdruck der vorangegangenen Sammlung, und *Soldaten der Erde. Neue Kriegsgedichte* (Jena 1918).

Heinrich Lerschs (1889-1936) erste Kriegsgedichte erschienen bereits vor seiner Einberufung. Sie sind Ausdruck der allgemeinen Kriegsbegeisterung im Herbst 1914. Julius Bab, der das Gewicht eines "Arbeiterdichters" als Stimme der Volksgemeinschaft erkannte, eröffnete mit Lerschs Gedicht "Soldatenabschied" ("Deutschland muß leben, und wenn wir sterben müssen!") nach einem "Vorspruch" von Ernst Lissauer seine Anthologie *1914. Der Deutsche Krieg im Deutschen Gedicht*[9] und apostrophierte an andererer Stelle den Dichter als "Sänger des deutschen Krieges".[10] Lersch selbst sammelte seine Kriegsgedichte in zehn Heften. Der Dichter, der sich wegen einer Erkrankung nicht unmittelbar zu Kriegsbeginn freiwillig melden konnte, trat Ende November 1914 ins Kölner Reserve-Infanterieregiment 65 ein[11] und kam im Februar 1915 an die Westfront, wo er die Schlußphase der Champagne-Schlacht miterlebte

---

7 "Die Arbeiterkriegsdichter", *Die Aktion* 10 (1920), Sp. 194. Der Begriff "Arbeiterkriegsdichter" dürfte, laut Pfemfert, von deren Verleger Eugen Diederichs geprägt worden sein, gegen den sich ein Teil der Polemik des Artikels richtet.

8 Vgl. Brögers autobiographisches Vorwort zur englischen Ausgabe seines Kriegsromans *Bunker 17. Geschichte einer Kameradschaft* (*Pillbox 17. The Story of a Comradeship in Arms. With an Autobiographical Foreword specially written for the English Edition*, übers. von Oakley Williams [London, 1930]); zit. bei Patrick Bridgwater, *The German Poets of the First World War*, S. 134.

9 H. 1 (1914), S. 6.

10 "Heinrich Lersch, der Sänger des deutschen Krieges", Vorwort zu Heinrich Lersch, *Herz! Aufglühe dein Blut*, S. 1.

11 Vgl. Lerschs Brief an Alfons Petzold v. 13. 2. 1915, in: *H. L. Briefe und Gedichte aus dem Nachlaß*, S. 32.

und verschüttet wurde.[12] Nach längerem Aufenthalt im Lazarett und Garnisonsdienst wurde er im Sommer 1916 aus dem Militärdienst entlassen. Lersch schrieb weiter Kriegsgedichte, die aber gegenüber den früheren deutlich an Euphorie verloren hatten und die Leiden der Soldaten auf beiden Seiten der Front thematisierten (so z. B. das Gedicht "Brüder"[13]).

Max Barthel (1893-1975), Sohn eines Maurers, war während des gesamten Krieges Soldat an der Westfront. In dieser Zeit erschienen zwei Bände Kriegsgedichte: *Verse aus den Argonnen* (Jena, 1916) und *Freiheit. Neue Gedichte aus dem Kriege* (1917). Einzelne Gedichte dieser Sammlungen, wie z. B. "Die neue Zeit",[14] lassen bereits die pazifistische und klassenkämpferische Haltung des nach dem Krieg erschienenen Werkes erkennen.

Gerrit Engelke (1890-1918) wird wegen der zentralen Bedeutung industrieller Metaphorik in seiner Dichtung und seiner Nähe zur von Jakob Kneip, Wilhelm Vershofen und Josef Winckler gegründeten Gruppe der "Werkleute auf Haus Nyland" gewöhnlich ebenfalls zu den Arbeiterdichtern gezählt. In ihrem hymnischen Ton und ihrer Menschheitsverbundenheit zeigt Engelkes Dichtung den Einfluß Dehmels, Verhaerens und vor allem Walt Whitmans, den er verehrte. Die ersten Gedichte entstanden 1910/11; Kriegsgedichte im eigentlichen Sinn schrieb er nur wenige. Bei Ausbruch des Krieges hielt sich Engelke in Dänemark auf und konnte sich zunächst nicht entschließen, nach Deutschland zurückzukehren. Im Oktober 1914 meldete er sich jedoch in Flensburg freiwillig, wurde im Dezember dem Landwehr-Ersatz-Battaillon 85 in Sonderburg zugeteilt und kam im Februar 1915 an die Westfront, wo er an verschiedenen Abschnitten eingesetzt und mehrmals verwundet und ausgezeichnet wurde. Engelke fiel kurz vor Ende des Krieges: Am 13. Oktober 1918 erlag er in einem englischen Feldlazarett bei Etaples den Verwundungen, die er zwei Tage zuvor nahe Cambrai erlitten hatte, nicht weit vom Sambre-Kanal, wo fast genau einen Monat später Wilfred Owen den Tod finden sollte. Wie Patrick Bridgwater bemerkt, könnten sich Engelke und Owen sehr wohl in den Schützengräben dieses Abschnitts gegenübergestanden sein.[15]

Der österreichische Arbeiterdichter Alfons Petzold nahm am Krieg nicht teil, exponierte sich aber während der Kriegsjahre mit zahlreichen

---

12 Vgl. das Gedicht "Champagneschlacht" in: *Herz! Aufglühe dein Blut*, S. 49 ff.
13 Ebda, S. 101.
14 In: *Verse aus den Argonnen*, S. 37.
15 Vgl. *The German Poets of the First World War*, S. 142.

lyrischen Beiträgen in der *Arbeiter-Zeitung* und vier Bänden von Kriegsgedichten: *Krieg* (Wien, 1914), *Volk, mein Volk* (Jena, 1915, 2. Aufl. 1918), *Der stählerne Schrei. Neue Gedichte aus der Kriegszeit* (Warndorf, 1916) und *Dämmerung der Herzen. Gedichte aus der Kriegszeit 1916-1917* (Innsbruck, 1917).[16] Das soziale Engagement, das Petzolds Werk durchzieht, entspringt der Erfahrung des eigenen Elends: "Aus den finsteren Löchern des sozialen Unrechtes komme ich hervor. Dort kauerte ich jahrelang und schrieb im Hunger und Dunkel die Klage und den Haß der Armen in zerbrochenen Versen nieder."[17] Nach Jahren bitterer Armut, die er in seiner fiktionalisierten Autobiographie *Das rauhe Leben. Roman eines Menschen* (1920) beschreibt, ermöglichten dem lungenkranken Dichter Zuwendungen von Freunden und Gönnern den Aufenthalt in einem Sanatorium (hier endet die Autobiographie) und eine materiell einigermaßen abgesicherte Existenz.

In den ersten Monaten des Krieges verfiel Petzold wie so viele seiner Schriftstellerkollegen in chauvinistische Kriegsbegeisterung. Eine denkwürdige dichterische Entgleisung aus dieser Zeit, übertriebener kompensatorischer Gestus eines Schriftstellers, dessen Beitrag zu den nationalen Kriegsanstrengungen sich auf patriotische Lyrik beschränken mußte, läßt ähnlich Siegfried Sassoons "The Kiss" in der Thematisierung der Penetration des menschlichen Körpers durch Geschosse und blanke Waffen deutliche erotische Konnotationen erkennen:

> O, daß ich könnte jetzt in jeder Kugel sein,
> die fröhlich zischend ein rotes Menschenherz grüßt!
> O, daß ich könnte jetzt atmen mit jeder Säbelklinge,
> die flammenrasch ein weises Menschenhirn küßt."[18]

Aus einer Tagebucheintragung vom 5. Oktober 1914 geht hervor, daß für Petzolds Ausstoß an Kriegsgedichten im Herbst 1914 nicht nur patriotischer Überschwang, sondern auch finanzielle Gründe verantwortlich waren: "Muskete sandte 50 K – Kriegsgedichthonorar! Unsere diesen Monat sehr schmale Kasse, [sic!] lüstete sehr nach diesem verfluchten Geld."[19] Petzolds spätere Kriegsgedichte sind von der Euphorie der 1914 entstan-

---

16 Vgl. Herbert Exenberger, Fritz Hüser u. Hans Schroth, *Alfons Petzold. Beiträge zum Leben und Schaffen mit einer Petzold-Bibliographie* (Dortmund, 1972).

17 Vorwort zu *Gesang von Morgen bis Mittag. Eine Auswahl der Gedichte* (Wien, 1922), S. 5.

18 *Krieg*, S. 10. Zu den thematischen Parallelen zu Sassoons Gedicht vgl. Franz K. Stanzel, "'The Beauty of the Bayonet'", S. 85 f.

19 Zit. nach Herbert Exenberger, "Alfons Petzold im Ersten Weltkrieg", in: *Österreich und der Große Krieg 1914-1918*, Hrsgg. Amann/Lengauer, S. 171.

denen Texte größtenteils weit entfernt: In nachdenklichem, melancholischem Ton thematisieren sie das Leid, das der Krieg über die Zivilbevölkerung bringt (so z. B. "Die Kinder im Krieg"[20]), oder auch, wie das Gedicht "Vor einem gemeinsamen Soldatengrab" ("Hier schweige der Haß ..."[21]), die Notwendigkeit der Überwindung chauvinistischer Positionen.

9.1.1. Vom Krieg zur gesellschaftlichen Utopie und Völkerversöhnung

Für die Arbeiterdichter gilt in besonderer Weise, was Eckart Koester als primäre Motivation des literarisch-propagandistischen Engagements vieler Schriftsteller in der Anfangsphase des Weltkriegs konstatiert, nämlich soziale Ameliorationsbestrebungen.[22] Während diese im Fall der bürgerlichen Literaten jedoch ihren Ausdruck in der Selbststilisierung zu geistigen und moralischen Führern der Nation finden, liegt der Akzent in der Lyrik der Arbeiterpoeten – zumindest, wo sie als Repräsentanten ihres Standes auftreten – oft unverhüllt auf sozialpolitischen und materiellen Aspekten. Im Gegensatz zu ihren Kollegen aus dem bürgerlichen Lager interpretieren Barthel, Bröger und Lersch den Krieg nicht als ein von sozialen und politischen Faktoren losgelöstes Phänomen (bekannt ist Thomas Manns Formulierung vom "Krieg an sich"[23]), sondern es kommt ihm eine Funktion innerhalb der gesellschaftlichen Integrations- und Ameliorationsbestrebungen der Arbeiterschaft zu. Die Betonung der Bereitschaft der Industriearbeiter, sich in den Dienst der Nation und damit auch der Interessen der herrschenden Schicht zu stellen, ist in der Kriegslyrik der Arbeiterdichter mit der mehr oder weniger deutlich artikulierten Forderung nach sozialer Besserstellung nach dem Krieg verbunden. Anders als bürgerliche Schriftsteller, die soziale Themen ausklammerten bzw. hinter die Beschwörung einer mystifizierten nationalen Einheit stellten, deklarierten sich die Arbeiterdichter in vielen ihrer Texte als Sprecher ihrer Klasse, deren soziale Benachteiligung sie kritisierten, während sie gleichzeitig in der die Klassengegensätze egalisierenden Euphorie der ersten Kriegsmonate einen ersten Schritt zu ihrer gesellschaftlichen Integration verwirklicht zu sehen glaubten.

---

20 *Der stählerne Schrei*, S. 34.
21 Ebda, S. 33.
22 Vgl. Koester, *Literatur und Weltkriegsideologie*, S. 143-8.
23 "Gedanken im Kriege", in: *Thomas Mann. Politische Schriften und Reden*, Bd. 2, S. 11.

Programmatischer Text für diese Integrationswünsche ist Karl Brögers Gedicht "Bekenntnis", das am 27. Februar 1917 von Kanzler Bethmann-Hollweg vor dem Reichstag zitiert wurde:[24]

Immer schon haben wir eine Liebe zu dir gekannt,
bloß wir haben sie nie mit einem Namen genannt.
Als man uns rief, da zogen wir schweigend fort.
Auf den Lippen nicht, aber im Herzen das Wort
Deutschland!

Mit einer für die frühe patriotische Kriegslyrik in Deutschland ungewöhnlichen Direktheit spricht Bröger die Implikationen des von der Arbeiterschaft geforderten Dienstes an ("Daß kein fremder Fuß betrete den heimischen Grund,/ stirbt ein Bruder in Polen, liegt einer in Flandern wund"), um in der letzten Strophe den nationalen Dank für geleistete Opfer zu monieren:

Herrlich offenbarte es erst deine größte Gefahr,
daß dein ärmster Sohn auch dein getreuester war.
Denk es, o Deutschland![25]

Während in Brögers Gedicht "ein offenbar lang aufgestautes Bedürfnis [sich] Bahn [bricht], das Odium der 'Vaterlandslosigkeit' abzuschütteln",[26] verweist Heinrich Lerschs "Das Fahnenlied" mit demonstrativem proletarischen Klassenbewußtsein auf die Errungenschaften des Arbeiterstandes, die es nun, und hierin zeigt sich das Fehlen wirklicher politischer Brisanz in den Texten der Arbeiterdichter, gegen äußere [!] Feinde zu verteidigen gilt:

Wir sind vor Zeiten, Arbeiter, in die steinernen Fabriken gegangen,
an Achsen und Rädern, Spindeln und Fäden haben unsere Blicke gehangen,
warm wurde von unserm Blut der Stahl, auf den unsere Faust den Hammer
in Schlägen schwang,
indes unsere Seele ein Lied von der Liebe zu Gott und seinen Geschöpfen
sang.

Wir, die wir uns schaffend gebeugt, haben in Freiheit den Kopf gehoben,
unser Reich errichtet.

---

24 Zu ähnlichen Ehren gelangte bekanntlich Rupert Brookes "The Soldier", das Dean Inge am Ostersonntag 1915 seiner in der Londoner St. Pauls-Kathedrale versammelten Kongregation vortrug. Vgl. Patrick Bridgwater, *The German Poets of the First World War*, S. 135.

25 In: *Deutsche Dichtung im Weltkrieg 1914-1918*, Hrsg. Volkmann, S. 142.

26 Martin Rector, "Sozialdemokratische Literatur von 1890-1918", S. 254.

[...]
Nun erwehren wirs uns. Mit Eisen gewaffnet, das wir uns selber geschaffen.
[...]
Nun wird unser Ziel! Unser wird, was wir im Rauschen der Arbeit erkannt,
–
auf freiem Feld, die Waffe gefällt! Für unser Recht, unsre Freiheit, das
Vaterland.[27]

An anderer Stelle bekräftigt auch Lersch die in Brögers Bekenntnis thematisierte Opferbereitschaft des Proletariats:

Deutschland, dem wir geweiht
die Arbeit unsrer Hände;
an deines Schicksals Wende
stehn wir erhobner Seele
und weihen uns dir voll Dankbarkeit.[28]

Wie die hier behandelten Gedichte Brögers und Lerschs weist auch Alfons Petzolds "Proletarier"[29] auf die lange nicht gewürdigten Verdienste der Arbeiterklasse hin, um anschließend eine optimistische Zukunftsperspektive zu eröffnen: als Lohn der Arbeiter für ihr Engagement im Rahmen der nationalen Kriegsanstrengungen winken soziale Verbesserungen. In Petzolds Darstellung des harten, an Entbehrungen reichen Lebens der Fabriksarbeiter als eines "Arbeitskampfes" enthüllt sich jene Parallelität von Industriearbeit und Krieg, die – wie noch zu zeigen sein wird – für die Kriegslyrik der Arbeiterdichter charakteristisch ist, darüberhinaus aber auch bei Ernst Jünger (s. u.) und schließlich im nationalsozialistischen "Arbeitsfront"-Mythos figuriert:

Wir haben gekämpft vor den Rädern, Werktischen und Bänken.
Tag für Tag ohne Ruhe um Brot und Licht;
wir durften uns nicht an Sonne und Freude verschenken,
in Sorge und Schatten bargen wir unser Gesicht.

Petzolds Hervorhebung des Patriotismus der Arbeiter ("Wir sind nur Proleten, aber wir lieben die Erde,/ die unsern Schweiß in rauschenden Strömen trinkt") mag zum Teil die ideologische Verunsicherung des sozialdemokratischen Autors durch den Krieg spiegeln, sind die Industriearbeiter doch bereit, für eine sie ausbeutende kapitalistische Gesellschaft nun auch in den Tod zu gehen. In der Motivation des Opferwillens der

27 "Der Krieger an die Arbeiter", in: *Herz! Aufglühe Dein Blut*, S. 76.
28 Ebda, S. 35.
29 *Volk, mein Volk*, S. 34.

Arbeiter ("Ahnung blutiger Löhne") klingt schwach eine moralische Verurteilung des Krieges an. Den Schluß des Gedichtes bildet die auf proletarischem Selbstbewußtsein gründende Ewartung einer besseren Zukunft:

Nicht gezagt und gewankt, wir wollen das Ende erwarten,
als stünden wir ruhig in Bergwerk oder Fabrik;
neben den Fahnen heben sich unsere Standarten,
uns nur zur Sicht, verkündend ein bessres Geschick!

Die vielleicht deutlichste Artikulation einer melioristischen Friedensutopie in den Gedichten der Arbeiterpoeten begegnet uns in Petzolds "Lied der Arbeiter im Kriege":

Was wir hoffen von dem Tag,
Der uns pflanzt des Friedens Linde,
Daß er uns beim Hammerschlag
Fröhlicher und freier finde.
Daß vor Werktisch, Bank und Rad
Er des Kerkers Wand zertrümmert,
So, daß uns'res Hirnes Saat
Nicht mehr ohne Licht verkümmert.

In des Krieges Nacht und Wahn
Haben wir uns hingegeben,
Heißer Sehnsucht untertan,
Frei zu ringen unser Leben.
Mitten aus dem Purpurtod
Wenn die Sturmkolonnen keuchten,
Sahen wir das Sonnenrot
Einer bessern Zukunft leuchten.

Lagen wir verschmutzt und naß
Eingegraben in der Erde,
Ringsum greller Eisenhaß,
Tote Menschen, tote Pferde.
Sprang's aus der Gedanken Flucht
Tröstend über Blut und Leichen:
Erde, mehr an Daseinsfrucht
Wirst du uns für dieses reichen.[30]

Bleiben soziale Verbesserungen in den Gedichten Alfons Petzolds letztlich eine von der herrschenden Schicht gewährte Gratifikation, so schlägt Max Barthels Betonung der sozialpolitischen Relevanz des militärischen und

30 *Der stählerne Schrei*, S. 97.

weltkriegsideologischen Engagements der Arbeiterschaft in seinem "Deutsche[n] Herbstlied 1914" deutlichere klassenkämpferische Töne an:

Es ist ein Krieg, ein letzter Krieg, und der ist uns beschieden,
Gelobt der Sturm, gelobt der Kampf, der Endkampf für den Frieden!
Im eignen Land der Sklaverei, der machen wir ein Ende,
Zur Faust, die alles niederzwingt, verwachsen unsre Hände.
Zu einer Faust, zu einem Schlag, zur Tat in allen Ländern:
Es gilt, die blutbefleckte Welt nach unserm Ziel zu ändern.[31]

Entgegen der aggressiv eingeforderten Sozialutopie in dieser Passage scheint Barthels Gedicht "Die Arbeit" die Notwendigkeit einer Rückkehr zu "gewohnten" industriellen Produktionsabläufen nach dem Krieg zu betonen, nachdem in den Anfangszeilen des Gedichtes einmal mehr auf die Bereitschaft der Arbeiter, der Nation auch mit der Waffe zu dienen, verwiesen wurde:

Es sprang ein gewaltiges Wort in den Arbeitstag,
da verstummte der Räder- und Riemenschlag,
da begann ein tausendfüßiges Gehn,
und die Arbeit blieb halbfertig an den Bänken stehn.

Die folgenden Zeilen erscheinen ambivalent:

Jetzt aber in sehnsuchtdurchflammter Nacht,
in Jubel und Sieg und mordender Schlacht
kommen Gedanken und fragen still,
ob denn keiner die Arbeit vollenden will!

Da sehn wir uns im Arbeitstag,
Am sausenden Rad, am sprühenden Schlag,
gesegnete Arbeit den Fäusten entspringt,
die sich die Welt zur Heimat zwingt.[32]

Hebt Barthel die Unverzichtbarkeit der Industriearbeiter für die wirtschaftliche Konsolidierung des militärischen Erfolges hervor (in diesem Fall würden die letzten beiden Zeilen des Abschnitts der Forderung nach einer aggressiv-expansionistischen Wirtschaftspolitik Deutschlands gleichkommen, wie sie die Hauptursache für die gespannte Situation zwischen den europäischen Großmächten in den Jahren vor Ausbruch des Ersten

31 In: Max Barthel, *Arbeiterseele. Verse von Fabrik, Landstraße, Wanderschaft, Krieg und Revolution* (Jena, 1926), S. 69.

32 *Verse aus den Argonnen*, S. 14.

Weltkriegs und somit für den Konflikt war), oder kommt in dieser Passage ein Wunsch nach Frieden zum Ausdruck, in dessen Licht dieselben Zeilen als Thematisierung des sozialistischen Internationalitätsgedankens zu verstehen wären? Für letztere Deutung spricht, daß Chauvinismus Barthels Kriegsgedichten im wesentlichen fremd ist, ja manche seiner Texte eine vorsichtig kriegskritische Haltung einnehmen, die sich bis Kriegsende zu einer pazifistischen Position verfestigt. Schon das bereits erwähnte Gedicht "Deutsches Herbstlied 1914", entstanden zur Zeit der größten Kriegseuphorie, schlägt nachdenkliche Töne an. Der Krieg wird nicht bejubelt, sondern als eine Krisenzeit betrachtet, die es in der begründeten Hoffnung auf eine bessere und gerechtere Friedenswelt durchzustehen gilt. Diese Haltung begegnet uns auch in Barthels Einleitung zu einer Auswahl eigener Gedichte in einer Nachkriegsanthologie der Werke der Arbeiterdichter. Hier wird deutlich, daß Barthel trotz der Erfahrung des technisierten Vernichtungskrieges ein grundsätzliches Vertrauen in die benefizienten Auswirkungen der industriellen Entwicklung nicht aufgab:

> Die Industrie und Technik muß nicht Ausbeutung der Arbeits- und Kolonialvölker sein. Die Industrie muß nicht nur Profite und Prozente abwerfen. Nicht nur Tod und Jammer hinterlassen. Nicht nur Krieg entfesseln. Ja, in ihrer heutigen barbarischen Form ist sie noch mehr Menschenfresserin als Gebärerin zukünftiger Lebensgemeinschaften. Und doch ermöglicht nur sie die vollkommene Entfaltung aller Kräfte und Sinne.[33]

Auf die politischen und materiellen Zwänge, die das militärische Engagement des Proletariats in einem von den herrschenden Klassen herbeigeführten Krieg diktieren, macht Barthels Gedicht "Vor der Schlacht" aufmerksam; die soziale Problematik wird jedoch zunächst durch den Hinweis auf ein unabänderliches Schicksal (die Stelle erinnert an August Stramms Neologismus "Mußmord"[34]) fatalistisch verschleiert. Erst in der Folge gibt sich der Sprecher als Angehöriger eines geknechteten Standes zu erkennen, der über sein Handeln nicht frei entscheiden kann:

> Russischer Bruder ...
> [...]
> Das grausame Schicksal zwingt uns zum Mord.
> [...]
> Zarismus und Knute ist auch bei uns,
> [...]

---

33 *Antlitz der Zeit. Sinfonie moderner Industriedichtung. Selbstbildnis und Eigenauswahl der Autoren*, Hrsg. Wilhelm Haas (Berlin, o. J. [1926]), S. 12.

34 Vgl. 4.3. und Anm. 139 ebda.

> Ganz ohne Haß, doch voller Liebe
> Steh ich dir gegenüber.[35]

Wie in Lerschs "Brüder" erscheint auch hier das Thema der internationalen Solidarität der Arbeiter. Die Aufforderung am Schluß des Gedichtes, einzuhalten und die Internationale, "das Lied/ Von der Welt"[36] zu singen, läßt bereits die für Barthels "kommunistische" Gedichte, noch mehr aber für die Kriegs- und Nachkriegslyrik Johannes R. Bechers charakteristische politisch-ideologische Fokussierung der Arbeiterthematik erkennen.

Gerrit Engelkes anfänglich ambivalente Haltung gegenüber dem Krieg dokumentieren mehrere Briefstellen und private Aufzeichnungen. In seinen vom 24. Dezember 1914 datierenden "Tagebuchblättern" wendet er sich gegen den Maschinenkult der Zeit und reiht sich in den Chor der Stimmen, die den Konflikt als Medium einer kollektiven seelischen Läuterung feiern:

> Wir waren in Gefahr, unseren innersten Menschen zu verlieren; wir waren in Gefahr, im Materialismus zu erstarren. Feuer und Metalle waren uns nichts, gewaltige Maschinen wurden uns Spielzeuge in unseren Händen. Aber auch unsere Nerven wurden Drähte, unser Blut eine chemische Flüssigkeit, unser ganzer Körper eine exakt arbeitende Maschine und unser Herz ein wunderbar komplizierter Mechanismus in dieser. Wir waren in Gefahr, unsere Seele zu verlieren.[37]

Der Materialismus der Zeit ist die Folgeerscheinung der Expansion der deutschen Wirtschaft. "Doch was hülfe es dem Menschen, wenn er die ganze Welt gewönne und er nähme Schaden an seiner Seele",[38] findet Engelke das passende Zitat. Euphorisch begrüßt er den Krieg, der ihm unter diesen Umständen als "heilige Notwendigkeit" erscheint: nur der Krieg vermag dem Menschen wieder eine Seele zu geben. Es muß als ein ironischer Kommentar der Geschichte zu Engelkes schwärmerischer Forderung nach einer neuen Spiritualität erscheinen, daß sich dieser Krieg als Triumph des "Materials" über Geist und Vernunft erweisen sollte.

Engelkes "Tagebuchblätter" kontrastieren mit der grundsätzlich kritischen Haltung, die er bereits zu Beginn des Krieges in seinen Briefen einnimmt, und die während der folgenden Jahre die Oberhand gewinnt. In deutlichem Gegensatz zur oben zitierten Passage heißt es hier einmal:

---

35 *Arbeiterseele*, S. 72.
36 Ebda, S. 73.
37 *Das Gesamtwerk. Rhythmus des neuen Europa*, Hrsg. Hermann Blome (München, 1960), S. 313.
38 Ebda.

"Krieg ist die Verneinung oder doch mindestens Verkümmerung des Seelischen und Erweiterung der Macht des Materiellen."[39] Engelkes letzter Brief aus dem Lazarett an Jakob Kneip gibt der Hoffnung auf eine Überwindung des Materialismus und den Durchbruch einer neuen Geistigkeit noch einmal Ausdruck:

> Der in den letzten Jahrzehnten in allen Ländern Europas riesenhaft aufgestandene Industrie-Materialismus stürzt in blinder Tierheit gegenseitig aufeinander los und zertrümmert sich selbst. Möge dieser Selbstmord vollkommen sein, damit der reinen Vernunft zum Siege verholfen werde und ein neues Leben der Menschheit auf den Ruinen Europas erstehe. Ein Durchbruch Deutschlands zum "Weltvolk", dafür mancher nach Kriegsausbruch den Zeitpunkt für gekommen hielt, hätte nur einen neuen gigantischen Triumph des Materialismus bedeutet.[40]

Engelkes wenige Kriegsgedichte verbinden realistische Beobachtungen mit einer in den späteren Texten eindeutig dominierenden, in hymnischem Pathos vorgetragenen Humanitäts- und Solidaritätsthematik. Die Überlagerung beider Ebenen zeigt das Gedicht "Dann kommt die Nacht" (datiert 23. März 1915) im Motiv der Egalisierung der Gegensätze zwischen "Freund" und "Feind" im Tod:

> Starr verkrampft die kalte Hand,
> Der Blick geschlossen oder aufgerissen,
> Die Brust vom Bajonettstich tief zerschlissen,
> Und Blut versickert in das dürre Land:
> So liegen weit verstreut hier Freund und Feind,
> Und alle nun in einem Tod geeint.[41]

Eine am 26. Juli 1915 entstandene "Hymne" des Dichters entwirft wie die oben diskutierten Gedichte Lerschs, Petzolds und Barthels eine – wenngleich weniger deutlich sozial definierte – Zukunftsutopie:

> Jünglinge!
> Opfergeweihte, todbereite,
> [...]
> Ihr kämpft nicht für heute oder für gestern,
> Ihr kämpft für eure jüngsten Brüder, für eure kindlichsten Schwestern,
> Für ihrer Zukunft Lebensland.[42]

---

39 *Das Gesamtwerk*, S. 421.
40 Zit. nach Karl Rauch, "Gerrit Engelke", in: *Lexikon der deutschsprachigen Gegenwartsliteratur* (2. erw. u. aktualisierte Aufl. München, 1987), S. 143.
41 *Das Gesamtwerk*, S. 196.
42 Ebda, S. 198.

Das Ende Oktober 1917 verfaßte Gedicht "Buch des Krieges", poetischer Nekrolog auf den nicht namentlich genannten Freund, verwirft vor dem Hintergrund eines nihilistischen Todesbildes die positiven Assoziationen des Opfers zugunsten einer Verurteilung des Massensterbens. Bezeichnend ist der Kontrast zwischen einem "strahlenden" Frieden und dem "Dunkel" von Krieg und Tod:

Ist auch dein Tod nicht mehr denn ein anderer Tod.
Marschierten doch Tausend und Tausende rhythmischen Schrittes
Hinweg in das qualschwarze Nichts,
Regiment und Brigade, Armee und Armeen
Ins blutigbefleckte Ruhm-Reich des toten Soldaten.
Du wurdest ein Opfer.
[...]
So liegst du stumm in zertrümmertem Boden,
[...]
Nicht Held, noch Führer – Soldat nur, unbekannt.
Gebein im Wind der Verwesung.
Doch des gewaltigen Friedens unzählbare, selige Glanzlegionen,
Wenn ehern und klirrend sie über dein Grabfeld marschieren,
Wirst du erschauernd einst hören,
So horche und harre darauf.[43]

Einen der eindringlichsten Appelle zu Versöhnung und internationaler Solidarität in der deutschsprachigen Dichtung des Ersten Weltkriegs stellt Engelkes "An die Soldaten des großen Krieges" dar. Das humanitäre Anliegen des Dichters, hinter dem die bei Bröger, Barthel und Lersch prominente soziale Thematik fast gänzlich zurücktritt, kommt hier nicht zuletzt in drastischen Bildern der Front zum Ausdruck; durch diesen realistischen Zug hebt sich das Gedicht trotz seiner pathetischen Sprache auch von der abstrakten "Bruder Mensch"-Rhetorik spätexpressionistischer Antikriegsgedichte ab:

Herauf! aus Gräben, Lehmhöhlen, Betonkellern, Steinbrüchen!
Heraus aus Schlamm und Glut, Kalkstaub und Aasgerüchen!
Herbei! Kameraden! Denn von Front zu Front, von Feld zu Feld
Komme euch allen der neue Feiertag der Welt![44]

43 Ebda, S. 119.
44 Ebda, S. 130.

9.1.2. Von Industriearbeit zum Fronterlebnis

Im unmittelbaren Zusammenhang der Untersuchung ist ein weiterer Aspekt, der einzelne Kriegsgedichte der "Arbeiterdichter" Lersch, Bröger, Barthel und Petzold von denen ihrer bürgerlichen deutschen Dichterkollegen unterscheidet, von besonderem Interesse: Trotz der Naivität und Sentimentalität mancher ihrer poetischen Produkte scheinen die Arbeiterdichter die Realität des technisierten Krieges nicht mit jener Rigorosität aus ihrer Lyrik auszugrenzen, wie dies bei einigen bourgeoisen Autoren der Fall ist. Dieser Befund ist nur zum Teil dadurch zu erklären, daß mit Ausnahme von Alfons Petzold sämtliche hier behandelten Arbeiterschriftsteller zumindest zeitweise im Fronteinsatz standen: Auch Walter Flex oder Richard Dehmel, der sich mit 51 Jahren freiwillig gemeldet hatte, nahmen aktiv am Krieg teil; ihre Kriegslyrik ist nichtsdestoweniger von einer völlig anachronistischen Konzeption des Krieges geprägt. Das realistischere Bild des Konfliktes in einigen lyrischen Texten der Arbeiterdichter ist vielmehr durch den biographischen Hintergrund der betreffenden Autoren sowie die bestimmende Thematik ihres Vorkriegswerkes bedingt und somit auch mit der diskutierten sozialen Problematik verknüpft.

Der Stellungskrieg an der Westfront mit seinem gigantischen Aufgebot an Menschen und Material repräsentierte gleichsam ein verzerrtes Bild der Arbeitsbedingungen in den Fabriken. In seinem oppressiven Charakter, d. h. der Unterjochung des Individuums durch die Maschinerie des technisierten Krieges, spiegelte er Mechanismen des industriellen Produktionsprozesses wider. Den Arbeiterdichtern wurde es somit möglich, ihre Erfahrung der industriellen Arbeitswelt in den Kontext ihres Kriegserlebnisses zu transferieren und den Krieg und ihre neue Rolle als Soldaten als eine Fortsetzung ihrer Tätigkeit in den Fabriken zu deuten, die nun, in einer Zeit der nationalen Krise, endlich die gebührende gesellschaftliche Anerkennung und Aufwertung erfuhr. Zudem trug der Arbeiterstand den Hauptanteil an der wirtschaftlichen Expansion und Vormachtstellung Deutschlands, die industrielle Produktion (vor allem von Rüstungsgütern) war Grundlage des militärischen Erfolges, der Beitrag der an den Werkbänken verbliebenen Arbeiter zu den nationalen Kriegsanstrengungen daher ebenso bedeutend wie der des Heeres. Die Erkenntnis des maschinellen Wesens des Konfliktes tat seiner Glorifizierung durch die Arbeiterpoeten keinen Abbruch, hatten doch Bröger und Lersch bereits vor dem

Krieg die Arbeit an den Maschinen zu einem heroischen Kampf des Industriearbeiters zum Wohl der Gemeinschaft stilisiert.

Wie das Fortwirken industrieller Bilder in den folgenden Beispielen deutlich macht, konnten die Arbeiterdichter auf Themen zurückgreifen, die den Gegebenheiten des modernen Materialkriegs adäquater scheinen als manche Versatzstücke der heroischen Tradition der Kriegslyrik, welche in den betreffenden Texten freilich ebenfalls zahlreich vertreten sind. Julius Bab hebt in der bereits erwähnten Einleitung zu Heinrich Lerschs Sammlung *Herz! Aufglühe dein Blut* hervor, daß Lersch "nicht vom Schreibtisch, sondern aus der Fabrik und aus der Schlacht kommt" und bemerkt rhapsodierend, daß der Dichter "deren Zusammenhang in einer mit ständigen Variationen fortgeführten Lebensschlacht [...] sehr stark empfindet."[45] Als hochdekorierter Weltkriegsteilnehmer stellt auch der aus bürgerlichem Milieu stammende Ernst Jünger diese – bei ihm freilich stärker auf der ästhetischen Faszination des Maschinenkriegs gründende – Beziehung her: Betrachtet man den Krieg, so Jünger in seinem 1932 veröffentlichten Essay *Der Arbeiter*, als "einen technischen, also einen sehr tiefen Vorgang", dann ist "im Mittelpunkte des Vorgangs [...] die Gestalt des Arbeiters [zu] erkennen." Es wird offensichtlich, daß "Kriegsfront und Arbeitsfront identisch sind."[46]

Heinrich Lersch thematisiert in mehreren seiner Gedichte (so z. B. in dem schon zitierten "Der Krieger an die Arbeiter") die Parallelität von Industriearbeit und Krieg. Bindeglied zwischen Arbeitswelt und Front ist der Munitionsarbeiter, den er in "Des Granatendrehers Kriegslied" auftreten läßt: Der Sprecher betont die unverzichtbare Funktion der Munitionsarbeiter im Rahmen der nationalen Kriegsanstrengungen und ihre Verbundenheit mit der kämpfenden Truppe; die Arbeiterschaft ist einmal mehr bereit, sich für das Vaterland aufzuopfern: "Frißt die Maschine unser Mark,/ wird Deutschland groß, wird Deutschland stark".[47] Einen Industriearbeiter an der Front präsentiert Lersch in seinem Gedicht "Der Weber singt im Schützengraben". Das Bild des Krieges als eines Webstuhls, auf dem das Schicksal "das Lebenstuch dem Volk" webt, transferiert die gleichsam "kleingewerbliche" Spinnerei der Parzen in das Zeitalter der industriellen Massenproduktion:

---

45 *Herz! Aufglühe Dein Blut*, S. 6 f.

46 Ernst Jünger, *Der Arbeiter. Herrschaft und Gestalt* (4. Aufl. Hamburg, 1941 [1932]), S. 151.

47 *Herz! Aufglühe dein Blut*, S. 29.

Der Webstuhl ist der harte Krieg,
und was er webt, das ist der Sieg.

Die Kette ist der Männer Zahl,
der Schuß, das ist des Todes Qual,
die Bindung ist der rasche Tod,
der färbt die weißen Fäden rot.[48]

Prägnantestes Beispiel für die Übertragung von Themen der industriellen Arbeitswelt in den Kontext des Krieges ist jedoch Lerschs Darstellung der Front als einer "große[n] Schmiede". Wie in "Der Weber singt im Schützengraben" wird die unmittelbar zu Beginn des Gedichtes explizierte Analogie der Erfahrungsbereiche Industrie und Krieg ("Heute ist die ganze Stellung eine große Kesselschmiede,/ alles sind die alten Töne aus dem großen Arbeitsliede") in der Folge im Detail ausgeführt:

In den Gräben, in den Sappen Picken, Schaufeln, Spaten scharren
kreischend, wie auf blanken Scheiben festgespannte Riemen knarren.
Der Gewehre Schießen ist das schnelle Klopfen vieler kleiner Hämmer,
der Maschinengewehre Knattern ist der Ton der Luftdruckstemmer.
Und die Wolken schwarzen Rauches sind die kleinen Feuerstellen,
die entstehen und verwehen von zerplatzenden Schrapnellen.
Hier wie dort, wenn eine Kette jäh zersprang, wurd wer erschlagen,
einen fraß der Räder Zähne: dort wie hier – ist Schaffen Wagen.[49]

Krieg ist zu höchster Intensität gesteigerter, heroischer Arbeitskampf. In konsequenter Fortführung des Vergleichs gibt es auch an der Front eine herrschende Klasse: Als "Ingenieure", sprich als Beherrscher der Maschinerie des Krieges, bestimmen in sicherer Distanz zur vordersten Frontlinie die Generäle und ihre Stäbe (Angehörige des Bürgertums und der Aristokratie!) über die Geschicke der Proletarier/Soldaten. Am Schluß des Gedichtes tritt gar noch der Kaiser als seine Fabrik inspizierender Industrieller auf den Plan, ein über die Produktionsmittel des ganzen Volkes verfügender "Herr der Waffen": "Unser Kaiser, unser Vater, ist der Schmiede Allgebieter,/ Und wir sind des großen Werkes Helfer, Hämmerer, Schweißer, Nieter".[50] Für Eckart Koester ist dieses Gedicht symptomatisch für Lerschs submissive Haltung gegenüber dem Unternehmertum, die in der bereitwilligen Unterstützung des für die Interessen einer oli-

48 Ebda, S. 45 f.
49 "Die große Schmiede"; ebda, S. 53 f.
50 Ebda, S. 54.

garchischen Herrscherkaste geführten Krieges ihre logische Fortsetzung findet: "Wo das proletarische Klassenbewußtsein [...] zum bloßen Stolz auf die eigene Arbeitstüchtigkeit degeneriert ist, kann die Parteinahme für die imperialistische Kriegspolitik kaum als problematisch [...] empfunden werden."[51]

Zur zentralen Metapher wird die Analogie Krieg – Industrie in Max Barthels Darstellung der Front als einer "große[n] Knochenmühle", möglicherweise eine direkte Anspielung auf General Falkenhayns bekanntes Wort von der "Maas-Mühle", in der die französischen Truppen aufgerieben werden sollten. Anders als in Lerschs "Die große Schmiede" legt hier die Vorstellung vom Krieg als einer riesigen Maschinerie keine Sinngebung in Hinblick auf ein produktives Potential des Konfliktes nahe, sondern betont eine Zerstörungskraft, die bereits globale Dimensionen angenommen hat: "Tod, der Mahlknecht mahlt gewaltsam/ Erde, Meer und Horizont".[52] Auch der Zivilist Alfons Petzold thematisiert die Assoziation von Arbeitswelt und Krieg, so z. B. in dem schlichten, durch seinen naiven Ton berührenden Gedicht "Die verlassene Fabrik",[53] das an die häufige Darstellung verlassener bzw. zerstörter Häuser und Dörfer an der Front in der Lyrik von Kriegsteilnehmern[54] erinnert. Die in den Werkshallen herrschende Stille wirft die Frage nach dem Verbleib der Arbeiter auf:

> Wo sind sie, die noch vor kurzer Zeit
> hier aus- und eingegangen,
> sie alle, die mit Hämmer [sic!] und Zangen,
> mit Dampf und Feuer stählerne Kräfte zwangen,
> wie Soldaten an die Werkbänke gereiht.

Im Motiv des Arbeitskampfes, das uns auch zu Beginn des Gedichtes "Proletarier" begegnet, ist die Antwort auf die rhetorische Frage enthalten: Der Existenzkampf setzt sich, wie der Vergleich der Arbeiter mit einer Art "Produktionssoldaten" andeutet, im Überlebenskampf an der Front fort.

---

51 *Literatur und Weltkriegsideologie*, S. 145.

52 "Die große Mühle"; *Arbeiterseele*, S. 80. Das Bild der "Knochenmühle" findet sich auch in Barthels Gedicht "Verdun", ebda, S. 75.

53 *Volk, mein Volk*, S. 35.

54 So z. B. Wilhelm Klemms "Verlaßnes Haus" (*Gloria*, S. 46) oder, als englisches Beispiel, Herbert Reads "Villages Démolis" (*Naked Warriors*, [1919]; *Collected Poems*, S. 34).

Das industrialisierte Wesen des modernen Krieges verurteilt Petzold in seinem Gedicht "Und ihr Getriebe läuft im Blut". Der Dichter bedient sich des traditionellen Motivs der Wiederkehr Christi auf die Erde, das in zahlreichen deutschen und englischen Gedichten des Ersten Weltkriegs durch die Identifikation der Passion mit dem Martyrium der Soldaten eine spezifische Neudeutung erfährt.[55] In Petzolds Gedicht trifft der Christus *redivivus* auf eine entseelte und haßerfüllte Menschheit: "Denn siehe, es ist nichts in ihnen/ Was sie einst ewig werden ließ und gut,/ Es sind nur mordende Maschinen/ Und ihr Getriebe läuft im Blut."[56]

Auf Grund des Erscheinungsbildes des modernen Krieges liegt es nahe, daß die Kontinuität von Fabriksarbeit und Fronteinsatz auch von Autoren betont wird, die nicht den Arbeiterdichtern zuzurechnen sind. Zumeist kommt es hier zu einer sozial- und kriegskritischen Umdeutung der Kontinuitätsthematik, wie sie auch im zuletzt erwähnten Gedicht Alfons Petzolds spürbar wird. Ernst Toller bedient sich in seinem Gedicht "Soldaten" der Analogie von Industrie und Krieg: "Ich kann die Gesichter meiner Kameraden nicht vergessen./ Sie ließen sich in Fabriken führen und zu Maschinenteilen pressen."[57] Mit ähnlichen Worten schildert Arnold Zweig in seinem Roman *Erziehung vor Verdun* die vom Inferno des Materialkriegs an der französischen Front gezeichneten Soldaten: "Die Infanteristen hier [...] sahen aus wie die abgetriebenen Herden des Todes, Fabriksarbeiter der Zerstörung; sie hatten alle die Gleichgültigkeit, die Industrie und Maschine dem Menschen aufpressen."[58] Den Bogen von der industriellen Produktion zur industrialisierten Vernichtung spannt Alfred Vagts in der Eingangszeile seines Gedichtes "Die Granate": "In einem nahen Ende ihrer Kurve heult sie wie des Nachts Fabriken". Die folgenden Zeilen führen in der Darstellung der Reaktion einiger Soldaten auf das detonierende Geschoß den Vergleich fort:

> Verdüstert, wie in Streikgedanken, aus Zonen des Grabenrandes und des rostigen Stacheldrahts,
> Warten Schanzarbeiter auf die nächste, unter verschränkten Händen die Spaten.
> Im Angst-Abfall der Gesichte: als sähen sie Heimgehenden nach, Frau und Kind, die sie begleiteten durch Bogen der Alleen ...[59]

---

55 Besonders prominent ist diese Thematik im Werk Wilfred Owens. Vgl. dazu Dominic Hibberd, *Owen the Poet*, passim.

56 *Der stählerne Schrei*, S. 78.

57 In: *Kameraden der Menschheit*, Hrsg. Rubiner, S. 63.

58 *Erziehung vor Verdun* (Frankfurt a. M., 1974), S. 129.

59 *Die Aktion* 8 (1918), Sp. 13; abgedr. in: *Die Dichter und der Krieg*, S. 98.

Der in diesen Zeilen zum Ausdruck kommende Fatalismus reflektiert nicht nur das Bewußtsein der Hilflosigkeit des Individuums gegenüber dem an der Westfront des Ersten Weltkriegs massierten Potential der Zerstörung, sondern steht auch in krassem Gegensatz zum sozialrevolutionären Optimismus in der Lyrik der Arbeiterdichter. Entgegen deren "emphatische[r] Bereitschaft, den Beweis für die nationale Gesinnung abzulegen",[60] läßt Vagts seine Arbeiter/Soldaten (die Spezifizierung "Schanzarbeiter" vollzieht auch hier die Verbindung) in stummem Protest verharren, die Formulierung "wie in Streikgedanken" scheint *in nuce* die Dichotomie zwischen der bereitwilligen Unterstützung der nationalen Kriegsanstrengungen durch die Industriearbeiter in den Gedichten Lerschs, Brögers und Petzolds und realistischeren Einschätzungen der Haltung der deutschen Arbeiterschaft zum Krieg zu enthalten.

9.2. "Shepherds in Soldiers' Coats"

Während die Kriegslyrik der deutschen Arbeiterdichter dazu tendiert, industrielle Arbeitswelt und Kriegserfahrung als Kontinuität zu sehen, betonen die in der Folge behandelten englischen Gedichte den Kontrast zwischen einer idyllisierten pastoralen Vorkriegswelt und dem Krieg. Im Mittelpunkt einiger dieser Texte stehen Soldaten, deren Fronterfahrung ihrer agrarisch geprägten heimatlichen Lebenswelt gegenübergestellt wird, in anderen gibt sich der Sprecher als ein durch den Krieg seinen vertrauten Lebensumständen entrissener Landbewohner zu erkennen, ein Aspekt, der, so läßt sich aus dem untersuchten Material schließen, als ein Spezifikum der englischen Lyrik des Ersten Weltkriegs gelten kann. Im Falle Edmund Blundens etwa stellt die Selbststilisierung zum exilierten *rusticus* ein nicht unwesentliches Moment des gesamten Weltkriegsoeuvres des Dichters dar (s. u.). Zusammenfassend könnte man sagen: Der typische Soldat englischer Kriegsdichtung ist eher Schäfer als Industriearbeiter!

Daß dieser Befund die realen Verhältnisse nur bedingt widerspiegelt, mag nicht verwundern. Zweifellos zeitigten die wirtschaftlichen Folgen des Krieges eine tiefgreifende Veränderung der agrarischen und sozialen Strukturen in den ländlichen Gebieten Großbritanniens; die Einführung der Konskription 1916 bewirkte einen starken Abgang an männlichen Arbeitskräften, der, bedingt durch die besonders im südlichen England zum Teil noch deutlich feudalistisch geprägten sozialen Strukturen sowie

60 Martin Rector, "Sozialdemokratische Literatur von 1890-1918", S. 254.

die unverhältnismäßig niedrigen Löhne der Landarbeiter, allerdings schon zuvor eingesetzt hatte.[61] Tatsächlich aber rekrutierten sich von den 3 081 000 Freiwilligen, die von August 1914 bis Februar 1916 in die britische Armee eintraten, 1 743 000 aus der Industrie, davon 313 000 Bergarbeiter, gegenüber 259 000 aus dem agrarischen Bereich. Dies entspricht einem ungefähren Verhältnis von 6:1, wobei jedoch der prozentuelle Anteil der Kriegsfreiwilligen gemessen an der Gesamtzahl der im Juli 1914 in den entsprechenden Bereichen tätigen männlichen Arbeitskräfte (6,165 Millionen bzw. 920 000) gleich hoch ist (28,3 bzw. 28,2 Prozent).[62] Ein anderes Bild zeigt freilich die Zusammensetzung der militärischen Führung der regulären Armee: Das Gros des Offizierskorps stellten auch zu Beginn des zwanzigsten Jahrhunderts die "country communities". 1914 gehörten mehr als zwei Drittel der höherrangigen Offiziere (Oberste, Generäle) der "landed gentry" an, nur ein schwaches Drittel kam aus Städten mit über 5000 Einwohnern.[63]

Unter der industriellen Arbeiterschaft stellten die Bergarbeiter einen höheren Anteil an Rekruten als jeder andere Industriezweig. Die Mannschaften der Pionierbataillone rekrutierten sich aus naheliegenden Gründen zu einem beträchtlichen Teil aus Bergmännern, auch in dem von Wilfred Owen 1916 befehligten Infanteriezug befanden sich einige. Owens Gedicht "Miners",[64] vordergründig eine Reaktion auf ein Grubenunglück in Nordengland, bei dem ca. 140 Bergwerksarbeiter ums Leben kamen, bezieht beinahe zwangsläufig den unterirdischen Krieg der Mineure an der Westfront in die Gestaltung seiner Thematik mit ein. Wenige Tage nach dem Ereignis soll Owen sich auch explizit in diesem Sinne geäußert haben: "Wrote a poem on the Colliery Disaster: but I get mixed

61 Vgl. dazu Pamela Horn, *Rural Life in England in the First World War* (Dublin, New York, 1984), v.a. Kap. 4: "The Farmers and the Military", S. 72-92; Caroline Dakers, *The Countryside at War 1914-1918* (London, 1987), S. 132 passim; Bernard Waites, *A Class Society at War: England 1914-1918* (Leamington Spa, Hamburg, New York, 1987), S. 142 f.; J. M. Bourne, *Britain and the Great War 1914-1918* (London u. a., 1989), S. 194 ff. Zur kriegsentscheidenden Bedeutung agrarischer Ressourcen s. Avner Offer, *The First World War: An Agrarian Interpretation* (Oxford, 1990). Bekanntestes Beispiel der englischsprachigen Prosaliteratur, das die kriegsbedingten Veränderungen in den agrarischen Landstrichen Großbritanniens thematisiert, ist D. H. Lawrences 1915 veröffentlichter, von der Zensur während des Krieges unterdrückter Roman *The Rainbow*.

62 Angaben bei J[ay] M. Winter, *The Great War and the British People* (London, 1985), S. 34.

63 Vgl. die Tabellen bei Edward M. Spiers, "The Regular Army", in: *A Nation in Arms. A Social Study of the British Army in the First World War*, Hrsgg. Ian F. W. Beckett und Keith Simpson (Manchester, 1985), S. 40 f.

64 *The Complete Poems and Fragments* 1, S. 135 f.

up with the War at the end."[65] Neben "Miners" findet sich bei Owen ein einziger weiterer Hinweis auf einen industriell-proletarischen Hintergrund eines seiner Protagonisten: In "The Letter" identifiziert das konventionalisierte literarische Cockney des dramatischen Monologs den Sprecher als Angehörigen einer urbanen Unterschicht.[66] Auch bei Siegfried Sassoon heißt es lediglich einmal über einen Gefallenen: "He was a young man with a meagre wife/ And two small children in a Midland town".[67]

Die Erklärung für diese spezifische Differenz zwischen der Lyrik der deutschen Arbeiterdichter, aber auch den Gedichten der durch ihre Großstadterfahrung geprägten Expressionisten und den Texten bekannter englischer Kriegsdichter liegt nur zum Teil im unterschiedlichen sozialen Hintergrund der Autoren. Vielmehr scheint sich in den Darstellungen exilierter Landmenschen in der englischen Dichtung des Ersten Weltkriegs ein nationales Autostereotyp zu manifestieren. Wie Elizabeth Marsland betont, spiegeln sowohl die englische als auch die deutsche und französische Dichtung des Krieges das jeweilige "'peacetime' image"[68] der betreffenden Nation, das im Falle Englands eindeutig pastoral geprägt ist. Hierin enthüllt sich für Marsland insofern ein subtiler propagandistischer Zug, als nämlich impliziert wird, daß es die mit dem Selbstbild verbundenen Werte nun zu verteidigen gilt.[69] Das weiter unten diskutierte Gedicht John Masefields mag diese Interpretation bestätigen. Marslands Ausführungen ist hinzuzufügen, daß eine Reihe von Autoren die potentiell kriegskritische Tendenz des pastoralen Autostereotyps elaboriert und den Kontrast zwischen der positiv gezeichneten Vorkriegswelt und den Schrecken des Krieges, insbesondere der Zerstörung der Natur entlang der Frontlinie, zum Angelpunkt für ihre Verurteilung des Krieges macht. (Die kontrastive Technik solcher Gedichte ist freilich kein Charakteristikum kriegskritischer Lyrik, sondern findet sich, unter ande-

---

65 Zit. nach *The Poems of Wilfred Owen*, Hrsg. Edmund Blunden (London, 1931), S. 125. Blunden gibt einen Brief an Susan Owen vom "14. Januar oder Februar 1918" als Quelle für das Zitat an. In Owens Brief an seine Mutter vom 14. Februar scheint die angeführte Bemerkung allerdings ebensowenig auf wie in allen übrigen erhaltenen Briefen des fraglichen Zeitraums; ein Brief vom 14. Januar 1918 fehlt in den *Collected Letters*, wodurch Blundens Angaben nicht verifizierbar sind. Das Unglück ereignete sich am 12. Januar 1918. Vgl. dazu Jennifer Breen, "The Dating and Sources of Wilfred Owen's Miners", *Notes & Queries*, n. s. 21, 10 (1974), S. 366-70 und William Cooke, "Wilfred Owens 'Miners' and the Minnie Pit Disaster", *English* 26, 126 (1977), S. 213-17.

66 Vgl. *The Complete Poems and Fragments* 1, S. 137.

67 "A Working Party" (30. März 1916); *The War Poems*, S. 37.

68 *The Nation's Cause*, S. 51.

69 Vgl. ebda.

ren Vorzeichen, auch in kriegsaffirmativen Texten: Als bekanntestes Beispiel in der englischen Lyrik sei hier Rupert Brookes Sonett "Peace" genannt, dessen kathartische Sicht des Krieges wie in den Aufbruchsgedichten der expressionistischen Avantgarde in Deutschland auf der Kritik an einer dekadenten Friedenswelt gründet.) Die Verwendung des Motivs des exilierten Schäfers oder Landarbeiters sowie des Genres der pastoralen Elegie durch englische Dichter im Ersten Weltkrieg konnte jedoch mitunter einen für die intendierte Kriegskritik kontraproduktiven Effekt zeitigen, indem die Thematik darüber hinwegtäuscht, daß der Krieg zur Wahrung der politischen und wirtschaftlichen Interessen einer Industrie- und Handelsmacht geführt wurde. Fast könnte man in diesem Zusammenhang von einem unbeabsichtigten kriegsaffirmativen Zug sprechen, da die Interpretation des Konfliktes als eines von materiellen Interessen freien Kampfes um ethische und soziale Werte als eines der Charakteristika patriotischer Kriegsgedichte in beiden Lagern betrachtet werden muß (s. dazu auch die Verschleierung ökonomischer Aspekte des Konfliktes in Gerhart Hauptmanns "Reiterlied" und Rudyard Kiplings "For All We Have and Are"). Ethische und soziale Werte aber waren in der englischen Mittel- und Oberschicht vorwiegend mit dem Landleben verbunden! Es zeigt sich also, daß die Projektion pastoraler Kontraste über ihre kriegskritische und anti-imperialistische Tendenz hinausreichende politische und soziale Implikationen aufweist.

Das Motiv des Hirten, Pflügers oder Erntearbeiters an der Front steht vor dem Hintergrund einer in der englischen Literatur prominenten Tradition der Naturdichtung. Marsland verweist in diesem Zusammenhang auf eklatante Divergenzen zwischen sozialen und literarischen Strömungen im England des ausgehenden 18. und des 19. Jahrhunderts, wobei sich das problematische Verhältnis der Romantik zur Industrialisierung und Urbanisierung des Landes bis in die Dichtung des Ersten Weltkriegs fortzusetzen scheint: Mit unserem Befund deckt sich ihre Feststellung, daß vor allem in den verbreiteten Anthologien der Zeit Gedichte fast gänzlich fehlen, die Soldaten als Industriearbeiter ausweisen.[70] Die zahlreichen pastoralen Gegenentwürfe zum Krieg, dem nach Fussell der Status eines "ultimate anti-pastoral" zukommt,[71] in der englischsprachigen Lyrik des Ersten, aber auch des Zweiten Weltkriegs, fügen sich somit in den größeren Kontext des mehr oder weniger explizit artikulierten Protestes

---

70 Vgl. ebda., S. 51 f.

71 *The Great War and Modern Memory*, S. 231; vgl. zu dieser Thematik Kap. 7: "Arcadian Resources", S. 231-69.

englischer Naturdichtung gegen Verstädterung und Industrialisierung des Landes. Die Konfrontation des im Sinne der pastoralen Tradition idealisierten Landmenschen mit dem Arsenal der maschinellen Vernichtung ist somit symptomatisch für einen weiterreichenden Kulturschock. Wenn Edmund Blunden seine Kriegsmemoiren beschließt, indem er sich als "harmless young shepherd in a soldier's coat" apostrophiert,[72] so ist diese Selbstcharakterisierung für Fussell "English to a fault, and beautiful".[73]

Ein jüngeres literarisches Vorbild für die zahlreichen Darstellungen eines durch den Krieg seiner pastoralen Existenz beraubten Landbewohners durch die englische Lyrik des Ersten Weltkriegs ist Thomas Hardys 1902 in der Sammlung *Poems of the Past and the Present* veröffentlichtes Gedicht "Drummer Hodge". "Drummer Hodge" handelt vom Feldbegräbnis eines im Burenkrieg gefallenen jungen Engländers, der selbst noch im Tod ein Fremdkörper in der südafrikanischen Landschaft bleibt. Die im folgenden zitierten Zeilen enthalten übrigens eine Vorwegnahme des im Gefolge von John McCraes "In Flanders Fields" in der englischen Dichtung des Ersten Weltkriegs häufigen Motivs der in den Leichen der Gefallenen wurzelnden Mohnblumen: "Yet portion of that unknown plain/ Will Hodge forever be;/ His homely northern breast and brain/ Grow to some Southern tree,/ And strange-eyed constellations reign/ His stars eternally."[74] "Hodge" war die typisierende Bezeichnung für den englischen Landarbeiter, die Hardy in seinem im Juli 1883 in *Longman's Magazine* erschienenen Essay "The Dorsetshire Labourer" kritisiert hatte,[75] deren Gebrauch ihm jedoch für die generalisierende politische Aussage seines Gedichtes opportun erscheinen mußte. In der Form der pastoralen Elegie, die seit Miltons "Lycidas" in der englischen Dichtung immer wieder aufgegriffen wurde, transportiert Hardys Text eine anti-imperialistische Botschaft: Während in Rupert Brookes "The Soldier" die quasi-kolonistische "posthume" Inbesitznahme fremden Bodens zum positiven Wert erklärt wird ("If I should die, think only this of me:/ That there's some corner of a foreign field/ That is forever England. There

---

72 *Undertones of War*, S. 266.

73 *The Great War and Modern Memory*, S. 255.

74 *Complete Poems*, S. 91.

75 Vgl. *Thomas Hardy's Personal Writings. Prefaces. Literary Opinions. Reminiscences*, Hrsg. Harold Orel (London, Melbourne, 1967), S. 168: "It seldom happens that a nickname which affects to portray a class is honestly indicative of the individuals of that class. [...] when we arrive at the farm-labouring community we find it to be seriously personified by the pitiable picture known as Hodge". Siehe auch Kap. 18 von *Tess of the d'Urbervilles*, S. 156.

shall be/ In that rich earth a richer dust concealed"[76]), kritisiert Hardys Gedicht einen Kolonialkrieg, der einen an der politischen Kontroverse unbeteiligten Sohn des ländlichen "Wessex" fern von seiner Heimat den Tod finden läßt. Die isolationistische Tendenz, die in "Drummer Hodge" zum Vorschein kommt, manifestiert sich auch in den zahlreichen Fortsetzungen seiner Thematik durch die Lyrik des Ersten Weltkriegs, etwa in dem unten besprochenen Gedicht "Butchers and Tombs" von Ivor Gurney, aber auch in G. K. Chestertons zynischer Invektive gegen die politische Führung Englands, "Elegy in a Country Churchyard":

The men that worked for England
They have their graves at home:
And bees and birds of England
About the cross can roam.

But they that fought for England,
Following a falling star,
Alas, alas for England
They have their graves afar.

And they that rule in England,
In stately conclave met,
Alas, alas for England
They have no graves as yet.[77]

Wörtliche Echos auf Hardys "Drummer Hodge" finden sich in dem Gedicht "God's Hills" des im Juli 1916 an der Somme gefallenen William Noel Hodgson: " ... on some stifling alien plain/ The flesh of Cumbrian men is thrust/ In shallow pits, and cries in vain/ To mingle with its kindred dust."[78] Der Krieg figuriert in Hodgsons Gedicht nur am Rande. Dauer und Wandel sind die beiden Pole, zwischen denen sich die Reflexionen des Sprechers bewegen. Die ersten drei Strophen singen das Lob der urtümlichen nordwestenglischen Landschaft und ihrer Bewohner, deren am stärksten betonte Tugend nicht zufällig die *constantia* ist ("the spirit of that steadfastness"). Zwar haben viele dieser Menschen in den Wirren des Krieges ein unwürdiges Ende gefunden, Tod, Verlust und Trauer werden aber angesichts der Beständigkeit der Schöpfung relativiert. Am Schluß des Gedichtes, der ganz romantischer Naturmystik verpflichtet ist, läßt der Dichter die Gefallenen sprechen: "The South wind

76 *The Poetical Works of Rupert Brooke*, S. 23.
77 In: *1914-18 in Poetry*, Hrsg. E. L. Black (London u. a., 1970), S. 99.
78 In: *A Treasury of War Poetry*, Hrsg. Clarke, S. 292.

blows to our own place,/ And we shall see the hills again."[79] Hodgsons Gedicht integriert, und damit hebt es sich vom Großteil der im folgenden besprochenen Texte ab, das Motiv des exilierten Landbewohners in einen im Grunde kriegsaffirmativen Kontext, indem die Signifikanz des (individuellen) Todes reduziert wird. Mit Brookes Patriotismus allerdings hat Hodgsons Gedicht nichts gemein: sein Patriotismus, sofern vorhanden, bleibt ein regionaler.

Eines der ersten während des Krieges entstandenen Beispiele für die Projektion idyllisierter ländlicher Welt ist John Masefields "August 1914", zuerst veröffentlicht in der *English Review* im September 1914. Wenngleich die Gestaltung der Thematik keinerlei Kritik am Krieg erkennen läßt, erscheint Masefields Text diametral entgegengesetzt der oben behandelten Lyrik deutscher "Arbeiterdichter" oder, in diesem Zusammenhang, auch der expressionistischen Avantgarde zu Beginn des Krieges: Der Tenor von "August 1914" ist konservativ, nach dem Natureingang richtet sich im zweiten Teil des Gedichtes der Blick des Sprechers auf eine positiv gezeichnete Vergangenheit, dominantes Tempus ist hier das Präteritum. Im Einklang mit der Retrospektive auf eine jahrhundertealte Tradition britischen Bauerntums steht der offensichtliche Bezug auf einschlägige literarische Vorbilder, allen voran auf Grays "Elegy Written in a Country Churchyard":

These homes, this valley spread below me here,
The rooks, the tilted stacks, the beasts in pen,
Have been the heartfelt things, past-speaking dear
To unknown generations of dead men,

Who, century after century, held these farms,
And, looking out to watch the changing sky,
Heard, as we hear, the rumours and alarms
Of war at hand and danger pressing nigh.[80]

Die mit dem Landbau assoziierte Stabilität und Kontinuität repräsentiert Werte, für deren Bewahrung in Zeiten der nationalen Krise (wie der Einschub in der vorletzten Zeile der oben zitierten Passage, der übrigens Matthew Arnolds "Dover Beach" anklingen läßt, erstmals deutlich macht, steht eine solche Krise unmittelbar bevor) viele "village Hampdens" die Feldarbeit niederlegten:

---

79 Ebda.
80 In: *Poetry of the Great War*, Hrsgg. Hibberd/Onions, S. 41.

Then sadly [they] rose and left the well-loved Downs,
And so by ship to sea, and knew no more
The fields at home, the byres, the market towns,
Nor the dear outline of the English shore,

But knew the misery of the soaking trench

[...]

And died (uncouthly, most) in foreign lands
For some idea but dimly understood
Of an English city never built by hand,
Which love of England prompted and made good.[81]

Signifikant im Zusammenhang mit der propagandistischen Botschaft des Gedichtes ist die Parenthese in der ersten Zeile der zuletzt angeführten Strophe: Der auf den ersten Blick unnötige, patronisierende Hinweis auf den Mangel an Dekorum, den die bäuerlichen Verteidiger des Empire im Tod an den Tag legen, hebt in Wahrheit die Bedeutung ihres Opfers hervor: Nicht heroische Taten zählen, sondern der Beitrag jedes einzelnen, und sei er auch noch so gering, zu den nationalen Kriegsanstrengungen. Wenn Grays "Elegy" zunächst zu beklagen scheint, daß das Schicksal den *villagers* verwehrt, aus ihrer Anonymität herauszutreten, um ihre "Weltabgewandtheit" sodann als positiven Wert darzustellen, so deutet Masefield an, daß der Krieg Gelegenheit zu einem kollektivem Heroismus gibt, der sich nicht in historischen Großtaten einzelner, sondern in der Identifikation mit der Nation äußert. Ausdruck dafür ist Masefields symbolische Verwendung des Begriffes "City" im Sinne des biblischen Jerusalem bzw. – in der Nachfolge von Blakes Jerusalem-Dichtung – der Übertragung des Konzeptes auf ein Idealbild der englischen Nation. Wenngleich schon der elegische Ton in Masefields Gedicht jeder plakativen propagandistischen Aussage entgegenwirkt, ist der Appell an nationale Identität und Solidarität unüberhörbar. Auch die Bewahrung eines wie in Kiplings "For All We Have and Are" undefiniert bleibenden nationalen Gemeinbesitzes ist impliziert. Die Schlußstrophe knüpft zunächst an die Abendidylle des Eingangs an, setzt aber mit dem abschließenden Hinweis auf die Gefährdung der Integrität des Idylls durch den Krieg den letztlich entscheidenden Akzent:

And silence broods like spirit on the brae
A glimmering moon begins, the moonlight runs

81 Ebda.

Over the grasses of the ancient way
Rutted this morning by the passing guns.[82]

"August 1914" übermittelt seine Botschaft nicht durch patriotische Parolen, sondern durch seine Verhaltenheit und simple Strophik, vor allem aber durch die Naturdarstellung und das geschickte Operieren mit Bezügen auf eine literarische Tradition, die das Selbstbild weiter Kreise der britischen Gesellschaft seiner Zeit prägte. Masefield hatte wie viele prominente englische Schriftstellerkollegen an der von C.F.G. Masterman einberufenen "Wellington House Conference" teilgenommen (vgl. 10.1). Während des Krieges verfaßte er im Auftrag der Regierung eine euphemistische Reportage über die katastrophale Dardanellenexpedition, die er als Rotkreuzhelfer am Rande miterlebte, sowie 1917 eine unter dem Titel *The Old Front Line* erschienene Beschreibung der von den Deutschen nach dem Rückzug auf die Hindenburglinie geräumten Frontabschnitte. Für Peter Buitenhuis ist Masefields Darstellung ganz im Stil eines "naturalist's field guide to a neglected area of countryside" gehalten.[83] In der Friedensvision zu Beginn des Werkes scheint sich der Kreis zu schließen, den Masefields Gedicht "August 1914" mit seiner Betonung der Kontinuität agrarischer bzw. pastoraler Welt eröffnet, und nicht zufällig findet sich im letzten Satz des Zitats wiederum eine Anspielung auf Gray:

> All wars end; even this war will some day end, and the ruins will be rebuilt and the field full of death will grow food, and all this frontier of trouble will be forgotten. When the trenches are filled in, and the plough has gone over them, the ground will not long keep the look of war. [...] Centre Way, Peel Trench, Munster Alley, and these other paths of glory will be deep under the corn, and gleaners will sing at Dead Mule Corner.[84]

Wie John Masefield erlebte auch Wilfrid Gibson den Krieg lediglich an der Peripherie: Gibson hatte sich 1915 freiwillig gemeldet, war aber wegen seiner starken Kurzsichtigkeit viermal abgelehnt worden, bevor er schließlich 1917 ins Royal Army Service Corps aufgenommen wurde. Anders als der drastische Realismus eines Gedichtes wie "The Bayonet" nahezulegen scheint, war Gibson während des Krieges nie in Flandern.[85] Nichtsdestoweniger findet sich auch in seinen Kriegsgedichten (*Battle*,

---

82 Ebda, S. 42.

83 *The Great War of Words*, S. 92.

84 Zit. nach Samuel Hynes, *A War Imagined*, S. 485, Anm. 30.

85 Vgl. J. Wilson, "Wilfrid Gibson and the War", *Four Decades* 1, 2 (1976), S. 130-40.

1916) das Motiv des Landarbeiters im Fronteinsatz. Gibson hatte sich in seiner Vorkriegslyrik zum Teil in sozialkritischer Weise mit dem Leben des agrarischen und industriellen Proletariats befaßt (vgl. das umfangreiche Gedicht "The Machine"). Das in *Battle* enthaltene Gedicht "The Reek" evoziert einen kleinbäuerlichen Hintergrund, indem der Gedanke an Heimat und Familie mit der Geborgenheit eines Torffeuers assoziiert wird:

To-night they're sitting by the peat
Talking of me I know –
[...]
I feel a sudden puff of heat
That sets my ears aglow,
And smell the reek of burning peat
Across the Belgian snow.[86]

Bemerkenswert erscheint auch Gibsons Gedicht "Mangel-Wurzels", das ein betont anti-idyllisches Bild des Landlebens zeichnet: Neben der Monotonie der Feldarbeit läßt das Gedicht auch die Abhängigkeit der Landarbeiter von zum Teil noch feudal geprägten Strukturen durchblicken:

Last year I was hoeing,
Hoeing mangel-wurzels,
Hoeing mangel-wurzels all day in the sun,
Hoeing for the squire
Down in Gloucestershire,
Willy-nilly till the sweaty job was done.[87]

Die zweite Strophe zeigt den Sprecher als Soldaten, der nunmehr unter der stechenden Sonne Flanderns leidet und, ironischerweise, im Schützengraben die Wurzeln von unten betrachten kann. Die Grenze zur Farce überschreitet Gibsons Thematisierung kleinbäuerlicher Existenz in dem Gedicht "The Question": mitten im Geschehen der Front sorgt sich der Sprecher um die kranke Kuh, die er unter der Obhut eines Freundes zurücklassen mußte.[88]

Das in *Undertones of War* zum Ausdruck kommende pastorale Selbstverständnis Edmund Blundens manifestiert sich auch in seinen Kriegsgedichten, deren bedeutendste als "Supplement of Poetic Interpretations and Variations" den Kriegsmemoiren beigeschlossen sind. In einer Reihe dieser Gedichte findet sich auch das Motiv des *rustic* fern der

86 *Battle* (1916); *Collected Poems 1905-1925*, S. 324.
87 Ebda, S. 326.
88 Vgl. ebda, S. 320.

Heimat: "The Sentry's Mistake" erzählt mit hintergründigem Humor eine Anekdote aus den Kriegserlebnissen des Sprechers, der uns in der *persona* eines subalternen Offiziers entgegentritt, und skizziert ein pastorales Idyll fernab vom Geschehen der Front: Die Schönheit der Natur läßt einen auf dem Vormarsch Rast machenden Zug Soldaten den Krieg vergessen ("Surrounding pastoral sweetly stole their wit"[89]) und einen Posten sein Gewehr – und damit die ihm aufoktroyierte Rolle des Kriegers – ablegen:

> The cowman now turned warrior measured out
> His up-and-down sans cursed bundook and spike,
> Under his arm a cudgel brown and stout;
> An air of comfort and kind ownership,
> A philosophic smile upon his lip.[90]

Der Friede wird jedoch bald durch einen vorbeifahrenden Stabsoffizier gestört, der, entsetzt über solch unmartialisches Betragen, die militärische Ordnung wieder herstellt: "The crimson-mottled monarch, shocked and shrill,/ Sent our poor sentry scampering for his gun,/ Made him once more 'the terror of the Hun.'"[91]

Im Zentrum von Blundens Gedicht "Recognition" steht der horazische Topos des *carpe diem*, dem im Kontext des Krieges besondere Gültigkeit zukommt. Den strahlenden Herbsttag, der intensive Kindheitserinnerungen weckt, gilt es zu genießen, bevor es in die vorderste Frontlinie geht. Jedoch wirft der Krieg bereits seine Schatten voraus: "And here's that narrow orchard's grass,/ The last green luck for many a mile".[92] Der implizierte Kontrast zwischen der von den Kampfhandlungen unberührten Natur und den Verwüstungen an der Front betont die Deplaziertheit eines integren "Naturkindes" im Chaos des Krieges: "This comrade, born to sow and stack,/ – A golden sheaf might seem his brother –/ To-night will ride where the angry track/ Is death and ruin in a smother".[93] Durch das Motiv des Erstickens unterstreicht Blunden die Vernichtung ursprünglich-natürlicher Vitalität und Harmonie in einem vorgeblich im Namen der zivilisatorischen Entwicklung ("The Great War for Civilization") geführten Materialkrieg. Die Dichotomie zwischen der pastoralen Welt und der Front bringt der Dichter in den folgenden Zeilen aus "Third Ypres" auf den Punkt: "Dizzy we pass the mule-strewn track

89 *The Poems*, S. 140.
90 Ebda.
91 Ebda.
92 Ebda, S. 176.
93 Ebda.

where once/ The ploughman whistled as he loosed his team/ [...]/ A whole sweet countryside amuck with murder".[94]

Wie Edmund Blunden stellt auch Ivor Gurney wiederholt den Kontrast zwischen seiner Fronterfahrung und dem heimatlichen Gloucestershire in den Mittelpunkt seiner Kriegsgedichte. Viel stärker jedoch als im Werk Blundens tritt in der Lyrik Gurneys die psychische Funktionalität dieser Technik hervor: Die Evokation einer idyllisierten Heimatwelt ist Indikator für eine mentale Abschottung gegenüber dem Grauen des Krieges, für einen Rückzug in das eigene Innere, der auf Gurneys spätere psychische Krankheit vorausdeutet. Programmatisch für die kontrastive Technik Gurneys ist der Titel der Sammlung *Severn and Somme* (1917). Besonders aufschlußreich für die Position Gurneys und einiger seiner englischen Dichterkollegen gegenüber dem Krieg erscheint das in ihr enthaltene Gedicht "Strange Service", dessen abrupter Beginn einen effektvollen Kunstgriff darstellt: Die erste Strophe drückt – ganz im Gegensatz zum bereitwilligen Patriotismus der deutschen Arbeiterdichter – eine schon in der Ambiguität des Titels angedeutete Verwunderung des Sprechers über sein militärische Engagement aus, die sich fast zum Vorwurf steigert:

> Little did I dream, England, that you bore me
> Under the Cotswold hills beside the water meadows,
> To do you dreadful service, here, beyond your borders
> And your enfolding seas.

Die Teilnahme am Krieg ist zunächst eindeutig mit negativen Assoziationen besetzt ("dreadful service"), in der Folge aber wird der Kriegsdienst fern der Heimat neu bewertet ("dear service") und als Ausdruck eines tiefen Patriotismus gesehen, der sich in der Verbundenheit des Sprechers mit der englischen Landschaft ausdrückt:

> I was a dreamer ever, and bound to your dear service,
> Meditating deep, I thought on your secret beauty,
> As through a child's face one may see the clear spirit
> Miraculously shining.
>
> Your hills not only hills, but friends of mine and kindly,
> Your tiny knolls and orchards hidden beside the river
> Muddy and strongly –, with shy and tiny streamlets
> Safe in its bosom.

94 Ebda, S. 154-6.

Now these are memories only, and your skies and rushy sky-pools
Fragile mirrors easily broken by moving airs ...
In my deep heart forever goes on your daily being,
And uses consecrate.

Think on me too, oh Mother, who wrest my soul to serve you
In strange and fearful ways beyond your encircling waters;
None but you can know my heart, its tears and sacrifice;
None, but you, repay.[95]

Trotz des patriotischen Tenors bleibt der Ton des Gedichtes verhalten, seine Aussage fern von der demonstrativen Solidaritätsbezeugung in den Gedichten eines Bröger, Lersch oder Petzold. In der letzten Strophe verdichtet sich die Identifikation des Sprechers mit seiner Heimat zu einer letztlich auch für ihn nur schwer faßbaren *unio mystica*, in der die bei Masefield thematisierte Kontinuität pastoraler Existenz ihre intensivste Ausprägung findet.

Menschen mit starker Bindung an ihre Heimatregion fällt es besonders schwer, so impliziert Gurney an anderer Stelle, die Umstände der Existenz in den Schützengräben zu ertragen: "Hard it is for men of moors or fens to endure/ Exile and hardship, ...".[96] Den Untergang des pastoralen Idylls in der Feuerhölle der Front versinnbildlicht in "The Silent One" der im Drahtverhau hängende Tote, der als Sprecher eines ländlichen Dialekts ausgewiesen wird: "Who died on the wires, and hung there, one of two –/ Who for his hours of life had chattered through/ Infinite lovely chatter of Bucks accent".[97] Mit dem für Gurneys Gedichte gelegentlich kennzeichnenden kryptischen Humor zeichnet der Sprecher in "Don Juan in Hell" ein anakreontisches Bild des Vorlebens eines Soldaten:

I heard a soldier tell, frozen out of all patience,
Tales of girls he had kissed, whose bodies touched, when a trench
Was a name of potatoes, gun a thing for crows,
And Somme a river, distant far, by no chance to be his.

Die amourösen Anstrengungen des bäuerlichen Schwerenöters rufen Assoziationen mit einem Dichter hervor, der mit benevolentem Humor Charaktere aus der Unterschicht darstellte, in der Erinnerung an die Friedenswelt liegt bittere Wehmut: "It was the talk of Shakespeare – the

95 *Collected Poems*, S. 31 f.
96 "De Profundis"; ebda, S. 42.
97 Ebda, S. 102.

sound of a farm –/ Gossip before the world by fire was turned bitter and spurned/ All that the day's labour in sin had earned."[98]

"Butchers and Tombs", vermutlich zwischen 1922 und 1925, auf jeden Fall aber nach dem Krieg entstanden, schließt thematisch an Hardys "Drummer Hodge", in der ironischen Verwendung von "service" in Z. 5 aber auch an Gurneys eigenes "Strange Service" an:

After so much battering of fire and steel
It had seemed well to cover them with Cotswold Stone –
And shortly praising their courage and quick skill
Leave them buried, hidden till the slow, inevitable
Change should make them service of France alone.
But the time's hurry, the commonness of the tale,
Made it a thing not fitting ceremonial.
And so the disregarders of blister on heel,
Pack on shoulder, barrage and work at the wires,
One wooden cross had for ensign of honour and life gone –[99]

Gurney verbindet das Motiv des Begrabenseins in fremder Erde mit dem Hinweis auf die Liminalität des Kriegserlebnisses: Für ein menschenwürdiges Begräbnis der gefallenen Gloucesters bleibt unter den Bedingungen der Front weder Zeit, noch scheint ein solches der Anonymität des Massensterbens angemessen. Die Desinvolture des Sprechers, der nonchalante Ton des Gedichtes, der gekünstelte Humor der Periphrase in Z. 8-9 und das Festhalten an heroischen Notionen ("ensign of honour") können die Tragik des dargestellten Ereignisses allerdings nicht verhüllen.

Demgegenüber dominiert das komische Element in Gurneys Beschreibung seiner Fronterfahrung in dem umfangreichen retrospektiven Gedicht "The Retreat" (gemeint ist der strategische Rückzug der Deutschen auf die Hindenburg-Linie im Frühjahr 1917), dies sogar in einer Episode, in der der Sprecher schildert, wie er auf drei im Niemandsland plötzlich auftauchende deutsche Soldaten schießt und sie verfehlt. Den Gegensatz zwischen den großen, offensichtlich wohlgenährten Gestalten und den erschöpften und hungernden Engländern überträgt die Imagination des Sprechers in einen agrarischen Kontext: " ... these comfortable Burghers came over like country squires/ To see the work of the farmhand".[100]

98 Ebda, S. 174.
99 Ebda, S. 173.
100 Ebda, S. 263.

Einer vermögenden Schicht, die auf ihren Landsitzen adelige Lebensformen pflegte, gehörte Siegfried Sassoon an. Während in Sassoons Kriegstagebüchern und -memoiren (*Memoirs of a Fox-Hunting Man*; *Memoirs of an Infantry Officer*; *Sherston's Progress* [1928-36]) dem pastoralen Element ein hoher Stellenwert zukommt, tritt in seiner Lyrik die kontrastive Evokation arkadischer Welt als Stilmittel hinter der Satire und dem Bemühen, ein "realistisches" Bild des Fronterlebnisses als Korrektiv zur Glorifizierung des Krieges in Presse und kriegsaffirmativer Dichtung zu zeichnen, zurück. Dennoch figuriert auch in den Kriegsgedichten Sassoons eine ländlich geprägte Friedenswelt: So entführt z. B. in "Break of Day" ein glücklicher Traum den Protagonisten vor einem morgendlichen Angriff auf die gegnerischen Stellungen noch einmal auf eine Fuchsjagd durch die südenglische Landschaft. In der abgesetzten Schlußzeile vermischt sich das Hornsignal der Jagd im Bewußtsein des Wiedererwachenden mit dem Zeichen zum Angriff – ein ironischer Kommentar des Sprechers, so scheint es, zum Eskapismus der vorangegangenen Strophen.[101] "Together" gehört mit "The Last Meeting" und "A Letter Home" zu einer Gruppe von Gedichten, die den Verlust des von Sassoon verehrten Leutnants David C. Thomas thematisieren: Der Tote wird zum geisterhaften Begleiter des Sprechers auf seinen Ritten heim von der Fuchsjagd durch die Dämmerung.[102] Keineswegs melancholisch erscheint dagegen die Zeichnung pastoraler Welt im Gedicht "The One-Legged Man", das dem Leser ein Heimkehrerschicksal vor Augen führt:

Propped on a stick he viewed the August weald;
Squat orchard trees and oasts with painted cowls;
A homely, tangled hedge, a corn-stalked field,
And sound of barking dogs and farmyard fowls.

And he'd come home again to find it more
Desirable than ever it was before.
How right it seemed that he should reach the span
Of comfortable years allowed to man![103]

Die Idylle dieser Strophen wird am Schluß des Gedichtes jedoch gründlich zerstört: Der aus der Armee Entlassene verdankt die Aussicht auf ein geruhsames Leben einer schweren Verwundung, die eine völlige

101 Vgl. *The War Poems*, S. 102 f.
102 Vgl. ebda, S. 115.
103 Ebda, S. 48.

Wiederherstellung und erneute Kriegsdiensttauglichkeit ausschloß: "He hobbled blithely through the garden gate,/ And thought: 'Thank God they had to amputate!'"[104] Die Vorstellung, für den Verlust eines Beines dankbar sein zu müssen, erscheint nur jenen paradox, so deutet das Gedicht an, die keinen Begriff von der Realität der Front haben.

Anders als Sassoons "The One-Legged Man" rückt Vance Palmers Heimkehrergedicht "The Farmer Remembers the Somme" die psychischen Dimensionen des Kriegserlebnisses in den Vordergrund:

Will they never fade or pass –
The mud, and the misty figures endlessly coming
In file through the foul morass,
And the grey flood-water lipping the reeds and grass,
And the steel-wings drumming?

The hills are bright in the sun:
There's nothing changed or marred in the well-known places;
When work for the day is done
There's talk, and quiet laughter, and gleams of fun
On the old folks' faces.

I have returned to these;
The farm, and kindly bush, and the young calves lowing;
But all that my mind sees
Is a quaking bog in a mist – stark, snapped trees,
And the dark Somme flowing.[105]

Trotz der breit ausgemalten arkadischen Szenerie stellt Palmers Gedicht letztlich einen Bruch mit der pastoralen Tradition dar: Der mit der desolaten Frontlandschaft kontrastierte heimatliche *locus amoenus* fungiert nicht als Projektion eskapistischer Sehnsüchte, sondern verweist nur noch auf die Unmöglichkeit einer gänzlichen Überwindung des Kriegstraumas. Die Erfahrung der destruktiven Gewalt des Krieges schließt für Palmers Protagonisten die Rückkehr zu einem naiv-pastoralen Naturerlebnis aus. Auch die in Fortsetzung romantischer Naturauffassung von der englischen Lyrik des Ersten Weltkriegs so häufig thematisierte sanative Wirkung der vom Krieg unberührten Natur scheint in Palmers Gedicht völlig zu fehlen.

Leslie Coulson fiel 27-jährig am 7. Oktober 1916 bei einem Angriff auf die deutschen Stellungen bei Lesboeufs an der Somme. Sein Gedicht "Who Made the Law" verbindet die Evokation pastoraler Welt mit der

---

104 Ebda.
105 In: *1914-18 in Poetry*, Hrsg. Black, S. 119.

Frage nach der Theodizee. Refrainhafte Wiederholung des Titels und Kapitalisierung sollen der Anklage besondere Intensität verleihen. Der Krieg erscheint als Einbruch von Tod und Zerstörung in eine arkadische Friedenswelt. Schon die Eingangszeile betont die grundlegende Dichotomie der beiden Bereiche ("Who made the Law that men should die in meadows?"), die in der Folge weiter ausgeführt wird. Die beiden mittleren Strophen des Gedichtes konzentrieren sich wie Sassoons "The One-Legged Man" und das zuvor besprochene Gedicht Vance Palmers auf die Situation der (wenigen) Heimkehrer, die nach den Schwertern wieder die Pflugscharen handhaben (in der Formulierung "clean-hearted" deutet sich das Motiv der läuternden Wirkung des Krieges an, das hier als Ansatz zu einem theologisch fundierten Erklärungsversuch erscheint): "Those who return shall till the ancient pastures,/ Clean-hearted men shall guide the plough-horse reins/ Some shall grow apples and flowers in the valleys,/ Some shall go courting in summer down the lanes –/ THOSE WHO RETURN."[106] Erwähnenswert ist in diesem Zusammenhang auch ein Brief Coulsons vom Juli 1916, der im Vorwort zur postumen Ausgabe seiner Kriegsgedichte zitiert wird:

> I have seen men shattered, dying, dead – all the sad tragedy of war. And this murder of old stone, and lichened thatches, this shattering of little old churches and homesteads brings the tragedy home to me more acutely. I think to find an English village like this would almost break my heart.[107]

In Fredegond Shoves "The Farmer" ist das archetypische Bild eines über seine Felder wandernden Bauern Ausgangspunkt für die Reflexionen des Sprechers. Jenseits der Sphäre des Bauern und des Sprechers tobt bereits seit drei Jahren der Krieg. Die zentrale Passage des Gedichtes stellt jedoch eine Vision dar, in der der Bauer als Repräsentant einer ganzen Nation erscheint:

> And I am stunned by what I see behind
> His solemn and uncompromising form:
> Wide hosts of men who once could walk like him
> In freedom, quite alone with night and day,
> Uncounted shapes of living flesh and bone,
> Worn dull, quenched dry, gone blind and sick, with war;
> And they are him and he is one with them ...

106 *From an Outpost* (London, 1917), abgedr. in: *Poetry of the Great War*, Hrsgg. Hibberd/Onions, S. 71. Vgl. Johnston, *English Poetry of the Great War*, S. 73-5.

107 *From an Outpost*, S. 9.

Der Schluß des Gedichtes transponiert die Vision auf eine allegorische Ebene, um, ähnlich Leslie Coulsons "Who Made the Law", die tiefgreifende Störung natürlicher Zyklen durch die Zerstörungsgewalt des Krieges zu thematisieren:

O single farmer walking through the world
They bless the seed in you that earth shall reap,
When they, their countless lives, and all their thoughts,
Lie scattered by the storm ... [108]

Auf einer politischen Ebene begegnet uns die nationale Identifikation mit dem Bauernstand in Tom Kettles "The Song of the Irish Army". Obwohl irischer Nationalist, trat Kettle bald nach Kriegsbeginn aus Solidarität mit dem besetzten Belgien in die britische Armee ein, in der er sogar einige Zeit als Rekrutierungsoffizier diente. Im September 1916 fiel Kettle an der Somme.[109] "The Song of the Irish Army" ist eine mit viel patriotischem Pathos vorgetragene Apologie der Teilnahme der Iren am Weltkrieg: Als Lohn für den Kampf in der britischen Armee winkt die Befreiung von der englischen Herrschaft: "March on to the fields where the world's re-made,/ And the ancient dreams come true".[110] Die Iren stilisiert Kettle zu einem der heimatlichen Scholle verbundenen Volk von Bauern und Dichtern, das der Herausforderung durch die geschichtsträchtigen Ereignisse sehr wohl gerecht wird: "To Odin's challenge we cried Amen!/ We staid the plough, and laid by the pen".[111]

Eine Herausforderung – und ein Schäfer – stehen im Mittelpunkt der alttestamentarischen Erzählung von David und Goliath, die Robert Graves in "Goliath and David" in den Kontext des Ersten Weltkriegs transponiert. So evoziert etwa die Zeile "Out between the lines he went" im folgenden Zitat das Niemandsland zwischen den Schützengräben an der Westfront, obwohl auch die Bibel den Kampf zwischen den feindlichen Schlachtreihen stattfinden läßt! Das Gedicht ist dem Andenken des im März 1916 bei Fricourt gefallenen gemeinsamen Freundes Graves' und Sassoons, David Thomas, gewidmet:

"If I am Jesse's son," said he,
"Where must that tall Goliath be?"

---

108 In: *Men Who March Away*, Hrsg. Parsons, S. 162.

109 Vgl. Tim Cross, "Tom Kettle 1880-1916", in: *The Lost Voices of World War I*, Hrsg. Cross, S. 41-3.

110 In: *A Treasury of War Poetry*, Hrsg. Clarke, S. 61.

111 Ebda, S. 60.

For once an earlier David took
Smooth pebbles from the brook:
Out between the lines he went
To that one-sided tournament,
A shepherd boy who stood out fine
And young to fight a Philistine ... [112]

Wie schon die Umstellung der geläufigen Reihenfolge der Namen im Titel signalisiert, "korrigiert" Graves den in 1 *Samuel* 17 tradierten Ausgang des Kampfes: David wird von seinem weit überlegenen Gegner getötet. Die Identifikation des zeitgenössischen David mit seinem biblischen Namenspatron rückt das Gedicht in die Nähe der pastoralen Elegie. Sein Schicksal ist exemplarisch für die Destruktion pastoraler Welt im Krieg, als dessen Personifikation Goliath erscheint: "Steel-helmeted and grey and grim/ Goliath straddles over him."[113] Die in *Fairies and Fusiliers* (1917) abgedruckte Fassung des Gedichtes ("Goliath and David" erschien zuerst 1916 als Titelgedicht der gleichnamigen Sammlung[114]) zeigt gegenüber der hier zitierten Version eine geringfügige, aber bedeutsame Änderung: Dort heißt es nämlich "... spike-helmeted, grey, grim"[115] – Goliath wird, zusätzlich zum (deutschen) Feldgrau, mit einem Emblem des preußischen Militarismus versehen, wodurch das allegorische Element des Gedichtes um eine politisch-propagandistische Dimension erweitert wird. Die ungleichen Kontrahenten verkörpern konträre Ideologien, die an der Westfront aufeinandertreffen: die gigantomanische Massierung destruktiven Potentials und eine essentiell konservative Tradition individualistischen Heldentums, zu deren Schwanengesang das Erlebnis des Weltkriegs werden sollte. Graves' Gedicht ist ein Nachruf auf einen auch im Untergang zutiefst "englischen" Charakter – einen Schäfer und Helden.

Eines der am häufigsten anthologisierten englischen Kriegsgedichte, Wilfred Owens "Futility", setzt den Tod eines Soldaten an der Front in Bezug zu natürlichen Zyklen, in die sein Leben vor dem Krieg eingebunden war – den Wechsel von Tag und Nacht sowie der Jahreszeiten: "Move him into the sun –/ Gently its touch awoke him once,/ At home,

112 *Poems About War*, S. 27. Nicht zufällig heißt auch in E. A. Mackintoshs "In Memoriam" der von seinem eindeutig als *rustic* identifizierten Vater betrauerte Soldat David: "So you were David's father,/ And he was your only son,/ And the new-cut peats are rotting/ And the work is left undone,/ Because of an old man weeping" (in: *Up the Line to Death*, Hrsg. Gardner, S. 94).

113 *Poems About War*, S. 28.

114 Vgl. die von William Graves erstellten bibliographischen Angaben in *Poems About War*; Dominic Hibberds und John Onions' Datierung des Gedichtes mit Februar 1917 ist zu revidieren.

115 Abgedr. z. B. in: *Poetry of the Great War*, Hrsgg. Hibberd/Onions, S. 128 f.

whispering of fields half-sown."[116] Das gewaltsame Ende des Farmers oder Landarbeiters reflektiert die Zerstörung elementarer Kreisläufe durch den Krieg. Der Titel des Gedichtes bezieht sich zunächst auf den sinnlosen Versuch, den Toten wiederzubeleben (Hat die Sonne den Bauern früher zur Feldarbeit geweckt, so soll ihre lebensspendende Kraft ihn nun reanimieren!), um auf einer zweiten Ebene die Frage nach der Sinnhaftigkeit einer Evolution bzw. eines göttlichen Schöpfungsplans zu stellen, die den Krieg beinhaltet. In der teleologischen Frage des Sprechers, "Was it for this the clay grew tall?", findet sich übrigens ein Echo auf das "Porträt des Künstlers" eines großen Naturdichters, Wordsworths *Prelude*, Buch I, Z. 271 ff.: "... Was it for this [d. h. die vermeintlich sinnlose, zweifelsgeplagte Existenz des Dichters]/ That one, the fairest of all rivers, loved/ To blend his murmurs with my nurse's songs".[117]

Ernest Rhys' "Lost in France" ist, wie bereits der Untertitel "Jo's Requiem" andeutet, ein poetischer Nekrolog auf einen nicht näher identifizierten Landarbeiter, dessen Naturverbundenheit durch seine Vitalität sowie die Schärfe seiner Sinne, ein Motiv, das in der pastoralen Tradition der englischen Literatur immer wieder aufscheint,[118] dokumentiert werden soll. Die lakonische Schlußzeile beendet die Erinnerungen des Sprechers an den Gefallenen ebenso abrupt, wie der Krieg dessen Leben ein Ende gesetzt hat:

He had the ploughman's strength
in the grasp of his hand:
He could see a crow
three miles away,
and the trout beneath the stone.
He could hear the green oats growing,
and the south-west wind making rain.
He could hear the wheel upon the hill
When it left the level road.
He could make a gate, and dig a pit,
And plough as straight as stone can fall.
And he is dead.[119]

---

116 *The Complete Poems and Fragments* 1, S. 158.

117 *William Wordsworth. The Prelude*, Hrsg. de Selincourt, S. 17.

118 Als Beispiele seien hier nur der bekannte Beginn von Thomas Hardys erstem Roman *Under the Greenwood Tree* (1872) ("To dwellers in a wood almost every species of tree has its voice as well as its feature ..."; *Under the Greenwood Tree*, Hrsg. David Wright [Harmondsworth, 1978], S. 39) und die Figur des in völligem Einklang mit der Natur lebenden Gabriel Oak [!] in *Far from the Madding Crowd* angeführt.

119 In: *1914-18 in Poetry*, Hrsg. Black, S. 89.

Bei keinem anderen englischen Dichter scheint das Motiv des durch den Krieg dem heimatlichen Arkadien Entrissenen so sehr mit der eigenen Biographie verknüpft zu sein wie bei Edward Thomas. Thomas' Verbundenheit mit der englischen Landschaft und sein Interesse an den Lebensumständen und Traditionen der ländlichen Bevölkerung zeigt sich in einer Besonderheit seiner wenigen Kriegsgedichte, die allesamt bereits vor dem Fronteinsatz des Dichters entstanden: Der Krieg tritt in diesen Texten nur peripher in Erscheinung, allein seine Auswirkungen auf das Leben der ländlichen Gemeinde werden geschildert, oft aber auch nur angedeutet.

Anders als Owens "Futility" trifft Thomas' "A Private" keine direkte Aussage über den Krieg selbst. Der Sprecher berichtet im lakonischen Ton eines Chronisten der "short and simple annals of the poor" vom Schicksal eines ländlichen Originals:

> This ploughman dead in battle slept out of doors
> Many a frosty night, and merrily
> Answered staid drinkers, good bedmen, and all bores:
> "At Mrs Greenland's Hawthorn Bush", said he,
> "I slept." None knew which bush. Above the town,
> Beyond "The Drover", a hundred spot the down
> In Wiltshire. And where now at last he sleeps
> More sound in France – that, too, he secret keeps.[120]

Wie Owen problematisiert Thomas in seiner Darstellung des Hereinragens des Krieges in eine friedliche ländliche Welt die euphemistische Identifikation von Schlaf und Tod. Im Gegensatz zum in "Futility" artikulierten Protest jedoch ist "A Private" von einem verhaltenen, elegischen Ton getragen. Bemerkenswert ist die Verwendung des Deiktikums zu Beginn des Gedichtes, das den Gefallenen der heimatlichen Sphäre des Sprechers zuordnet und somit (verstärkt durch das Präsens des Verbums der Schlußzeile) auf eine Art metaphysischer Kontinuität seiner naturverbundenen Existenz verweist (vgl. Shelleys *Adonais*, xlii: "He is made one with Nature .../ [...]/ ... a presence to be felt and known" – und Wilfred Owens bitter-ironisierendes Zitat dieser Zeilen in "A Terre"[121]). Durch die Ambiguität des Titels sowie durch die Schlußzeile erscheint diese Thematik jedoch ironisiert: Die Autonomie des individualistischen

---

120 *The Collected Poems of Edward Thomas*, S. 67.

121 *The Complete Works of Percy Bysshe Shelley*, Hrsgg. Roger Ingpen u. Walter E. Peck, Bd. 2: *Poems* (London, New York, 1965), S. 401; vgl. Wilfred Owen, *The Complete Poems and Fragments* 1, S. 179.

Außenseiters bleibt nach seinem Eintritt in die Armee als *private soldier* durch die Anonymität seines Todes gewahrt. Interessant ist, daß im Gegensatz zur im August 1915 entstandenen Endfassung des Gedichtes in zwei vom 6. und 7. Januar desselben Jahres datierenden Entwürfen der Krieg und das Motiv des Begrabenseins in fremder Erde überhaupt nicht vorkommen: "A labouring man lies hid in that bright coffin"; "The labouring man here lying slept out of doors".[122] Es ist anzunehmen, daß diese signifikante Änderung in Thomas' freiwilligem Eintritt in die britische Armee im Juli 1915 begründet ist, durch den sich der Dichter mit dem Gedanken an ein ähnliches Schicksal wie das seines Protagonisten konfrontiert sehen mußte.

Die Auswirkungen des Krieges auf eine agrarische Gemeinde thematisiert auch eines der bekanntesten Gedichte Edward Thomas', "As the Team's Head-Brass", dessen Beginn eine unbeschwerte pastorale Szene skizziert: Ein Liebespaar zieht sich, gestört von einem pflügenden Gespann, in den Wald zurück. Der Sprecher hat am Rande des Feldes im Geäst einer vom Sturm entwurzelten Ulme Platz genommen. Es entwickelt sich ein Dialog mit dem Führer des Gespanns, das in regelmäßigen Intervallen diesen räumlichen Fixpunkt des Gedichtes passiert. Wie Jon Silkin zu Recht feststellt, imitiert diese dem Gedicht immanente Rhythmik den natürlichen Kreislauf, in den die Bewohner ländlicher Welt eingebunden sind.[123] Zwar scheint der Sprecher Uniform zu tragen (nur so wäre die Frage des Pflügers nach der Fronterfahrung seines Gesprächspartners zu erklären), der Krieg existiert aber wie das Liebespaar, das am Ende wieder sichtbar wird, nur an der Peripherie des Gedichtes:

> "Have you been out?" "No." "And don't want to, perhaps?"
> "If I could only come back again, I should.
> I could spare an arm. I shouldn't want to lose
> A leg. If I should lose my head, why, so,
> I should want nothing more.... Have many gone
> From here?" "Yes." "Many lost?" "Yes, a good few.
> Only two teams work on the farm this year.
> One of my mates is dead. The second day
> In France they killed him. It was back in March,
> The very night of the blizzard, too. ..."[124]

122 *The Collected Poems of Edward Thomas*, S. 66.
123 Vgl. *Out of Battle*, S. 100.
124 *The Collected Poems of Edward Thomas*, S. 325 ff.

Wie in "A Private" besteht auch in "As the Team's Head-Brass" zunächst ein Zusammenhang zwischen der Sphäre bäuerlicher Existenz und dem Krieg: Der Kamerad des Pflügers ist in derselben Nacht gefallen, in der der Sturm den Baum entwurzelte, wodurch der gefällten Ulme im Gedicht neben der Rolle eines räumlichen Zentrums auch eine emblematische Funktion zukommt. Bei genauerer Betrachtung allerdings überwiegt das dissoziierende Element: Während der Baum durch die Einwirkung einer natürlichen Kraft fiel, kam der Soldat in einem durch die Fehler menschlicher Politik heraufbeschworenen Krieg ums Leben. Der Sturm wird in der Retrospektive zum Vorboten tiefergreifender Störungen des Lebens und des Arbeitsrhythmus der ländlichen Gemeinde durch den Krieg, die sich bis in triviale Dinge fortsetzen: Der Baum kann nicht vor Beendigung des Krieges entfernt werden. Das referenzlose Pronomen der dritten Person Plural, mit dem in der oben zitierten Passage der deutsche Gegner gemeint ist, verweist hier auf die nicht näher spezifizierte agrarische Gemeinde, in die der Pflüger einbezogen ist: "'When will they take it away?'/ 'When the war's over.'"[125] Diese Integration wird in der Folge durch das Pronomen der ersten Person Plural betont: "'[...] Now if/ He had stayed here we [!] should have moved the tree.'"[126] Wie Stan Smith bemerkt, kommt dem Netz der Bezüge, das die Pronomina in Thomas' Gedicht herstellen, eine entscheidende Bedeutung zu. Es verweist auf eine durch den Krieg zur Realität gewordene gesellschaftliche Utopie, "a community of suffering in which it is possible for men to talk to each other again, on common ground, despite all divisions of class and culture."[127] Lediglich der deutsche Gegner scheint aus dieser Gemeinschaft ausgeschlossen zu bleiben.

Das Konditional in den letzten Zeilen des Gedichtes greift das unschlüssige Abwägen des Dichters wieder auf, das gegenüber der brutalen Faktizität des Krieges ohne Belang ist, und betont den hypothetischen Charakter der Vorstellung einer von den Ereignissen unberührten Friedenswelt: "'And I should not have sat here. Everything/ Would have been different. For it would have been/ Another world.' 'Ay, and a better, though/ If we could see all, all might seem good.'"[128] Zwar scheint der Dichter in dieser Passage in unverhüllter Nostalgie einer unwiederbringlich verlorenen Welt nachzutrauern, durch den Schlußsatz des Ge-

---

125 Ebda, S. 325.
126 Ebda, S. 327.
127 *Edward Thomas* (London, 1986), S. 198.
128 *The Collected Poems of Edward Thomas*, S. 327.

sprächs aber wird, so Smith, der Pessimismus dieser Zeilen relativiert: Hätte der Mensch tiefere Einsicht in den Lauf der Dinge, ließe sich auch der Krieg als Komponente einer ganzheitlichen natürlichen Kraft ("the one energy that propagates and slays", wie Thomas in *Richard Jefferies*, 1909, schrieb[129]) und somit als Teil eines Zyklus von Zerstörung und Erneuerung begreifen. Diese komplexe Thematik, von Thomas mit äußerstem dichterischen Feingefühl in den lakonischen Dialog seines Gedichtes verpackt, findet sich, wie gezeigt wurde, auch in eindeutig kriegsaffirmativen Gedichten – dort allerdings als mystifizierende Apologie des Krieges (vgl. 8.3.).

Edward Thomas' Fronttagebuch enthält wie die Kriegsmemoiren und Fronttagebücher Blundens und Sassoons zahlreiche Naturschilderungen bzw. Beobachtungen des bäuerlichen "Alltags" im Hinterland der Front. Eine Eintragung erscheint besonders signifikant im Zusammenhang mit der Thematik von "As the Team's Head-Brass": "Ploughing field next to orchard in mist – horses and man go right up to crest in view of Hun at Beaurains."[130] Der Anblick des pflügenden Gespanns versinnbildlicht die Kontinuität grundlegender menschlicher Aktivitäten ungeachtet des Krieges und scheint somit auch die Aussicht auf dessen Ende zu eröffnen. Diese Thematik steht im Mittelpunkt von Hardys "In Time of the Breaking of Nations", dessen Titel sich auf das Gottesgericht über Babylon in *Jeremias* 51:20 bzw. auf Gottes Versprechen an Noah in *Genesis* 8:22 bezieht:

I
Only a man harrowing clods
In a slow silent walk
With an old horse that stumbles and nods
Half asleep as they stalk.

II
Only thin smoke without flame
From the heaps of couch-grass;
Yet this will go onward the same
Though Dynasties pass.

III
Yonder a maid and her wight
Come whispering by:
War's annals will cloud into night

---

129 Zitiert nach Smith, *Edward Thomas*, S. 197.
130 "War Diary", abgedr. in *The Collected Poems of Edward Thomas*, S. 189.

Ere their story die.[131]

Auch wenn der Krieg eine Katastrophe von globalen Dimensionen darstellt, bleiben die grundlegenden Dinge der menschlichen Existenz wie Arbeit und Liebe letztlich von ihm unberührt. Das Motiv des Landarbeiters beschließt in dieser Verwendung einen Prozeß, für dessen Beginn zwei Zeilen aus dem zweiten Teil ("Dialogue between the Body and the Soul of the Murdered Girl") von Herbert Reads "The End of a War" stehen können: "You had not lost your innocence so soon/ but for the going of men from the village."[132]

9.3. Zusammenfassung:

Die in diesem Kapitel behandelten deutschen und englischen Kriegsgedichte stehen vor einem stark unterschiedlichen soziokulturellen Hintergrund: Während die deutschen "Arbeiterdichter" in ihrer Lyrik Sujets der industriellen Arbeitswelt (Fabrik, Maschinen, Mechanisierung des Produktionsprozesses, soziale Lage der Industriearbeiter) gestalteten, zeigt die englische Dichtung unmittelbar vor Ausbruch des Weltkriegs eine deutliche Präferenz für pastorale Themen. In ihrer Kriegsdichtung setzten die "Arbeiterdichter" ihre Erfahrung der Werkshallen in Analogie zur Front, während die pastorale Welt englischer Dichtung notwendigerweise konträr zum Krieg erscheint. Auffälligster Kontrast zwischen den in diesem Kapitel behandelten deutschen und englischen Texten ist somit eine Sicht von Krieg und Vorkriegswelt als Kontinuität bzw. als Dichotomie. Beiden Seiten gemeinsam ist der Entwurf gesellschaftlicher Utopien, die in der Lyrik der deutschen Arbeiterdichter und in den angeführten englischen Texten signifikant unterschiedliche Ausprägungen zeigen. Grundsätzlich sind sie im einen Fall materiell motiviert und zukunftsorientiert, im anderen Fall ideell motiviert und vergangenheitsorientiert. Dies ist zum Teil durch den sozialen Hintergrund der behandelten Dichter bedingt, zum Teil aber auch durch divergierende nationale Autostereotypen und literarische Traditionen zu erklären und korreliert mit dem (Selbst-) Verständnis des Sprechers/Protagonisten entweder als eines Industriearbeiters oder als eines idealisierten Landmenschen. Der

131 *Complete Poems*, S. 543. Dem Gedicht, das 1915 entstand und zuerst in der *Saturday Review* vom 29. Januar 1916 veröffentlicht wurde, liegt eine Beobachtung des Autors aus der Zeit des Deutsch-Französischen Krieges 1870/71 zugrunde.

132 *Collected Poems*, S. 106.

optimistische Ausblick der Arbeiterdichter auf die Nachkriegszeit steht in unmittelbarem Zusammenhang mit Forderungen nach einer humaneren Arbeitswelt und nach sozialem Ausgleich. Die tragende Rolle des industriellen Proletariats im Rahmen der militärischen und zivilen Kriegsanstrengungen sowie die Auflockerung bestehender Klassengegensätze als Folge des Krieges erschienen den Arbeiterdichtern als Garanten für eine Realisierung ihrer gesellschaftlichen Utopien. Politischer Machtgewinn sowie eine geographische und ökonomische Expansion Deutschlands als Folge eines militärischen Sieges konnten sich nur günstig für das Anliegen des Arbeiterstandes auswirken, was die ideologische Unterstützung der offiziellen Politik erleichterte und mit eine Erklärung für den kriegsaffirmativen Tenor des lyrischen Beitrags der Arbeiterdichter bildet.

Im Gegensatz dazu präsentieren die vor dem Hintergrund einer langen und einflußreichen Tradition literarischer Naturdarstellung stehenden englischen Beispiele das Bild der Zerstörung pastoraler Vorkriegswelt. Nostalgie und Pessimismus sind ihre Grundhaltungen, nur vereinzelt äußert sich vorsichtiger Optimismus im Vertrauen auf die Regenerationsfähigkeit natürlicher Zyklen sowie traditionsgebundener sozialer Abläufe. Die "politische Botschaft" dieser Gedichte ist, vorgeprägt durch die "Little England"-Ideologie der *Georgians*, eine deutlich antiimperialistische, ja isolationistische.

10. Thomas Hardy und Gerhart Hauptmann im Ersten Weltkrieg

Wenn im folgenden Kapitel die Perspektive zweier Nichtkriegsteilnehmer im Mittelpunkt der Untersuchung steht, so bedarf dies angesichts der Tatsache, daß nur ein geringer Teil der Gedichtproduktion des Ersten Weltkriegs von Frontsoldaten stammt, keiner weiteren Begründung. Literarisch-propagandistischen Äußerungen zum Krieg von seiten etablierter, von einer breiten Leserschaft rezipierter zeitgenössischer Autoren kommt hierbei eine besondere Bedeutung zu, als sich diese in der Regel mit einer starken Erwartungshaltung der literarisch interessierten Öffentlichkeit konfrontiert sahen. Mitunter finden sich allerdings, wie im Fall der beiden hier behandelten Autoren, aufschlußreiche Divergenzen zwischen öffentlichen propagandistischen Äußerungen und privaten Bemerkungen in Briefen und Tagebüchern, ein Aspekt, dem in diesem Kapitel der Untersuchung besondere Aufmerksamkeit zu schenken sein wird.

Eine vergleichende Darstellung der Positionen Thomas Hardys und Gerhart Hauptmanns während des Ersten Weltkriegs erscheint von besonderem Interesse, da Biographie, Werk und Rezeption beider Autoren einige Parallelen erkennen lassen. Sowohl Hardy als auch Hauptmann zählten bei Ausbruch des Krieges zu den prominentesten Schriftstellern ihrer Nation, genossen aber auch im gegnerischen Lager einen gewissen Bekanntheitsgrad. Daß beide bereits lange vor dem Ersten Weltkrieg den literarischen Olymp erklommen hatten, bezeugen Ehrendoktorate und andere öffentliche Auszeichnungen, im Falle Hauptmanns sogar die Verleihung des Nobelpreises für Literatur 1912. Daß beide ihre Position als "Dichterfürsten" nicht zuletzt dadurch unterstrichen, daß sie sich zum Zeitpunkt des Kriegsausbruchs fern von den Zentren des Literaturbetriebs auf Landsitze, die sehr bald zu Zielen literarischer Pilgerfahrten wurden, zurückgezogen hatten, mag in diesem Zusammenhang ebenfalls von Interesse sein.

In ihren Werken wandten sich beide Autoren verstärkt sozialen Themen zu, was ihnen in der *communis opinio* Etikettierungen eintrug, die der Komplexität ihres Oeuvres nicht gerecht werden: So galt – und gilt – Hardy einer breiten Leserschaft vorrangig als Chronist der tiefgreifenden ökonomischen und sozialen Veränderungen im agrarischen Südwesten Englands gegen Ende des 19. Jahrhunderts, Hauptmann trotz seines klassizistischen und religiös-mystizistischen Spätwerks und seiner Leistungen auf dem Gebiet von Roman und Erzählung in erster Linie als Verfasser sozialkritischer naturalistischer Dramen.

Das im wesentlichen durch eine pessimistische Philosophie geprägte Menschen- und Geschichtsbild beider Autoren zeigt in einzelnen literarischen und privaten Äußerungen Überlagerungen durch melioristische Züge, ein Aspekt, der im Zusammenhang mit der Reaktion beider Autoren auf den Krieg besondere Beachtung verdient. Ebenso werden für das Deutschland- bzw. Englandbild Hardys und Hauptmanns aufschlußreiche private und öffentliche Äußerungen sowie relevante poetische Texte eingehender zu betrachten sein.

10.1. Der Krieg im Werk Thomas Hardys – ein Überblick

Thomas Hardy ist, wie Elizabeth Marsland[1] bemerkt, einer der wenigen zivilen Autoren auf englischer Seite, dessen Gedichte in Studien zur englischen Literatur des Ersten Weltkriegs ausführlicher behandelt wurden.[2] Dies mag nicht verwundern, fand doch Hardys am 5. September 1914 (also fast genau einen Monat nach der britischen Kriegserklärung an Deutschland) verfaßtes und am 9. des Monats in *The Times* veröffentlichtes Gedicht "Men Who March Away" großen Widerhall, wurde vielfach reproduziert (sowohl Hardy als auch die Herausgeber der *Times* verzichteten ausdrücklich auf das *copyright*) und seitdem in nahezu alle Anthologien englischer Weltkriegslyrik aufgenommen. Hardys Reaktion auf den Krieg war jedoch, wie noch zu zeigen sein wird, bereits in dessen Anfangsphase differenzierter, als es sein patriotisches Aufbruchsgedicht vermuten ließe. Dies rührt zum Teil daher, daß sich der Autor in seinem Werk immer wieder mit dem Phänomen Krieg auseinandergesetzt hatte. Dennis Taylor unterscheidet fünf Phasen der Behandlung der Kriegsthematik in der Versdichtung Thomas Hardys,[3] wobei am Anfang balladeske, Veteranen als Reminiszenzen in den Mund gelegte Episoden aus den Napoleonischen Kriegen stehen ("San Sebastian", "Leipzig"; beide in *Wessex Poems* [1898]). Hardy traf bei mehreren Besuchen im Kriegsveteranenasyl von Chelsea noch auf Teilnehmer am Spanienfeldzug und der Schlacht von Waterloo.[4] Während des Burenkrieges 1899-1902 ent-

---

1 Vgl. *The Nation's Cause*, S. 14.

2 So z. B. Johnston, *English Poetry of the First World War*, S. 8 et passim; Fussell, *The Great War and Modern Memory*, S. 3-7 et passim; Silkin, *Out of Battle*, Kap. 2, S. 32-55.

3 Vgl. *Thomas Hardy's Poetry, 1860-1928* (London, Basingstoke, 1981), S. 118.

4 Vgl. Florence Emily Hardy, *The Life of Thomas Hardy 1840-1928* (London, 1962) [= einbdge. Ausg. v. *The Early Life of Thomas Hardy, 1840-1891* (1928) u. *The Later Years of Thomas Hardy, 1892-1928* (1930)], S. 78 et passim und

standen elf "War Poems", die 1902 in der Sammlung *Poems of the Past and the Present* veröffentlicht wurden, darunter das häufig anthologisierte Gedicht "Drummer Hodge". Hardys Beschäftigung mit den Napoleonischen Kriegen erreichte ihren abschließenden Höhepunkt in dem breit angelegten Bild der Epoche, das er in seinem "epischen Drama" *The Dynasts* (1903-8) entwarf. Eine Gruppe von Gedichten zum Ersten Weltkrieg wurde unter dem Titel "Poems of War and Patriotism" in den Band *Moments of Vision* (November 1917) aufgenommen, und 1920 verfaßte Hardy mit "And There Was a Great Calm" eine dichterische Rückschau auf den Konflikt.

Das Interesse des Autors an der Figur Napoleons und an den Napoleonischen Kriegen fand auch in seiner Prosa einen Niederschlag, so z. B. in den Erzählungen "The Grave by the Handpost" (*A Changed Man and Other Tales*, 1913), "A Tradition of Eighteen Hundred and Four" und "The Melancholy Hussar of the German Legion" (*Wessex Tales*, 2. Aufl. 1912). Für die letztgenannte Erzählung konnte sich Hardy auf einen Zeugen der 1801 erfolgten Hinrichtung zweier Deserteure berufen. Bei den Soldaten handelte es sich übrigens um deutsche Legionäre, deren authentische Namen er in der Geschichte verwendete.[5] *The Trumpet-Major* (1880), Hardys einziger historischer Roman, für den er ein detailliertes Notizbuch anlegte,[6] präsentiert die Auswirkungen der Napoleonischen Kriege auf das Leben einer ländlichen Gemeinde in Dorset. Obwohl der Krieg nur am Rande figuriert, überschattet bzw. motiviert er doch das gesamte Geschehen, und Hardys fiktionale Charaktere interagieren mit historischen Figuren wie Georg III. oder Captain (später Admiral) Hardy, Nelsons erstem Offizier auf der *Victory*.

Hardys Gedichte zum Ersten Weltkrieg sind nicht nur von unterschiedlicher literarischer Qualität, sondern lassen in ihrer Aussage auch widersprüchliche Tendenzen erkennen. Dies dürfte im wesentlichen dadurch zu erklären sein, daß Hardy wie so viele Künstler und Intellektuelle während des Krieges eine 'private' und eine 'öffentliche' Seite seiner Persönlichkeit entwickelte. Das Gedicht "Song of the Soldiers" ("Men Who March Away") scheint er nicht zuletzt deshalb verfaßt zu haben,

---

Hardys Brief an Sir Courtenay Ilbert, 15. Nov. 1914: "I have known many old soldiers in the past who served in the Peninsula & at Waterloo ..."; *The Collected Letters of Thomas Hardy*, Hrsgg. Richard Little Purdy und Michael Millgate, Bd. 7: *1926-27. With Addenda, Corrigenda, and General Index* (Oxford, 1988), S. 157.

5 Vgl. *Life*, S. 116.

6 Vgl. "Trumpet-Major Notebook", in: *The Personal Notebooks of Thomas Hardy*, Hrsg. Richard H. Taylor (New York, 1979), S. 115-186.

weil die Öffentlichkeit vom großen alten Mann der zeitgenössischen englischsprachigen Literatur eine Stellungnahme zu den Ereignissen erwartete, eine Erwartungshaltung, die offenbar mit ein Grund für Hardys weiteres (literarisches) Engagement im Rahmen der britischen Kriegsanstrengungen war, wie aus einem Brief an Florence Henniker vom 2. September 1915 hervorgeht: "I have many requests for war poetry, but what good comes of writing & publishing it I don't know, though the different charities ask for it."[7] Zwar hatte auch Hardy an dem von C.F.G. Masterman am 2. September 1914 einberufenen Treffen teilgenommen, das die propagandistischen Aktivitäten prominenter britischer Autoren koordinieren sollte, doch trat er in der Folge in ungleich geringerem Maße als viele seiner Schriftstellerkollegen mit kriegspublizistischen und sozialen Aktivitäten hervor. Hardy verfaßte ein Sonett "On the Belgian Expatriation" als Beitrag zu *King Albert's Book* (Hrsg. Hall Cain [London, 1914]), schrieb im Dezember 1914 einen versifizierten Appell an das amerikanische Volk "On Behalf of the Belgian Destitutes", der am 4. Januar 1915 in der *New York Times* und in anderen amerikanischen sowie britischen Zeitungen veröffentlicht wurde, und übersetzte im Juli 1915 die Beiträge zweier junger französischer Dichter für Winifred Stephens' *Book of France*. Das Gedicht "Cry of the Homeless" erschien in dem von Edith Wharton herausgegebenen *Book of the Homeless* (London, 1916), zu dem W. B. Yeats einen poetischen Beitrag verweigert hatte (vgl. 7.4). Hardy stiftete Manuskripte, darunter das seines Romans *Far from the Madding Crowd*, für Versteigerungen zugunsten des Roten Kreuzes, besuchte britische Lazarette und ein Lager für deutsche Kriegsgefangene in Dorchester und war Vorsitzender eines lokalen Komitees gegen Kriegswucher.[8] Seine Stimme im Konzert der britischen Literaten während des Weltkriegs war eine gemäßigte, die Kriegshetze eines Rudyard Kipling blieb ihm ebenso fremd wie der radikale Pazifismus G. B. Shaws.

---

7 *Collected Letters*, Bd. 5: *1914-1919* (1985), S. 121.

8 Vgl. Edmund Blunden, *Thomas Hardy* (London, 1962), S. 151 ff.; F. E. Halliday, *Thomas Hardy. His Life and Work* (Bath, 1972), S. 182 u. Michael Millgate, *Thomas Hardy. A Biography* (Oxford, Melbourne, 1982), Kap. 25: "The War Years", S. 497-520. Zur Propagandatätigkeit britischer Autoren während des Krieges s. Peter Buitenhuis, *The Great War of Words*, passim.

10.1.1. Die Faszination historischer Schlachten

"... It was a period when romance had not so greatly faded out of military life as it has done in these days of short service [...] and transient campaigns", schreibt Hardy im Schlußkapitel seines Romans *The Trumpet-Major* über die Zeit der Napoleonischen Kriege,[9] und in der 1889 entstandenen Rahmenerzählung "The Melancholy Hussar of the German Legion" heißt es: "Soldiers were monumental objects then. A divinity still hedged kings here and there; and war was considered a glorious thing."[10] Zwar muß man Hardy zugute halten, daß in beiden Zitaten durch Zeitangaben ("it was a period"; "then") und die Distanz des Erzählers die Historizität der Aureole von Ruhm und Heldentum betont wird, die Militär und Krieg umgab; überdies wird in der zweiten Passage die Aussage des letzten Teilsatzes als Gedankenbericht relativiert. Dennoch mögen beide Stellen als Belege für die mitunter erkennbare Neigung zur elegischen Glorifizierung historischer, insbesondere der Napoleonischen Kriege, in Hardys Werk dienen. Vergegenwärtigt man sich die Verurteilung des Krieges in den Burenkriegsgedichten oder in *The Dynasts*, ergibt sich daraus ein kaum aufzulösender Widerspruch.[11] Wie auch aus seinen Briefen hervorgeht, konnte Hardy sich der Faszination des Krieges nie gänzlich entziehen, war sich gleichzeitig aber der Problematik dieser Faszination bzw. einer verklärenden Betrachtung des Krieges sehr wohl bewußt. So schrieb er am 11. Oktober 1899 an Florence Henniker:

> I constantly deplore the fact that "civilized" nations have not learnt some more excellent & apostolic way of settling disputes than the old & barbarous one, after all these centuries; but when I feel that it must be, few persons are more martial than I, or like better to write of war in prose & rhyme.[12]

Und am 25. Februar 1900:

> I take a keen pleasure in war strategy & tactics, following it as if it were a game of chess; but all the while I am obliged to blind myself to the human side of the matter: directly I think of that, the romance looks somewhat tawdry, & worse.[13]

---

9 (London, 1974), S. 343.

10 *Thomas Hardy. Collected Short Stories* (London, 1988), S. 35.

11 Vgl. dazu Harold Orel, *The Final Years of Thomas Hardy, 1912-1928* (London, Basingstoke, 1976), S. 129.

12 *Collected Letters*, Bd. 2: *1893-1901* (1980), S. 232.

13 Ebda, S. 248.

Daß Hardy sich humanitären Empfindungen nicht verschloß, veranschaulicht die Schilderung des Schlachtfeldes von Albuera in Teil II. vi. 4 der *Dynasts*, wenngleich es vielleicht nicht verfehlt ist, in dieser drastischen Darstellung von Tod und Verstümmelung eine unterschwellige Faszination des Grauens zu entdecken:

> ... the combatants are seen to be firing grape and canister at speaking distance, and discharging musketry in each other's faces when so close that their complexions may be recognized. Hot corpses, their mouths blackened by cartridge-biting, and surrounded by castaway knapsacks, firelocks, hats, stocks, flint-boxes, and priming-horns, together with red and blue rags of clothing, gaiters, epaulettes, limbs, and viscera, accumulate on the slopes, increasing from twos and threes to half-dozens, and from half-dozens to heaps, which steam with their own warmth as the spring rain falls gently upon them.[14]

Hardy läßt den "Spirit of the Pities", eine allegorische Antizipation des für Wilfred Owens Dichten so zentralen Begriffes,[15] die Szene kommentieren. Die eindeutige Dominanz dieser Stimme in *The Dynasts* zeigt, daß Hardys dramatisches Gedicht weit von einer Apologie des Krieges entfernt ist.

10.1.2. "The Battle-god is god no more": Hardys Geschichtsbild und der Erste Weltkrieg

Im zweiten Band ihrer Biographie des Gatten[16] hält Florence Hardy fest, daß nicht zuletzt seine intensive Beschäftigung mit den Kriegen der Vergangenheit Hardy zu der Überzeugung hatte kommen lassen, daß im zwanzigsten Jahrhundert der Krieg zum Anachronismus geworden war: "A long study of the European wars of a century earlier had made it appear to him that common sense had taken the place of bluster in men's minds".[17] 1901 äußerte sich Hardy in einem Gespräch mit William Ar-

14 *The Poetical Works of Thomas Hardy*, Bd. 2: *The Dynasts. An Epic-Drama of the War with Napoleon and The Famous Tragedy of the Queen of Cornwall* (London, 1931), S. 301. Vgl. dazu Hardys Brief an J. H. Morgan v. 24. April 1926: "Modern wars do not lend themselves to scenic drama. Old Waterloo men have told me how close they were to the French, and of course one can see for one's self that they were by looking at the field"; *Collected Letters* 7, S. 20. Zum Motiv des auf die Toten fallenden Regens vgl. Siegfried Sassoon, "Counter-Attack", in: *The War Poems*, S. 105: "And then the rain began, – the jolly old rain!"

15 Vgl. Owens "Preface" zur geplanten Sammlung seiner Kriegsgedichte, abgedruckt als Appendix zu *The Complete Poems and Fragments* 2, S. 535 f.

16 Wie heute als gesichert gilt, eine kaschierte Autobiographie Hardys.

17 *Life*, S. 365.

cher trotz des Burenkrieges zuversichtlich über den weiteren Verlauf der Geschichte:

> ... war is doomed. It is doomed by the gradual growth of the introspective faculty in mankind – of their power of putting themselves in another's place. [...] Not to-day, nor tomorrow, but in the fullness of time, war will come to an end, not for moral reasons, but because of its absurdity.[18]

Im selben Jahr beteiligte er sich an einer Debatte über William Clarkes Artikel "The Curse of Militarism", erschienen in der Mai-Ausgabe der Zeitschrift *Young Man*. Hardys Beitrag enthält eine Stelle, die dem evolutionären Optimismus der oben zitierten Äußerungen widerspricht und jenem "kosmischen Pessimismus" verpflichtet zu sein scheint, der Hardys Werk kennzeichnet. Pazifismus bleibt jedoch, wenngleich nicht mehr historische Notwendigkeit, ein Postulat:

> Aggressiveness being one of the laws of nature, by condemning war we condemn the scheme of the universe; while by exalting war we exalt sentiments which all worthy religions agree in calling evil, and whose triumphs the world would do well to escape by self-annihilation.[19]

Ebenfalls 1901 entstand das Gedicht "The Sick Battle-God", in dem wiederum eine melioristische Haltung die Oberhand behält: Mit dem neuen Jahrhundert, so Hardy, sei auch das Ende menschlicher Kriegslüsternheit gekommen. "The Sick Battle-God" zeichnet zunächst das Bild einer von Grausamkeit und Barbarei geprägten Vergangenheit, in der die Menschheit dem Kriegsgott huldigte. In einem kontinuierlichen Prozeß der zivilisatorischen Entwicklung wurden diese dunklen Zeitalter der Geschichte jedoch überwunden, der Krieg verlor mehr und mehr an Faszination:

> But new light spread. That god's gold nimb
> And blazon have waned dimmer and more dim;
> Even his flushed forms begin to fade,
> Till but a shade is left of him.[20]

Maßgeblichen Anteil an dieser Entwicklung hatten Philosophie und Literatur: "That modern meditation broke/ His spell, that penmen's pleadings

---

18 William Archer, "Real Conversations: Conversation I. – With Mr. Thomas Hardy", *Critic* 38 (April 1901), S. 317; zit. nach J. O. Bailey, *The Poetry of Thomas Hardy. A Handbook and Commentary* (Chapel Hill, 1970), S. 125.

19 Zit. nach *Thomas Hardy's Personal Writings*, S. 250.

20 *The Variorum Edition of the Complete Poems of Thomas Hardy*, S. 98.

dealt a stroke,/ Say some ...".[21] (Es muß nicht eigens betont werden, daß sich durch das vehemente publizistische Engagement der Dichter und Philosophen im Ersten Weltkrieg Hardys Optimismus gerade in diesem Punkt als verfehlt erweisen sollte!) Die neue Zeit steht unter günstigeren Auspizien, sie wird regiert von "gods of men in amity"[22] und ist im wesentlichen eine Zeit friedlicher Koexistenz ohne jede nationalistische Verteufelung anderer. Kriege, die es vereinzelt noch geben mag, werden auf die Menschen nicht mehr jene irrationale Anziehungskraft ausüben wie in früheren Epochen:

> Yet wars arise, though zest grows cold;
> Wherefore, at times, as if in ancient mould
> He looms, bepatched with paint and lath;
> But never hath he seemed the old!
>
> Let men rejoice, let men deplore,
> The lurid Deity of heretofore
> Succumbs to one of saner nod;
> The Battle-god is god no more.[23]

Mit einer ähnlich optimistischen Note beendete Hardy sieben Jahre später auch *The Dynasts*: " *... a stirring thrills the air/ [...]/ That the rages/ Of the ages/ Shall be cancelled, and deliverance offered from the darts that were,/ Consciousness the Will informing, till It fashion all things fair!*"[24]

Der Ausbruch des Ersten Weltkriegs erschütterte Hardys melioristisches Geschichtsbild in seinen Grundfesten:

> It was seldom he had felt so heavy at heart as in seeing his old view of the gradual bettering of human nature [...] completely shattered by the events of 1914 and onwards.
>
> ... the war destroyed all Hardy's belief in the gradual ennoblement of man, a belief he had held for many years [...]. He said he would probably not have ended *The Dynasts* as he did end it if he could have foreseen what was going to happen within a few years.[25]

Mit ein Grund, warum Hardy einen militärischen Konflikt dieser Dimension, den er dann allerdings in seinem im April 1914 entstandenen Ge-

---

21 Ebda.
22 Ebda.
23 Ebda, S. 99.
24 *The Dynasts*, S. 525.
25 *Life*, S. 365 f., 368.

dicht "Channel Firing" antizipierte ("'All nations striving strong to make/ red war yet redder ...'"[26]), für die Zukunft zunächst ausgeschlossen haben dürfte, scheint darin zu liegen, daß der in "The Sick Battle-God" thematisierte Verlust der Faszination des Krieges nicht zuletzt aus dem Charakter einer militärischen Auseinandersetzung im Zeitalter des naturwissenschaftlichen und technischen Fortschritts resultieren mußte:

> War, he had supposed, had grown too coldly scientific to kindle again for long all the ardent romance which had characterized it down to Napoleonic times, when the most intense battles were over in a day, and the most exciting tactics and strategy led to the death of comparatively few combatants.[27]

Den Verlauf des Weltkriegs hat Hardy dann auch mit frappierender Klarheit kommentiert, wie ein Brief an Mrs. Henniker vom 23. März 1915 belegt: "... [the War] will last till one of the combatants is exhausted & sues for peace without being beaten, or till one or more country is bankrupt, or starved, or till there is a revolution in Germany ...".[28] Derselbe Brief enthält weitere Indizien für den politischen Weitblick beider Korrespondenten: "As you say, & as it also has struck me, how can we consistently crush German militarism without reducing armaments & armies all round: & diminishing our navy?" 1911 hatte Hardy einen von John Galsworthy initiierten Aufruf "an alle Regierungen der zivilisierten Welt" mitunterzeichnet, den Einsatz von Luftschiffen und Flugzeugen für militärische Zwecke zu verbieten,[29] gleichzeitig jedoch einen grundsätzlichen Vorbehalt geäußert, der seine bereits in "The Sick Battle-God" artikulierte Haltung zum Krieg als Mittel der Konfliktlösung bekräftigt:

> Of course I quite agree that these machines [...] will make war worse than ever. But does not the appeal tacitly admit that war in other ways will have to go on? Now I am one of the extremists about this, & think it an insanity that

---

26 *Complete Poems*, S. 305.

27 *Life*, S. 366.

28 An Florence Henniker; *Collected Letters*, Bd. 5, S. 86.

29 Vgl. Blunden, *Thomas Hardy*, S. 143, und Bertha von Suttner, *Die Barbarisierung der Luft*, S. 25 f.: "... Memorandum gegen den Gebrauch bewaffneter Luftschiffe [...] unterzeichnet von 300 hervorragenden Namen aus kirchlichen, aristokratischen, politischen, wissenschaftlichen und künstlerischen Kreisen in England. Darunter [...] die gefeierten Schriftsteller Thomas Herdy [sic!], John Galsworthy, H. G. Wells, Conan Doyle usw. ...". Vereinzelte Bombenabwürfe von Zeppelinen auf Ziele im Süden Englands während der ersten Kriegsjahre scheinen Hardy beunruhigt zu haben. So schreibt er im Sommer 1915 an Florence Henniker: "We almost wish that you were not in Kent, as you may be in the track of some Zeppelin on its way to London" (*Collected Letters* 5, S. 114; vgl. auch Brief an Charles Gifford, 4. Okt. 1915; ebda, S. 124).

> people in the 20th Century should suppose force to be a moral argument. [...] However, of late years I have almost despaired of civilization making any big step forward. Possibly in the year 4000 we shall be nearly as barbarous as we are now in belligerency ...[30]

Im Weltkrieg sollte sich nicht nur das strategische Potential des Flugzeugs, sondern auch die Zerstörungskraft diverser anderer neuer Waffensysteme erweisen, was Hardy in einem Brief vom 25. November 1917 zu der Bemerkung veranlaßte: "The machine-made horrors of the present war make one's blood run cold rather than warm as a rule."[31] Hardys Verurteilung moderner militärischer Technik findet übrigens eine Parallele in der Technikkritik des Romanwerks: Den Einbruch des industriellen Zeitalters in eine geordnete ländliche Produktionsgemeinschaft vergegenwärtigt eindringlich die ihre Bediener versklavende Dreschmaschine in Kap. 47 von *Tess of the d'Urbervilles* (1891), deren Beschreibung in mancher Hinsicht das in der Literatur des Ersten Weltkriegs häufige Bild der "Megamaschine" als Symbol des technisierten Krieges vorwegzunehmen scheint.

Die strategische "Unattraktivität" zeitgenössischer Kriegführung scheint für Hardy übrigens mit ein Grund gewesen zu sein, 1917 eine Einladung zu einem Besuch des Hauptquartiers des Generalstabs an der Westfront (in Gesellschaft von J.M. Barrie und *Punch*-Herausgeber Owen Seaman) auszuschlagen. Als Entschuldigung führt er sein fortgeschrittenes Alter an, bemerkt aber zugleich lakonisch:

> I am endeavouring to console myself by thinking that in the past I have studied a good many battlefields and battles of the flint-lock & touch-hole period, & that it is really not worth while for me to open up an investigation of modern scientific warfare ...
>
> ... I must content myself with the past battles of our country if I want to feel military.[32]

Als Hardy im September 1918 ein Rundbrief zugeht, der eindringlich vor den Folgen der rapiden waffentechnischen Entwicklung warnt ("... this war, horrible as it seems to us, is merciful in comparison with what future wars must be. Scientific munition-making is only in its infan-

30 *Collected Letters*, Bd. 4: *1909-1913* (1984), S. 161 f.

31 An J. M. Bulloch; *Collected Letters* 5, S. 233.

32 An John Buchan, 20. Juni 1917; *Collected Letters* 5, S. 220; an J. M. Barrie, 23. Juni 1917; ebda.

cy"[33]), läßt seine Reaktion deutliche resignative Züge erkennen ("... I do not think a world in which such fiendishness is possible to be worth the saving. Better let Western 'civilization' perish, and the black and yellow races have a chance"[34]), und knapp sieben Monate nach dem Waffenstillstand bemerkt er in einem Brief an Florence Henniker: "All development is of a material and scientific kind – & scarcely any addition to our knowledge is applied to objects philanthropic or ameliorative."[35]

10.1.3. Hardys Gedicht "Then and Now" im Kontext der Position des Autors im Ersten Weltkrieg

Hardys deutlichste Verurteilung des modernen Krieges und zugleich seine prononcierteste Glorifizierung historischer Schlachten findet sich bemerkenswerterweise nicht in seinen Briefen, sondern in einem während des Weltkriegs verfaßten Gedicht. Die in "Then and Now" artikulierte Kritik am modernen Krieg zielt jedoch nur sekundär auf dessen Strategien und Waffen; primär geht es Hardy um den Verlust eines militärischen Ehrenkodex, als dessen Folge die in der letzten Strophe angerissene Totalität des modernen Krieges erscheint:

> When battles were fought
> With a chivalrous sense of Should and Ought,
> In spirit men said,
> "End we quick or dead,
> Honour is some reward!
> Let us fight fair – for our own best or worst;
> So, Gentlemen of the Guard,
> Fire first!"
>
> In the open they stood,
> Man to man in his knightlihood:
> They would not deign
> To profit by a stain
> On the honourable rules,
> Knowing that practise perfidy no man durst
> Who in the heroic schools
> Was nurst.

---

33 Zitiert nach *Life*, S. 387.

34 An Arnold Bennett, 8. Sept. 1918; *Collected Letters* 5, S. 278. Als führendes Mitglied der "Writers' Group" hatte Bennett Hardy das Manifest "What We Are Fighting For" mit Vorschlägen zu friedenserhaltenden Maßnahmen nach Kriegsende zukommen lassen.

35 5. Juni 1919; *Collected Letters* 5, S. 309.

But now, behold, what
Is warfare wherein honour is not!
Rama laments
Its dead innocents:
Herod breathes: "Sly slaughter
Shall rule! Let us, by modes once called accurst,
Overhead, under water,
Stab first."[36]

Bereits die Antithese des Titels, in der Folge strukturbildendes Prinzip des Gedichtes, verweist auf die thematisierte Dichotomie zwischen (idealisierter) Vergangenheit und aktueller Realität. Eine wichtige Funktion erfüllt in diesem Zusammenhang die rhetorisch überhöhte Sprache: Archaische Formen ("quick" in der alten Bedeutung "lebendig", "durst", "behold") und stark mit traditionellen heroischen Wertvorstellungen besetzte Begriffe ("chivalrous", "knightlihood", "honour(able)", "heroic") betonen den Verlust des ritterlich-heroischen Ideals. Zur Illustration seiner Auffassung von einer sportlich-fairen Kampfesweise bezieht sich der Sprecher am Schluß der ersten Strophe auf eine in Fourniers *L'Esprit dans L'Histoire* überlieferte Anekdote über Lord Charles Hay, der als Leutnant der First Grenadier Guards in der Schlacht von Fontenoy (30. April 1745) den kommandierenden Offizier der gegnerischen französischen Garde mit den zitierten Worten (das ironische Echo am Ende des Gedichtes erscheint als besonders effektvolles Stilmittel) zur Eröffnung der Kampfhandlungen aufgefordert haben soll.[37] Der gegenwärtige Krieg wird in der dritten Strophe ausgewiesen als ein Konflikt, in dem sich Luftschiff und U-Boot ("overhead, under water") in die Arsenale der kriegführenden Nationen eingereiht haben, die deutliche Zäsur zu Beginn der Strophe betont den Gegensatz zum Inhalt der beiden vorangegangenen. In der zentralen Analogie des Bethlehemitischen Kindermordes (vgl. *Matth.* 2, 16-18 und *Jeremia* 31, 15) kommt zum Ausdruck, daß dieser Krieg in seiner Totalität nun erstmals auch die Zivilbevölkerung involviert – Hardy dürfte sich hier auf Berichte über Kriegsgreuel in Belgien beziehen. Fast scheint es, als wollte der Dichter mit den alliterierenden Sibilanten in Z. 21/22 die Heimtücke und Niedertracht dieses

---

36 *Complete Poems*, S. 545 f.

37 Vgl. dazu auch David McNeil, *The Grotesque Depiction of War and the Military in Eighteenth-Century English Fiction* (Newark, London, Toronto, 1990), S. 17. W. M. Thackeray gibt der Auseinandersetzung zwischen dem alten Osborne und seinem Sohn George in *Vanity Fair*, Kap. 21, durch die Verwendung des Zitats eine martialische Note (William Makepeace Thackeray, *Vanity Fair. [A Novel Without a Hero]*, Hrsg. J. I. M. Stewart [Harmondsworth, 1968], S. 254).

Verrats an den Grundsätzen einer "ehrenhaften" Kampfesweise onomatopoetisch verdeutlichen.

Einen besonderen Kunstgriff stellt die Verschränkung mehrerer zeitlicher Ebenen in der Schlußstrophe dar. Durch die biblische Assoziation wird impliziert, daß der "neue Krieg" tatsächlich einen Rückfall in eine atavistische Epoche der Menschheitsgeschichte bedeutet, in der die Reglementierung kriegerischer Auseinandersetzungen durch einen soldatischen Ehrenkodex und damit auch ein Ansatz zu friedlicher Konfliktbeilegung fehlte. Dieser Gedanke findet sich auch in einem Brief vom 28. August 1914, der als eine Art Vorstudie zu "Then and Now" gelten darf – nicht zuletzt begegnet uns schon hier das Lord Hay-Zitat:

> ... the recognition that we are living in a more brutal age than that, say, of Elizabeth, or of the chivalry which could cry: "Gentlemen of the Guard, fire first!" (far more brutal, indeed: no chivalry now!) does not inspire one to write hopeful poetry, or even conjectural prose, but simply makes one sit still in an apathy, & watch the clock spinning backwards, with a mild wonder if, when it gets back to the Dark Ages, & the sack of Rome, it will ever move forward again to a new Renascence, & a new literature.[38]

"Then and Now" entstand 1915,[39] ein Jahr vor der ersten Kulmination des im Gedicht antizipierten "totalen Krieges" in den großen Materialschlachten an der Somme und bei Verdun, wurde aber erst am 11. Juli 1917 in *The Times* veröffentlicht. Auf einen Anstoß zur Abfassung des Gedichtes deutet ein eingeklebter Zeitungsausschnitt in einem die Kriegsjahre umfassenden Notizbuch Hardys. Da die vorhergehende Eintragung sich auf den Abdruck eines Vortrags in der *Western Gazette* vom 28. Februar bezieht und die folgende mit "Juni 1915" datiert ist, liegt die Entstehung von "Then and Now" im Frühling des Jahres nahe. Das Zitat ist einer in erster Auflage im Januar 1915 erschienenen Übersetzung des von der deutschen Generalität herausgegebenen *Kriegsbrauch[s] im Landkriege* entnommen und soll die Ideologie hinter den deutschen Kriegsanstrengungen entlarven:

> A war conducted with energy cannot be directed merely against the combatants of the enemy State and the positions they occupy, but it will and must in like manner seek to destroy the total intellectual and material resources of the latter. Humanitarian claims, such as the protection of men and their goods, can only be taken into consideration in so far as the nature

38 An Sydney Cockerell; *Collected Letters* 5, S. 45.

39 Vgl. Richard Little Purdy, *Thomas Hardy. A Bibliographical Study* (London, New York, Toronto 1954), S. 206.

> and object of the war permit. International law is in no way opposed to the exploitation of the crimes of third parties (assassination, incendiarism, robbery and the like) to the prejudice of the enemy. . . . The necessary aim of war gives the belligerent the right and imposes on him the duty, according to circumstances, the duty [sic] not to let slip the important, it may be the decisive, advantages to be gained by such means.[40]

Im Licht dieser zu Propagandazwecken "umfunktionierten" Passage verlagert sich in Hardys "Then and Now" der Akzent bis zu einem gewissen Grad von der diachronen auf die synchrone Ebene, als es sich bei dem Gedicht dann nicht mehr um eine reine Gegenüberstellung vergangener und gegenwärtiger Kriegführung handelt, sondern eine Identifikation der beiden Bereiche "ehrlicher Kampf Mann gegen Mann" und "maschineller Vernichtungskrieg" mit den Kontrahenten des aktuellen Konfliktes erfolgt: In diesem Krieg stehen sich englischer Sportsgeist, dem die neue Art der Kriegführung im Grunde wesensfremd, und deutscher Militarismus, dem zur Erreichung seiner machtpolitischen Ziele jedes Mittel recht ist, gegenüber. (Man erinnert sich – veranlaßt durch die beiden Texten gemeinsame Verarbeitung biblischer Stoffe – an die Personifizierung der beiden Ideologien durch die Titelfiguren in Robert Graves' "Goliath and David"!) Hardys Gedicht erhält, nimmt man einen Zusammenhang zwischen der oben zitierten Passage und "Then and Now" an, deutliche propagandistische Untertöne, umso mehr, als der Einsatz neuer Vernichtungstechniken einer der Hauptvorwürfe der britischen Kriegspropaganda an die Adresse Deutschlands war, wenngleich die Tatsache, daß zwischen Abfassung und Veröffentlichung des Gedichtes zwei Jahre verstrichen, einer unmittelbaren Propagandaabsicht zu widersprechen scheint. Zwar sind uns konkrete Gründe für die verzögerte Publikation nicht bekannt, doch hatte das Gedicht durch die Veröffentlichung in einem Jahr, das den Höhepunkt des deutschen U-Boot-Krieges gegen die alliierte und neutrale Schiffahrt und mit dem Kriegseintritt der USA die Ausweitung des europäischen Konfliktes zum Weltkrieg erlebte, zweifellos bedeutend an Aktualität gewonnen. Es erscheint in diesem Zusammenhang auch aufschlußreich, daß Hardy am 23. Mai 1918 Abschriften von "Then and Now" und "Men Who March Away" an Hall Cain sandte, der ihn um Unterstützung bei der Herstellung eines "'national cinema film', expressive of 'the ideals for which we are fighting'" gebeten hatte; in Hardys Begleitbrief heißt es

---

40 Zit. nach *Personal Notebooks,* "Memoranda I", S. 33 f. Vgl. *The German War Book. Being "The Usages of War on Land" [Kriegsbrauch im Landkriege]. Issued by the Great General Staff of the German Army*, übers. und mit einer Einleitung versehen von J. H. Morgan (London, 1915), S. 52, 85 f.

zur Antwort: "I am flattered by your feeling that some poem of mine might help in the cause ..."[41]

10.1.4. "Feindbilder": Deutschland im Spiegel der "Poems of War and Patriotism"

Die weltkriegspropagandistische Dimension in "Then and Now" ist nicht zu verstehen ohne einen kurzen Umriß des Deutschlandbildes und des Patriotismusbegriffs in Hardys privaten Äußerungen zum Ersten Weltkrieg sowie in den "Poems of War and Patriotism". Bezeichnend für das Deutschlandbild[42] des Autors während der Kriegsjahre ist eine Bemerkung über "... [the] vulgar ambition of German Junkers" in einem Brief vom 26. September 1914;[43] die Philosophie eines Kant und Schopenhauer, so Hardy weiter, gelte es abzugrenzen von Apologien des deutschen Hegemoniestrebens im Gefolge Nietzsches.[44] Eine ebenso deutliche Attacke auf den Proponenten deutschen Herrenmenschentums findet sich auch an anderer Stelle:

> What a disastrous blight upon the glory and nobility of that great nation has been wrought by the writings of Nietzsche, with his followers [Treitschke, Bernhardi etc.]! I should think there is no instance since history began of a country being so demoralized by a single writer.[45]

Was Hardys Patriotismus betrifft, ist festzuhalten, daß er bereits während des Burenkrieges eine distanzierte Position gegenüber dem vorherrschenden Nationalismus bzw. Imperialismus einnahm ("... my war effusions, of which I am happy to say that not a single one is Jingo or Imperial – a fatal defect according to the judgment of the British majority at present, I dare say"[46]), die er allem Anschein nach auch während der späteren Jahre des Ersten Weltkriegs vertrat. Am 8. Februar 1917 schrieb er in einem Brief an den Sekretär der "Royal Society of Literature":

---

41 *Collected Letters* 5, S. 264.

42 Zu Hardys Kenntnis deutscher Literatur (Goethe, Schiller, Heine) s. F. B. Pinion, *A Hardy Companion. A Guide to the Works of Thomas Hardy and their Background* (London, 1976), S. 204-7. Eine Reise auf den Kontinent 1876 führte Hardy und seine erste Frau Emma bis Koblenz und Mainz.

43 An Sydney Cockerell; *Collected Letters* 5, S. 50.

44 Vgl. ebda, S. 50 f.

45 "Rheims Cathedral", *Manchester Guardian*, 7. Oktober 1914, S. 7; zit. nach Peter Edgerly Firchow, *The Death of the German Cousin. Variations on a Literary Stereotype, 1890-1920* (Lewisburg, London, Toronto, 1986), S. 161.

46 An Florence Henniker, 24. Dezember 1900; *Collected Letters* 2, S. 277.

> ... nothing effectual will be done in the cause of peace till the sentiment of *Patriotism* be freed from the narrow meaning attaching to it in the past (and still upheld by Junkers and Jingoists) – and be extended to the whole globe.[47]

Für diese Überzeugung, fügt Hardy hinzu, habe er sich in den vergangenen zwanzig Jahren seiner schriftstellerischen Tätigkeit eingesetzt.

Wie ist nun Hardys kosmopolitische Einstellung, die, nebenbei bemerkt, geeignet ist, das weitverbreitete Bild vom Regionalschriftsteller zu revidieren, mit seiner Position während der Anfangsphase des Großen Krieges und Gedichten wie "Men Who March Away" oder dem noch im März 1917 entstandenen Rekrutierungsgedicht "A Call to National Service" in Einklang zu bringen? Ein wichtiger Faktor, der hier zu einer Erklärung beiträgt, ist sicherlich die eingangs erwähnte Erwartungshaltung einer literarisch interessierten Öffentlichkeit, doch finden sich auch in den angeführten Briefen Hardys sowie in anderen Gedichten der Gruppe "Poems of War and Patriotism" Hinweise, die eine Präzisierung des Patriotismusbegriffs des Dichters erlauben. In der Folge soll auf einige relevante Gedichte mit der gebotenen Kürze eingegangen werden.

In dem bereits 1913 entstandenen, jedoch in die Gruppe der "Weltkriegsgedichte" aufgenommenen "His Country" schildert Hardy die Fahrten eines zeitgenössischen "alten Seemanns", dem die Einsicht, seine Heimat überall auf der Welt finden zu können, die Fragwürdigkeit nationalistischer Haßgefühle offenbart (auf Coleridge als formales Vorbild verweisen nicht nur Reisethematik und Balladenstrophe, sondern auch die sprachlich ganz in der Diktion des "Rime of the Ancient Mariner" gehaltenen, ansonsten nirgends bei Hardy anzutreffenden Randglossen):

> I asked me: "Whom have I to fight,
> And whom have I to dare,
> And whom to weaken, crush and, blight?
> My country seems to have kept in sight
> On my way everywhere."[48]

In dem Gedicht "England to Germany in 1914" (Herbst 1914) stellt Hardy den Krieg als ein Unglück für beide Nationen dar und unterstreicht die Gemeinsamkeiten beider Völker. (Dieselbe Thematik findet sich auch in dem 1915 entstandenen Sonett "To Germany" des jungen Charles Hamil-

---

47 An Percy Ames; *Collected Letters* 5, S. 202.
48 *Complete Poems*, S. 540.

ton Sorley sowie in einer Briefstelle, die den Krieg als einen Konflikt zwischen zwei Schwestern, zwischen "Martha and Mary, the efficient and intolerant against the casual and sympathetic" betrachtet.[49] Sorleys Äußerung enthält ein für diese Phase des Krieges ungewöhnlich progressives Moment, da die nationalistische Verblendung auf beiden Seiten betont wird.) Hardys "England to Germany in 1914" zitiert den Schlachtruf "Gott strafe England!", wohl kein Zeichen deutscher Kultur, wie der Sprecher bemerkt, sondern Ausdruck chauvinistischer Kriegshetze.[50] Die deutschen Invasoren in Belgien bezeichnet der Autor in einem weiteren Kriegsgedicht als "Foes of mad mood",[51] jedoch differenziert er an anderer Stelle zwischen dem friedfertigen Gros der deutschen Bevölkerung und jener Minorität, die das Volk aus Machtstreben und Profitgier in den Krieg getrieben hat: "I [...] think the Germans happy & contented as a people: but the group of oligarchs & munition-makers whose interest is war, have stirred them up to their purposes [...]."[52] Nachdem er deutsche Kriegsgefangene für Gartenarbeiten auf seinem Anwesen Max Gate zugeteilt bekommen hatte, bemerkte er in einem Brief: "They are amiable young fellows, & it does fill one with indignation that thousands of such are led to slaughter by the ambitions of Courts & Dynasties. If only there were no monarchies in the world, what a chance for its amelioration!"[53] In diese Richtung hatte er sich bereits früher geäußert: Schon in *The Dynasts* (III. vii. 8) hatte er den "Spirit Ironic" betonen lassen, daß Kriege immer nur der herrschenden Klasse zugute kommen (" ... *Warfare [...],/ Plied by the Managed for the Managers;/ To wit: by frenzied folks who profit nought/ For those who profit all!*"[54]), und am 17. September 1915 schrieb er an Sydney Cockerell, den Direktor des *Fitzwilliam Museum* in Cambridge:

> All the soldiers one meets have a pathetic hope that "the war will soon be over": fortunately they do not realize the imbecility of our Ministers or the treachery of sections of the press which try to make political capital out of the country's needs.[55]

49 *The Poems and Selected Letters of Charles Hamilton Sorley*, S. 69 f.; 94.
50 Vgl. *Complete Poems*, S. 540.
51 "On the Belgian Expatriation"; *Complete Poems*, S. 541.
52 An Florence Henniker, 23. März 1915; *Collected Letters* 5, S. 86.
53 An dies., 4. März 1917; ebda, S. 204.
54 *The Dynasts*, S. 515.
55 *Collected Letters* 5, S. 123.

Die Unterscheidung zwischen der manipulierten Masse der Deutschen und einer machtpolitisch orientierten Oligarchie legt Hardy auch seinem im März desselben Jahres entstandenen Sonett "The Pity of It" zugrunde: In diesem Gedicht ruft die Ähnlichkeit regionaler sprachlicher Formen, die dem Sprecher auf seinen Streifzügen durch das ländliche "Wessex" begegnen, zum Deutschen schmerzlich die Verwandtschaft der beiden nun verfeindeten Völker in Erinnerung. Erboste Reaktionen auf das Gedicht kommentierte Hardy in einem Brief lapidar mit der Festellung: "The fact of their being our enemies does not alter their race."[56] Schuld am Krieg haben "gangs whose glory threats and slaughters are".[57] Ihre Verurteilung könnte kaum deutlicher ausfallen:

> Then seemed a Heart crying: "Whosoever they be
> At root and bottom of this, who flung this flame
> Between kin folk kin tongued even as are we,
>
> "Sinister, ugly, lurid, be their fame;
> May their familiars grow to shun their name,
> And their brood perish everlastingly."[58]

Auf ähnlich drastische Weise verdammen in "Cry of the Homeless" die Stimmen der belgischen Opfer den Urheber ihres Unheils ("instigator of the ruin"), hier eindeutig zu identifizieren als Wilhelm II.:

> "May thy loved be slighted, blighted,
> And forsaken," be it said
> By thy victims,
> "And thy children beg their bread!"[59]

Hardy unterschied in seiner Haltung gegenüber Deutschland offensichtlich zwischen einer "verführten" und verblendeten Bevölkerung und einer Herrscherkaste, die Militarismus und Krieg an ihre Fahnen geheftet hatte. Mit offiziellen Definitionen der britischen Kriegsziele konnte er sich demnach insofern identifizieren, als diese die Eliminierung des deutschen Militarismus beinhalteten. In diese Richtung äußerte sich Hardy nach dem Besuch eines Lagers für deutsche Kriegsgefangene in Dorchester, der auf ihn starken Eindruck machte:

---

56 An Florence Henniker, 20. Mai 1917; *Collected Letters*, Bd. 5, S. 215.
57 *Complete Poems*, S. 542.
58 Ebda. Vgl. dazu Firchow, *The Death of the German Cousin*, S. 43f.
59 *Complete Poems*, S. 544.

> These German prisoners seem to think that we are fighting to exterminate Germany, and though it has been said that, so far from it, we are fighting to save what is best in Germany, Cabinet ministers do not in my opinion speak this out clearly enough.[60]

Betrachtet man "Then and Now" im Kontext der "Poems of War and Patriotism", so wird deutlich, daß die aus Hardys Position sich ergebenden Konsequenzen auch hier als Botschaft impliziert sind: Der von der herrschenden Schicht in Deutschland verkörperten totalitären Ideologie muß mit aller Entschlossenheit begegnet werden. In dieser Auseinandersetzung ist der Verlust traditioneller soldatischer Tugenden wie Ritterlichkeit und Generosität gegenüber dem Feind zu beklagen, der Entschiedenheit des britischen militärischen Engagements darf dies jedoch keinen Abbruch tun.

Nur von diesem Standpunkt aus ließe sich auch erklären, warum Hardy offenbar ablehnend auf ein Ereignis reagierte, das wie kaum ein anderes als spontaner Ausdruck einer humanen und chevaleresken Einstellung zum Gegner erscheinen muß, nämlich zur inoffiziellen Waffenruhe zu Weihnachten 1914, im Zuge derer es auf verschiedenen Abschnitten der Westfront zu Fraternisierungen zwischen den Gegnern kam (vgl. 2.9.). Robert Gittings verweist diesbezüglich auf einen Brief von Florence Hardy an Alda, Lady Hoare, vom 27. Januar 1915: Hardy habe sich kritisch über dieses Ereignis geäußert und das Verhalten eines deutschen Leutnants gelobt, der seine Männer von diesem Unfug ("hobnobbing") abgehalten hatte.[61] Robert Graves, dessen Einheit sich nach eigenen Angaben als eine der ersten an den Verbrüderungen beteiligte, sieht das auslösende Moment für den Vorfall im Verhaltenscodex eben jener ritterlichen Kriegführung, deren Explikation Hardy in "Then and Now" so große Bedeutung beimißt: "... no emotional hiatus, this, but a commonplace of military tradition – an exchange of courtesies between officers of opposing armies."[62] Hardy selbst hatte in *The Dynasts* eine Verbrüderungsszene dargestellt: In II. iv. 5 läßt er den "Spirit of the Pities" berichten, wie erschöpfte englische und französische Soldaten nach der Schlacht bei Talavera aus einer Quelle trinken und sich dabei an den Händen fassen:

---

60 *Life*, S. 374.

61 Vgl. Robert Gittings, *The Older Hardy* (London, 1978), S. 164 f. u. Anm. S. 227.

62 *Goodbye to All That*, S. 121. Graves übergeht (unbewußt?), daß die Initiative zur Fraternisierung in den meisten Fällen nicht von den Offizieren, sondern von den Mannschaften ausging.

What do I see but thirsty, throbbing bands
From these inimic hosts defiling down
In homely need towards the little stream
That parts their enmities, and drinking there!
They get to grasping hands across the rill,
Sealing their sameness as earth's sojourners.–
What more could plead the wryness of the times
Than such unstudied piteous pantomines! [sic!][63]

Die Frage nach dem Sinn des Krieges, die in der Schilderung dieser Episode anklingt, stellte Hardy auch in seinem Gedicht "Often When Warring" (1915). Hier ist es – in Anlehnung an die biblische Erzählung vom barmherzigen Samariter – die Labung des verwundeten Gegners, die die Überwindung von Haß und Feinseligkeit in einem Akt der menschlichen Begegnung auf dem Schlachtfeld symbolisiert:

For natural mindsight, triumphing in the act
Over the throes of artificial rage,
Has thuswise muffled victory's peal of pride,
Rended to ribands policy's specious page
That deals but with evasion, code, and pact,
And war's apology wholly stultified.[64]

Der Verlust des soldatischen Ehrenkodex, den Hardy in "Then and Now" beklagt, schließt auch den Verlust einer Einstellung zum Gegner mit ein, in der die Überwindung des Krieges, zumindest aber seine Begrenzung auf eine kontrollierte, den Aufbau irrationaler Feindbilder ausschließende Auseinandersetzung angelegt ist.

In "Then and Now" reagierte Hardy auf den scheinbar unkontrollierten Maschinenkrieg mit einer Glorifizierung der Schlachten der Vergangenheit. Anstatt seine in der Zeit vor dem Ersten Weltkrieg entwickelte Auffassung vom Krieg als Anachronismus weiter zu vertreten, entwirft er das Idealbild einer obsoleten Kriegführung. "Then and Now" funktioniert aber auch, wie gezeigt werden konnte, auf einer zweiten, propagandistischen Ebene als Kritik an einer Ideologie, die für den industriellen Vernichtungskrieg verantwortlich ist. Über die vordergründige Thematik hinaus repräsentiert das Gedicht somit einen Kristallisationspunkt bzw. eine Art poetische Summe der mitunter disparat erscheinenden Äußerungen Hardys zum Krieg in den Jahren vor und während des Ersten Weltkriegs.

---

63 *The Dynasts*, S. 245.
64 *Complete Poems*, S. 545.

10.2. Gerhart Hauptmann und der Erste Weltkrieg

Wie Thomas Hardy trat auch Gerhart Hauptmann unmittelbar zu Beginn des Ersten Weltkriegs mit patriotischer Lyrik an die Öffentlichkeit, und wie im Fall von "Men Who March Away" sollten Gedichte wie "O Mein Vaterland" und das "Reiterlied", beide Anfang August 1914 entstanden, im Verein mit der frühen Kriegspublizistik des Dichters lange Zeit einer differenzierten Betrachtung seiner Position während des Krieges die Sicht verstellen. Symptomatisch für die Stigmatisierung Hauptmanns als Jubeldichter und Kriegsenthusiast ist Stefan Zweigs Hervorhebung des propagandistischen Engagements des Autors in seinen Erinnerungen an die Kriegseuphorie der Augusttage 1914: "Fast alle deutschen Dichter, Hauptmann und Dehmel voran, glaubten sich verpflichtet, wie in urgermanischen Zeiten als Barden die vorrückenden Kämpfer mit Liedern und Runen zur Sterbebegeisterung anzufeuern."[65] Hauptmann scheint allerdings schon während der Anfangsphase des Krieges gelegentlich Zweifel an dessen Sinnhaftigkeit gehegt zu haben, und wie bei Hardy lassen sich signifikante Divergenzen zwischen propagandistischen Äußerungen und privaten Aufzeichnungen erkennen. Skeptische bis kritische Stellungnahmen Hauptmanns während der Kriegsjahre sowie die fragmentarischen Entwürfe zu einem retrospektiven, semi-autobiographischen Kriegsroman lassen vorsichtige Schlüsse auf Hauptmanns Versuch einer Standortbestimmung zu.

Wenngleich sich Hauptmann nie als politischer Schriftsteller im engeren Sinn verstand und auf Grund seiner Kunstauffassung ein öffentliches politisches Engagement für sich negierte,[66] geriet er durch das prononcierte soziale Anliegen seiner frühen Dramen doch immer wieder in Konflikte mit dem wilhelminischen Staat, dessen Organe Hauptmanns Sozialismus als sozialdemokratische Agitation mißverstanden. "Mit dem Kriegsausbruch" aber "war das Unbehagen am wilhelminischen System hinweggefegt: endlich konnte sich Hauptmann [...] mit dem deutschen

---

65 *Die Welt von Gestern. Erinnerungen eines Europäers* (Frankfurt a. M., 1970), S. 265.

66 Vgl. Hauptmanns "Sankt-Sebaldus-Grab", in: *Sämtliche Werke. Centenar-Ausgabe zum hundertsten Geburtstag des Dichters 15. Nov. 1962*, Hrsg. Hans-Egon Hass, fortgeführt v. Wolfgang Bungies u. Martin Machatzke, Bd. 11: *Nachgelassene Werke und Fragmente* (Frankfurt a. M., Berlin, Wien, 1974), S. 768: Der Künstler ist "verloren, wenn er Partei nimmt, und vor allem: er ist nicht rein. Nimmt er Partei, so muß er hassen: der Haß zerstört: er kann nicht bauen und bilden." S. auch Hans von Brescius, *Gerhart Hauptmann. Zeitgeschehen und Bewußtsein in unbekannten Selbstzeugnissen. Eine politisch-biographische Studie*, Abhandlungen zur Kunst-, Musik- und Literaturwissenschaft 197 (Bonn, 1976), passim.

Staat identifizieren."[67] Das plötzliche Arrangement eines Dichters, der, so Georg Lukács, zuvor in "liberaler Opposition"[68] zum deutschen Kaiserreich geblieben war und der noch in einem Vortrag vom 11. November 1921 von sich behauptete, während der wilhelminischen Ära "in mancher Beziehung als Spielverderber verschrien"[69] gewesen zu sein, mit dem herrschenden System fügt einer Untersuchung der Hauptmannschen Haltung während der Kriegsjahre eine Dimension hinzu, die der eher apolitischen Position Thomas Hardys fehlt. Reinhard Alter erklärt den Schwenk Hauptmanns von der herrschaftskritischen Position der frühen Dramen auf eine regierungskonforme Linie durch den vermeintlichen politischen und sozialen Ausgleich im Gefolge des Krieges, eine oberflächliche Überwindung innerer Spannungen, die es dem Autor ermöglichte, seinen Nationalismus mit seinem Sozialismus zu versöhnen.[70]

10.2.1. Die Freiheitskriege: Festspiel in deutschen Reimen

Daß der inzwischen gefeierte Dichter kurz vor Ausbruch des Krieges nochmals Schwierigkeiten mit der Obrigkeit hatte, zeigt die Absetzung seines *Festspiels in deutschen Reimen* auf Veranlassung des Kronprinzen nach elf Aufführungen am 17. Juni 1913. Im Jahr zuvor hatte Hauptmann nach einigem Zögern einen Auftrag des Breslauer Magistrats angenommen, ein Festspiel zur Hundertjahrfeier der Befreiungskriege zu schreiben, bestand aber darauf, "billige[n] Hurrapatriotismus und höfisch-byzantinische Rücksichten"[71] auszuschließen. Hauptmann gab seine Zusage nicht zuletzt deshalb, weil er sich bereits vor dem Auftrag zur Abfassung des Festspiels mit der Geschichte der Napoleonischen Kriege und der Gestalt des Korsen befaßt hatte.[72] Hierin besteht eine interessante Gemeinsamkeit mit Hardy und dessen *The Dynasts*.[73] Freilich sind die "Napole-

---

67 Brescius, *Gerhart Hauptmann*, S. 72.

68 Georg Lukács, "Gerhart Hauptmann", *Die Linkskurve* 4 (1932); abgedr. in: *Gerhart Hauptmann*, Hrsg. Hans Joachim Schrimpf, Wege der Forschung 207 (Darmstadt, 1976), S. 82-95. Zitat S. 85.

69 "Deutsche Wiedergeburt", *Sämtliche Werke*, Bd. 6: *Erzählungen. Theoretische Prosa* (1963), S. 728.

70 Vgl. Reinhard Alter, "Gerhart Hauptmann, das deutsche Kaiserreich und der Erste Weltkrieg", in: *Ansichten vom Krieg*, Hrsg. Hüppauf, S. 184-204.

71 Zitiert nach Hans-Egon Hass, Nachwort zu *Festspiel in deutschen Reimen. Die Finsternisse*, Propyläen Textausgabe (Frankfurt a. M., Berlin, 1963), S. 91.

72 Vgl. Roy C. Cowen, *Hauptmann-Kommentar zum dramatischen Werk* (München, 1980), S. 184.

73 Vgl. dazu Herta Korten, *Thomas Hardys Napoleondichtung "The Dynasts". Ihre Abhängigkeit von Schopenhauer. Ihr Einfluß auf Gerhart Hauptmann* (Bonn, 1919 [= Diss. Rostock, 1919]). Korten (S. 98) schließt aus den inhaltlichen und

ondramen" der beiden Autoren in ihrer Konzeption völlig unterschiedlich, und das Hauptmannsche *Festspiel* verfügt nicht über die epische Breite und das Zeitkolorit von Hardys Lesedrama. Beiden gemeinsam aber ist die Technik der Allegorisierung; mit dem nihilistischen "Spirit Ironic" der *Dynasts* korrespondiert im *Festspiel* die personifizierte Kriegsfurie, die in apokalyptischen Bildern die Niederlagen der preußischen Armee bei Jena und Auerstädt und ihren Rückzug vor den vom Elan der Französischen Revolution getragenen napoleonischen Heeren kommentiert:

> Das ist die Retraite der guten alten Zeiten,
> die feurige Reiter jetzt überreiten,
> die Retraite der Ruheseligen
> vor dem neuen Leben, dem hunderttausendkehligen,
> die Retraite der Umnachteten
> vor dem Licht der Vernunft, der Verachteten.
> Krieg! Krieg! Ich verkündige Preußens Untergang!
> Ihr schlieft zu lang! Ihr schlieft zu lang![74]

Der Untergang des Überkommenen und das Ende eines "faulen" Friedens sind Themen, die uns ansonsten vor allem bei den Vertretern der literarischen Avantgarde in (metaphorischer) Antizipation des Weltkriegs begegnen (vgl. 2.2). Aber auch in der historischen Rückschau des Hauptmannschen *Festspiels* ist Krieg Purifikation, ist die Befreiung von der Fremdherrschaft Anstoß zur nationalen Einigung. Die Überwindung von Klassengegensätzen in der Friedensvision am Ende des *Festspiels* nimmt die für Hauptmanns publizistische Reaktion auf den Ausbruch des Weltkriegs kennzeichnende "Scheinsynthese"[75] nationaler und sozialer Anliegen vorweg. Der Dichter konnte sein Werk somit auch als "deutschnational bis auf die Knochen" bezeichnen, als ein "geharnischtes Stück, [...] ein gewappnetes Stück, wenn es auch mehr schneidet als rasselt."[76] Seine Evokation eines goldenen Zeitalters unter der Ägide der personifizierten "Athene Deutschland"[77] schließt aber auch die Vision einer

stilistischen Übereinstimmungen, daß Hauptmann Hardys episches Drama gekannt haben muß. Dafür finden sich allerdings keine Belege.

74 *Festspiel in deutschen Reimen. Zur Erinnerung an den Geist der Freiheitskriege der Jahre achtzehnhundertunddreizehn, -vierzehn und -fünfzehn aufgeführt bei der Jahrhundertfeier in Breslau 1913*, in: *Sämtliche Werke*, Bd. 2: *Dramen* (1965), S. 981.

75 Reinhard Alter, "Gerhart Hauptmann, das deutsche Kaiserreich und der Erste Weltkrieg", S. 189.

76 Zitiert nach Brescius, *Gerhart Hauptmann*, S. 66.

77 *Sämtliche Werke* 6, S. 1000.

globalen *Pax Germania* mit ein:

> ... meines Daseins, meiner Waffen Sinn:
> Die Tat des Friedens ist es, nicht die Tat des Kriegs!
> Die Wohltat ist es! Nimmermehr die Missetat!
> Was andres aber ist des Krieges nackter Mord?
> So ruf' ich euch denn auf, ihr eines anderen Krieges
> Krieger! Ihr, nicht Tod bringend, Leben Schaffende!
> Des heiligen Werkzeugs goldne Waffe schenkt' ich euch,
> die volle Frucht aus steinigem Grund zu schöpfen, und
> ich machte euch zu Ringern mit dem Wahn. Ich hob
> des blinden Hasses Binde euch vom Auge los.
> [...]
> Wir nie Getrennten, stets Geeinten, wissen nichts
> von Krieg. Und also wohnt der Friede unter uns!
> [...]
> Uns trennen Sprachen, trennen Strom und Meere nicht.
> Nicht trennen Götter noch der unbekannte Gott
> die, denen aller Menschen Heil am Herzen liegt.
> Was trennt, ist Irrtum, Irrtum, der allein den Haß
> entfesselt, ist Unwissenheit, ist nackte Not
> des Hungers! Nicht, was Göttliches im Menschen wohnt.[78]

Am Ende des *Festspiels* erscheint wie im Prolog der Direktor des "Puppenspiels", als das Hauptmann sein Werk präsentiert, um den preußischen Militarismus in Gestalt des bramabarsierenden, säbelrasselnden Blücher ("Wat soll mich denn dem Friedenstirili?/ Ick bin for Infantrie und Kavallrie") wieder in seine Marionettenkiste zu verbannen.[79]

10.2.2. Kriegsbeginn – das Ende des Fortschritts

Wie Hardy hatte auch Hauptmann vor der Jahrhundertwende "an den unaufhaltsamen Fortschritt der Menschheit"[80] geglaubt und den Krieg als Anachronismus betrachtet. In der Autobiographie seiner ersten Lebensjahrzehnte schildert er die Überzeugungen der naturalistischen Bewegung und des Sozialismus, denen sich der junge Dramatiker verbunden fühlte:

> Wir glaubten an den Sieg der Naturwissenschaft und damit an die letzte Entschleierung der Natur. Der Sieg der Wahrheit, so glaubten wir, würde die Wahn- und Truggebilde auch auf den Gebieten religiöser Verblendung zunichte machen. Binnen kurzem, war unser Glaube, würde die Selbst-

---

78 Ebda, S. 1003 f.
79 Ebda, S. 1006.
80 *Das Abenteuer meiner Jugend*, *Sämtliche Werke*, Bd. 7: *Autobiographisches* (1962), S. 1071.

zerfleischung der Menschheit durch Krieg nur noch ein überwundenes Kapitel der Geschichte sein. Wir glaubten an den Sieg der Brüderlichkeit, die wir ja unter uns schon quasi verwirklicht hatten.[81]

In dem 1915 entstandenen dramatischen Fragment "Der General", von dem Eberhard Hilscher schreibt, es enthalte eine "unerwartet heftige, wenngleich einige Widersprüche nicht entbehrende Kritik des Preußentums und des Militarismus",[82] findet sich folgender Dialog zwischen dem eigenwilligen, zwangspensionierten General von Hamig und seinem Gast:

VON HAMIG: Mit der Möglichkeit eines Krieges rechnen Sie nicht?

DR. KÖRBER: Nein, dazu ist die Welt zu vernünftig geworden. [...] Die Riesenhaftigkeit der Armeen, die Furchtbarkeit der modernen Zerstörungswerkzeuge, die Selbständigkeit der Völker und ihre Abneigung vor dem Krieg ...[83]

In diesem Zusammenhang sei auch bemerkt, daß der Dichter 1896 mit seinem Bauernkriegsdrama *Florian Geyer* eine "Tragödie der Massenbewegung" (so der Untertitel) verfaßt und sich in einer kurz vor Ausbruch des Weltkriegs begonnenen Tragödie aus der Zeit der Inquisition mit der religiösen Massenpsychose im Zuge der Wiedertäuferbewegung in der ersten Hälfte des sechzehnten Jahrhunderts auseinandergesetzt hatte.[84] Hauptmanns Reaktion auf die Kriegshysterie 1914, dokumentiert in einigen lange unbekannten privaten Aufzeichnungen, verrät eine grundlegende Skepsis gegenüber den Ereignissen, wenngleich die von Hardy artikulierte Enttäuschung über den Verlauf der Geschichte bei Hauptmann nicht erkennbar ist; auf jeden Fall aber lassen Hauptmanns private Notizen jene Euphorie vermissen, die das politische Klima in den Augusttagen 1914 kennzeichnete. Wie die meisten seiner Zeitgenossen erkannte der Dichter den heraufziehenden Konflikt als das Ende einer Ära. Am 31. Juli 1914, dem Tag nach der allgemeinen Mobilmachung, notierte er in seinem Tagebuch:

Gestern kritischer Tag erster Ordnung für Europa und jeden Europäer [...]. Man spürt die Hinfälligkeit des allgemein gepriesenen Kulturzustandes: man ahnte nahe, nächst! – den Zusammenbruch. Jede friedliche Arbeit und Bestrebung erscheint in diesem Augenblick entwertet, eine schale Spielerei.

---

81 Ebda.
82 *Gerhart Hauptmann* (2. durchges. Aufl. Berlin, 1974), S. 558.
83 *Sämtliche Werke*, Bd. 9: *Nachgelassene Werke und Fragmente* (1969), S. 520.
84 *Magnus Garbe*; das Stück wurde 1915 vollendet, zu Lebzeiten Hauptmanns jedoch nicht aufgeführt.

> Dem bürgerlichen Leben und Wirken scheint jede Farbe, jeder Sinn genommen, zugleich mit jedem Reiz.[85]

Den Ausbruch des Weltkriegs erlebte Hauptmann nicht auf seinem Besitz im schlesischen Agnetendorf, sondern in Berlin, nachdem er eine Autoreise abgebrochen hatte, die ihn nach Bayreuth zu den Proben für die Festspiele hätte führen sollen. In einer Tagebucheintragung vom 1. August hält Hauptmann Gefühle fest, die absolut nicht ins Bild des militanten Jubeldichters passen: "Ich hatte heut morgen [...] bei meinem Spaziergang in der Stadt Augenblicke, wo es mir [sic!] Mühe kostete, nicht laut aufzuschluchzen angesichts des angehenden, nahenden Völkermordens."[86] Auf die Diskrepanz zwischen dieser Bemerkung und dem uneingeschränkten Chauvinismus seiner Kriegsgedichte wirft eine Notiz vom 13. August ein bezeichnendes Licht: "Gestern habe einige Kriegspoeme veröffentlicht [sic!]. Ich rechne diese Art Poesie bei mir selbst nicht. Man könnte 'wahre Kriegslieder' schreiben, aber sie würden kaum ermutigend wirken."[87] In einem vermutlich 1915 verfaßten, nachgelassenen Artikel spricht Hauptmann von der regen propagandistischen Tätigkeit der Literaten als einer "... literarische[n] Schmähsucht [...], die höchstens als das Satyrspiel zur Tragödie verständlich ist".[88] Ein im selben Jahr entstandener Essay "Über Literarische Kriegspropaganda" knüpft an dieses Verdikt an und schwingt sich zu einer deutlichen Verurteilung mithin auch eigener kriegspublizistischer Aktivitäten auf: "Schwer zu entscheiden, ob die Tatsache des blutigen Krieges oder sein Satyrspiel das Furchtbarste für die Menschheit ist. Jedenfalls ist das Satyrspiel das Trostloseste und Beschämendste."[89]

Indizien für eine skeptische Haltung Hauptmanns zu Kriegsbeginn liefert trotz der zeitlichen Distanz auch sein Fragment gebliebener, stark autobiographischer Entwurf zu einem "Berliner Kriegs-Roman". Die beiden erhaltenen Fassungen, deren Diktatniederschriften mit den Titeln "Berlin" bzw. "'Krieg': Roman" versehen sind, entstanden 1928/29, also während der beiden Jahre, die den Höhepunkt einer sowohl Deutschland als auch England überschwemmenden Welle von Kriegsromanen und -memoiren markieren, und umfassen die ersten drei Wochen nach Kriegsbeginn. Was den Anstoß zu diesem Projekt gab und warum es nicht

---

85 Zitiert nach Brescius, *Gerhart Hauptmann*, S. 67.
86 Ebda.
87 Ebda, S. 69.
88 "Weltfriedensgedanken", in: *Sämtliche Werke* 11, S. 871.
89 Ebda, S. 870.

vollendet wurde, ist nicht bekannt; bemerkenswert ist aber auf jeden Fall, daß auch Hauptmann sich zum betreffenden Zeitpunkt mit Plänen zu einem Kriegsroman trug. Hauptmanns *alter ego*, Geheimrat Berthold Schwarz (wohl nicht zufällig trägt Schwarz den Amtstitel Goethes und den Namen jenes mysteriösen Mönchs, dem lange die Erfindung des Schießpulvers zugeschrieben wurde), steht dem Ausbruch des Krieges zunächst mit Befremden gegenüber: "So ist er nun also wirklich da, der Krieg, an dessen Möglichkeit nach vierzig Friedensjahren man trotz Kriegsgeschrei und Rüstung recht eigentlich nicht mehr geglaubt hatte."[90] Fast dreißig Jahre nach Hardys "The Sick Battle God" hält auch der "Berliner Kriegs-Roman" jenen evolutionären Optimimus fest ("... der einzelne wie die ganze Menschheit hofften sich selbst in unaufhaltsamem, herrlichen Fortschritt einer nahen, glückseligen Zukunft entgegenzuführen"[91]), der durch den Ausbruch des Krieges enttäuscht werden mußte: "Konnte dies alles wirklich so hinfällig sein, was man mit so viel Stolz menschliche Zivilisation, menschliche Kultur genannt hatte?"[92] Beim Anblick der bewegten Menschenmassen in den Straßen will sich bei Schwarz "Enthusiasmus [...] durchaus [...] nicht einstellen. Und was hatte auch Enthusiasmus mit einem Naturereignis zu tun, das am ehesten einer alles verschlingenden Sintflut zu vergleichen war!"[93] Stattdessen drängen sich erste Kriegserinnerungen des noch nicht Vierjährigen an die Tage der Schlacht von Königgrätz 1866 und spätere Reminiszenzen an den Deutsch-Französischen Krieg 1870/71 auf, die einmal mehr auf den deutlichen autobiographischen Charakter des Romanfragments verweisen.[94]

Auf der "Flucht" aus Berlin auf den oberschlesischen Landsitz vergegenwärtigt Schwarz sich das Trügerische des ihn umgebenden Naturidylls: "Der Krieg war da, und doch in der ganzen Natur diese unberührte, strahlend goldene Heiterkeit."[95] Diese Beobachtung ist insofern signifikant, als die von den Ereignissen nicht tangierte Natur in der Folge zum Korrelat der in inneren Monologen und Gesprächen skizzierten Desinvolture des Geheimrats wird:

90 *Sämtliche Werke*, Bd. 10: *Nachgelassene Werke und Fragmente* (1970), S. 337.
91 Ebda, S. 339.
92 Ebda.
93 Ebda, S. 342.
94 Vgl. ebda, S. 342 f. und *Das Abenteuer meiner Jugend* (Anm. 80), S. 457 f. u. 450 ff.
95 *Sämtliche Werke* 11, S. 346.

> Die hoffnungsvolle Stimmung nahm zu. Teils, weil in der Tat kein Mensch alle die in Frage kommenden Umstände und Kräfte eines solchen Riesenvorgangs in der Fülle ihrer Losgebundenheiten richtig abschätzen konnte, teils, weil die klarste Voraussicht im Schlimmen, welche die Sache nicht aufhalten konnte, nicht mehr am Platze war. Der Pessimist, der jetzt noch seine Befürchtungen verlautbaren ließ, bekämpfte damit das Unheil nicht mehr, sondern er half es nur herbeirufen. Ein solches Ereignis war irrational, und nie und durch keine Vernunft ist das große Irrationale jemals bewältigt worden. Mit dieser Erwägung [...] hatte Berthold Schwarz seinem schwarzseherischen Dämon abgesagt und ließ ihn nicht mehr zu Worte kommen.[96]

Was sich hier deutlich artikuliert, ist eine Apologie der eigenen Haltung Hauptmanns, der während der Kriegsjahre eben kein "Spielverderber" sein wollte. Die folgende Passage enthält eine konzise Definition des in der zeitgenössischen Essayistik oft bemühten "Geistes von 1914"; sie erklärt die bereitwillige Akzeptanz einer systemstabilisierenden nationalen Befriedung während der Kriegsjahre nicht nur von seiten Gerhart Hauptmanns:

> ... alles war jetzt ein Herz und eine Seele. Im Inneren gab es keinen Feind, es war nur ein Feind, und der war draußen. Im Innern herrschte eine neue, warme, herrliche Brüderlichkeit. War am Ende der Krieg von Zeit zu Zeit zur Wiedergeburt der Seelen notwendig, deren Vereisung er vielleicht ähnlich gewissen Frühlingsstürmen auflöste?[97]

Bereits zuvor hatte Hauptmann den Krieg in Relation zur "elementare[n] Macht" der "Frühlingsäquinoktialstürme[...]",[98] die Geschichte analog zu natürlichen Zyklen von Untergang und Erneuerung gesetzt. Es scheint jedoch, daß Hauptmann schon während des Krieges eine gewisse Enttäuschung über die Erkenntnis empfand, daß "[g]egen diese Macht [...] die Menschheit seit Jahrtausenden vergeblich den Gedanken des Friedens aufgeboten"[99] hatte, worauf auch das weitgehende Schweigen des Dichters zu den Ereignissen während der späteren Kriegsjahre schließen läßt. Aus einer Tagebuchnotiz vom 2. Juli 1915 geht jedoch hervor, daß Hauptmann noch eine Weile versuchte, seine Desillusionierung über den Verlauf des Konfliktes zu verdrängen und den Impetus der ersten Kriegswochen aufrechtzuhalten: "Wer den Blick darauf [d. h. den Krieg] wendet, der sieht nur Verbrechen, Blut, Mord, Schmerz, Tränen: nur wer ihn wegwendet,

---

96 Ebda, S. 347.
97 Ebda, S. 354.
98 "Der Staat hat versagt" [vermutlich noch 1918], in: *Sämtliche Werke* 11, S. 893.
99 Ebda.

sieht: Ruhm, Ehre, Vaterland, Zukunft. Wende weg den Blick."[100] Diese Haltung spiegelt sich in der mentalen Abschottung des Protagonisten im "Berliner Kriegs-Roman":

> "Ich glaube [...] ich habe das ganze Kriegsereignis sozusagen abgekapselt. Ich kann nun soviel davon hereinlassen, als mir nötig scheint und erträglich ist. Schließlich wird ja nur das, was wir in unser Bewußtsein aufnehmen, das heißt, in unseren Geist, eine Realität, und dann ist es zugleich auch wiederum nur eine geistige."[101]

Während Hauptmanns private Aufzeichnungen aus den ersten Kriegsmonaten zwischen einer nationalistisch motivierten Identifikation mit der offiziellen Kriegszielpolitik und Zweifeln am Sinn des Krieges schwanken, vertritt er nach außen konsequent einen kriegsaffirmativen Standpunkt. Schon im Herbst 1914 wandte sich Stefan Zweig an den gemeinsamen Freund Walter Rathenau, um Hauptmann für eine von Romain Rolland, dem französischen Pazifisten und Freund Zweigs, geplante Kundgebung Intellektueller aus beiden Lagern zu gewinnen, doch Rathenau lehnte – wohl im Wissen um Hauptmanns "öffentliche" Position – einen Vermittlungsversuch ab.[102] Im Oktober 1917 forderte der durch sein Fronterlebnis zum überzeugten Pazifisten gewordene Ernst Toller, ermutigt durch Hauptmanns Verurteilung des Krieges in seinem *Festspiel*, den Dichter in einem Brief zu einem Friedensappell auf:

> Sie dürfen nicht länger schweigen [...], Ihr Werk verpflichtet Sie, wir jungen Menschen warten auf das Wort eines geistigen Führers, an den wir glauben, Sie haben sich täuschen lassen, wer tat es nicht, jetzt müssen Sie, der Dichter des leidenden Menschen, Ihren Irrtum bekennen, Ihr Wort wirkte mächtiger als der Appell der Generale, es wäre der Ruf zum Frieden, es würde die Jugend Europas sammeln.
>
> Keine Antwort kam von Gerhart Hauptmann.[103]

Erst wenige Tage vor dem Waffenstillstand konnte sich Hauptmann zu einer offenen Stellungnahme gegen den Krieg entschließen und verfaßte den Text einer Kundgebung von Dichtern und Künstlern, die schließlich am 15. November 1918 im Berliner *8-Uhr-Abendblatt* veröffentlicht wurde: "Es ist endlich Zeit, daß eine große Welle der Liebe die verhee-

---

100 Zit. nach Brescius, *Gerhart Hauptmann*, S. 85; vgl auch ebda, S. 87 u. 92.
101 Ebda, S. 365 f.
102 Vgl. Jean Amery, *Gerhart Hauptmann. Der ewige Deutsche* (Mühlacker, 1963), S. 84.
103 *Eine Jugend in Deutschland*, S. 59.

rende Woge des Hasses ablöse."[104]

10.2.3. Hauptmann und die anachronistische Kriegskonzeption der affirmativen Weltkriegsdichtung

Die beiden im folgenden diskutierten Propagandagedichte Hauptmanns sind im Rahmen der vorliegenden Studie insofern von besonderem Interesse, als sie die Perpetuierung archaisch-heroischer Kriegsbilder durch die patriotische Dichtung vor allem in der Anfangsphase des Ersten Weltkriegs illustrieren, wodurch sich auch ein Bezug zu Hardys "Then and Now" herstellt. Anläßlich der Einberufung seines ältesten Sohnes Ivo im Dezember 1914 (Hauptmann hatte während des Krieges vier Söhne bei der Armee: Ivo, Eckart und Klaus aus erster Ehe und Benvenuto, der sich siebzehnjährig gegen Ende des Krieges freiwillig meldete) versteigt sich der Dichter zu einer geradezu makabren Glorifizierung des Soldatentods, der es nicht an den Paraphernalien eines anachronistischen Schlachtengemäldes mangelt. Es verwundert nicht, daß Franz Pfemfert diese dichterische Entgleisung in der Rubrik "Ich schneide die Zeit aus" der *Aktion* sich selbst *ad absurdum* führen ließ:[105]

Komm, wir wollen sterben gehn
In das Feld, wo Rosse stampfen,
wo die Donnerbüchsen stehn
und sich tote Fäuste krampfen.

[...]

Komm, mein lieber Kamerad,
daß wir beide, gleich und gleiche,
heut in Reih und Glied Soldat,
morgen liegen Leich' an Leiche.[106]

Hauptmanns "Reiterlied", veröffentlicht zuerst in der Kriegsausgabe Nr. 4 vom 12. August 1914 des *Boten aus dem Riesengebirge* und in der Folge vielfach nachgedruckt, ist dem "Dichter und Ulanen" Fritz von Unruh gewidmet, dessen "Reiterlied" am 9. August 1914 im *Berliner Tageblatt* erschienen war. Julius Bab nahm beide Gedichte in das erste Heft seiner

---

104 Zit. nach *Sämtliche Werke*, Bd. 11, S. 899. Zu den Unterzeichnern des Manifests gehörten u. a. Walter Bloem, Lovis Corinth, Käthe Kollwitz, Max Liebermann, Richard Strauss, Walter von Molo, Eduard Stucken, Hermann Sudermann und Clara Viebig.

105 Vgl. *Die Aktion* V, 20/21 (15. Mai 1915), Sp. 259.

106 Ebda, S. 663 f.

im Herbst 1914 begonnenen Anthologie deutscher Weltkriegslyrik auf.[107] Zentraler Begriff in Hauptmanns "Reiterlied" ist wie in Hardys "Then and Now" die Ehre:

Es kam wohl ein Franzos' daher. –
Wer da, wer? –
Deutschland, wir wollen an deine Ehr'! –
Nimmermehr!!
Schon wecken die Trompeten durchs Land,
jeder hat ein Schwert zur Hand.
Man kennt es gut, dies gute Schwert,
Von Spichern, Weißenburg und Wörth,
Das deutsche Schwert.

Es kam ein schwarzer Russ' daher.–
Wer da, wer? –
Deutschland, wir wollen an deine Ehr'! –
Nimmermehr!!
Ein Kaiser spricht es hoch vom Sitz.
Viel Feind, viel Ehr, wie der Alte Fritz.
Sein "Nimmermehr" ist mehr als Schall,
's ist Donnerrollen und Blitzesknall,
's ist Wetterstrahl.

Da kam ein Englishman daher.–
Wer da, wer? –
Deutschland, wir wollen an deine Ehr'! –
Nimmermehr!!
Nimmermehr ist unser Wort,
es braust durch alle Gaue fort,
ein Cherub trägt es vor uns her:
Nimmermehr! Nimmermehr!
Nimmermehr!

Es kamen drei Räuber auf einmal daher.–
Wer da, wer? –
Deutschland, wir wollen an deine Ehr'! –
Nimmermehr!!
Und wärt ihr nicht drei, sondern wäret ihr neun,
meine Ehr und mein Land bleiben ewig mein:
Nimmer nimmt sie uns irgendwer,
dafür sorgt Gott, Kaiser und deutsches Heer.–
Nimmermehr![108]

Anders als in Hardys Gedicht, das den Begriff auf militärische Verhaltensnormen bezieht, bleibt das konkrete Bezugsfeld von "Ehre" im

107 Vgl. *Der Deutsche Krieg im Deutschen Gedicht*, H. 1 (1914), S. 16 bzw. 17 f.
108 *Sämtliche Werke* 11, S. 660 f.

"Reiterlied" undefiniert, Interpretationsspielraum und Identifikationsangebot für den Leser bleiben größer. Beiden Gedichten gemeinsam ist freilich ihre grundlegende polarisierende Tendenz, die, wie wir gesehen haben, im Falle von Hardys "Then and Now" durch die Fokussierung auf das Thema "Kriegführung" zunächst gänzlich auf die diachrone Ebene beschränkt zu sein scheint. Erst die Leseranrede zu Beginn der dritten Strophe ("But now, behold, what/ Is warfare wherein honour is not!") fordert dazu auf, gemeinsam mit dem Sprecher nicht nur den in der Folge geschilderten Bruch des soldatischen Ehrenkodex, sondern auch diejenigen, die sich dieses Verbrechens schuldig gemacht haben, zu verurteilen. Hauptmann hingegen macht von Anfang an deutlich, gegen wen es Partei zu ergreifen gilt. Das Personalpronomen der ersten Person *pluralis* verwenden sowohl die personifizierte Germania als auch die Feinde, wobei sich zeigt, daß in der Rede der ersteren das Pronomen zwar zweimal als Objekt (Z. 25, 34), nie aber als Subjekt wie im dreimal wiederholten "Deutschland, wir wollen an deine Ehr'!" der "Räuber" fungiert. Dem Dichter gelingt es somit, durch seine Verwendung der Pronomina eine der wesentlichen Aussagen seines Textes, daß nämlich Deutschlands militärisches Engagement lediglich eine Reaktion auf eine Aggression von außen sei, sprachlich zu untermauern. Der grammatikalisch problematische, propagandistisch effektvolle Wechsel vom Singular zum Plural des Pronomens in Z. 34-5 ("... meine Ehr und mein Land bleiben ewig mein:/ Nimmer nimmt sie uns irgendwer") bewerkstelligt die Identifikation mit dem nationalen Mythos in Gestalt der von den drei Unholden hart bedrängten Germania.

Daß es in diesem Krieg nicht zuletzt um die Wahrung ökonomischer Interessen geht, ist inmitten der Euphorie der Augusttage 1914 im allgemeinen kein Thema, und auch während der folgenden Kriegsjahre bleibt die ideologische Verschleierung materieller Beweggründe für die nationalen Kriegsanstrengungen ein Charakteristikum der patriotisch-kriegsaffirmativen Dichtung. Obwohl durch das Vergewaltigungsmotiv im "Reiterlied" der Begriff der "Ehre" auch mit territorialer Intaktheit identifiziert werden kann, klammert das Gedicht eine explizite Thematisierung materieller Fragen ebenso aus wie das vielleicht bekannteste "Home Front"-Gedicht der englischen Weltkriegslyrik, Rudyard Kiplings "For All We Have and Are", das die Existenz ökonomischer Motive für das britische militärische Engagement lediglich in der Titelzeile anklingen läßt. Bemerkenswerterweise apostrophiert Hauptmann die Aggressoren als "Räuber", die Integrität des eigenen Territoriums und Besitzstandes wird mit der Verteidigung der nationalen Ehre junktimiert ("meine Ehr' und mein Land bleiben ewig mein", Z. 33) und der Sphäre des Materiellen enthoben, eine Transposition, die ebenso problemlos vonstatten zu gehen scheint wie die Identifikation mit der personifizierten Nation in der folgenden Zeile. Daß deutsches Gebiet 1914-1918 nie zum Kriegsschauplatz wurde, ist, nebenbei bemerkt, eine Tatsache, die die deutsche patriotische Lyrik des Krieges oft vergessen macht.

Sowohl Fritz von Unruh, der in seiner 1916 verfaßten und bis zum Ende des Krieges von der Zensur verbotenen Novelle *Opfergang* die Unangemessenheit heroischer Kriegsbilder angesichts des Blutbades bei Verdun verurteilen sollte, als auch Hauptmann präsentieren in ihren "Reiterliedern" ein für die kriegsaffirmative Dichtung typisches traditionalistisch-heroisierendes Konzept des Krieges. Das Schwert, anachronistische Zweikampfwaffe und assoziationsträchtiges Requisit des mythischen Helden, fungiert als "Symbol nationaler Rüstung".[109] Auch im "Reiterlied" von Unruhs spielt der Begriff der nationalen Ehre, weniger ambivalent als bei Hauptmann, eine zentrale Rolle: "Beleidigt ist die deutsche Ehr',/ Auf! in die Schlacht gezogen.// Die Gäule raus, das Schwert zur Hand,/ Die Welt braucht uns, Ulanen."[110] Hauptmanns militante Parole "jeder hat ein Schwert zur Hand" evoziert – wenn auch in mythisierender Verklärung – die von Hardy in "Then and Now" im Wissen um die Invasion in Belgien und den einsetzenden U-Boot- und Luftkrieg verurteilte Totalität des modernen Krieges. Noch deutlicher wird dies im zuvor erwähnten Mahngedicht Kiplings, das an britische Invasionsängste, zurückgehend auf die Napoleonischen Kriege, appelliert:

Once more we hear the word
That sickened earth of old: –
"No law except the Sword
Unsheathed and uncontrolled."
Once more it knits mankind,
Once more the nations go
To meet and break and bind
A crazed and driven foe.[111]

Es muß fast als eine der berühmten Hardyschen Ironien erscheinen, daß der Gang der militärischen Ereignisse die in den Gedichten Hauptmanns

109 Herfried Münkler, "Siegfrieden", in: H. M. u. Wolfgang Storch, *Siegfrieden. Politik mit einem deutschen Mythos* (Berlin 1988), S. 117.
110 S. Anm. 107.
111 *Complete Verse*, S. 328.

und Kiplings evozierte Totalität des Krieges bestätigte, zugleich aber die in ihnen propagierten heroischen Kriegsbilder dekonstruierte.

Mit dem anachronistischen Konzept des Krieges in Hauptmanns "Reiterlied" eng verbunden ist der Rekurs auf eine glorreiche militärische Tradition, an die der gegenwärtige Konflikt anknüpft ("Man kennt es gut, dies gute Schwert", Z. 7) und in der die Figur des Preußenkönigs Friedrich II. einen prominenten Platz einnimmt. Hauptmanns Gedicht dokumentiert jedoch nicht nur die historisierende Tendenz der patriotischen Weltkriegsdichtung, sondern auch deren häufige apokalyptische Deutung des Konfliktes als eines Endkampfs zwischen den Mächten des Guten und des Bösen (vgl. 2.2). Manifestiert sich zunächst der für die nationalen Kriegsanstrengungen reklamierte göttliche Beistand darin, daß ein Cherub die deutschen Truppen anführt (Z. 25), so stellt Hauptmann in der letzten Strophe des "Reiterlieds" der satanischen Triade der Feinde mit der Trinität "Gott, Kaiser und deutsches Heer" das Allerheiligste des wilhelminischen Obrigkeitsstaates entgegen. In der Funktion des Kaisers als eines Kristallisationspunktes patriotischer Sentiments zeigt sich übrigens, wie Elizabeth Marsland bemerkt,[112] ein Spezifikum der deutschen Weltkriegsdichtung: Für die englische patriotische Lyrik ist der König kein Thema, ein Befund, der durch das unterschiedliche politische Pouvoir, wohl aber noch mehr durch die divergenten Persönlichkeiten der Monarchen zu erklären sein dürfte. Umgekehrt fungiert Wilhelm II. in zahllosen englischen Gedichten der Zeit als Zielscheibe propagandistischer Angriffe,[113] während deutsche patriotische Gedichte dazu tendieren, England und seine Bevölkerung in Bausch und Bogen zu verdammen. Bevorzugtes Objekt der wenigen propagandistischen Ausritte gegen Einzelpersonen zu Kriegsbeginn ist Außenminister Sir Edward Grey,[114] dessen Politik für den Ausbruch des Krieges und den Kriegseintritt Englands verantwortlich gemacht wird.

Neben dem Gedicht "O Mein Vaterland" ist das "Reiterlied" Gerhart Hauptmanns gewichtigster Beitrag zur literarischen Kriegspropaganda deutschsprachiger Autoren. Trotz seiner bombastischen Diktion läßt sich dem Gedicht aus heutiger Sicht eine beträchtliche Effektivität in der Vermittlung seiner propagandistischen Inhalte nicht absprechen: Diese resultiert zunächst aus der durch Personifizierungen und die Verwendung der

112 Vgl. *The Nation's Cause*, S. 66 f.

113 Zu diesem Befund kommt auch Brian Murdoch, *Fighting Songs and Warring Words*, S. 30.

114 Vgl. z. B. K. A. W., "An Grey", in: *Das Volk in Eisen. Kriegsgedichte der Täglichen Rundschau* (Berlin, 1914), S. 78f.

Wechselrede erzielten dramatischen Unmittelbarkeit, weiters aus der durch die Abfolge von Lang- und Kurzzeilen bedingten rhythmischen Gliederung. Einen besonderen didaktischen Kunstgriff stellt die repetitive Struktur des Textes dar, die sich aus den zahlreichen refrainhaften Wiederholungen (insbesondere des an Poes "The Raven" erinnernden stereotypen "Nimmermehr") und der Variation des Nationalitätenthemas mit abschließender Zusammenfassung ergibt: Nachdem in den ersten drei Strophen Franzose, Russe und "Englishman" vergeblich die deutschen Grenzen berannt haben, kann in der Schlußstrophe der Sprecher seinem unerschütterlichen Glauben an das Bestehen der Nation auch gegen eine weit größere Übermacht Ausdruck verleihen. Hauptmanns "Reiterlied" steht am Anfang einer Reihe von Gedichten, wie z. B. Ernst Lissauers "Haßgesang gegen England", die sich eines ähnlichen Aufbaus sowie mit den einzelnen Nationen verbundener Stereotypen bedienen.

10.2.4. Englands Verrat: Hauptmanns antibritische Publizistik in Vers und Prosa

Angriffe gegen England richtete Hauptmann nicht nur im "Reiterlied", sondern auch in weiteren Kriegsgedichten. Aus der Trivialität der Vorkommnisse, die ihm dabei Anlaß zu Polemik waren, erhellt die Intensität der von der Kriegspropaganda eifrig geschürten Entrüstung über den "Verrat" des "perfiden Albion", die sich in den Haßtiraden eifriger Gelegenheitsdichter Luft machte. Unter anderen Vorzeichen begegnet die Haßthematik aber bereits in Hauptmanns *Festspiel in deutschen Reimen*, und zwar in der Figur des ein englisch-deutsches Kauderwelsch radebrechenden John Bull, dessen Geldsack die Allianz gegen Napoleon zu größeren militärischen Anstrengungen motivieren und – durch das Ende der Bedrohung britischer Interessen – auch weiterhin prall gefüllt bleiben soll:

> Ich hasse sehr blutig Napoleon
> weil er sein Todfeind von Albion,
> wie er ist Todfeind von fridrizianisches Reich.
> Wir wollen ihn hassen beide zugleich.[115]

Hauptmanns Verse gegen "Richard Parkers Schwester" geißeln die Bestialität einer (wohl fiktiven) Engländerin, die in einem Brief an ihren Bruder schreibt: "I would like to be a nurse, I am sure I could kill one or

115 *Festspiel in deutschen Reimen* (s. Anm. 74), S. 978.

two Germans."[116] In einer an Banalität kaum zu überbietenden "Verssatire" auf den englischen Kolonialismus ereifert sich Hauptmann über den in der deutschen Presse kolportierten Vorschlag einer britischen Obstzüchterzeitung, nach dem Krieg das Rheinland zum Zuckerrübenanbau für England nutzbar zu machen. Das Gedicht enthält übrigens einen Seitenhieb auf einen als Propagandisten des britischen Empire bekannten Schriftstellerkollegen: "Kipling macht ein Heldengedicht,/ worin er die Rübe heiligspricht."[117] Hauptmanns versifizierte Invektiven stehen in deutlichem Gegensatz zum differenzierteren Deutschlandbild in der Kriegsdichtung Thomas Hardys. Zu einer dichterischen Verurteilung des Chauvinismus und zu Kritik am Krieg kann sich Hauptmann nicht durchringen. Einzige Ausnahmen sind das am 25. Dezember 1914 im *Berliner Tageblatt* veröffentlichte Gedicht "Bethlehem 1914" und das nachgelassene, wahrscheinlich ebenfalls Ende Dezember 1914 entstandene "Das sind die großen Toten", die sich allerdings wie die überwiegende Mehrzahl der Verf. bekannten deutschen (und englischen) Kriegsweihnachtsgedichte auf eine durch den Anlaß sanktionierte, politisch unverfängliche Beschwörung des Völkerfriedens beschränken. Ersteres Gedicht enthält eine bemerkenswerte Parallele zu Hardys "Then and Now", indem von des "Herodes [...]/ [...] große[m] Kindermorden", welches "immer noch auf Erden dauert" die Rede ist, [118] letzteres gestaltet einen Gedanken, den in der Lyrik des Ersten Weltkriegs am prägnantesten der Franzose René Arcos formulierte – die Toten sind alle auf einer Seite (vgl. 8.):

> Ich mußte gleich erkennen,
> hier lag nicht Deutscher, nicht Franzos'.
> Nun konnt ich jeden nennen:
> O Menschenkind aus Mutterschoß![119]

Hauptmann exponierte sich zu Beginn des Krieges nicht nur mit patriotischer Lyrik, sondern auch mit einer Reihe propagandistischer Zeitungsartikel. Bekannt wurde seine in offenen Briefen geführte Kontro-

---

116 *Sämtliche Werke* 11, S. 661. Brief datiert Birmingham, 28. Sept. 1914; Hauptmanns Gedicht erschien zuerst in *Kriegszeit. Künstlerflugblätter* Nr. 11 (Berlin, 4. 11. 1914).

117 "Die Zuckerrübe"; ebda, S. 662. [Zuerst in *Kriegszeit. Künstlerflugblätter* Nr. 13 (Berlin, 18. 11. 1914)].

118 *Sämtliche Werke* 11, S. 667.

119 Ebda, S. 669; das Motiv erscheint wieder in einigen vermutlich 1918 entstandenen "Grabschriften": "Hier liegen Freund und Feind/ im Tod vereint"; "Hier ruhen Brüder, die durch Schicksalsspruch/ in bittrer Feindschaft miteinander rangen" (ebda, S. 671 f.).

verse mit Romain Rolland.[120] Diese begann mit Hauptmanns am 26. August 1914 in der *Täglichen Rundschau* und im *Berliner Tageblatt* veröffentlichtem Artikel "Gegen Unwahrheit", einer Replik auf Henri Bergson, der in einer Rede am 8. August den Krieg gegen Deutschland als einen Kampf der Zivilisation gegen die Barbarei bezeichnet hatte. Hauptmann beteuert die Friedensliebe der Deutschen und ihres Kaisers ("Wir sind ein eminent friedliches Volk"[121]) und bestreitet die Schuld der deutschen Führung am Ausbruch des Krieges; das deutsche Heer sollte allein der Verteidigung dienen. Der Artikel veranlaßte Rolland, Hauptmann zum Protest gegen den deutschen Einmarsch in Belgien aufzufordern. Am 10. September 1914 erschien in der *Vossischen Zeitung* Hauptmanns "Antwort an Herrn Romain Rolland", in der er den Krieg und seine Führung durch die deutsche Heeresleitung verteidigt und Kriegsgreuelberichte als Machinationen einer deutschlandfeindlichen Propaganda anprangert: " ... der deutsche Soldat hat mit den ekelhaften und läppischen Werwolfgeschichten nicht das allergeringste gemein, die ihre französische Lügenpresse so eifrig verbreitet ...".[122] An derselben Stelle scheint sich wiederum eine Spitze gegen Kipling zu finden ("Mag uns ein müßiger Engländer 'Hunnen' nennen ..."[123]), dessen Kassandraruf "The Hun is at the gate"[124] dem barbarisierenden Pejorativ die "poetische Weihe"[125] gegeben und wesentlich dazu beigetragen hatte, es im englischen Sprachraum zu popularisieren.

Der aus hegemonistischen und imperialistischen Motiven begangene "Verrat" des britischen Vetters und die Propagandalügen der englischen Presse sind *topoi* der deutschen Kriegspropaganda, die auch Hauptmann in seiner Kriegspublizistik aufgreift und mit Vehemenz vertritt, wobei allerdings vermerkt werden muß, daß er sich nicht in die Niederungen rassistischer Diffamierungen begibt. Hauptmanns prononcierte Englandfeindlichkeit während der Kriegsjahre erhält durch seine Aufgeschlossenheit gegenüber englischer Kultur, insbesondere seine Beschäftigung mit Werken der englischen Literatur vor dem Ersten Weltkrieg besondere Brisanz. Es erscheint bezeichnend für das chauvinistische Klima in Deutschland während des Krieges, daß auch Hauptmanns persönliche Be-

120 S. dazu auch Koester, *Literatur und Weltkriegsideologie*, S. 191 f.
121 Ebda, S. 843.
122 Ebda, S. 848.
123 *Sämtliche Werke* 11, S. 848.
124 "For All We Have and Are" (s. Anm. 111).
125 Franz K. Stanzel, "Wer erzählt diese Geschichte. Rudyard Kiplings 'Mary Postgate' und Henry James' 'The Liar'", *Sprachkunst* 23, 1 (1992), S. 60.

ziehung zu England, dessen "geistigen Kreisen" er laut Felix A. Voigt auch in der Nachkiegszeit "selbstverständlich als der erste Vertreter der großen deutschen Dichtung [galt]",[126] seinem anti-britischen publizistischen Engagement während des Krieges keinen Abbruch tat. Am 30. Juni 1905 hatte der Dichter das Ehrendoktorat der Universität Oxford entgegengenommen und anschließend einige Tage in England verbracht. Hauptmann schloß Freundschaft mit dem Oxforder Germanisten Hermann Georg Fiedler (dem "Professor Geiger aus Cambridge" in *Vor Sonnenuntergang*), zu dessen 1911 erschienener Anthologie deutscher Dichtung er ein Geleitwort schrieb.[127] Er zeigte sich vom "Poets' Corner" in der Abtei von Westminster und von Stratford upon Avon beeindruckt, sah in London Irving als Shylock und traf auf einem Bankett mit G. B. Shaw zusammen.[128] Hauptmann kannte und schätzte die englische Literatur: Schon in seiner Jugend las er Dickens und Thackeray,[129] besonders intensiv aber befaßte er sich mit Shakespeares *Hamlet*, eine Beschäftigung, die in zwei Dramatisierungen des Hamlet-Stoffes in der Zwischenkriegszeit ihren Niederschlag fand.[130] 1915 erschien im *Shakespeare-Jahrbuch* ein Beitrag Hauptmanns, der die Frage diskutierte, ob man während des Krieges mit England Shakespeares Stücke auf deutschen Bühnen aufführen sollte.[131] Hauptmann wendet sich zunächst gegen den herrschenden Kulturchauvinismus ("Auch im Kriege [...] verbleibt ein ewiger Friedens- und Kulturbestand. [...] ein ideeller Allgemeinbesitz, ein Schatz der Menschheit"[132]), löst dann aber das Problem auf eine in der Geschichte der deutschen Shakespeare-Rezeption bewährte Weise, indem er das Werk des englischen Dramatikers für die deutsche Kultur reklamiert: "Es gibt kein Volk, auch das englische nicht, das sich ein Anrecht, wie das deutsche auf Shakespeare erworben hätte. [...] wenn [Shakespeare] in England geboren und begraben ist, so ist Deutschland das Land, wo er wahrhaft

---

126 "Gerhart Hauptmann und England", *Germanisch-Romanische Monatsschrift* 25 (1937), S. 322.

127 "Geleitwort zum Oxforder Buch deutscher Dichtung" [*Das Oxforder Buch deutscher Dichtung vom 12. bis zum 20. Jahrhundert*, Hrsg. H. G. Fiedler (Oxford, 1911)], in: *Sämtliche Werke* 11, S. 814 ff.

128 Vgl. Voigt, "Gerhart Hauptmann und England", S. 323 ff. und Klaus W. Jonas, "Gerhart Hauptmann in Amerika und England", *Börsenblatt für den deutschen Buchhandel, Frankfurter Ausgabe*, Jg. 25, Nr. 52 (1. Juli 1969), S. 1601-9; abgedr. in: *Gerhart Hauptmann*, Hrsg. Hans Joachim Schrimpf, S. 424-46.

129 Vgl. *Das Abenteuer meiner Jugend*, (Anm. 80), S. 802.

130 *Hamlet* (1928) und *Hamlet in Wittenberg* (1935).

131 Vgl. dazu Peter Firchow, "Shakespeare, Goethe and the War of the Professors", in: *Intimate Enemies*, Hrsgg. Stanzel/Löschnigg, S. 465-92.

132 "Deutschland und Shakespeare", *Shakespeare-Jahrbuch* 51 (1915), S. viii; abgedr. in: *Sämtliche Werke* 6, S. 924-30 (Zitat S. 925).

lebt."[133] Die geistige Annexion Shakespeares hatte Hauptmann bereits in "Gegen Unwahrheit" vollzogen, wo es ihm darum ging, Deutschland als europäische Kulturnation zu präsentieren, deren militärischer Sieg im aktuellen Konflikt schon allein auf Grund ihrer kulturellen und sozialen Vorbildfunktion gerechtfertigt und daher mit allen Mitteln anzustreben war: "Wir haben einen deutschen Dichter, dessen Dramen, wie keines anderen deutschen Dichters, Nationalgut geworden sind: er heißt Shakespeare."[134] In einer Tagebuchnotiz vom 23. September 1914, knapp einen Monat nach Veröffentlichung des Artikels, erscheint Hauptmanns Begeisterung für Shakespeare unter dem Eindruck der Kriegshandlungen gedämpft, die nationalistische Vereinnahmung des Dichters zurückgenommen:

> Gestern von deutschen Unterseeboten im Kanal drei englische Panzer(schiffe) in Grund gebohrt. (...) Welcher ungeheure Einfluß geht von diesen Dingen aus. – (Ehrlich: selbst gegen Shakespeares Werk bin ich kühl geworden). Das nationale Empfinden herrscht, und zwar "ausschließlich"![135]

Einer Notiz vom 11. Dezember desselben Jahres läßt sich entnehmen, daß Hauptmann sich der Problematik dieses Chauvinismus sehr wohl bewußt war:

> Tut der Weise recht, die Sache seines Landes ganz zur eignen zu machen? oder soll er sich mehr auf sich besinnen? (...) Da ist ein englischer Seesieg. Er liegt mir wie Blei in den Gliedern. (...) Ich bin beleidigt, verwundet! und doch habe ich englisches Wesen im Frieden nicht gehaßt.[136]

Daß Hauptmann die antibritischen Invektiven der deutschen Kriegspropaganda nicht um jeden Preis unterstützte, deutet seine Zurücknahme eines zum Abdruck im *Berliner Tageblatt* vorgesehenen offenen Briefes an die Bevölkerung des 1914 noch neutralen Italien an, in dem Englands politischem und wirtschaftlichem Hegemonismus die Schuld an der europäischen Katastrophe zugewiesen wird.[137] Dieser Schritt erfolgte allerdings auf Anraten des Chefredakteurs Theodor Wolff, der besonders in Hauptmanns Verteidigung des deutschen Militarismus eine schwer zu wider-

---

133 Ebda, S. xii bzw. 929 f.
134 *Sämtliche Werke* 11, S. 845.
135 Zitiert nach Brescius, *Gerhart Hauptmann*, S. 78.
136 Ebda, S. 80.
137 "Der Fluch Europas (offener Brief an das italienische Volk)" [entst. vor 6. Okt. 1914], in: *Sämtliche Werke* 11, S. 850-64.

rufende Sanktionierung der Politik der herrschenden Schicht sah:

> Es sind Räubergeschichten, wenn man sagt, daß irgendein deutscher Bürger durch den Militarismus geknechtet gewesen ist. Ich behaupte: die persönliche Freiheit, die persönliche Meinung, das freie Wort sind bei uns mindestens in gleichem Maße wie in England jederzeit garantiert gewesen.[138]

Tatsächlich sollte Hauptmann in einer in der zweiten Oktoberhälfte 1918 verfaßten Schrift "Zum Gedächtnis der Gefallenen" einen diametral entgegengesetzten Standpunkt einnehmen: "Ich habe nie ein Hehl daraus gemacht, daß ich kein Freund dieses Militarismus bin ...".[139]

10.3. Zusammenfassung

Die Parallelen und Unterschiede in den Äußerungen Thomas Hardys und Gerhart Hauptmanns zum Ersten Weltkrieg lassen sich wie folgt zusammenfassen:

1) Beide Autoren erscheinen während des Krieges in eine "private" und eine "öffentliche" Persönlichkeit gespalten, was als Erklärung der zum Teil beträchtlichen Divergenzen in veröffentlichten und unveröffentlichten Äußerungen zum Krieg herangezogen werden kann.

2) In beiden Fällen stehen Äußerungen zum Ersten Weltkrieg vor dem Hintergrund einer – bei Hardy systematischeren und umfassenderen – Beschäftigung mit historischen Konflikten, zuvorderst den Napoleonischen Kriegen.

3) Der von beiden Autoren verschiedentlich geäußerte evolutionäre Optimismus erfährt durch den Ausbruch des Ersten Weltkriegs eine Erschütterung. Die Reaktion ist in beiden Fällen eine – von Hardy wesentlich deutlicher artikulierte – Enttäuschung über den Verlauf der zivilisatorischen Entwicklung. Öffentliche Stellungnahmen beider Autoren zum Krieg werden während der späteren Kriegsjahre selten.

4) Eine deutliche Differenz zeigt sich in der Position Hardys und Hauptmanns gegenüber Deutschland bzw. England während des Krieges. Obwohl beide die gegnerische Nation bereist hatten, mit deren Kultur vertraut waren und entscheidende Anregungen durch Philosophie und Literatur (Schopenhauer bzw. Shakespeare) des anderen Landes empfangen hatten, versucht lediglich Hardy, in seiner Haltung zum Kriegsgegner zwischen Verführern und Verführten zu differenzieren. In diesem Zu-

---

138 Ebda, S. 681 f.
139 Ebda, S. 909.

sammenhang muß freilich festgehalten werden, daß Hardy dieser Versuch durch eine zumindest teilweise Identifikation mit der offiziellen britischen Kriegszielpolitik (Eliminierung des deutschen Militarismus) wesentlich erleichtert wurde, während sich Hauptmann offensichtlich bemüßigt fühlte, seinen politischen Konformismus während der Kriegsjahre durch eine Apologie dieses Militarismus und eine daraus resultierende pauschale Verurteilung des Kriegsgegners zu legitimieren.

5) Während Hauptmanns frühe Propagandagedichte die unreflektierte anachronistische Kriegskonzeption patriotischer Kriegslyrik erkennen lassen, kann Hardy zu einem späteren Zeitpunkt bereits die Dichotomie zwischen einer heroischen Tradition und den neuen Paradigmen des Krieges – wenngleich ebenfalls zu propagandistischen Zwecken – thematisieren.

11. Zwei dichterische Experimente: David Jones' *In Parenthesis* und Otto Nebels *Zuginsfeld* [1]

Unter den zahllosen Gedichten, Romanen und Memoirenwerken, die aus dem Ersten Weltkrieg hervorgingen, finden sich zwei in ihrer Originalität höchst bemerkenswerte Versuche der literarischen Verarbeitung des Kriegserlebnisses. Ihr experimenteller Charakter läßt es schwierig erscheinen, sie einer der traditionellen literarischen Gattungen zuzuordnen. David Jones' *In Parenthesis* wurde sowohl auf Grund seiner narrativen Struktur als auch wegen der mannigfachen Bezüge auf die heroische literarische Tradition, die eine wesentliche sinnstiftende Komponente des Textes darstellen, immer wieder als "Weltkriegsepos" apostrophiert. So schrieb zum Beispiel Herbert Read in einer der ersten Besprechungen des Werkes, es komme "as near a great epic of the war as ever the war generation will reach."[2] Unter den späteren Kritikern ist es vor allem John H. Johnston, der *In Parenthesis* zur Untermauerung seiner These heranzieht, nur ein Werk von epischen Dimensionen könne dem Charakter des modernen Krieges gerecht werden.[3] Auch der *Zuginsfeld* des deutschen Avantgardisten Otto Nebel, der die Phraseologie der offiziellen Propaganda und des Militärjargons mit – verschiedensten Quellen entnommenen – verfremdeten Zitaten vermischt, ist als eine Art satirisches episches Gedicht ("a type of satirical 'epic poem'"[4]) bezeichnet worden.

Beide Texte wird man am besten experimentelle Dichtungen nennen, gekennzeichnet durch ihre jeweils spezifische Verwendung von Collagetechniken und einen daraus resultierenden polyphonen Charakter. Vergegenwärtigt man sich dazu den Umfang der beiden Werke (jeweils ungefähr 180 Druckseiten) und ihre einzigartige Position innerhalb der englischen und deutschen Kriegsliteratur, muß ein direkter Vergleich naheliegen. Zudem finden sich in der Biographie beider Autoren einige Parallelen: Nebel (1892-1973) und Jones (1895-1974) waren annähernd gleichaltrig, und beide erlebten den Krieg an der Front. Vor allem aber waren beide zugleich Dichter und bildende Künstler, die auch Illustrationen zu ihren hier behandelten Werken schufen: Jones zwei Aquarellzeichnungen,

1 Das vorliegende Kapitel ist die deutsche Fassung meines Aufsatzes "Intertextuality, Textuality and the Experience of War: David Jones's *In Parenthesis* and Otto Nebel's *Zuginsfeld*" in: *Intimate Enemies*, Hrsgg. Stanzel /Löschnigg, S. 99-119.

2 "A Malory of the Trenches", *London Mercury* 36 (1937), S. 304-5.

3 Vgl. *English Poetry of the First World War*, S. 284 ff.

4 M. S. Jones, "A Study of Otto Nebel's Major Works: *Zuginsfeld* and the 'Runen'", *German Life and Letters* 35 (1981/82), S. 255.

Nebel 1930 eine Serie von 50 Tuschfederzeichnungen. Ein Vergleich des Frontispiziums der Erstausgabe von *In Parenthesis*, das einen Soldaten inmitten einer mit Details überladenen Schützengrabenlandschaft zeigt, mit den grob skizzierten, grotesk verzerrten Figuren in Nebels Illustrationen zu *Zuginsfeld* ist insofern aufschlußreich, als sich hier die Verschiedenheiten in der Konzeption und im literarischen Stil der beiden Dichtungen widerspiegeln. Diese treten schon bei einer kursorischen Lektüre so deutlich zutage, daß ein ausschließlich thematischer oder formaler Vergleich der beiden Dichtungen nur von begrenztem Interesse ist. Überdies erscheint es problematisch, aus einem konsequent experimentellen Text wie Nebels *Zuginsfeld* einzelne Motive oder Themen zu isolieren.[5] Vielmehr sollen an dieser Stelle Aspekte untersucht werden, denen in beiden Werken eine zentrale Funktion zukommt: zum einen die Betonung textueller Elemente (Stilmittel), zum anderen die Bedeutung intertextueller Bezüge für Genese und Interpretation der literarischen Verarbeitung des Kriegserlebnisses durch beide Autoren. Aus praktischen Gründen wird der Begriff "Intertextualität" hier auf die intendierte Bezugnahme eines Textes auf einen identifizierbaren vorangegangenen Text (Prätext) in Form von Anspielung, Zitat, Parodie u. ä. einzuschränken sein.[6]

Die (inter)textuelle Orientierung beider Werke wird bereits im Titel offenbar: "Zuginsfeld" bezeichnet zunächst das Ausrücken eines Zuges von Soldaten an die Front, enthält aber auch eine Anspielung auf Grimmelshausens Anti-Helden Springinsfeld, wodurch ein Bogen vom Dreißigjährigen Krieg zum zwanzigsten Jahrhundert gespannt wird. Der Titel "In Parenthesis" soll, so Jones in seinem Vorwort, darauf hinweisen, daß sowohl dem Krieg als auch seiner literarischen Verarbeitung eine besondere, gleichsam aus deren Kontinuität ausgeklammerte Stellung in der Biographie des Autors zukomme.[7] Dem steht freilich entgegen, daß das

---

5 Eine thematische Untersuchung von *In Parenthesis* im Kontext einer Auswahl deutscher und englischer Prosawerke aus dem Ersten Weltkrieg findet sich bei William Blissett, "*In Parenthesis* among the War Books", *University of Toronto Quarterly* 42, 3 (1973), S. 259-288. Thematischen Parallelen zwischen Jones' Dichtung und englischen Kriegsmemoiren geht auch folgender Aufsatz nach: Diane DeBell, "Strategies of Survival: David Jones, *In Parenthesis*, and Robert Graves, *Goodbye To All That*", in: *The First World War in Fiction*, Hrsg. Klein, S. 160-73.

6 Zu einer summarischen Diskussion verschiedener Auffassungen von Intertextualität s. Manfred Pfister, "Konzepte der Intertextualität", in: *Intertextualität. Formen, Funktionen, anglistische Fallstudien*, Hrsgg. Ulrich Broich und M. P., Konzepte der Sprach- und Literaturwissenschaft 35 (Tübingen, 1985), S. 1-47.

7 Vgl. *In Parenthesis* (London, 1963), S. xv. Seitenangaben in Klammern beziehen sich auf diese Ausgabe.

Motiv des Krieges bzw. des Soldatentums auch das gesamte spätere Werk des Dichters durchzieht.

Die entscheidende Bedeutung textueller und intertextueller Elemente in *Zuginsfeld* und *In Parenthesis* macht beide Werke zu besonders anschaulichen Beispielen für Paul Fussells These vom Einfluß kultureller Paradigmen auf die Wahrnehmung und folglich auf literarische Darstellungen des Krieges.[8] Dem Umstand, daß im Ersten Weltkrieg eine beträchtliche Anzahl literarisch gebildeter Soldaten auf beiden Seiten der Front stand, trägt David Jones dadurch Rechnung, daß er seinen Protagonisten, wie dies von vielen englischen Frontsoldaten verbürgt ist, das *Oxford Book of English Verse* im Tornister mit sich führen läßt (S. 95).

Anstatt wie die meisten Verfasser von Kriegsromanen und -memoiren dokumentarischen Realismus für sich zu beanspruchen, stellt Jones in *In Parenthesis* die Literarität seines Textes in den Vordergrund. D. J. Enright bezeichnet das Werk daher zu Recht als "consciously 'literary'", um ihm sodann seinen vermeintlichen Formalismus zum Vorwurf zu machen:

> ... its style, tapestried and 'modernistic' at the same time, is at odds with its subject-matter (infantry life on the Western Front), and the allusions to ancient Welsh poetry and Celtic myths with their explanatory but not always justificatory footnotes rob the account of most of its immediacy.[9]

Enrights Kritik greift zu kurz, da, wie zu zeigen sein wird, Struktur und Diktion des Werkes nicht zum Selbstzweck werden, sondern zusammen mit den zahlreichen intertextuellen Bezüge wesentlich zu seiner Aussage beitragen. Mehr noch hindert seine intentionale Poetisierung der Kriegserfahrung Jones nicht daran, einer naturalistischen Detailtreue zu huldigen, was den kanadischen Literaturwissenschafter William Blissett zu einem bemerkenswerten Vergleich veranlaßt hat: "*In Parenthesis* does for the Western Front what *Ulysses* does for Dublin".[10] Tatsächlich zeichnet *In Parenthesis* ein in vieler Hinsicht detaillierteres Bild vom Leben und Sterben der Soldaten in den Schützengräben als so manche Kriegsromane oder -memoiren.

---

8 Vgl. *The Great War and Modern Memory* und "Der Einfluß kultureller Paradigmen auf die literarische Wiedergabe traumatischer Erfahrung".

9 "The Literature of the First World War", in: *The Pelican Guide to English Literature*, Hrsg. Boris Ford, Bd. 7: *The Modern Age* (Harmondsworth, 1961), S. 169. In einer revidierten Fassung des Aufsatzes für die Neuauflage der Reihe 1983 schwächte Enright sein Urteil über Jones' Dichtung ab (vgl. *The New Pelican Guide to English Literature*, Bd. 7: *From James to Eliot*, S. 211).

10 Blissett, "*In Parenthesis* among the War Books", S. 262.

Bewußte Literarität ist auch ein grundlegendes Merkmal von Nebels *Zuginsfeld*, dessen experimentelle Form ein der radikalen Gesellschaftskritik und antimilitaristischen Botschaft kongeniales Medium darstellt. Dazu ist zu bemerken, daß im Hinblick auf die zuletzt erwähnten Aspekte *In Parenthesis* und *Zuginsfeld* Tendenzen der englischen und deutschen Kriegsliteratur widerspiegeln: Patrick Bridgwaters Beobachtung, englische Kriegsgedichte seien im Vergleich zu deutschen häufig durch größere Partikularität gekennzeichnet, trifft auf *In Parenthesis* sicherlich zu, während *Zuginsfeld* – zumindest in Ansätzen – das laut Blissett für die deutsche Weltkriegsliteratur charakteristische politische Engagement erkennen läßt.[11]

Die ersten beiden Fassungen von *Zuginsfeld* entstanden im Winter 1918/19 im britischen Gefangenenlager Colsterdale in Yorkshire. Nebel, seit 1914 an Ost- und Westfront im Einsatz, war im August 1918 bei einem Gefecht nahe Péronne von kanadischen Truppen gefangengenommen worden. Bald nach seiner Heimkehr Ende 1919 wurde die dritte Fassung von *Zuginsfeld* in mehreren Teilen in Herwarth Waldens *Sturm* veröffentlicht.[12] Wie Edlef Köppen in seinem semi-dokumentarischen Roman *Heeresbericht* (1930) und Karl Kraus in den *Letzten Tagen der Menschheit* (1919) versucht Nebel, die Korruption einer Gesellschaft und die Virulenz des deutschen Militarismus durch die Demaskierung einer zur Phrase verkommenen Sprache anzuprangern. Wie Jörg Drews bemerkt hat, war es Nebel nicht darum zu tun, den Krieg in einer "poetischen Sondersprache" zu rekonstruieren, sondern eben die Sprache dieses Krieges vorzuführen[13] und im (verballhornten und/oder verfrem-

---

11 Vgl. Patrick Bridgwater, *The German Poets of the First World War*, S. 15 und Blissett, "*In Parenthesis* among the War Books", S. 276 f.

12 Nr. 10-11. Otto Nebels *Zuginsfeld* ist erst in jüngerer Zeit einer breiteren Leserschaft zugänglich geworden: *Zuginsfeld. 1918/19*, Hrsg. Angela Köhler, Luchterhand Typoskript (Darmstadt, 1974) sowie *Das dichterische Werk* 1. Stellenangaben in diesem Kapitel beziehen sich auf letztere Ausgabe und verweisen auf Abschnitt, Zeile und Seite, z. B. iii, 24; S. 13. Der von Radrizzani abgedruckte Text folgt der siebten und letzten Fassung von 1945.

13 Vgl. "Denn wer den Bestien seiner Zeit genug hat angetan/ der hat gelebt.' Notizen zu den Ähnlichkeiten zwischen Karl Kraus' *Die letzten Tage der Menschheit* und Otto Nebels *Zuginsfeld*", in: *Das Tempo dieser Zeit ist keine Kleinigkeit*, Hrsg. Drews, S. 130. Drews geht auch auf die Frage ein, ob Nebel direkt von Kraus beeinflußt worden sein könnte: Bei der Abfassung der ersten beiden Versionen des *Zuginsfeld* kann Nebel, so Drews, von Kraus nur als Satiriker und Herausgeber der *Fackel*, nicht aber als Autor der *Letzten Tage der Menschheit* gewußt haben. Allerdings finden sich Teile der *Letzten Tage der Menschheit* bereits in der *Fackel* (ab 17, Nr. 406-12 [5. Oktober 1915], S. 166 ff.: "'Monolog des Nörglers' (Aus einer Tragödie 'Die letzten Tage der Menschheit. Ein Angsttraum'. Schluß eines Aktes)" vorabgedruckt. Die späteren Fassungen von *Zuginsfeld* bringen zwar Änderungen des Textes, nicht aber der grundlegenden Konzeption des Werkes.

deten) Zitat sich selbst enttarnen zu lassen. Dabei geht es ihm allerdings nicht um die bloße Anhäufung dokumentarischer Belege; vielmehr finden sich in *Zuginsfeld* Dokumentarisches und Fiktionales untrennbar miteinander vermengt, während etwa Köppen seine Wirkung durch die Kontrastierung und wechselseitige Erhellung der beiden Komponenten erzielt. Im Unterschied zu den Gedichten August Stramms wiederum, die das Chaos des Krieges durch das Aufbrechen konventioneller Syntax und die Auflösung der Grenzen zwischen den Wortarten zu spiegeln versuchen, bewegen sich Nebels Sprachschöpfungen gänzlich innerhalb grammatikalischer Normen.[14]

Die 28 Teile von *Zuginsfeld* umfassen den Zeitraum von der Vorkriegsära bis zum Kriegsende. Die erste Hälfte der Dichtung durchläuft die Stufen der militärischen Rangordnung vom gemeinen Soldaten bis zum Obersten Kriegsherrn, der in einem imaginären Dialog mit dem Dichter auftritt. Im vierzehnten Abschnitt fällt mit dem Ausbruch des Krieges die etablierte soziale Ordnung in sich zusammen. Nebel unterlegt seinem Gedicht somit eine hierarchische und eine chronologische Gliederung, die jedoch beide nicht immer sogleich erkennbar sind. Darüberhinaus wird, im Gegensatz zu *In Parenthesis*, auf die integrierende Funktion eines Erzählers zugunsten einer höchst effektvollen Polyphonie verzichtet; nur gelegentlich läßt sich im Chor der verschiedenen Stimmen die eines moralisierenden Kommentators (zumeist durch Parenthese gekennzeichnet) vernehmen. Mit Ausnahme der fiktionalen Gestalten von Kaiser und Künstler scheinen individuelle Charaktere in *Zuginsfeld* nicht auf; an ihre Stelle treten Typen oder nur schemenhaft umrissene Figuren mit sprechenden Namen, wie z. B. Oberst Würger (xviii, 2; 91). Nebels Dichtung basiert auf der Exploration von Wortfeldern sowie dem Prinzip thematischer und lautlicher Assoziation. Die Sprache von *Zuginsfeld* erhält eine Eigendynamik, sie wird zu einer autonomen Kraft, die in scheinbar mechanischer Weise immer neue Wörter und Sätze generiert.

Ein prägnantes Beispiel für den polyphonen Charakter von *Zuginsfeld* findet sich in Nebels Darstellung der Ausbildung im Bajonettkampf. Wie z. B. Siegfried Sassoon, Richard Aldington und auch David Jones bezeugen,[15] handelte es sich dabei um eine bei der Truppe beson-

---

14 Einen kurzen Vergleich Nebels und Stramms bringt M. S. Jones, "A Study of Otto Nebel's Major Works", S. 264 f.

15 Vgl. Siegfried Sassoon, *Diaries 1915-1918*, S. 59 f. und 248 ("gas drill and bayonet-fighting – loathsome exercises"); Richard Aldington, *Death of a Hero*, S. 274; *In Parenthesis*, S. 222, Anm. 18. Vgl. auch Franz K. Stanzels "'The Beauty of the Bayonet'".

ders unbeliebte Übung. Im folgenden Ausschnitt aus *Zuginsfeld* vermischt sich das Echo mehrerer Stimmen mit den Kommandos des Ausbildners, wodurch der moralische Konflikt, den die Simulation des Tötens auf kürzeste Distanz hervorruft, auf eindrucksvolle Weise vergegenwärtigt wird:

> Freue dich, o Christenheit
> Siebe deinen Nächsten
> Seitengewehr pflanzt auf
> Hochstoß
>   Du sollst nicht töten
> Tiefstoß
>   Du sollst das Schwert in Feindesherzen tauchen
> Nichts auf die Spitze treiben
> Spitze muß durch und durch gehen
> "Gott mit uns"
> (iii, 39-48; S. 14).

Die Gegenüberstellung des kategorischen Imperativs des Fünften Gebots und der pseudo-katechetischen Legitimation des Tötens im Krieg bringt das Dilemma des Soldaten auf den Punkt. Das Wortspiel der zweiten Zeile unterstreicht die Pervertierung christlicher Lehre durch den Krieg und durch die Unterstützung der nationalen Kriegsanstrengungen von seiten der Amtskirchen.[16]

Während es sich bei *Zuginsfeld* um eine der ersten umfangreicheren von einem Kriegsteilnehmer verfaßten Darstellungen des Fronterlebnisses handelt, wurde *In Parenthesis* erst 1937 veröffentlicht, fast ein Jahrzehnt nach der Welle von Kriegsromanen und -memoiren Ende der zwanziger Jahre. Jones hatte sich im Januar 1915 freiwillig zu den *Royal Welch Fusiliers* gemeldet, dem Regiment von Graves und Sassoon, mit denen er als Gemeiner jedoch keinen Umgang gehabt haben dürfte. Seit Dezember 1915 an der Westfront, wurde er im Juli 1916 beim Angriff auf den Wald von Mametz, eines der strategischen Ziele während der Anfangsphase der Sommeschlacht, verwundet. Im Oktober desselben Jahres kam er zurück an die Front und wurde schließlich im Februar 1918, vor Beginn der deutschen Frühjahrsoffensive, mit Symptomen schwerer Neurasthenie aus dem aktiven Dienst entlassen. Jones' literarisches Werk, einschließlich *In Parenthesis*, erfreute sich auf Grund seines Eklektizismus und der darin begründeten "Schwierigkeit" nie der Aufmerksamkeit

---

16 Interessant ist, daß auch in einer Darstellung des Bajonettkampfes in Teil 7 von *In Parenthesis* der Bezug zum Katechismus hergestellt wird: " ... Private Watcyn takes [the First Objective] with blameless technique, and even remembers to halloo the official blasphemies" (S. 167).

einer breiteren Leserschaft. Nichtsdestoweniger gilt *In Parenthesis* heute als eines der wichtigsten Werke der Literatur des Ersten Weltkriegs und als ein eminenter Beitrag englischer Dichter zur literarischen Moderne. In seiner Einleitung zur 1963 erschienenen Neuauflage von *In Parenthesis* weist T. S. Eliot auf die Parallelen zu Pound, Joyce und nicht zuletzt zu seinen eigenen Dichtungen hin.[17] David Jones bestritt die zentrale Bedeutung von Eliots *The Waste Land* für seine Dichtung nie, betonte gleichzeitig aber immer, daß nicht der Einfluß einzelner Werke, sondern das geistige Klima der Zeit für seine literarische Entwicklung entscheidend war.[18] Die Ähnlichkeiten zwischen *In Parenthesis* und *The Waste Land* sind freilich nicht zu übersehen: In der Behandlung ihrer Thematik greifen sowohl Eliot als auch Jones in großem Umfang auf Mythologie und literarische Tradition zurück; wie *The Waste Land* enthält auch *In Parenthesis* eine Vielzahl gelegentlich obskurer literarischer Bezüge, die wiederum einen Apparat erklärender Anmerkungen nach sich ziehen. Wo Jones' Anmerkungen auf Spezifika des Grabenkrieges an der Westfront verweisen, sind sie auch für den Historiker von Interesse.[19] In erster Linie betont der Dichter mit dem autoreflexiven Element der Annotation jedoch die Literarität seines Werkes: Der Leser wird auf die konstitutive Spannung zwischen der individuell erfahrbaren Realität des Krieges und ihrer poetischen Transformation aufmerksam gemacht.

In beiden Werken, *The Waste Land* und *In Parenthesis*, verbindet sich politischer Konservatismus mit modernistischer Ästhetik. Wie Eliot bedient sich auch Jones wiederkehrender Motive und kontrastierender Bildgruppen als strukturbildender Momente. Die bestechende Komplexität von *In Parenthesis* resultiert aber auch aus der subtilen Verbindung lyrischer und narrativer Elemente, freier Rhythmen und einer kunstvoll gemeißelten Prosa. Die sprachlichen Register reichen vom Soldatenjargon bis zur rhetorisch überhöhten Diktion der Heldenepik. Besonders anschaulich wird dies am folgenden Beispiel, das den Tagesanbruch an der Front und die morgendliche Routine im Schützengraben präsentiert:

---

17 Vgl. *In Parenthesis*, S. vii f.

18 Die Frage einzelner Einflüsse auf *In Parenthesis* kann im Rahmen dieses Kapitels nicht ausführlich behandelt werden, zumal sie von der Kritik bereits ausführlich diskutiert wurde, so z. B. von Elizabeth Ward, *David Jones, Mythmaker* (Manchester, 1983), S. 79 ff.

19 John H. Johnston, *English Poetry of the First World War*, S. 300, zählt 219 Anmerkungen, von denen 105 literarische Quellen identifizieren bzw. Anspielungen explizieren, während die übrigen 114 militärische Details erklären.

> Over Biez Copse, as nainsook, low vapours yet could draw
> out tenuous parallels.
> Head inclined to head in the bay to the left.
> They call from round the traverse wall.
> Pass it along to stand-down.
> Stand-down and clean rifles.
> Post day-sentries – pass it along.
>
> They stood miserably.
> They stretched encumbered limbs to take their rifles, listless, bemused, to slowly scrape away the thicker mire caked, with deadness in their eyes and hands as each to each they spoke – like damned-corpse-gossiping, of hopeless bleedin' dawns – then laught to see themselves so straitened, tricked out in mudded stiffening (S. 62-3).

Der letzte Absatz der Passage illustriert die poetische Wirkung, die Jones nicht nur durch die Bildhaftigkeit, sondern auch durch die rhythmische Strukturierung seiner Prosa erzielt: Nach der eisigen Nacht im Schützengraben versuchen die Soldaten, ihre Zirkulation wieder in Gang zu bringen; ihre Bewegungen spiegeln sich im regelmäßigen jambischen Rhythmus der folgenden Zeilen: "They beat against the padded walls to flow again the ebbing blood. They kicked the oozing sacks above the water surface till their toe-joints ached" (S. 63).

Auf einer ersten Ebene schildert *In Parenthesis* das Kriegserlebnis des Schützen John Ball und seiner Einheit vom Transport an die flandrische Front Ende 1915 bis zum Beginn der Sommeschlacht im Juli 1916. Jones hält sich an die Chronologie, die auch den meisten Kriegsromanen zugrundeliegt: Etappe, Bereitschaft, Vorrücken in die vorderste Frontlinie, Feuertaufe, Offensive, Verwundung oder Tod. Trotz der vielen autobiographischen Bezüge wird deutlich, daß John Ball eine Art soldatischen Jedermann verkörpert; nicht zuletzt seine Namensgleichheit mit dem Priester, der als einer der Anführer des Bauernaufstandes gegen Richard II. 1381 gehenkt wurde, deutet darauf hin. Der Krieg repräsentiert eine das spezifische historische Ereignis transzendierende, archetypische menschliche Erfahrung. Diese Übertragung auf eine Ebene universaler Gültigkeit bewerkstelligt Jones zum einen durch die häufige kollektivierende Verwendung des Personalpronomens der zweiten Person *singularis*, zum anderen durch zahlreiche Bezüge auf Werke der englischen Literatur, auf die keltische Mythen- und Sagenwelt, auf die Bibel und die katholische Liturgie und auf Werke der bildenden Kunst, wie z. B. Paolo Uccellos "Schlacht von San Romano" (S. 2) und Bruegels "Gleichnis von den Blinden" (S. 31).[20] Besonders häufig bezieht sich Jones auf das aus dem sechsten Jahrhundert überlieferte walisische Heldengedicht *Y Goddodin*, die in einer walisischen Handschrift aus dem 14. Jh. überlieferten *Mabinogion Tales*, Malorys Artusroman und Shakespeares Königsdramen, insbesondere *Henry V*.

Jones' Rekurs auf die heroische Tradition ist von der Kritik immer wieder in den Mittelpunkt des Interesses gerückt und zum Teil sehr unterschiedlich bewertet worden. Paul Fussell betrachtet *In Parenthesis* als einen letztlich zum Scheitern verurteilten Versuch, die neuartige Erfahrung des mechanisierten Krieges in den Kontext der Wertvorstellungen heroischer Dichtung zu übertragen ("to attach traditional meanings to the unprecedented actualities of the war").[21] Für Fussell ist *In Parenthesis* "a deeply conservative work which uses the past not, as it often pretends to do, to shame the present, but really to ennoble it."[22] Ähnlich sieht auch Bernard Bergonzi das Anliegen der Dichtung in der Betonung der Kontinuität menschlicher Erfahrung im Krieg,[23] während Jon Silkins Analyse sich auf Stellen konzentriert, die die Diskrepanz zwischen heroischer Tradition und den Gegebenheiten des Weltkriegs zu unterstreichen scheinen.[24] Der Wahrheit am nächsten dürfte John H. Johnstons Feststellung kommen, daß beide Interpretationen in Jones' Text angelegt sind: "Jones evokes the epic past and gives it a modern context which emphasizes both the continuity of human experience and the incongruity of the heroic attitude amid the novel circumstances of modern war."[25]

In seinem Vorwort zu *In Parenthesis* macht Jones den Leser darauf aufmerksam, daß seine Dichtung in einer Phase des Krieges handelt, in der das volle Ausmaß der industrialisierten Massenvernichtung noch nicht so deutlich abzusehen war wie nach der Sommeschlacht, die nicht nur in der Historiographie des Weltkriegs, sondern auch in vielen Memoiren und Romanen von Kriegsteilnehmern als eine Zäsur erscheint (vgl. 4.). Tatsächlich erhält der Leser von *In Parenthesis* den Eindruck, als ließe

---

20 Vgl. Gisbert Kranz, "Die Tellus der Ara Pacis Augustae und andere Bildwerke in den Dichtungen von David Jones", in: G. K., *Kafkas Lachen und andere Schriften zur Literatur 1950-1990*, Hrsg. Elmar Schenkel (Köln, Wien, 1991) [= erw. Fass. eines Aufsatzes zuerst veröff. *Anglia* 100 (1982), S. 92-102], S. 183 f.

21 Fussell, *The Great War and Modern Memory*, S. 146. E. Ward, *David Jones*, S. 78, wendet sich gegen Fussells Kritik, da diese auf Kriterien wie "Angemessenheit" und "historischer Authentizität" beruhe, die einem literarischen Werk nur schwer gerecht werden können.

22 Fussell, *The Great War and Modern Memory*, S. 147.

23 Vgl. *Heroes' Twilight*, S. 202.

24 Vgl. *Out of Battle*, S. 315-40.

25 Johnston, *English Poetry of the First World War*, S. 307.

sich Jones gelegentlich zu einer nostalgisierenden Verklärung des vorindustriellen Krieges hinreißen. Darüber darf man freilich nicht übersehen, daß Jones' Dichtung von einer subtilen Ironie durchdrungen ist, die zunächst aus dem Kontrast zwischen der archaisierenden Diktion des Werkes und seiner detaillierten Darstellung des prosaischen Schützengrabenalltags resultiert. Eine weitere Quelle ironischer Effekte stellt die kontinuierliche Gegenüberstellung der formelhaften Rhetorik des Heldenepos und des derb-humoristischen Soldatenjargons dar. Im folgenden Beispiel finden sich beide Stilebenen auf wenige Zeilen komprimiert. Der Kontrast ist nicht zuletzt auch deshalb besonders deutlich, da der gefestigte Rhythmus der letzten, wörtlich Malorys Artusroman entnommenen Zeile dem dargestellten Sachverhalt, dem chaotischen Verlauf einer Offensive, völlig inkongruent erscheint:

> Jerry's through on the flank ... and: Beat it! –
> that's what one said as he ran past:
> Bosches back in Strip Trench – it's a
> monumental bollocks every time
> and but we avoid wisely there is but death (S. 180).[26]

Eine grundlegende ironische Spannung resultiert aus der Präsenz eines Erzählers, der durch das von ihm geschaffene Netz intertextueller Bezüge die Erlebnisse John Balls und seiner Kameraden in einen größeren Kontext einordnet. Die Tendenz des Erzählers zur Allwissenheit steht im Gegensatz zur Ahnungslosigkeit des Protagonisten, dem die übergeordnete Bedeutung seiner Erfahrung verschlossen bleibt. Der nächtliche Vormarsch der Soldaten durch das Labyrinth der Schützengräben wird somit zu einer zentralen Metapher. Schließlich unternimmt es Jones immer wieder, die Aufmerksamkeit des Lesers auf die Dichotomie zwischen heroischer Tradition und Wirklichkeit zu lenken. Dies geschieht etwa, indem er in seinem Vorwort das Problem expliziert: Ein Soldat mit Gasmaske entspricht wohl kaum dem ritterlichen Erscheinungsbild, das Shakespeare vor Augen haben mußte, wenn er Vernon in *1 Henry IV* (IV, i, 104) sagen läßt: "I saw young Harry with his beaver on" (vgl. S. xiv und Kap. 6. der vorl. Studie). Weiters betont Jones die Irrelevanz individuellen Heldentums angesichts eines Artilleriebombardements ("they waited helplessly, white-faced, and very conscious of their impotence", S. 86) und zeichnet an mehreren Stellen ein Bild der Soldaten als willenloser

26 Jones' Anmerkung zu dieser Stelle ist unvollständig bzw. unrichtig: es handelt sich um König Lots Rat an die versammelten Kämpfer in Buch I, Kap. 16 von *Le Morte d'Arthur*.

Automata: " ... his loaded body moved forward unchoosingly as part of a mechanism ..." (S. 19); "delicate mechanisms of nerve and sinew" (S. 61); " ... the mechanism slackens, unfed/ and he is quite still ..." (S. 158).

Besonders in Jones' Beschreibungen der Trichterlandschaft an der Westfront sind immer wieder literarische Bezüge auszumachen. Das Ausmaß der Verwüstung der flandrischen Landschaft verdeutlicht ein Bild, das auf die Zerstörung der gesamten natürlichen Ordnung durch den Krieg hinweist; die letzte Zeile der Passage enthält eine der vielen Anspielungen auf die Werke Shakespeares, in diesem Fall auf Gloucesters Soliloquium zu Beginn von *Richard III*:

> Field-battery flashing showed the nature of the place the kindlier night had hid: the tufted avenue denuded, lopt, deprived of height; stripped stumps for flowering limbs – this discontent makes winter's rasure creaturely and kind (S. 30).

Teil 4 von *In Parenthesis* trägt den Titel "King Pellam's Launde", das Wüste Land in Malorys Artusroman. In seinem Vorwort bemerkt Jones:

> ... I think the day by day in the Waste Land, the sudden violences and the long stillnesses, the sharp contours and unformed voids of that mysterious existence, profoundly affected the imaginations of those who suffered it. It was a place of enchantment. It is perhaps best described in Malory, book iv, chapter 15 – that landscape spoke 'with a grimly voice' (*Preface*, S. x f.).

Auch weitere prominente literarische Vorbilder lassen sich hinter Jones' Darstellungen der Frontlinie ausmachen: das Niemandsland mit seinen Granattrichtern, zersplitterten Bäumen und halb im Morast versunkenen Toten erscheint als der Sumpf des Verzagens und das Tal des Todesschattens in Bunyans *The Pilgrim's Progress* (Paul Fussell hat auf diesen für das Verständnis englischer Dichtung des Ersten Weltkriegs zentralen Text hingewiesen[27]) und erfährt in Analogie zum literarischen Vorbild eine religiöse Deutung. Die Bemerkung des Erzählers, daß den Soldaten auf ihrem nächtlichen Marsch durch das Labyrinth der Schützengräben kein "freundliches Licht leuchte" (vgl. S. 34), enthält eine Anspielung auf John Henry Newmans Hymnus "Lead kindly light, amid the encircling gloom / lead thou me on" und den Marsch der Israeliten durch die Wüste in *Exodus* 13, 21-22. Auf seinem nächtlichen Vorposten kann Private Ball durch den Nebel die deutschen Stellungen ausmachen: "His lamps hang in this black cold and hang so still; [...] they cast a dismal sheen" (S. 52). Das

27 Vgl. *The Great War and Modern Memory*, S. 137-44.

Zitat aus "The Rime of the Ancient Mariner", einem Gedicht, das Jones nach eigenen Angaben während der Abfassung von *In Parenthesis* sehr beschäftigte (vgl. S. 199, *note* 40) evoziert Coleridges antarktische Landschaft und ihre spirituellen Implikationen, um die Isolation und Verzweiflung John Balls in der Wüstenei des Niemandslandes anzudeuten.

Ein besonders eindrucksvolles Beispiel für Jones' Verwendung intertextueller Bezüge findet sich in seiner Schilderung eines Abschnitts der Front nach einem Angriff auf die feindlichen Stellungen: "And you saw the whole depth of the advance and gauged the nature of the contest yard by yard, and made some estimate of the expenditure and how they'd bargained for each hundred feet with Shylock batteries" (S. 148). Mit der Unnachgiebigkeit des Gegenspielers Antonios in Shakespeares *The Merchant of Venice* forderten die deutschen Geschütze ihren Tribut. Die Gerichtsszene im vierten Akt des Stückes scheint die juridische Terminologie in den unmittelbar darauffolgenden Zeilen angeregt zu haben: "You marked how meshed intricacies of wire and cunning nest had played sharp tricks on green and eager plaintiffs. They lay heaped for this bloody suing" (ebda).

In Parenthesis enthält vielfache Bezüge auf die Bibel und die katholische Liturgie.[28] Neben dem Erlebnis des Krieges erwies sich die Konversion zum Katholizismus als entscheidende Erfahrung im Leben des Autors. In einem Rundfunkinterview im Oktober 1954 bemerkte Jones, daß ihm erstmals 1917 vor Ypern der Gedanke an einen Übertritt zum katholischen Glauben gekommen war.[29] Prägend für sein Werk sollten die mythischen und rituellen Elemente des Katholizismus werden, was sich im Fall von *In Parenthesis* in den Rahmen des von Bergonzi konstatierten Versuchs einer "Remythologisierung"[30] des Krieges fügt. Zudem fungieren die zahlreichen Bezüge auf den Ritus der katholischen Kirche auch als ein strukturbildendes Moment, indem das Fortschreiten der Erzählung vom Aufbruch an die Front bis zum blutigen Angriff auf den Wald von Mametz die Progression der Meßfeier vom Introitus bis zum Agnus Dei, von Jones als Opfertod der Soldaten auf dem Altar des Krieges interpretiert, widerspiegelt. Die Opferung wird vorweggenommen, wenn die Verteilung der Rumration zur Travestie einer Eucharistie-

28 Eine ausführliche Darstellung gibt Thomas Dillworth, *The Liturgical Parenthesis of David Jones* (Ipswich, 1979).

29 "Autobiographical Talk", abgedr. in: *Epoch and Artist. Selected Writings by David Jones*, Hrsg. Harman Grisewood (London, 1959), S. 28.

30 So der Titel von Bergonzis Kapitel über *In Parenthesis* in *Heroes' Twilight*, S. 198-212.

feier gerät. Die scherzhafte Anrede des Korporals weist überdies auf die Präfiguration der Eucharistie in der wundersamen Labung der hungernden Israeliten mit Wachteln und Manna in *Exodus* 16 hin:

> Come off it, Moses,
> dole out the issue
> Dispense salvation,
> strictly apportion it,
> let us taste and see,
> let us be renewed,
> for christ's sake let us be warm.
> O have a care – don't spill the precious
> O don't jog his hand – ministering;
> do take care.
> [...]
> Each one in turn, and humbly, receives his meagre benefit. This lance-jack sustains them from his iron spoon; and this is thank-worthy (S. 73).

Der rituelle Charakter dieses höchst willkommenen Ereignisses wird, nebenbei bemerkt, auch in Max Plowmans Kriegsmemoiren betont: "... the hour when [rum] is served tends to become a moment of religious worship. After the divine pattern, its celebration is administered by priests in the presence of higher dignitaries."[31]

Während sich die Soldaten zusammenkauern, um Deckung vor der Artillerie zu suchen, richten sie ein Stoßgebet an Mutter Erde, die im folgenden auch mit der Jungfrau Maria identifiziert wird:

> ... mother earth
> she's kind:
> Pray her hide you in her deeps
> she's only refuge against
> this ferocious pursuer
> terribly questing.
> Maiden of the digged places
> let our cry come unto thee.
> *Mam*, moder, mother of me
> Mother of Christ under the tree
> reduce our dimensional vulnerability to the minimum –
> cover the spines of us
> let us creep dark-bellied where he can't see
> ... (S. 176).

Es ist bezeichnend für die stilistischen Unterschiede zwischen *In Parenthesis* und *Zuginsfeld*, daß Nebel das Thema der Wiedervereinigung

31 *A Subaltern on the Somme*, S. 174.

der Soldaten mit der Muttergottheit mit makabrem Humor behandelt: "Gaudeamus igitur/ Nos habebit humus" (xxiii, 298-9; S. 140).

Auch der intertextuelle Rahmen von *Zuginsfeld* ist weit gespannt und schließt satirische Bezugnahmen auf das Deutschlandlied ebenso ein wie Anspielungen auf Bibelstellen. Wilhelms II. Ausruf nach der Bewilligung der Kriegskredite durch die sozialdemokratische Reichstagsfraktion ("Ich kenne keine Parteien mehr, nur noch Deutsche!") wird mehrmals zitiert, in einem Fall als Hinweis auf ein im Ersten Weltkrieg gar nicht so seltenes Phänomen: "Eigene Artillerie kennt keine Parteien mehr" (xxvi, 286; S. 167). Das horazische Diktum vom süßen Heldentod für das Vaterland wird von Nebel zu "Sauer und dekorativ ist es" (xv, 366; S. 67) zurechtgerückt, und in der "falschen" *figura etymologica* "Recke eben/ Ohne zu verrecken eben" (x, 81-2; S. 41) erfahren vielbeschworene Vorstellungen von Heldentum eine sarkastische Neudeutung. Viele Anspielungen in *Zuginsfeld* beziehen sich auf Werke der deutschen Klassik, die geheiligten Kulturgüter des Bildungsbürgertums. In einer Parodie auf das Lied des Harfenspielers in Goethes *Wilhelm Meisters Wanderjahre* stellt Nebel die Glorifizierung von Tapferkeit und Frontkameradschaft in der Kriegspropaganda und in den meisten Werken der Kriegsliteratur in Frage:

> Wer nie im Trommelfeuer lag
> Weiß nicht was Nächstenliebe tut
> Granaten entlarven
> Volltreffer Schicksalsschlag
> Wer log im Trommelfeuer nie
> (xxiv, 1-5; S. 141).

Durch das parodistische Zitat und seine Variation entsteht ein neuer Text. Einen ähnlichen Verfremdungseffekt erzielt Nebel durch die überraschende Gegenüberstellung von Sprichwörtern, Parolen und "Gemeinplätzen" ("Das Gewehr ist die Braut des Soldaten/ Auf Weiber ist kein Verlaß", ii, 1-2; S. 10) oder durch nur geringfügige Veränderungen, wie z. B. in einer treffenden Umdeutung zweier Verse aus dem Prolog zu *Wallensteins Lager*: Schillers moralischer Appell ("... wer den Besten seiner Zeit genug/ Getan, der hat gelebt für alle Zeiten") muß in Anbetracht des Weltkriegs heißen: "Denn wer den Bestien [!] seiner Zeit genug hat angetan [!]/ der hat gelebt" (xxii, 137-8; S. 129).

In einer als programmatisch für die Intentionen von *Zuginsfeld* zu betrachtenden Passage behandelt Nebel die Bedeutung poetischer Sprache und kriegsaffirmativer Dichtung für die Manipulation kollektiver Emotionen in Kriegszeiten mit erfrischender Frivolität:

Reim ist Zufall
Es gibt keinen Zufall
Reim ist Absicht
Wie reimt sich das
Machen Sie sich keinen Vers daraus
[...]
Lüger [sic!] reimen Krieg
[...]
Taucht tief in's [sic!] Blut die Federn
(xvii, 3-13; S. 84).

In der folgenden verbalen *tour de force* reflektiert die Verzerrung der Sprache die Verzerrung der Wirklichkeit im Krieg durch Sprache. Nebels Kritik am propagandistischen Mißbrauch vor allem der Dichtung verbindet sich dabei mit einer Abrechnung mit überkommenen Vorstellungen von Heroismus:

Aber wie reimt sich Berg auf Held
Stellen Sie sich Berge vor
Halten Sie nicht hinterm Berge
Stellen Sie sich nah vor Berge
Ferne
Nahe Berge
Bergeketten
Gipfel
Kuppen
Edelweiß
Schnee und Schatten
Zackenschründe
Wolkenkratzer
Wolkendecken
Wolken drücken
Wetterwolken
Hitze drückt
Und Drückeberger
Sehen Sie, es reimt sich schon
Held, ein verhinderter Drückeberger
(xvii, 25-44; S. 84 f.).

Das Odium des Drückebergertums haftete jenen an, die sich fernab jeder Gefahr im Hintergrund hielten: den Stabsoffizieren. In vielen von Frontsoldaten verfaßten Gedichten, Memoiren und Romanen fungieren sie dementsprechend als Zielscheiben sowohl spöttischer als auch bitterer Angriffe. Bezeichnenderweise kleidet Nebel seine Attacken gegen den Stab in eine pseudo-literarische Terminologie: "Brigadestabreim" (xvii, 59; S.

85). Als Verfasser von Berichten, Befehlen und Schlachtplänen haben Stabsoffiziere maßgeblichen Anteil an der militärischen Korrumpierung der Sprache:

> Sie vergreifen sich an Sprache und Ordnung
> […]
> Alles in bester Unordnung
> Das ist gut Deutsch
> Das ist es
> Dadaisten
> Das da soll gutes Schriftdeutsch sein
> Soldatendeutsch ist kurz und klein
> Schriftdeutsch sei kurz und gut
> JASTA
> Schusta
> Der gute Teutsche lernt alles
> Gutes Deutsch lernt er nie
> Volk der Dichterlinge und Denkmäler
> (xvii, 80-101; S. 86).

Mit dem Verfall der Sprachkultur ist aus dem "Volk der Dichter und der Denker" eine Nation von "Dichterlingen und Denkmälern" geworden. Die Frage, wem letztere geweiht sind, ist nicht eindeutig zu beantworten: Handelt es sich um Monumente von Geistesgrößen, deren humanistische Ideen im allgemeinen Kriegstaumel dem Vergessen anheimgefallen sind, von Helden einer glorifizierten kriegerischen Vergangenheit oder vielleicht schon um erste Denkmäler für die unzähligen Gefallenen des Weltkriegs?

Militärische Akronyme wie JASTA oder Schusta, so deutet Nebel an, ähneln einem dadaistischen Sprachgestammel und sind Ausdruck eines geistigen Niedergangs, der letztlich zum Ausbruch des Krieges geführt hat:

> Diese Hitze!
> Diese Hetze!
> […]
> Hirne brennen
> Hirnverbrannte
> Hirnpest erbricht sich
> Beweis erbracht
> Geist bricht zusammen
> Krieg bricht aus
> (xiv, 1-9; S. 57).

Die Euphorie der Augusttage 1914 schildert Nebel in drastischen Worten als physische und mentale Krankheit; gab es gegen diese offenbar kein Heilmittel, so existiert ein wirkungsvolles Antidot gegen alle Zweifel, die hinsichtlich der Gerechtigkeit der deutschen Sache bestehen mögen: "Deutsche Zeitung/ Dreimal täglich" (xvii, 111-12; S. 87). Nebels Spitze gegen die Presse, bereits von Kraus als hauptverantwortlich für die chauvinistische Korruption der Sprache vehement attackiert, ist ein weiteres Indiz dafür, daß sein *Zuginsfeld* mehr ist als bloße Sprachspielerei: Das Gedicht artikuliert die Besorgnis seines Autors über den Zustand der Sprache als eines Spiegels gesellschaftlicher Zustände. Der meist triviale, den Kalauer nicht ausschließende Charakter der unzähligen Wortverdrehungen wird zu einem Korrektiv sowohl des elaborierten Stils als auch der Verdrehung der Wirklichkeit in der Kriegspropaganda und in der kriegsverherrlichenden Literatur.

Für die Umsetzung seiner künstlerischen Intentionen bedient sich Nebel ebenso wie Jones der Materialität der Sprache. Marshall MacLuhans Diktum "the medium is the message" trifft auf *Zuginsfeld* insofern besonders zu, als Nebels Verwendung von Sprache – im Sinne der Wortkunsttheorien Herwarth Waldens – darauf angelegt ist, Bedeutung weniger zu vermitteln, als vielmehr zu kreieren. *Zuginsfeld* erscheint somit in mancher Hinsicht als eine Vorarbeit zu den späteren, radikaleren poetischen Experimenten Nebels. In einigen Fällen, in denen dem Aspekt der Spatialisierung und damit dem typographischen Bild eine besondere Funktion zuzukommen scheint, wird das Gedicht zum Vorläufer der konkreten Lyrik. So unterstreicht im folgenden Beispiel das kreuzförmige Druckbild die vorangegangene Identifikation des Kriegserlebnisses mit dem Martyrium Christi, ein häufiges Thema der englischen und deutschen Weltkriegsdichtung, das vor allem auch bei Jones eine prominente Stelle einnimmt:

Wehe
Menschenrechte
Wehe
Wehe
Völkerrechte
Wehe
Wehe
(xiv, 133-9; S. 61).

In den folgenden beiden Beispielen wird Nebels satirischer Angriff auf die Obrigkeitshörigkeit einer Nation und ihre Reverenz alles Militärischen durch effektvolle typographische Kunstgriffe verdeutlicht:

Vorgesetzter
        Zurückgesetzter
(i, 13-14; S. 7).

Der Generalober
        St!
(xii, 7-8; S. 47).

Obwohl Zeilenumbruch, Enjambement und Einrückung in *Zuginsfeld* somit eine wichtige Funktion erfüllen können, setzt Nebel ihr poetisches Potential in weit geringerem Ausmaß ein als Jones. Auch fehlt dem Gedicht die für *In Parenthesis* kennzeichnende, aus dem Wechsel von Vers und Prosa resultierende Strukturierung. *Zuginsfeld* ist nach Nebels eigenen Angaben in erster Linie für den mündlichen Vortrag konzipiert, und die Behauptung des Autors, daß erst eine an strengsten sprechtechnischen Kriterien orientierte Rezitation die volle Bedeutung (!) des Gedichtes erschließe,[32] findet in Jones' "concern with the sound of certain sentences" (S. xi) eine Entsprechung. In den Jahren nach dem Krieg gab Nebel, der an der Lessing-Bühne in Berlin bei Rudolf Blümner Schauspielunterricht genommen hatte und unmittelbar vor Ausbruch des Krieges am Beginn einer Theaterlaufbahn stand, Lesungen aus *Zuginsfeld* in einer Reihe deutscher Großstädte.[33]

In einem Nachtrag zu seinem "Preface" zu *In Parenthesis* dankt Jones dem Drucker, nachdem er im Vorwort zu seiner Handhabung typographischer Konventionen im Gedicht bemerkt hat: "I frequently rely on a pause at the end of a line to aid the sense and form. A new line, which the typography would not otherwise demand, is used to indicate some change, inflexion or emphasis" (S. xi). Linksbündigkeit, Zeilenumbruch und Anapher[34] betonen den ritualisierten Charakter von Routinehandlungen, Befehlen oder militärischem Drill. Ein Beispiel findet sich bereits am Beginn von *In Parenthesis*:

---

32 Vgl. Nebels "Vorbemerkungen zu Zuginsfeld", *Das dichterische Werk I*, S. 119.

33 Eine Tonbandaufnahme von *Zuginsfeld*, vorgetragen vom Autor, entstand 1972, ein Jahr vor Nebels Tod. Eine von David Jones gesprochene Schallplattenaufnahme von *In Parenthesis* erschien bei Argo-Recordings.

34 John Silkin bemerkt in Hinblick auf die zuvor zitierte Darstellung der Ausgabe der Rumration: "... the supplicating quality of the anaphora [...] invites formal association with prayer" (*Out of Battle*, S. 339).

Corporal Quilter intones:
Dress to the right – no – other right.
Keep those slopes.
Keep those sections of four.
Pick those knees up.
Throw those chests out.
Hold those heads up.
Stop that talking.
Keep those chins in (S. 3-4).

In der Folge spricht Jones von "ritual words" (S. 3), "the liturgy of a regiment departing" (S. 4) und, als das Bataillon vorrückt, "the liturgy of their going up" (S. 28). Im folgenden Ausschnitt marschieren die Soldaten in der Dunkelheit der Nacht an die vorderste Frontlinie. Der Chor der verschiedenen Stimmen wird zum Kanon mit Variationen:

The repeated passing back of aidful messages assumes a
cadency.
Mind the hole
mind the hole
mind the hole to left
hole right
step over
keep left, left.
One grovelling, precipitated, with his gear tangled, struggles to feet again:
Left be buggered.
Sorry mate – you all right china? – lift us yer rifle – an' don't take on so
Honey – but rather, mind
the wire here
mind the wire
mind the wire
mind the wire (S. 36).

Ähnliche Wirkung erzielt Jones durch die Wiederholung und Variation von Befehlen in der Stellung, wie etwa des Befehls zur morgendlichen Bereitschaft ("Stand-to./ Stand-to./ Stand-to-arms", S. 60) oder der stereotypen Antwort auf die Frage neu eingelangter Truppen nach der Intensität der Kampfhandlungen im betreffenden Frontabschnitt: "It's cushy mate, it's cushy –" (S. 35). Jones betont jedoch, daß ihn der weitgehende Verzicht auf Obszönitäten und Blasphemien daran hinderte, die gestalterischen Möglichkeiten dieser Technik voll auszuschöpfen:

I have been hampered by the convention of not using impious and impolite words, because the whole shape of our discourse was conditioned by the use of such words. The very repetition of them made them seem liturgical,

> certainly deprived them of malice, and occasionally, when skilfully disposed, and used according to established but flexible tradition, gave a kind of significance, and even at moments a dignity, to our speech (S. xii).

Die Betonung textueller Elemente in Jones' Dichtung impliziert eine Interpretation des Kriegserlebnisses an sich als Text.[35] Auf dieselbe Weise wird in *Zuginsfeld* durch die untrennbare Verbindung von Inhalt und Form die Erfahrung des Krieges zum dichterischen Experiment stilisiert. Nebels Neologismus "Germanische Langrohre" (xiv, 12; S. 141), eine Anspielung auf die "Langzeile" der germanischen Heldenepik, scheint die Paraphernalien der Front in die textuelle Struktur des Werkes zu integrieren. Beide Werke dokumentieren die Überzeugung ihrer Autoren, daß konventionelles Erzählen oder Dichten der Erfahrung des modernen Krieges nicht gerecht werden können. Durch ihre Verknüpfung dokumentarischer und experimenteller Techniken stehen *In Parenthesis* und *Zuginsfeld* späteren Werken der Kriegsliteratur wesentlich näher als dem überwiegenden Teil der literarischen Produkte des Ersten Weltkriegs. So stellt Evelyn Cobley fest, daß Texte wie Michael Herrs halbdokumentarischer Vietnamroman *Dispatches* (1968) durch die Neubewertung der Opposition Wirklichkeit – Fiktion ihren Gegenstand methodisch adäquater behandeln als der Großteil der einem vergleichsweise naiven Realismus verhafteten Romane und Memoiren aus dem Ersten Weltkrieg.[36] Erreicht wird diese Neubewertung bzw. Umstrukturierung durch eben die für *Zuginsfeld* und *In Parenthesis* kennzeichnende Verbindung von Dokumentation und literarischem Experiment.

In der Konzeption ihrer Dichtungen offenbar von gleichen Annahmen ausgehend, schlagen Jones und Nebel in deren Umsetzung jedoch verschiedene Richtungen ein: Wenn ersterer mit *In Parenthesis* historische Grenzen ebenso überschreitet wie die Grenzen zwischen den etablierten literarischen Gattungen, so geschieht dies nicht, um den Krieg zu verurteilen oder zu glorifizieren, sondern um durch die literarische Gestaltung das Kriegserlebnis auf einer Ebene universaler Signifikanz neu zu konstituieren. Die in *In Parenthesis* spürbare subtile Ironie wird zu einem integrativen Bestandteil dieses Bemühens, prägt sie doch Jones' Verständnis der *conditio humana*. In *Zuginsfeld* verbindet Nebel sprach-

---

35 Zur Analogie zwischen der Interpretation scheinbar autonomer Ereignisse und der Dechiffrierung eines Textes vgl. Paul Ricoeur, "The Model of the Text: Meaningful Action Considered as a Text", *New Literary History* 5, 1 (1973), S. 98.

36 Vgl. Evelyn Cobley, "Narrating the Facts of War: New Journalism in Herr's *Dispatches* and Documentary Realism in First World War Novels", *The Journal of Narrative Technique* 16, 2 (1986), S. 112.

liches Experimentieren mit scharfer Polemik, um die hinter der Phrase verborgene "eigentliche" Bedeutung der Wörter und Sätze bloßzulegen. Wie in Hellers *Catch 22* oder Vonneguts *Slaughterhouse 5* ist jedoch schon bei Nebel die Satire letzlich Ausdruck der Hilflosigkeit angesichts des Chaos des Krieges, und *Zuginsfeld* endet mit einem ungehört verhallenden Hilferuf.

13. Zusammenschau

Vorrangiges Ziel dieser Studie war es, die Darstellung bestimmter Aspekte des Kriegserlebnisses im Ersten Weltkrieg durch englische und deutsche Gedichte zu beleuchten. In der Selektion ihrer Themen und in ihrer Metaphorik zeigen die englische und deutsche Lyrik des Krieges weitgehende Übereinstimmung. Nicht zu übersehen ist aber, daß der Einfluß unterschiedlicher literarischer Traditionen in Deutschland und England zu unterschiedlich häufigem Auftreten einzelner Themen und Motive sowie zu verschiedenen Ausprägungen einzelner Bilder führt. Bedeutendster Unterschied zwischen englischer und deutscher Kriegslyrik ist, wie schon einleitend festgestellt, das fast völlige Fehlen modernistischer Texte in der englischen Kriegsdichtung. Auf deutscher Seite manifestiert sich deren Präsenz in der Neigung zum formalen Experiment und in einer durch die Futurismus-Rezeption des deutschen Expressionismus mitbedingten Begeisterung an neuen Kriegstechnologien. Diese wird jedoch durch die unmittelbare Erfahrung des mechanisierten Krieges bald in Frage gestellt, wie das Beispiel von Franz Richard Behrens' paradigmatischem Gedicht "Expressionist – Artillerist" zeigt. Auf englischer Seite läßt sich – neben Wilfred Owens experimenteller Handhabung des Halbreims und Richard Aldingtons Ansätzen zu imagistischen Augenblicksgedichten – lediglich ein modernistisches Werk anführen – David Jones' "Weltkriegsepos" *In Parenthesis*.

Während die Hinwendung zur literarischen Moderne im Falle des deutschen Expressionismus eine radikale Abkehr von literarischen Vorbildern bedeutete, entwickelt Jones' *In Parenthesis*, analog zu einem der Schlüsseltexte der Moderne, T. S. Eliots *The Waste Land*, die literarische Tradition bewußt weiter. Als einziges deutsches Pendant ist Otto Nebels umfangreiches experimentelles Gedicht *Zuginsfeld* zu nennen, das Zitate aus dem Kanon der deutschen Literatur durch seine für die Moderne in besonderem Maße kennzeichnende Montagetechnik verfremdet. Einen Rückgriff auf die Dichtung des Barock verraten die manieristische Lyrik Anton Schnacks in der Variation der Sonettform und der Hyperbolik des Ausdrucks sowie die an barocke Bildgedichte erinnernde typographische Gestaltung der Dichtung des *Sturm*-Kreises.

Der Rekurs englischer Dichter auf klassische Vorbilder und die von der klassischen Antike, insbesondere der pastoralen Dichtung, entscheidend beeinflußte nationale Tradition führt zu einem für die englische Kriegsdichtung charakteristischen Phänomen: Zur Motivierung nationaler

Kriegsanstrengungen oder als kritisches Gegenbild zum Krieg entwerfen kriegsbejahende und kriegskritische Gedichte eine idyllisierte Friedenswelt. Letzteres gilt vor allem für das dichterische Weltkriegsoeuvre Edmund Blundens, aber auch für eine Reihe anderer englischer Lyriker. In der deutschen Dichtung ist diese Technik, mit Ausnahme von Ansätzen zur Projektion einer mit den Gegebenheiten der Front kontrastierenden Kleinstadtidylle bei Anton Schnack, kaum auszumachen. Im Werk der am stärksten rezipierten englischen Weltkriegsdichter, Wilfred Owen und Siegfried Sassoon, treten pastorale Kontraste zunehmend hinter explizitem humanitären Protest zurück. Die Lyrik des literarisch vielleicht am höchsten einzuschätzenden englischen Kriegsdichters, Isaac Rosenberg, zeigt hingegen weder die Naturidyllik der *Georgians* noch die Leidensthematik Owens oder die bittere Satire Sassoons, sondern steht in ihrem Gestaltungswillen, der Plastizität ihrer Bilder und ihrer Tendenz zur Allegorisierung der Dichtung früher deutscher Expressionisten wie Georg Heym oder Georg Trakl nahe.

Die Annahme einer literarisch vorgeprägten Tendenz englischer Kriegsdichter zu stärkerer partikulärer Beobachtung konnte durch die untersuchten Gedichte im wesentlichen verifiziert werden. Besonders deutlich zeigt dies etwa der Vergleich der Gedichte "Dulce et Decorum Est" von Wilfred Owen und "Gasangriff" von Arnold Ulitz, die beide einen Giftgasangriff zum Thema haben. Owens Konzentration auf ein Einzelschicksal, das freilich als symptomatisch für das Grauen des Krieges deklariert wird, steht im deutschen Gedicht eine generalisierende, zu metaphysischen Spekulationen überleitende Interpretation der dargestellten Vorgänge gegenüber. Die Tendenz expressionistischer Dichtung zu Generalisierung und Abstrahierung fördert Gestaltungen panoramatischer Visionen in Kriegsgedichten von Autoren, die dem Expressionismus nahestehen, wie z. B. Wilhelm Klemm, Kurd Adler oder Oskar Kanehl.

Der Überblick über Themen und Motive der Weltkriegsdichtung zu Beginn der Arbeit sollte einen Rahmen für die detailliertere Analyse der Darstellung einzelner Aspekte der Kriegserfahrung durch die englische und deutsche Lyrik festlegen sowie erste Ansatzpunkte für vergleichende Betrachtungen aufzeigen. Die im anschließenden Teil der Studie ausführlicher behandelten Bereiche "Perspektive des Schützengrabens", "Technisierter Krieg/Neue Kriegswaffen" und "Todesbilder" wurden gewählt, weil sie Schnittstellen der Interaktion einer vorwiegend durch die Glorifizierung von Krieg und Heldentod geprägten Tradition der Kriegsdichtung und des Versuchs einer poetisch intensivierten, im wesentlichen aber authentischen Darstellung des technisierten Krieges repräsentieren. Dabei zeigt die kriegsbejahende Lyrik sowohl in England als auch in Deutschland eine Neigung zur Übernahme traditioneller Kriegs- und Todesbilder, die sie in den Kontext des modernen Krieges transponiert, während die kriegskritische Dichtung zu deren Negation oder Verfremdung tendiert. Die Gleichungen "Kriegskritik ist gleich Dekonstruktion der heroischen Tradition" und "Kriegsbejahung ist gleich deren Fortsetzung" würden jedoch eine unzulässige Simplifizierung bedeuten. Vielmehr zeigt die Dichtung des Ersten Weltkriegs in ihrem Bezug auf traditionelle Vorbilder ein breites Spektrum von Positionen, die häufig auch innerhalb des Werkes eines Autors variieren. In diesem Zusammenhang muß nochmals daran erinnert werden, daß eindeutige Kategorisierungen von Kriegslyrik als pro- oder anti-Krieg vielfach nur schwer möglich erscheinen und der Komplexität vieler Werke der Weltkriegsdichtung nicht gerecht werden. So begegnen uns Nobilitierung (besonders deutlich am Beispiel des Flugzeugs) und Anthropomorphisierung von Kriegswaffen (schwere Artillerie), letzteres ein Rekurs auf die mittelalterliche Epik (man erinnert sich an das Schwert des mythischen Helden), immer wieder auch in ansonsten "realistischen" Frontgedichten.

Im Kapitel zur Perspektive des Schützengrabens konnte gezeigt werden, daß der Lyrik eine Affinität zur Aufsplitterung der Wahrnehmung im technisierten Krieg zuzusprechen ist. In der Konzentration auf eng umgrenzte räumliche und zeitliche Ausschnitte des Geschehens spiegelt sie wahrnehmungsphysiologische Charakteristika des Stellungskrieges. Als kongeniales Medium erwies sich die Lyrik in diesem Zusammenhang auch durch ihre Tendenz zu sprachlicher Fragmentarisierung, d. h. zum Aufbrechen konventioneller Syntax oder Wortformen. Die experimentellen Gedichte August Stramms und Franz Richard Behrens' machen deutlich, daß dieses Moment in der für die Gattung kennzeichnenden Besinnung auf die Materialität der Sprache angelegt ist. Für die in größerer zeitlicher (und emotionaler) Distanz zu den Ereignissen verfaßten Kriegsromane und -memoiren hingegen ist der Versuch einer Gesamtschau kennzeichnend. Die Erkenntnis der Unmöglichkeit einer solchen wird in kriegskritischen Prosawerken zum Teil thematisiert, in der Dichtung durch die Gestaltung panoramatischer Perspektive impliziert. Die erhöhte Position des Sprechers in einer Reihe englischer und deutscher Kriegsgedichte kompensiert, wie zu zeigen war, die Einschränkung des Gesichtsfeldes durch die Gegebenheiten des Stellungskrieges. Symptomatisch für die Perspektive des Grabenkämpfers erscheinen hingegen die vor allem in der englischen Dichtung häufigen Himmelsbeobachtungen, deren Repräsentanz im Vergleich zur deutschen Lyrik wiederum durch ihren Rang in der englischen literarischen Tradition erklärt werden kann. Der Perspektive "von unten" eignet in beiden Textkorpora eine symbolische Dimension als Visualisierung der untergeordneten Position des einfachen Soldaten im Gegensatz zum panoramatischen (aber abstrahierten) Überblick der Befehlshaber.

Das anschließende Kapitel zur Phänomenologie des Maschinenkrieges demonstriert, daß die Lyrik, anders als Kriegsromane oder Memoiren von Kriegsteilnehmern, auf bestimmte Aspekte des Stellungskrieges ("Unsichtbarkeit" des Gegners, Treffzufälligkeit des Artilleriefeuers, Passivität des Grabenkämpfers) nicht nur durch explizite Thematisierung, sondern auch durch spezifische sprachliche und bildhafte Gestaltungsmittel (Pronominalisierung des Gegners, Personifikation der "Schlacht") reagierte. Das Bild des Krieges als einer gigantischen Maschine und seine Entsprechung in der Sicht der Soldaten als Automata findet sich sowohl in englischen als auch in deutschen Gedichten. Interessant ist zu vermerken, daß Gedichte, die unter Einbeziehung einer historischen Perspektive explizit auf die Veränderung des Erscheinungsbildes des Krieges hinweisen, vielfach nicht von Kriegsteilnehmern stammen: prominente Beispiele sind Karl Kraus' "Mit der Uhr in der Hand", Thomas Hardys "Then and Now", Stefan Georges Dichtung *Der Krieg* und Klabunds "Ballade des Vergessens". Die eingehendere Analyse dreier Gedichte, in denen der mechanische Aspekt des Fronterlebnisses eine zentrale Position einnimmt (Herbert Read, "The End of a War", Isaac Rosenberg, "Dead Man's Dump" und August Stramm, "Signal"), zeigt, daß die Sprachauffassung expressionistischer Dichtung einen der Darstellung des modernen Krieges besonders adäquaten Ausdruck hervorbrachte: Stramms dynamische, fragmentarische Sprache spiegelt unmittelbar die Gewaltsamkeit des Geschehens und die Auflösung aller Ordnung im Chaos der Front. Rosenbergs Gedicht hingegen wirkt durch die Drastik der detailliert gezeichneten Vorgänge und den ironisierenden Ton des Sprechers. Reads "The End of a War" repräsentiert eine – bezeichnenderweise in größerer zeitlicher Distanz konzipierte – reflektierende Betrachtung des Krieges.

Das Bild des Krieges als einer oppressiven Maschinerie steht vor dem konkreten Hintergrund des massiven Artillerieeinsatzes an der Westfront. An den Geschützen polarisierten sich Technikbegeisterung und Technikkritik. Die in englischen und deutschen Gedichten gleichermaßen festzustellende Animation der Geschütze verrät die Mischung aus Faszination und Abscheu, mit denen Kriegsteilnehmer ihrer Zerstörungskraft gegenüberstanden. Im Vordergrund steht dieser Aspekt in den anthropomorphisierten Darstellungen der Artillerie in Gilbert Frankaus literarisch wenig anspruchsvollem Gedichtband *The Guns*, aus dem ein Beispiel, "The Voice of the Slaves", näher zu untersuchen war. Eine größere Häufigkeit von Geschützdarstellungen in deutschen Gedichten läßt sich, sieht man von trivialen Reimen auf Fetische chauvinistischer Kriegsbegeisterung wie die "Dicke Bertha" ab, nicht erkennen bzw. wäre nur sehr schwer nachzuweisen. Wohl aber zeigt sich eine größere Konsequenz in der belebenden Darstellung des Kriegsgeräts und, einmalig in Franz Richard Behrens' "Expressionist – Artillerist", eine metapoetische Aussage über die Affinität modernistischer Dichtung zur Technologie des Krieges.

Weniger ambivalent als die Artillerie bewertet die Dichtung des Weltkriegs zwei neue Kriegswaffen: Während es kein Frontgedicht zu geben scheint, das dem Giftgas irgendeinen positiven Stellenwert beimißt, wird das Flugzeug in der Dichtung einheitlich nobilitiert. Daß der Rückgriff auf traditionelle Kriegsbilder am ausgeprägtesten in dichterischen Darstellungen des Flugzeugs, der revolutionärsten technischen Errungenschaft, die im Ersten Weltkrieg zum Einsatz kam, auszumachen ist, mag zunächst verwundern. Die Gegensätzlichkeit zwischen den Erscheinungsbildern des Krieges am Boden und in der Luft legte jedoch die Stilisierung der Jagdflieger zu letzten Repräsentanten ritterlichen Einzelkämpfertums und damit zu modernen Heroen nahe. Im Zusammenhang mit der im Kapitel zur Perspektive des Grabenkämpfers aufgezeigten Einschränkung des Blickfeldes faszinierte am motorisierten Flug darüberhinaus auch die große Überschau. Der Rekurs auf obsolete Kriegskonzeptionen ist somit ein doppelter, die Position des Fliegers impliziert die privilegierte Schau vom Feldherrnhügel im historischen Krieg. Die in der Ikarus-Sage vorgegebene Deutung des Fluges als Symbol eines kreativen, sich über konventionelle Restriktionen hinwegsetzenden Künstlertums klingt in lyrischen Darstellungen des motorisierten Fluges an. Wiederum erscheint die Dichtung der jungen Avantgarde Deutschlands in ihrer radikalen Antibürgerlichkeit aufgeschlossener für diese Thematik als die englischsprachige Dichtung, in der William Butler Yeats' "An Irish Airman Foresees His Death", Nekrolog auf den Künstler – und Ikarus – Robert Gregory, das einzige Beispiel darstellt. An die Verklärung des Heldentodes in antiker und mittelalterlicher Epik gemahnen die zahlreichen apotheotischen Deutungen des Fliegertodes (z. B. in Franz Karl Ginzkeys

"Feindlicher Flieger" oder Walter Flex' "Fliegerbegräbnis") in der Dichtung des Weltkriegs.

An den Todesbildern englischer und deutscher Weltkriegsdichtung interessierte vor allem die Verfremdung von Motiven und Metaphern der Prokriegsliteratur. Hier zeigt sich auf beiden Seiten weitgehende Uniformität, wenngleich die Dekonstruktion konventioneller Jahreszeiten- und Erntebilder durch englische Antikriegsdichtung auch vor dem Hintergrund der in der englischen Literatur weit prominenteren Tradition der Naturdichtung, im speziellen der pastoralen Elegie, zu sehen ist. Für die Todesdarstellungen deutscher Kriegslyriker finden sich Muster in der Lyrik der Befreiungskriege und des Deutsch-Französischen Krieges 1870/71, was zum Teil die prononciertere "Religiosität" deutscher Prokriegsgedichte und, im Gegenzug, die Vehemenz der satirischen Protestgedichte eines Kurt Tucholsky oder Hugo Ball erklärt. Wie Balls "Totentanz 1916" zeigt, bot die literarische Tradition im Motiv des *danse macabre* aber auch ein Muster für ein entheroisierendes und entmystifizierendes Todesbild, das von der Antikriegsdichtung übernommen werden konnte.

Eine grundlegende Kontinuität zeigen Vorkriegslyrik und Kriegsgedichte der deutschen "Arbeiterdichter", die ihre Erfahrung industrieller Arbeitswelt in den Kontext des mechanisierten Krieges übertrugen. Der Krieg erscheint ihnen, um das Clausewitz-Wort zu bemühen, als eine Fortführung der Industriearbeit mit anderen Mitteln. Dies erhellt besonders aus der Gegenüberstellung mit der pastoralen Idyllik englischer Kriegslyriker, die die Gewichtung auf die Diskontinuität bzw. Dichotomie von Friedenswelt und Front legen. Arbeiterdichter und pastorale Idylliker spiegeln in ihrer Lyrik die Autostereotypen der jungen Industrienation Deutschland und der (trotz – oder gerade wegen – ihrer frühen Industrialisierung) konservativen Handelsmacht England. Im Gegensatz zur naiven Technikbegeisterung der Avantgarde läßt die formal traditionelle Lyrik der Arbeiterdichter zuweilen die Erkenntnis der Oppressivität der Mechanismen industrieller Produktion durchblicken. Auf Grund der sozialutopischen Ansprüche ihres poetischen Engagements schlägt sich diese in den Kriegsgedichten jedoch nicht in der hier vielleicht zu erwartenden Kritik am technisierten Charakter des Krieges nieder.

Die beiden abschließenden Kapitel der Studie enthalten Gegenüberstellungen einzelner englischer und deutscher Autoren, wobei deren Reaktion auf das veränderte Erscheinungsbild des Krieges im Mittelpunkt des Interesses stand. Auf die singuläre Position der "Weltkriegsepen" der beiden Kriegsteilnehmer David Jones und Otto Nebel wurde bereits mehrfach hingewiesen. Interessante Parallelen, die eine eingehende vergleichende Betrachtung rechtfertigen, zeigt auch das Weltkriegsoeuvre Thomas Hardys und Gerhart Hauptmanns. Das Interesse beider Autoren für die Kultur des Kriegsgegners ließ eine vergleichende Untersuchung ihrer Positionen während des Weltkriegs als besonders relevant erscheinen. Der Beschäftigung Thomas Hardys, aber auch Gerhart Hauptmanns, mit historischen Kriegen war in diesem Zusammenhang besondere Bedeutung zuzumessen; sie verweist, wie auch der eingangs zitierte Satz Thomas Manns, auf die Faszination, die der Krieg seit jeher auf die Dichter ausgeübt hat.

Die wissenschaftliche Erforschung von Kriegsliteratur als eines internationalen Phänomens steht noch an ihren Anfängen. Besonders die Dichtung des Ersten Weltkriegs stellt eine Vielzahl offener Fragen und bietet somit ein weites Feld für komparatistische Untersuchungen. Aufgabe künftiger Forschung auf diesem Gebiet wird es sein, das heutige bessere Verständnis für die Komplexität des Verhältnisses zwischen historischer Realität und ihrer literarischen Gestaltung in die Analyse einzubringen. Die gegenwärtig mit großer Intensität geführte Diskussion über Unterschiede und Parallelen zwischen literarischem und historiographischem Diskurs zwingt dazu, die Frage nach der Authentizität von Kriegsliteratur neu zu überdenken. Eines der Ziele der vorliegenden Studie war es, Material für weiterführende Untersuchungen in diese Richtung bereitzustellen.

Literaturverzeichnis

1. Anthologien internationaler Lyrik

Cross, Tim, Hrsg., *The Lost Voices of World War I. An International Anthology of Writers, Poets and Playwrights* (London, 1988).
Deppe, Wolfgang G., Christopher Middleton u. Herbert Schönherr, Hrsgg., *Ohne Haß und Fahne. No Hatred and no Flag. Sans haine et sans drapeau. Kriegsgedichte des 20. Jahrhunderts. War Poems of the 20th Century. Poèmes de guerre au XXe siècle*, Klassiker der Literatur 58 (Hamburg, 1959).

2. Anthologien deutscher Lyrik

Anz, Thomas u. Joseph Vogl, Hrsgg., *Die Dichter und der Krieg. Deutsche Lyrik 1914-1918* (München, 1981).
Bab, Julius, Hrsg., *1914. Der deutsche Krieg im deutschen Gedicht*, 12 Hefte (Berlin, 1914 ff.).
Das Volk in Eisen. Kriegsgedichte der Täglichen Rundschau (Berlin, 1914).
Haas, Wilhelm, Hrsg., *Antlitz der Zeit. Sinfonie moderner Industriedichtung. Selbstbildnis und Eigenauswahl der Autoren* (Berlin, o. J. [1926]).
Massiczek, Albert, u. Erica Wantoch, Hrsgg., *Weltkrieg – Weltfriede. 161 österreichische Autoren in einer Anthologie* (Wien, 1967).
Pfemfert, Franz, Hrsg., *1914-1916. Eine Anthologie*, Die Aktions-Lyrik 1 (Berlin-Wilmersdorf, 1916).
Rubiner, Ludwig, Hrsg., *Kameraden der Menschheit. Dichtungen zur Weltrevolution* (Potsdam, 1919).
Schickele, René, Hrsg., *Menschliche Gedichte im Krieg* (Zürich, 1918).
Sieg oder Tod. Neue Kriegsgedichte (Jena, 1915).
Volkmann, Ernst, Hrsg., *Deutsche Dichtung im Weltkrieg 1914-1918*, Reihe Politische Dichtung 8 (Leipzig, 1934).
Walden, Herwarth, Hrsg., *Sturm-Abende. Ausgewählte Gedichte* (Berlin, 1918).

3. Anthologien englischer Lyrik

Black, E. L., Hrsg., *1914-18 in Poetry* (London u. a., 1970).
Clarke, George H., Hrsg., *A Treasury of War Poetry. British and American Poems of the World War, 1914-1919* (London, New York, Toronto, 1917).
Dixon, Ronald, Hrsg., *Echoes in the Sky. An Anthology of Aviation Verse from Two World Wars* (Poole/Dorset, 1982).
Gardner, Brian, Hrsg., *Up the Line to Death. The War Poets 1914-1918* (London, 1964).
Harvey, Ann, Hrsg., *In Time of War* (London, 1987).
Hibberd, Dominic, u. John Onions, Hrsgg., *Poetry of the Great War* (London, 1986).
Hussey, Maurice, Hrsg., *Poetry of the First World War* (London, 1983).
Kyle, Galloway, Hrsg., *Soldier Poets*, 2 Bde. (London, 1916 f.).
Parsons, I. M., Hrsg., *Men Who March Away. Poems of the First World War* (London, 1966).
Pudney, John, u. Henry Treece, Hrsgg., *Air Force Poetry* (London, 1944).

Silkin, Jon, Hrsg., *The Penguin Book of First World War Poetry* (2. Aufl. Harmondsworth, 1981).
Stallworthy, Jon, Hrsg., *The Oxford Book of War Poetry* (Oxford, New York, 1984).
Stephen, Martin, Hrsg., *Never Such Innocence. A New Anthology of Great War Verse* (London, 1988).
Taylor, Martin, Hrsg., *Lads. Love Poetry of the Trenches* (London, 1989).
Yeats, William Butler, Hrsg., *The Oxford Book of Modern Verse 1892-1935* (Oxford, 1936).

4. Ausgaben deutscher Lyrik

Ball, Hugo, *Gesammelte Gedichte* (Zürich, 1963).
Barthel, Max, *Arbeiterseele. Verse von Fabrik, Landstraße, Wanderschaft, Krieg und Revolution* (Jena, 1926).
- " - , *Verse aus den Argonnen* (Jena, 1916).
Baum, Peter, *Gesammelte Werke*, 2 Bde. [Hrsg. Hans Schlieper] (Berlin, 1920).
Becher, Johannes Robert, *Roter Marsch. Der Leichnam auf dem Thron. Die Bombenflieger* (Berlin, 1925).
- " - , *Verbrüderung*, Der jüngste Tag 25 (Leipzig, 1916).
Behrens, Franz Richard, *Blutblüte. Die gesammelten Gedichte. Werkausgabe Bd. 1*, Hrsg. Gerhard Rühm, Frühe Texte der Moderne (München, 1979).
Blass, Ernst, *Die Gedichte von Sommer und Tod*, Der jüngste Tag 46 (Leipzig, 1918).
Brecht, Bertolt, *Gesammelte Werke*, Bd. 8: *Gedichte 1* (Frankfurt a. M., 1967).
Bröger, Karl, *Kamerad, als wir marschiert* (Jena, 1918).
Drey, Arthur, *Der unendliche Mensch. Gedichte*, Der jüngste Tag 68/69 (Leipzig, o. J.).
Ehrenstein, Albert, *Gedichte und Prosa*, Hrsg. Karl Otten (Neuwied, Berlin, 1961).
Engelke, Gerrit, *Das Gesamtwerk. Rhythmus des neuen Europa*, Hrsg. Hermann Blome (München, 1960).
Flex, Walter, *Im Felde zwischen Nacht und Tag. Gedichte* (München, o. J.).
Ginzkey, Franz Karl, *Ausgewählte Werke in vier Bänden*, Bd. 1: *Gedichte* (Wien, o. J. [1960]).
Hasenclever, Walter, *Gedichte. Dramen. Prosa*, Hrsg. Kurt Pinthus (Reinbek, 1963).
Heym, Georg, *Georg Heym*, ausgewählt von Karl Ludwig Schneider und Gunter Martens, sammlung dialog. texte 46 (München, 1971).
Heynicke, Kurt, *Das lyrische Werk*, 3 Bde. (Worms, 1969 [Bd. 3], 1974).
Janowitz, Franz, *Auf der Erde. Gedichte* (München, 1919).
Kanehl, Oskar, *Die Schande. Gedichte eines dienstpflichtigen Soldaten aus der Mordsaison 1914-18*, Die Aktions-Lyrik 7 (Berlin-Wilmersdorf, 1922).
Klabund [= Alfred Henschke], *Klabunds Soldatenlieder* (Dachau, 1914).
- " - , *Gesammelte Gedichte. Lyrik. Balladen. Chansons* (Wien, 1930).
Klemm, Wilhelm, *Gloria. Kriegsgedichte aus dem Feld* (München 1915).
Kramer, Theodor, *Wir lagen in Wolhynien im Morast* ... (Berlin, Wien, Leipzig, 1931).
Kraus, Karl, *Werke*, Hrsg. Heinrich Fischer, Bd. 7: *Worte in Versen* (München, 1959).
Leonhard, Rudolf, *Über den Schlachten* (Berlin, 1914).

Lersch, Heinrich, *Briefe und Gedichte aus dem Nachlaß*, Hrsg. Christian Jenssen (Hamburg, 1939).
- " - , *Das dichterische Werk. Mensch im Eisen. Mit brüderlicher Stimme* (Stuttgart, Berlin, o. J. [1925]).
- " - , *Herz! Aufglühe dein Blut. Gedichte im Kriege* (Jena, 1918).
Lichtenstein, Alfred, *Dichtungen*, Hrsgg. Klaus Kanzog und Hartmut Vollmer (Zürich, 1989).
Nebel, Otto, *Das dichterische Werk. Bd. 1: Zuginsfeld, Unfeig, Das Rad der Titanen*, Hrsg. René Radrizzani, Frühe Texte der Moderne (München, 1979).
- " - , *Zuginsfeld. 1918/19*, Hrsg. Angela Köhler, Luchterhand Typoskript (Darmstadt, 1974).
Petzold, Alfons, *Der stählerne Schrei. Neue Gedichte aus der Kriegszeit* (Warndorf, 1916).
- " - , *Gesang von Morgen bis Mittag. Eine Auswahl der Gedichte* (Wien, 1922).
- " - , *Krieg* (Wien, 1914).
- " - , *Volk, mein Volk. Gedichte der Kriegszeit* (2. Aufl. Jena, 1918 [1915]).
Sack, Gustav, *Prosa. Briefe. Verse* (München, 1962).
Schnack, Anton, *Tier rang gewaltig mit Tier* (Berlin, 1920).
Stramm, August, *Das Werk*, Hrsg. René Radrizzani (Wiesbaden, 1963).
Trakl, Georg, *Dichtungen und Briefe*, Hrsg. Walther Killy und Hans Szklenar (3. Aufl. Salzburg, 1974).
Tucholsky, Kurt, *Gesammelte Werke*, Bd. 1: *1907-1924*, Hrsgg. Mary Gerold Tucholsky u. Fritz J. Raddatz (Reinbek bei Hamburg, 1960).
Wildgans, Anton, *Gedichte* (Wien, 1953).
Zuckmayer, Carl, *Gesammelte Werke*, Bd. 1: *Gedichte. Erzählungen* (Frankfurt a. M., 1960).

5. Ausgaben englischer Lyrik

Aldington, Richard, *The Complete Poems of Richard Aldington* (London, 1948).
Barnes, Leonard, *Youth at Arms* (London, 1933).
Bewsher, Paul, *The Dawn Patrol, and other Poems of an Aviator* (London, 1917).
Blunden, Edmund, *The Poems of Edmund Blunden* (London, 1930).
Brooke, Rupert, *The Poetical Works of Rupert Brooke*, Hrsg. Geoffrey Keynes (London, 1970).
Coulson, Leslie, *From an Outpost* (London, 1917).
Dearmer, Geoffrey, *The Poems* (London, 1918).
Frankau, Gilbert, *The Poetical Works of Gilbert Frankau*, 2 Bde. (London, 1923).
Gibson, Wilfrid Wilson, *Collected Poems 1905-1925* (London, 1926).
Graves, Robert, *Poems About War*, mit einer Einleitung und bibliogr. Anm. von William Graves (London, 1988).
Gurney, Ivor, *Collected Poems of Ivor Gurney*, Hrsg. P. J. Kavanagh (Oxford, New York, 1984).
- " - , *Severn & Somme and War's Embers*, Hrsg. R. K. R. Thornton (Manchester, 1987).
Hardy, Thomas, *The Variorum Edition of the Complete Poems of Thomas Hardy*, Hrsg. James Gibson (London, 1979).

Jones, David, *In Parenthesis* (London, 1963).
Lawrence, David Herbert, *The Complete Poems of D. H. Lawrence*, Hrsgg. Vivian de Sola Pinto u. Warren Roberts, Bd. 2 (London, 1964).
Lyon, P[ercy] H[ugh] B[everly], *Songs of Youth and War* (London, 1918).
Manning, Frederic, *Eidola* (London, 1917).
Owen, Wilfred, *The Poems of Wilfred Owen*, Hrsg. Edmund Blunden (London, 1931).
- " - , *The Complete Poems and Fragments*, Hrsg. Jon Stallworthy, 2 Bde. (London, 1983).
Read, Herbert, *Collected Poems* (London, 1966).
Rosenberg, Isaac, *The Collected Works of Isaac Rosenberg. Poetry. Prose. Letters. Paintings and Drawings*, Hrsg. Ian Parsons (London, 1979).
Sassoon, Siegfried, *The War Poems of Siegfried Sassoon*, Hrsg. Rupert Hart-Davis (London, 1983).
Sorley, Charles Hamilton, *The Poems and Selected Letters of Charles Hamilton Sorley*, Hrsg. Hilda D. Spear (Dundee, 1978).
Squire, John C[ollings], *Poems of Two Wars 1914-1940* (London, 1940).
Thomas, Edward, *The Collected Poems of Edward Thomas*, Hrsg. R. George Thomas (Oxford, 1978).
Yeats, William Butler, *Yeats's Poems*, Hrsg. A Norman Jeffares (London, 1989).

6. Weiterführende Primärliteratur

Aldington, Richard, *Death of a Hero* (London, 1929).
Anz, Thomas, u. Michael Stark, Hrsgg., *Expressionismus. Manifeste und Dokumente zur deutschen Literatur 1910-1920* (Stuttgart, 1982).
Bewsher, Paul, *Green Balls: The Adventures of a Night Bomber* (London, 1919).
Binding, Rudolf G[eorg], *Dies war das Maß. Die gesammelten Kriegsdichtungen – und Tagebücher* (3. korrig. Aufl. Potsdam, 1941 [1925]).
Blunden, Edmund, *Undertones of War* (London, 1928).
Brittain, Vera, *Testament of Youth. An Autobiographical Study of the Years 1900-1925* (London, 1985).
Bröger, Karl, *Bunker 17. Geschichte einer Kameradschaft* (Jena, 1929).
Bruce, George, Hrsg., *Short Stories of the First World War* (London, 1971).
Byron, George Gordon Noel, Lord B., *The Complete Poetical Works*, Hrsg. Jerome J. McGann, Bd. 2: *Childe Harold's Pilgrimage* (Oxford, 1980).
Carrington, Charles [= Charles Edmonds], *Soldier from the Wars Returning* (London, 1965).
Chapman, Guy, *A Passionate Prodigality. Fragments of Autobiography* (London, 1933).
Chaucer, Geoffrey, *The Works of Geoffrey Chaucer*, Hrsg. F. N. Robinson (2. Aufl. Oxford, Melbourne, Kapstadt, 1957).
Fontane, Theodor, *Reisebriefe vom Kriegsschauplatz Böhmen 1866*, Hrsg. Christian Andree (Frankfurt a. M., Berlin, Wien, 1973).
Frey, Alexander Moritz, *Die Pflasterkästen. Ein Feldsanitätsroman* (Frankfurt a. M., 1986).
Gosse, Edmund, *Inter Arma. Being Essays Written in Time of War* (London, 1916).
Graves, Robert, *Goodbye to All That* (4. Aufl. London, 1966).
- " - , *Collected Short Stories* (London, 1965).
Gurney, Ivor, *War Letters*, Hrsg. R. K. R. Thornton (Manchester, 1983).

Haas-Heye, Otto, Hrsg., *Zeit-Echo. Ein Kriegstagebuch der Künstler 1914-1915* (München, o. J. [1915]; Nachdr. Nendeln, 1969).
Hardy, Florence Emily, *The Life of Thomas Hardy 1840-1928* (London, 1962).
Hardy, Thomas, *Collected Short Stories* (London, 1988).
- " - , *Tess of the d'Urbervilles* (London, 1974).
- " - , *The Collected Letters of Thomas Hardy*, Hrsgg. Richard Little Purdy u. Michael Millgate, 7 Bde. (Oxford, 1978-1988).
- " - , *The Personal Notebooks of Thomas Hardy*, Hrsg. Richard H. Taylor (New York, 1979).
- " - , *The Poetical Works of Thomas Hardy*, Bd. 2: *The Dynasts. An Epic-Drama of the War with Napoleon and The Famous Tragedy of the Queen of Cornwall* (London, 1931).
- " - , *The Trumpet-Major* (London, 1974).
- " - , *Thomas Hardy's Personal Writings. Prefaces. Literary Opinions. Reminiscences,* Hrsg. Harold Orel (London, Melbourne, 1967).
- " - , *Under the Greenwood Tree*, Hrsg. David Wright (Harmondsworth, 1978).
Hauptmann, Gerhart, *Festspiel in deutschen Reimen. Die Finsternisse*, Propyläen Textausgabe (Frankfurt a. M., Berlin, 1963).
- " - , *Sämtliche Werke. Centenar-Ausgabe zum hundertsten Geburtstag des Dichters 15. Nov. 1962*, Hrsg. Hans-Egon Hass, fortgeführt v. Wolfgang Bungies u. Martin Machatzke, 11 Bde. (Frankfurt a. M., Berlin, Wien, 1962-1974).
Housman, Laurence, Hrsg., *War Letters of Fallen Englishmen* (London, 1930).
Jones, David, *Epoch and Artist. Selected Writings by David Jones*, Hrsg. Harman Grisewood (London, 1959).
Jünger, Ernst, *Das Wäldchen 125. Eine Chronik aus den Grabenkämpfen* (6. Aufl. Berlin, 1935).
- " - , *Der Arbeiter. Herrschaft und Gestalt* (4. Aufl. Hamburg, 1941 [1932]).
- " - , *In Stahlgewittern*, in: *Sämtliche Werke. Erste Abteilung. Tagebücher I. Bd 1. Der Erste Weltkrieg* (Stuttgart, 1961).
- " - , *Sturm* (Stuttgart, 1978).
Kaculle, Doris, Hrsg., *Die Pöhlands im Krieg. Briefe einer sozialdemokratischen Arbeiterfamilie aus dem 1. Weltkrieg* (Köln, 1982).
Kipling, Rudyard, *Complete Verse. Definitive Edition* (New York u. a., 1989).
Kisch, Egon Erwin, *Soldat im Prager Korps* (3. Aufl. Leipzig, Prag, 1922).
Kokoschka, Oskar, *Mein Leben* (München, 1971).
Köppen, Edlef, *Heeresbericht* (Reinbek, 1979).
Kraus, Karl, *Die letzten Tage der Menschheit*, dtv Sonderreihe 24 (5. Aufl. München, 1975).
Lamszus, Wilhelm, *Das Menschenschlachthaus. Bilder vom kommenden Krieg* (Hamburg, Berlin, 1912).
Latzko, Andreas, *Menschen im Krieg* (Zürich, 1918).
Lawrence, D. H., *Collected Letters of D. H. Lawrence*, Hrsg. Harry T. Moore, Bd. 1 (New York, 1962).
Lewis, Cecil, *Sagittarius Rising* (London, 1985).
Mann, Thomas, *Der Zauberberg* (Frankfurt a. M., 1967).
- " - , "Friedrich und die große Koalition. Ein Abriß für den Tag und die Stunde", in: *Th. M.: Gesammelte Werke in zwölf Bänden*, Bd. 10: *Reden und Aufsätze 2* (Frankfurt a. M., 1960), S. 76-135.

- " - , "Gedanken im Kriege", in: *Thomas Mann: Das essayistische Werk. Taschenbuchausgabe in acht Bänden*, Hrsg. Hans Bürgin, Bd. 2: *Politische Schriften und Reden 2* (Frankfurt a. M., Hamburg, 1968), S. 7-20.

Manning, Frederic, *The Middle Parts of Fortune* (London, 1986).

Mark VII [=Max Plowman], *A Subaltern on the Somme* (London, Toronto, 1927).

Milton, John, *Poetical Works*, Hrsg. Douglas Bush (Oxford, New York, 1966).

Mühsam, Erich, *Fanal. Aufsätze und Gedichte 1905-1932*, Hrsg. Kurt Kreiler, Wagenbachs Taschenbücherei 22 (Berlin, 1984).

- " - , "Kriegstagebuch"; abgedr. in: *Sinn und Form* 36, 6 [1984], S. 1129-1144.

Newman, Bernard, u. I. O. Evans, Hrsgg., *Anthology of Armageddon* (London, Novato/Ca., 1989 [1935]).

Owen, Wilfred, *Collected Letters*, Hrsgg. Harold Owen u. John Bell (London, 1967).

Panichas, George A., Hrsg., *Promise of Greatness. The War of 1914-1918* (London, 1968).

Plievier, Theodor, *Der Kaiser ging, die Generäle blieben* (Frankfurt a. M., 1981).

Pörtner, Paul, Hrsg., *Literatur-Revolution 1910-1925. Dokumente – Manifeste – Programme*, Bd. 1: *Zur Aesthetik und Poetik* (Darmstadt, 1960).

Read, Herbert, *The Contrary Experience. Autobiographies* (London, 1963).

Remarque, Erich Maria [= Erich Kramer], *Im Westen nichts Neues* (Frankfurt a. M., Berlin, 1986).

Richthofen, Manfred Freiherr von, *Der rote Kampfflieger. Mit zahlreichen Abbildungen und einer Studie von Friedrich Wilhelm Korff* (München, 1977).

Ruskin, John, *The Works of John Ruskin. Library Edition*, Bd. 3 (= *Modern Painters*, Bd. 1.), Hrsgg. E. T. Cook u. Alexander Wedderburn (London, New York, 1903).

Sassoon, Siegfried, *Diaries 1915-1918*, Hrsg. Rupert Hart-Davis (London, 1983).

Scheerbart, Paul, *Die Entwicklung des Luftmilitarismus und die Auflösung der europäischen Landheere, Festungen und Seeflotten* (Berlin, 1909; Nachdruck München, 1982).

Schrader, Bärbel, u. Jürgen Schebera, Hrsgg., *Kunstmetropole Berlin 1918-1933. Die Kunststadt in der Novemberrevolution. Die "goldenen" Zwanziger. Die Kunststadt in der Krise* (Berlin, Weimar, 1987).

Shakespeare, William, *King Lear. The Arden Edition of the Works of William Shakespeare*, Hrsg. Kenneth Muir (8. durchges. Aufl. London, 1952).

Shelley, Percy Bysshe, *The Complete Works of Percy Bysshe Shelley*, Hrsgg. Roger Ingpen u. Walter E. Peck, Bd. 2: *Poems* (London, New York, 1965).

Sitwell, Osbert, *Left Hand, Right Hand! An Autobiography*, Bd. 4: *Laughter in the Next Room* (London, 1949).

Stramm, August, "August Stramm. Fünfundzwanzig Briefe an seine Frau", Hrsg. Lothar Jordan, in: *August Stramm. Kritische Essays*, Hrsgg. Adler/White, S. 128-52.

- " - , "Briefe an Herwarth und Nell Walden", in: Paul Pörtner, Hrsg., *Literaturrevolution 1910-1925. Dokumente. Manifeste. Programme*, Bd. 1: *Zur Ästhetik und Poetik* (Darmstadt, Neuwied, Berlin, 1960), S. 45-57.

Suttner, Bertha von, *Die Barbarisierung der Luft* (Berlin, Leipzig, 1912).

Thackeray, William Makepeace, *Vanity Fair. [A Novel Without a Hero]*, Hrsg. J. I. M. Stewart (Harmondsworth, 1968).

The German War Book. Being "The Usages of War on Land" [*Kriegsbrauch im Landkriege*]. *Issued by the Great General Staff of the German Army*, übers. und mit einer Einleitung versehen von J.H. Morgan (London, 1915).
The Golden Treasury of the Best Songs and Lyrical Poems in the English Language, Neuaufl. mit einem 5. Buch, ausgew. v. John Press (London u. a., 1964).
Thomas, Edward, *A Language not to be Betrayed. Selected Prose of Edward Thomas*, ausgew. und eingel. von Edna Longley (Manchester, 1981).
Toller, Ernst, *Eine Jugend in Deutschland* (Reinbek bei Hamburg, 1987).
Unruh, Fritz von, *Opfergang* (Frankfurt a. M., 1925).
Wells, Herbert George, *Anticipations of the Reaction of Mechanical and Scientific Progress upon Human Life and Thought* (Leipzig, 1902).
- " - , *The War in the Air* (Harmondsworth, 1971).
- " - , *The World Set Free. A Story of Mankind* (Leipzig, 1914).
West, Arthur Graeme, *The Diary of a Dead Officer. Being the Posthumous Papers of A. G. W.*, Hrsg. Dominic Hibberd, Art and Literature Series 3 (London, 1991 [1918]).
Wordsworth, William, *The Poetical Works of William Wordsworth*, Hrsg. E[rnest] de Selincourt, 5 Bde. (Oxford, 1946-1952).
- " - , *The Prelude*, Hrsg. Ernest de Selincourt, 2. Aufl. überarb. von Helen Darbishire (Oxford, 1959).
Yeats, William Butler, *The Letters of W. B. Yeats*, Hrsg. Allan Wade (London, 1954).
- " - , *Uncollected Prose by W. B. Yeats*, Hrsgg. John P. Frayne u. Colton Johnson, Bd. 2: *Reviews, Articles and Other Miscellaneous Prose 1897-1939* (London, 1975).
Zech, Paul, *Von der Maas bis an die Marne. Ein Kriegstagebuch* (Frankfurt a. M., 1988 [1932]).
Zuckmayer, Carl, *Als wär's ein Stück von mir. Horen der Freundschaft* (Frankfurt a. M., 1966).
Zweig, Arnold, *Erziehung vor Verdun* (Frankfurt a. M., 1974).
Zweig, Stefan, *Die Welt von Gestern. Erinnerungen eines Europäers* (Frankfurt a. M., 1970).

7. Sekundärliteratur

Adams, Marion, "Metaphern der affirmativen Weltkriegslyrik", in: *Ansichten vom Krieg*, Hrsg. Hüppauf, S. 221-8.
Adams, Michael C.C., *The Great Adventure. Male Desire and the Coming of World War I* (Bloomington, Indianapolis, 1990).
Adler, D. J., und J. J. White, Hrsgg., *August Stramm. Kritische Essays und unveröffentlichtes Quellenmaterial aus dem Nachlaß des Dichters* (Berlin, 1979).
Alter, Reinhard, "Gerhart Hauptmann, das deutsche Kaiserreich und der Erste Weltkrieg", in: *Ansichten vom Krieg*, Hrsg. Hüppauf, S. 184-204.
Amann, Klaus, u. Hubert Lengauer, Hrsgg., *Österreich und der Große Krieg 1914-1918. Die andere Seite der Geschichte* (Wien, 1989).
Amery, Jean, *Gerhart Hauptmann. Der ewige Deutsche* (Mühlacker, 1963).
Ariès, Philippe, *Geschichte des Todes*, aus dem Französ. übers. von Hans-Horst Henschen u. Una Pfau (München, Wien, 1980 [1978]).
Ashworth, Tony, *Trench Warfare 1914-1918. The Live and Let Live System* (London, 1986).

Bab, Julius, *Die deutsche Kriegslyrik 1914-1918. Eine historische Bibliographie* (Stettin, 1920).
Bailey, J. O., *The Poetry of Thomas Hardy. A Handbook and Commentary* (Chapel Hill, 1970).
Bammé, Arno, u. a., *Maschinen – Menschen, Mensch – Maschinen. Grundrisse einer sozialen Beziehung* (Reinbek bei Hamburg, 1983).
Banerjee, A., *Spirit Above Wars. A Study of the English Poetry of the Two World Wars* (London, 1976).
Baron, Ulrich, u. Hans-Harald Müller, "Die 'Perspektive des kleinen Mannes' in der Kriegsliteratur der Nachkriegszeiten", in: *Der Krieg des kleinen Mannes. Eine Militärgeschichte von unten*, Hrsg. Wolfram Wette, Serie Piper 1420 (München, Zürich, 1992), S. 344-60.
Benjamin, Walter, *Das Kunstwerk im Zeitalter seiner technischen Reproduzierbarkeit*, edition suhrkamp 28 (2. Aufl. Frankfurt a. M., 1968).
Bergonzi, Bernard, *Heroes' Twilight. A Study of the Literature of the Great War* (2. Aufl. London, 1980).
Blissett, William, "*In Parenthesis* among the War Books", *University of Toronto Quarterly* 42, 3 (1973), S. 259-288.
Blunden, Edmund, *Thomas Hardy* (London, 1962).
Boden, Anthony, *F. W. Harvey: Soldier, Poet* (Gloucester, 1988).
Bogacz, Ted, "'A Tyranny of Words': Language, Poetry, and Antimodernism in England in the First World War", *Journal of Modern History* 58 (1986), S. 643-68.
Bohrer, Karl Heinz, *Die Ästhetik des Schreckens: Die pessimistische Romantik und Ernst Jüngers Frühwerk* (München, 1978).
Bourne, J. M., *Britain and the Great War 1914-1918* (London u.a., 1989).
Bowen, Ezra, *Knights of the Air* (Alexandria/Va., 1980).
Bowra, Maurice, *Poetry of the First World War. The Taylorian Lecture* (Oxford, 1961).
Breen, Jennifer, "The Dating and Sources of Wilfred Owen's Miners", *Notes &Queries*, n. s. 21, 10 (1974), S. 366-70.
Brescius, Hans von, *Gerhart Hauptmann. Zeitgeschehen und Bewußtsein in unbekannten Selbstzeugnissen. Eine politisch-biographische Studie*, Abhandlungen zur Kunst-, Musik- und Literaturwissenschaft 197 (Bonn, 1976).
Bridgwater, Patrick, "German and English Poetry of the First World War. A Comparative View", *Sprachkunst* 18, 2 (1987), S. 227-44.
- " - , *The German Poets of the First World War* (London, Sydney, 1985).
- " - , "The Sources of Stramm's Originality", in: *August Stramm. Kritische Essays*, Hrsgg. Adler/White, S. 31-46.
Brown, Malcolm, u. Shirley Seaton, *Christmas Truce* (New York, London, 1984).
Buitenhuis, Peter, *The Great War of Words. British, American and Canadian Propaganda and Fiction, 1914-1933* (Vancouver, 1987).
Clark, Alan, *Aces High. The War in the Air over the Western Front 1914-18* (London, 1973).
Cobley, Evelyn, "Narrating the Facts of War: New Journalism in Herr's *Dispatches* and Documentary Realism in First World War Novels", *The Journal of Narrative Technique* 16, 2 (1986), S. 97-116.
Cohen, Joseph, "In Memory of W. B. Yeats – and Wilfred Owen", *Journal of English and Germanic Philology* 58 (1959), S. 637-49.
- " - , *Journey to the Trenches. The Life of Isaac Rosenberg 1890-1918* (London, 1975).

Cooke, William, "Wilfred Owens 'Miners' and the Minnie Pit Disaster", *English* 26, 126 (1977), S. 213-17.

Cowen, Roy C., *Hauptmann-Kommentar zum dramatischen Werk* (München, 1980).

Crawford, Fred D., *British Poets of the Great War* (Selinsgrove, London, Toronto, 1988).

Cross, Tim, "Tom Kettle 1880-1916", in: *The Lost Voices of World War I*, Hrsg. Cross, S. 41-3.

Cru, Jean Norton, *War Books. A Study in Historical Criticism*, Hrsg. u. Übers. Stanley L. Pincetl Jr. (San Diego/Ca., 1988).

Cullingford, Elizabeth, *Yeats, Ireland and Fascism* (London, 1981).

Daemmrich, Horst S. u. Ingrid, *Themen und Motive in der Literatur. Ein Handbuch* (Tübingen, 1987).

Dakers, Caroline, *The Countryside at War 1914-1918* (London, 1987).

Dallas, Gloden, u. Douglas Gill, *The Unknown Army. Mutinies in the British Army in World War I* (London, 1985).

Dammann, Günter, Karl Ludwig Schneider u. Joachim Schöberl, *Georg Heyms Gedicht "Der Krieg". Handschriften und Dokumente, Untersuchungen zur Entstehungsgeschichte und zur Rezeption* (Heidelberg, 1978).

DeBell, Diane, "Strategies of Survival: David Jones, *In Parenthesis*, and Robert Graves, *Goodbye To All That*", in: *The First World War in Fiction*, Hrsg. Klein, S. 160-73.

Deist, Wilhelm, Hrsg., *The German Military in the Age of Total War* (Leamington Spa, Dover/NH, 1985).

Delany, Paul, *D. H. Lawrence's Nightmare. The Writer and His Circle in the Years of the Great War* (Hassocks, Sussex, 1979).

Delumeau, Jean, *Angst im Abendland. Die Geschichte kollektiver Ängste im Europa des 14. bis 18. Jahrhunderts*, übers. von Monika Hübner, Gabriele Konder und Martina Roters-Burck, 2 Bde. (Reinbek, 1985 [1978]).

Demetz, Peter, *Worte in Freiheit. Der italienische Futurismus und die deutsche literarische Avantgarde (1912-1934). Mit einer ausführlichen Dokumentation*, Serie Piper 1186 (München, Zürich, 1990).

Denham, Scott D., *Visions of War. Ideologies and Images of War in German Literature Before and After the Great War*, Germanic Studies in America 64 (Bern u. a., 1992).

Dillworth, Thomas, *The Liturgical Parenthesis of David Jones* (Ipswich, 1979).

Draper, Ronald P., "Style and Matter", *Revue des langues vivantes* 27, 1 (1961), S. 15-23.

Drews, Jörg, Hrsg., *Das Tempo dieser Zeit ist keine Kleinigkeit. Zur Literatur um 1918* (München, 1981).

- " - , "'Denn wer den Bestien seiner Zeit genug hat angetan / der hat gelebt.' Notizen zu den Ähnlichkeiten zwischen Karl Kraus' *Die letzten Tage der Menschheit* und Otto Nebels *Zuginsfeld*", in: *Das Tempo dieser Zeit ist keine Kleinigkeit*, Hrsg. J. D., S. 128-42.

Eksteins, Modris, *Rites of Spring. The Great War and the Birth of the Modern Age* (Boston, 1989).

Enright, D. J., "The Literature of the First World War", in: *The Pelican Guide to English Literature*, Bd. 7: *The Modern Age*, Hrsg. Boris Ford (Harmondsworth, 1961), S. 154-69.

- " - , "The Literature of the First World War", in: *The New Pelican Guide to English Literature*, Hrsg. Boris Ford, Bd. 7: *From James to Eliot* (Harmondsworth, 1983), S. 196-212.

Exenberger, Herbert, "Alfons Petzold im Ersten Weltkrieg", in: *Österreich und der Große Krieg*, Hrsgg. Amann/Lengauer, S. 170-6.

- " - , Fritz Hüser u. Hans Schroth, *Alfons Petzold. Beiträge zum Leben und Schaffen mit einer Petzold-Bibliographie* (Dortmund, 1972).
Falk, Walter, *Der kollektive Traum vom Krieg. Epochale Strukturen der deutschen Literatur zwischen "Naturalismus" und "Expressionismus"*, Beiträge zur neueren Literaturgeschichte. Dritte Folge 31 (Heidelberg, 1977).
Ferro, Marc, *Der große Krieg 1914-1918*, Übers. Michael Jeismann (Frankfurt a. M., 1988 [1969]).
Field, Frank, *British and French Writers of the First World War. Comparative Studies in Cultural History* (Cambridge, 1991).
- " - , "Karl Kraus, Bernard Shaw and Romain Rolland as Opponents of the First World War", in: *Karl Kraus in neuer Sicht: Londoner Kraus-Symposium/Karl Kraus in a New Perspective: London Kraus Symposium*, Hrsgg. Sigurd Paul Scheichl u. Edward Timms, Sonderband der Kraus-Hefte (München, 1986), S. 158-173.
Firchow, Peter Edgerly, *The Death of the German Cousin. Variations on a Literary Stereotype, 1890-1920* (Lewisburg, London, Toronto, 1986).
- " - , "Shakespeare, Goethe and the War of the Professors", in: *Intimate Enemies*, Hrsgg. Stanzel/Löschnigg, S. 465-92.
Fleck, Robert, "Wien um 1914. Ikonen des Krieges", in: *Österreich und der Große Krieg*, Hrsgg. Amann/Lengauer, S. 16-21.
Frenzel, Elisabeth, *Motive der Weltliteratur. Ein Lexikon dichtungsgeschichtlicher Längsschnitte*, Kröners Taschenausgabe 301 (Stuttgart, 1976).
Fussell, Paul, "Der Einfluß kultureller Paradigmen auf die literarische Wiedergabe traumatischer Erfahrung" [übers. von Sibylle Kisro-Völker], in: *Kriegserlebnis*, Hrsg. Vondung, S. 175-187.
- " - , *The Great War and Modern Memory* (New York, London, 1975).
Gill, Douglas, u. Ulrich Schneider, "Mutiny as a Theme in English and German Literature on World War I", in: *Intimate Enemies*, Hrsgg. Stanzel/Löschnigg, S. 365-82.
Girouard, Mark, *The Return to Camelot. Chivalry and the English Gentleman* (New Haven, London, 1981).
Gittings, Robert, *The Older Hardy* (London, 1978).
Grabolle, Harro, Hilda D. Spear und Ian Wallace, "British and German Prose Works of the First World War: A Preliminary Comparative Survey", I, II, *Notes & Queries* 29 (227), 4 (1982), S. 329-335 und 30, 4 (1983), S. 326-329.
Graham, Desmond, *The Truth of War: Owen, Blunden, Rosenberg* (Manchester, 1984).
Gregson, J. M., *Poetry of the First World War*, Studies in English Literature 64 (London, 1976).
Groehler, Olaf, *Der lautlose Tod. Einsatz und Entwicklung deutscher Giftgase 1914-1945* (Berlin, 1978).
Haefner, Gerhard, *Impulse der englischen Lyrik. Lyrik im Spannungsfeld von Politik, Gesellschaft, Interessen und Ideologien in England von der Shakespearezeit bis zur Gegenwart* (Heidelberg, 1985).
Halliday, F. E., *Thomas Hardy. His Life and Work* (Bath, 1972).
Hamburger, Michael, "Internationalism and War", in: M. H., *The Truth of Poetry. Tensions in Modern Poetry from Baudelaire to the 1960s* (Manchester, 1982), S. 148-179.
Hart Nibbrig, Christiaan L., *Ästhetik der letzten Dinge* (Frankfurt a. M., 1989).
Hering, Christoph, "August Stramm: 'Untreu'", in: *Gedichte der "Menschheitsdämmerung". Interpretationen expressionistischer Lyrik. Verfaßt*

von einem Arbeitskreis, Interpretationen für den Deutschunterricht (München, 1971), S. 97-105.

- " - , "Die Botschaft des Schweigens. Über die Steigerung der Ausdrucksgebärden im Verstummen der Sprache", in: *August Stramm Kritische Essays*, Hrsgg. Adler/White, S. 14-30.

Hibberd, Dominic, "Attitudes to Germany in the Work of Wilfred Owen and Other British Poets of the First World War", in: *Intimate Enemies*, Hrsgg. Stanzel/Löschnigg, S. 223-34.

- " - , Hrsg., *Poetry of the First World War. A Casebook* (London, Basingstoke, 1981).

- " - , *Owen the Poet* (London, 1986).

Hilscher, Eberhard, *Gerhart Hauptmann* (2. durchges. Aufl. Berlin, 1974).

Höfler, Günther A., "Das neue Paradigma des Krieges und seine literarischen Repräsentationen. Dargestellt an Detlev v. Liliencron, Ernst Jünger und Thor Goote", in: *Intimate Enemies*, Hrsgg. Stanzel/Löschnigg, S. 277-91.

- " - , "Die Invasion der Kriegsmaschinen in die Literatur. Der Erste Weltkrieg als literarische Technikerfahrung", in: *Medien und Maschinen. Literatur im technischen Zeitalter*, Hrsgg. Theo Elm und Hans H. Hiebel, Rombach Wissenschaft. Reihe Litterae (Freiburg, 1991), S. 218-238.

Hofstätter, Hans H., *Symbolismus und die Kunst der Jahrhundertwende. Voraussetzungen. Erscheinungsformen. Bedeutungen* (4. Aufl. Köln, 1978).

Holsten, Siegmar, *Allegorische Darstellungen des Krieges 1870-1918: Ikonologische und ideologiekritische Studien*, Studien zur Kunst des neunzehnten Jahrhunderts 27 (München, 1976).

Horn, Pamela, *Rural Life in England in the First World War* (Dublin, New York, 1984).

Huizinga, Johan, *Homo Ludens. Vom Ursprung der Kultur im Spiel*, aus dem Niederländischen übers. v. H. Nachod (Reinbek, 1987).

Hüppauf, Bernd, "'Der Tod ist verschlungen in den Sieg.' Todesbilder aus dem Ersten Weltkrieg und der Nachkriegszeit", in: *Ansichten vom Krieg*, Hrsg. Hüppauf, S. 55-91.

- " - , Hrsg., *Ansichten vom Krieg. Vergleichende Studien zum Ersten Weltkrieg in Literatur und Gesellschaft*, Hochschulschriften Literaturwissenschaft 61 (Königstein, 1984).

- " - , "Hurleys Optik. Über den Wandel von Wahrnehmungen und das Entstehen von Bildern in der kollektiven Erinnerung des Weltkriegs", in: *Medien/Kultur. Schnittstellen zwischen Medienwissenschaft, Medienpraxis und gesellschaftlicher Kommunikation*, Hrsgg. Knut Hickethier u. Siegfried Zielinski (Berlin, 1991), S. 113-130.

- " - , "Räume der Destruktion und Konstruktion von Raum: Landschaft, Sehen, Raum und der Erste Weltkrieg", *Krieg und Literatur/War and Literature* 3, 5/6 (1991), S. 105-23.

Hynes, Samuel, *A War Imagined. The First World War and English Culture* (London, 1990).

Ingold, Felix Philipp, "Ikarus novus. Zum Selbstverständnis des Autors in der Moderne", in: *Technik in der Literatur. Ein Forschungsüberblick und zwölf Aufsätze*, Hrsg. Harro Segeberg, suhrkamp taschenbuch wissenschaft 655 (Frankfurt a. M., 1987), S. 269-350.

Jablonski, Edward, *The Knighted Skies. A Pictorial History of World War I in the Air* (London, 1964).

Jerrold, Douglas, *The Lie About the War. A Note on Some Contemporary Warbooks* (London, 1930).

Johnston, John H., *English Poetry of the First World War. A Study in the Evolution of Lyric and Narrative Form* (Princeton, 1964).
Jonas, Klaus W., "Gerhart Hauptmann in Amerika und England", in: *Gerhart Hauptmann*, Hrsg. Hans Joachim Schrimpf, Wege der Forschung 207 (Darmstadt, 1976), S. 424-46.
Jones, M. S., "A Study of Otto Nebel's Major Works: *Zuginsfeld* and the 'Runen'", *German Life and Letters* 35 (1981/82), S. 253-66.
Jordan, Lothar, "Familie und Krieg. Zu August Stramms Briefen an seine Frau", in: *August Stramm. Kritische Essays*, Hrsgg. Adler/White, S. 116-27.
- " - , "Zum Verhältnis traditioneller und innovativer Elemente in der Kriegslyrik August Stramms", in: *Das Tempo dieser Zeit ist keine Kleinigkeit*, Hrsg. Drews, S. 112-27.
Kermode, Frank, *Romantic Image* (London, 1957).
Klein, Holger M., "Dazwischen Niemandsland: *Im Westen nichts Neues* und *Her Privates We*", in: *Großbritannien und Deutschland. Europäische Aspekte der kulturellen Beziehungen beider Länder in Geschichte und Gegenwart. Festschrift für John P. Bourke*, Hrsg. Ortwin Kuhn (München, 1974), S. 487-512.
- " - , Hrsg., *The First World War in Fiction A Collection of Critical Essays* (London, 1978).
- " - , "Literarische Reaktionen auf den Ersten Weltkrieg", in: *Propyläen Geschichte der Literatur. Literatur und Gesellschaft der westlichen Welt*, Bd. 6: *Die moderne Welt. 1914 bis heute*. Unveränd. Nachdr. der 1981-1984 v. Erika Wischer hrsgg. *Propyläen Geschichte der Literatur* (Berlin, 1988), S. 38-53.
- " - , "Weltkrieg und Bürgerkriege in der Literatur", in: *Neues Handbuch der Literaturwissenschaft*, Bd. 20: *Zwischen den Weltkriegen*, Hrsg. Thomas Koebner in Verbindung mit Walter Baumgartner u. a. (Wiesbaden, 1983), S. 195-216.
Kocka, Jürgen, *Klassengesellschaft im Krieg. Deutsche Sozialgeschichte 1914-1918* (Göttingen, 1973).
Koester, Eckart, *Literatur und Weltkriegsideologie. Positionen und Begründungszusammenhänge des publizistischen Engagements deutscher Schriftsteller im Ersten Weltkrieg*, Theorie – Kritik – Geschichte 15 (Kronberg, 1977).
Kord-Lüdgert, Horst, *Der Krieg in der englischen Dichtung 1918-1945* [unveröff. Diss. Hannover, 1971].
Korff, Gottfried, "Gas – Maske – Angst", *Ästhetik und Kommunikation* 19, H. 75: *Technikkultur. Inszenierte Technik – Transformierte Wahrnehmung* (1990), S. 71-78.
Korte, Hermann, *Der Krieg in der Lyrik des Expressionismus* (Bonn, 1981).
Korten, Herta, *Thomas Hardys Napoleondichtung "The Dynasts". Ihre Abhängigkeit von Schopenhauer. Ihr Einfluß auf Gerhart Hauptmann* (Bonn, 1919 [= Diss. Rostock, 1919]).
Kranz, Gisbert, "Die Tellus der Ara Pacis Augustae und andere Bildwerke in den Dichtungen von David Jones", in: G. K., *Kafkas Lachen und andere Schriften zur Literatur 1950-1990*, Hrsg. Elmar Schenkel (Köln, Wien, 1991), S. 181-8.
Lane, Arthur E., *An Adequate Response. The War Poetry of Wilfred Owen and Siegfried Sassoon* (Detroit, 1972).
Lang, Hans-Joachim, "England als Erzfeind in der deutschen Kriegsdichtung, 1914-1915", in: *Intimate Enemies*, Hrsgg. Stanzel/Löschnigg, S. 201-21.

Latzel, Klaus, *Vom Sterben im Krieg. Wandlungen in der Einstellung zum Soldatentod vom Siebenjährigen Krieg bis zum II. Weltkrieg* (Warendorf, 1988).

Leed, Eric J., *No Man's Land. Combat and Identity in World War I* (Cambridge u. a., 1979).

Lehmann, John, *The English Poets of the First World War* (London, 1981).

Link, Franz, Hrsg., *Tanz und Tod in der Literatur*, Schriften zur Literaturwissenschaft 8 (Berlin, 1993).

Linse, Ulrich, "'Saatfrüchte sollen nicht vermahlen werden!' Zur Resymbolisierung des Soldatentods", in: *Kriegserlebnis*, Hrsg. Vondung, S. 262-74.

Löschnigg, Martin, "Brian Murdoch, *Fighting Songs and Warring Words. Popular Lyrics of Two World Wars*" [Rez.], *Germanisch-Romanische Monatsschrift* NF 41, 2 (1991), S. 252-54.

- " - , "Elizabeth A. Marsland, *The Nation's Cause*" [Rez.], *Germanisch-Romanische Monatsschrift* NF 43, 2 (1993), S. 249-52.

- " - , "Intertextuality, Textuality, and the Experience of War: David Jones's *In Parenthesis* and Otto Nebel's *Zuginsfeld*", in: *Intimate Enemies*, Hrsgg. Stanzel/Löschnigg, S. 99-119.

Lukács, Georg, "Gerhart Hauptmann", *Die Linkskurve* 4 (1932); abgedr. in: *Gerhart Hauptmann*, Hrsg. Schrimpf, S. 82-95.

Maier, Klaus A., "Total War and German Air Doctrine before the Second World War", in: *The German Military in the Age of Total War*, Hrsg. Deist, S. 210-19.

Mangan, J. A., u. James Walvin, Hrsgg., *Manliness and Morality. Middle-Class Masculinity in Britain and America 1800-1940* (Manchester, 1987).

Marsland, Elizabeth A., *The Nation's Cause. French, English and German Poetry of the First World War* (London, New York, 1991).

Mayer, Dieter, "Die Epoche der Weimarer Republik", in: *Geschichte der deutschen Literatur vom 18. Jahrhundert bis zur Gegenwart*, Hrsg. Viktor Žmegač, Bd. III/1: *1918-1945* (Königstein, 1984), S. 1-176.

McNeil, David, *The Grotesque Depiction of War and the Military in Eighteenth-Century English Fiction* (Newark, London, Toronto, 1990).

Millgate, Michael, *Thomas Hardy. A Biography* (Oxford, Melbourne, 1982).

Momber, Eckhardt, *'s ist Krieg! 's ist Krieg!* Versuch *zur deutschen Literatur über den Krieg 1914-1933* (Berlin, 1981).

Mosley, Nicholas, *Julian Grenfell. His Life and The Times of His Death 1888-1915* (London, 1976).

Mosse, George L., *Fallen Soldiers. Reshaping the Memory of the World Wars* (New York, Oxford, 1990).

Müller, Hans-Harald, *Der Krieg und die Schriftsteller. Der Kriegsroman der Weimarer Republik* (Stuttgart, 1986).

Müller, Rolf-Dieter, "World Power Status through the Use of Poison Gas? German Preparations for Chemical Warfare 1919-1945" [Übers. Dean S. McMurry], in: *The German Military in the Age of Total War*, Hrsg. Deist, S. 171-209.

Münkler, Herfried u. Wolfgang Storch, *Siegfrieden. Politik mit einem deutschen Mythos* (Berlin 1988).

Murdoch, Brian, *Fighting Songs and Warring Words. Popular Lyrics of Two World Wars* (London, New York, 1990).

O'Connell, Robert L., *Of Arms and Men. A History of War, Weapons and Aggression* (New York, Oxford, 1989).

Offer, Avner, *The First World War: An Agrarian Interpretation* (Oxford, 1990).

Orel, Harold, *The Final Years of Thomas Hardy, 1912-1928* (London, Basingstoke, 1976).
Parfitt, George, *English Poetry of the First World War. Contexts and Themes* (New York u. a., 1990).
Parker, Peter, *The Old Lie. The Great War and the Public-School Ethos* (London, 1987).
Pfemfert, Franz, "Die Arbeiterkriegsdichter", *Die Aktion* 10 (1920), Sp. 194-5.
Pfister, Manfred, "Konzepte der Intertextualität", in: *Intertextualität. Formen, Funktionen, anglistische Fallstudien*, Hrsgg. Ulrich Broich und M. P., Konzepte der Sprach- und Literaturwissenschaft 35 (Tübingen, 1985), S. 1-47.
Philippi, Klaus-Peter, *Volk des Zorns. Studien zur "poetischen Mobilmachung" in der deutschen Literatur am Beginn des Ersten Weltkrieges, ihren Voraussetzungen und Implikationen* (München, 1979).
Pinion, F. B., *A Hardy Companion. A Guide to the Works of Thomas Hardy and their Background* (London, 1976).
Praz, Mario, *Liebe, Tod und Teufel. Die schwarze Romantik*, aus dem Italienischen übers. v. Lisa Rüdiger (2. Aufl. München, 1970).
Purdy, Richard Little, *Thomas Hardy. A Bibliographical Study* (London, New York, Toronto, 1954).
Rauch, Karl, "Gerrit Engelke", in: *Lexikon der deutschsprachigen Gegenwartsliteratur* (2. erw. u. aktualisierte Aufl. München, 1987), S. 143-4.
Read, Herbert, "A Malory of the Trenches", *London Mercury* 36 (1937), S. 304-5.
Rector, Martin, "Sozialdemokratische Literatur von 1890-1918", in: *Geschichte der deutschen Literatur vom 18. Jahrhundert bis zur Gegenwart*, Hrsg. Viktor Žmegač, Bd. II/1: *1848-1918* (Königstein/Ts., 1980), S. 234-55.
Ricoeur, Paul, "The Model of the Text: Meaningful Action Considered as a Text", *New Literary History* 5, 1 (1973), S. 91-117.
Rosenfeld, Hellmut, "Der mittelalterliche Totentanz und seine Rezeption im 19. und 20. Jahrhundert", in: *Mittelalter-Rezeption II. Gesammelte Vorträge des 2. Salzburger Symposions "Die Rezeption des Mittelalters in Literatur, Bildender Kunst und Musik des 19. und 20. Jahrhunderts"*, Hrsgg. Jürgen Kühnel u. a., Göppinger Arbeiten zur Germanistik 358 (Göppingen, 1982), S. 455-72.
- " - , "Totentanz", in: *Reallexikon der deutschen Literaturgeschichte*, Bd. 4: 5./6. Lieferung (2. Aufl. Berlin, New York, 1981), S. 513-523.
Rothe, Wolfgang, *Schriftsteller und totalitäre Welt* (Bern, München, 1966).
Rühm, Gerhard, "die kriegsgedichte von franz richard behrens", in: *Das Tempo dieser Zeit ist keine Kleinigkeit*, Hrsg. Drews, S. 95-111.
Schaub, Gerhard, "'Totentanz 1916'. Hugo Balls literarische Opposition gegen den Krieg", *Trierer Beiträge* 15 (1985), S. 29-52.
Schneider, Karl Ludwig, "Das Bild der Landschaft bei Georg Heym und Georg Trakl", in: *Der deutsche Expressionismus. Formen und Gestalten*, Hrsg. Hans Steffen, Kleine Vandenhoeck-Reihe 208 (Göttingen, 1965), S. 44-62.
Schröter, Klaus, "Chauvinism and Its Tradition. German Writers and the Outbreak of the First World War", *The Germanic Review* 43, 2 (1968), S. 120-35.
Schultze, Bruno, *H. G. Wells und der Erste Weltkrieg* (Berlin, 1971).
Seeber, Hans Ulrich, "Vormoderne und Moderne", in: *Englische Literaturgeschichte*, Hrsg. H. U. S. (Stuttgart, 1991), S. 306-51.
Sheppard, Richard, "German Expressionist Poetry", in: *Modernism 1890-1930*, Hrsgg. Malcolm Bradbury und James McFarlane (Harmondsworth, 1976), S. 274-91.

Silkin, Jon, *Out of Battle. The Poetry of the Great War* (London, 1972).
Sillars, Stuart, *Art and Survival in First World War Britain* (Basingstoke, London, 1987).
Smith, Stan, *Edward Thomas* (London, 1986).
Spear, Hilda D., *Remembering We Forget. A Background Study to the Poetry of the First World War* (London, 1979).
- " - , u. Sonya A. Summersgill, "Poison Gas and the Poetry of War", *Essays in Criticism* 41, 4 (1991), S. 308-322.
Spiers, Edward M., "The Regular Army", in: *A Nation in Arms. A Social Study of the British Army in the First World War*, Hrsgg. Ian F. W. Beckett und Keith Simpson (Manchester, 1985), S. 37-60.
Stallworthy, Jon, *Poets of the First World War* (London, 1974).
- " - , "W. B. Yeats and Wilfred Owen", *Critical Quarterly* 11 (1969), S. 199-214.
- " - , *Wilfred Owen* (Oxford, New York, 1974).
Stanzel, Franz Karl, "'The Beauty of the Bayonet': Hand-to-Hand Combat in German and English Poetry", in: *Intimate Enemies*, Hrsgg. Stanzel/Löschnigg, S. 83-95.
- " - , "Das Niemandsland in der englischen und deutschen Dichtung aus dem Ersten Weltkrieg", in: *Proceedings of the XIIth Congress of the International Comparative Literature Association/Actes du XIIe Congrès de l'Association Internationale de Littérature Comparée*, Bd. 3: *Space and Boundaries/Espace et Frontières* (München, 1988), S. 219-27.
- " - , "Englische und deutsche Kriegsdichtung 1914-1918. Ein komparatistischer Versuch", *Sprachkunst* 18, 2 (1987), S. 227-44.
- " - , "Wer erzählt diese Geschichte. Rudyard Kiplings 'Mary Postgate' und Henry James' 'The Liar'", *Sprachkunst* 23, 1 (1992), S. 57-63.
- " - , "East and West of No Man's Land: A Comparative Study of English and German Poetry from the Trenches of 1914-1918", in: *From Ode to Anthem. Problems of Lyric Poetry*, Hrsgg. Reinhold Grimm und Jost Hermand, *Monatshefte*. Occasional Volume 8 (Madison, Wisc., 1989), S. 117-139.
- " - , u. Martin Löschnigg, Hrsgg., *Intimate Enemies. English and German Literary Reactions to the Great War 1914-1918* (Heidelberg, 1993).
Taylor, Dennis, *Thomas Hardy's Poetry, 1860-1928* (London, Basingstoke, 1981).
Taylor, John, *War Photography. Realism in the British Press* (London, New York, 1991).
Terraine, John, *White Heat. The New Warfare 1914-1918* (London, 1982).
Tracy, Robert, "Energy, Ecstasy, Elegy: Yeats and the Death of Robert Gregory", *Eire* 19, 1 (1984), S. 26-47.
Ulrich, Bernd, "Die Perspektive 'von unten' und ihre Instrumentalisierung am Beispiel des ersten Weltkrieges", *Krieg und Literatur. War and Literature*, 1, 2 (1989), S. 47-64.
Virilio, Paul, *Krieg und Kino. Logistik der Wahrnehmung*, aus d. Franz. übers. v. Frieda Grafe u. Enno Patalas (Frankfurt a. M., 1989).
Voigt, Felix A., "Gerhart Hauptmann und England", *Germanisch-Romanische Monatsschrift* 25 (1937), S. 321-29.
Vondung, Klaus, "Apokalyptische Deutungen des Ersten Weltkriegs in Deutschland", in: *Intimate Enemies*, Hrsgg. Stanzel/Löschnigg, S. 59-69.
- " - , *Die Apokalypse in Deutschland* (München, 1988).
- " - , "Geschichte als Weltgericht. Genesis und Degradation einer Symbolik" und "Postskript: Zum internationalen und gesellschaftlichen Kontext

apokalyptischer Deutungen des Ersten Weltkriegs", in: *Kriegserlebnis*, Hrsg. Vondung, S. 62-84 u. 85-9.

- " - , Hrsg., *Kriegserlebnis. Der Erste Weltkrieg in der literarischen Gestaltung und symbolischen Deutung der Nationen* (Göttingen, 1980).

Waites, Bernard, *A Class Society at War: England 1914-1918* (Leamington Spa, Hamburg, New York, 1987).

Wandrey, Uwe, *Das Motiv des Krieges in der expressionistischen Lyrik*, Geistes- und sozialwissenschaftliche Dissertationen 23 (Hamburg, 1972).

Ward, Elizabeth, *David Jones, Mythmaker* (Manchester, 1983).

Wawrzyn, Lienhard, *Der Automaten-Mensch. E. T. A. Hoffmanns Erzählung vom Sandmann*, Wagenbachs Taschenbücherei 24 (Berlin, 1976).

Weintraub, Stanley, "The Peace of 1914. Christmas Truce", in: *Intimate Enemies*, Hrsgg. Stanzel/Löschnigg, S. 383-400.

Welland, D. S. R., *Wilfred Owen. A Critical Study* (London, 1960).

Wells, Geoffrey H. , *The Works of H. G. Wells 1887-1925. A Bibliography, Dictionary and Subject Index* (London, 1926).

Wertheimer, Jürgen, Hrsg., *Ästhetik der Gewalt. Ihre Darstellung in Literatur und Kunst* (Frankfurt a. M., 1986).

White, John, "Aspects of Typography and Layout in August Stramm's Poetry", in: *August Stramm. Kritische Essays*, Hrsgg. Adler/White, S. 47-68.

Wilson, J., "Wilfrid Gibson and the War", *Four Decades* 1, 2 (1976), S. 130-40.

Wilson, Trevor, *The Myriad Faces of War. Britain and the Great War, 1914-1918* (Cambridge, 1986).

Winter, Denis, *Death's Men. Soldiers of the Great War* (Harmondsworth, 1979).

- " - , *The First of the Few: Fighter Pilots in the First World War* (London, 1982).

Winter, J[ay] M., *The Great War and the British People* (London, 1985).

Wohl, Robert, *The Generation of 1914* (London, 1980).

Wolff, Leon, *In Flanders Fields. The 1917 Campaign* (Harmondsworth, 1979).

Personenregister